파이썬으로 탐구하는 지구과학
데이터 분석 & 시각화

파이썬으로 탐구하는 지구과학
데이터 분석 & 시각화

그래프로 그려보는 지구별 자연법칙 _____ 심원재, 손현준 지음

저자 소개

심원재

충북대학교 지구과학교육과를 졸업하고, 한국교원대학교 지구과학교육과에서 교육학 석사를 받았습니다. 지금은 강원도에서 고등학교 지구과학 교사로 근무하고 있습니다.

대학원 수업에서 파이썬을 처음 접하였습니다. 특히 아기별의 형성 과정과 관련된 석사 학위 연구에 파이썬을 사용하면서 파이썬의 매력에 빠지게 되었습니다. 과학 교육에 파이썬을 적용하면 매우 유익할 것이라는 생각이 들어 블로그에 '파이썬으로 배우는 지구과학'을 연재하기 시작하였고, 학교 수업에도 파이썬을 활용하고 있습니다. 현재 '얼큰이의 지구과학 world'라는 개인 블로그를 운영하고 있으며, 파이썬, 천체 관측, 교육 자료 개발 등 다양한 활동을 하고 있습니다. 앞으로도 파이썬을 활용한 다양한 교육자료를 개발해볼 계획입니다.

블로그: 얼큰이의 지구과학 world https://kalchi09.tistory.com

손현준

강원대학교 과학교육학부를 졸업하고, 한국교원대학교 지구과학교육과에서 교육학 석사 학위를 받았습니다. 현재는 인천의 고등학교에서 지구과학을 가르치고 있습니다.

대학원 시절에 파이썬을 처음 접하게 되었으며, 이를 계기로 대학원 동기들과 함께 파이썬 공부를 시작하게 되었습니다. 데이터를 통해 자연 현상을 이해하는 지구과학을 가르치는 사람으로서 파이썬의 유용성에 빠져들 수밖에 없었고, 학교 현장에서 수업의 강력한 도구로 활용하고 있습니다.

들어가며

지구과학은 무엇을 다루는 분야일까?

지구과학은 땅과 대기, 바다를 포함하는 지구 시스템과 지구 주변을 둘러싼 우주에서 일어나는 자연현상을 탐구하는 종합적 성격의 자연과학이다. 물리학이나 화학, 생명과학이 순수과학의 성격이 강하다면 지구과학은 물리학이나 화학, 생명과학의 내용을 활용하여 지구

지구과학은 대기, 지질, 해양의 지구시스템과 우주를 다루는 종합적 과학이다[1]

---

1) (우측 상단) Marek Piwnicki, "A Field under a Cloudy Sky", Pexels, https://www.pexels.com/photo/a-field-under-a-cloudy-sky-8738464/
  (좌측 하단) Asad Photo Maldives, "Clear Blue Shore", Pexels, https://www.pexels.com/photo/clear-blue-shore-457881/
  (우측 하단) Josh Sorenson, "Brown Valley during a Grey Cloudy Sky", Pexels, https://www.pexels.com/photo/brown-valley-during-a-grey-cloudy-sky-63553/

시스템과 우주에서 일어나는 자연현상을 설명하고 해석하는 응용과학의 성격이 강하다. 땅과 대기, 바다와 우주 중 어떤 자연현상을 연구하는지에 따라 크게 지질학, 기상학, 해양학, 천문학으로 분류하며, 모두 하나의 독립된 학문체계로 배우고 연구된다.

하지만 이들 4개 학문을 별도로 배우지 않고 지구과학이라는 하나의 큰 카테고리로 배우면 땅과 대기, 바다에서 나타나는 상호작용과 지구와 우주 사이에서 발생하는 상호작용을 모두 종합적으로 배울 수 있다. 실제 기후변화는 대기와 해양의 상호작용으로 일어나며 대륙의 이동에 의해 기후와 동식물의 서식 환경이 달라지기도 한다. 태양 활동은 지구의 기후에 큰 영향을 주며 태양의 고에너지 입자 역시 GPS 및 전자 장비 교란 등 우리의 일상생활에 큰 영향을 미치기도 한다.

또한 지구과학에서 다루는 자연현상의 시·공간 규모는 매우 다양하다. 광물의 작은 분자구조에서 우주 전체까지 다양한 공간 규모를 다루며 난류와 같이 순식간에 지나가는 현상에서 우주 전체의 역사까지 다양한 시간 규모를 다루기도 한다.

특히 광범위한 영역의 공간과 시간을 다루기 때문에 사람이 모든 것을 직접 탐사하여 자료를 만드는 것은 불가능에 가깝다. 전 세계 해류의 흐름을 거의 동시에 관측하거나 전 지구의 대기 흐름을 한눈에 파악하고 시각화하는 것은 어느 한 명의 과학자가 아무런 도구도 없이 할 수 있는 일이 아니다. 하지만 과학기술이 발달하면서 우리는 누구나 인터넷을 통해 기상위성 사진을 볼 수 있고 무인 해수 탐사장치가 관측한 해수의 수온과 염분 데이터를 얻을 수 있다. 수십 년 전에 천체를 관측한 데이터도 인터넷만 연결되어 있으면 손쉽게 얻을 수 있다. GPS 덕분에 대륙이 어느 방향으로 움직이는지도 알 수 있다. 다음 페이지의 그림처럼 2002년과 2022년 전 세계 CO_2 농도 변화도 확인할 수 있다. 심지어 이런 데이터는 오픈 소스이며 수십 년 동안 관측하고 연구한 데이터가 모두 누적되어 있다.

기상위성 영상[2]

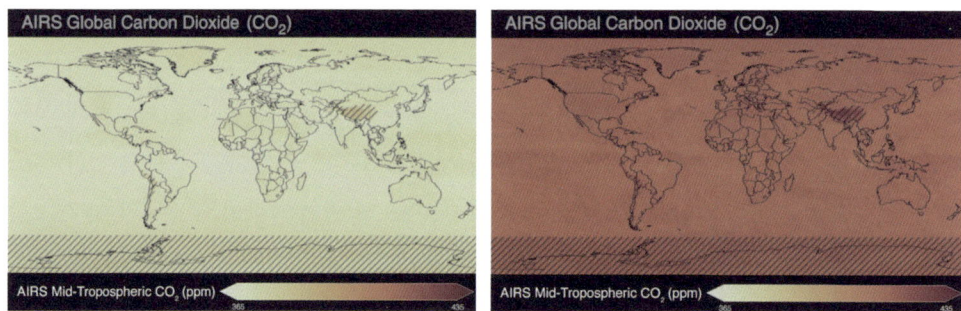

NASA에서 관측한 2002년과 2022년 전세계 CO_2 농도 변화[3]

---

2) "위성 영상", 국가기상위성센터, https://nmsc.kma.go.kr/homepage/html/satellite/viewer/selectNewSatViewer.do?dataType=operSat

3) "Carbon Dioxide", NASA Climate Science, https://climate.nasa.gov/vital-signs/carbon-dioxide/?intent=121

방대한 데이터, 그리고 파이썬

지금도 수많은 무인 관측 장비와 인공위성이 지구 안과 밖을 촬영하면서 무수히 많은 데이터를 생산하고 있고 이 데이터는 고스란히 아카이브에 저장되어 있다. 우리나라 기상청을 예로 들면, 천리안 1호와 2호가 발사된 후 촬영한 수없이 많은 태풍 사진과 관련 데이터를 국가기상위성센터나 국가태풍센터에서 관리하고 있다. 이 데이터는 과학자는 물론이고, 일반인도 쉽게 다운로드하여 사용할 수 있다. 무인 해양 탐사선 ARGO는 전세계 바다를 누비며 깊이에 따라 달라지는 해수의 수온과 염분을 관측하고 데이터를 모두 전송해 주고 있다.

무인 해양탐사 장비 ARGO[4]

우리나라의 경우 이 자료는 국립기상과학원 ARGO에서 다운로드할 수 있다. NASA나 ESA는 우주의 천체를 관측한 데이터를 모두 공개하고 있다. 특히 SDSS라는 전천 망원경이 관측한 데이터는 시민 과학자들과 함께 은하를 분류하는 데 사용되기도 한다. 이러한 데이터는 얼핏 보면 무의미해 보인다. 하지만 이를 분석하고 시각화하면 의미 있는 과학적 사실을 도출할 수 있고 몰랐던 자연현상에 한 발짝 다가설 수 있는 기회를 얻는다. 특히 인공지능의 발달로 이러한 데이터를 훨씬 정교하게 처리할 수 있고 유의미한 결론에 도달할 수도 있다.

---

[4] NOAA, https://www.aoml.noaa.gov/proj/argo/

최근에는 허블 우주망원경이 1990년부터 촬영한 3만 7000여 장의 은하 사진 중 우연히 촬영된 소행성 궤적을 분석하여 1000여 개가 넘는 소행성을 새롭게 발견하기도 했다.

막대 나선은하 UGC 12158에서 우연히 촬영된 소행성 궤적[5]

데이터의 양이 워낙 방대하여 고전적인 방법으로는 자료를 기록해 두는 것도, 찾는 것도 불가능하지만 과학기술, 특히 인공지능의 발전이 있었기에 가능했다. 무의미하다고 여겼던 데이터에서 유의미한 과학적 사실을 발견한 것은 매우 뜻깊은 일이다.

그래서 우리는 파이썬을 배우고 지구과학 데이터 분석에 적극 활용해 볼 필요가 있다. 현재 파이썬은 전세계에서 매우 인기 있는 프로그래밍 언어이다. 문법 구조가 간결하고 직관적이며, 다양한 라이브러리가 개발되고 보급되었다. 또한 머신러닝과 딥러닝을 위한 다양한 라이브러리와 프레임워크를 제공하기도 한다. 특히 파이썬으로 다양한 라이브러리를 개발할 수 있다는 장점은 많은 과학자를 매료시켰으며, 실제로 과학자들은 지구과학의 천문학, 기상학, 해양학, 지질학을 연구할 때 파이썬을 적극적으로 활용하고 있다. 이에 파이썬을 배우는 것만으로도 과학자들의 연구 방법을 조금이나마 체험해 볼 수 있다.

---

[5] "Asteroid photobombs Hubble snapshot of Galaxy UGC 12158", European Space Agency, https://www.esa.int/ESA_Multimedia/Images/2024/04/Asteroid_photobombs_Hubble_snapshot_of_Galaxy_UGC_12158

차 례

저자 소개 v
들어가며 vi

Part I 새싹들의 파이썬 시작하기

1장 파이썬을 설치하고 실행하기
1.1 파이썬 설치하기 3
1.2 파이썬 실행하기 5

2장 살금살금 파이썬 맛보기
2.1 간단한 사칙연산 9
2.2 문자열 슬라이싱과 연산 11
2.3 변수를 지정하는 다양한 방법 15
2.4 문자를 숫자로 바꾸기 17
2.5 리스트 자료형에서 특정 데이터만 추출하기 19
2.6 메서드 사용하기 21
2.7 #으로 주석 달기 24

Part II PLOT으로 선형그래프 그리기

3장 PLOT으로 선형그래프 그리는 방법
3.1 선형그래프 그려보기 29

4장 PLOT으로 그려보는 지구별 자연법칙

4.1 광물의 모스 굳기를 그래프로 나타내기 ························· 34

아하! 지구과학
❶ 모스 굳기와 절대 굳기 ························· 39
❷ 광물의 굳기를 왜 알아야 할까? ························· 40

4.2 조석 예보표를 그래프로 그려서 물때의 변화 경향 분석하기 ························· 42

아하! 지구과학
❶ 밀물과 썰물이 나타나는 원인은 무엇일까? ························· 56
❷ 매일 만조 때와 간조 때마다 물의 높이가 조금씩 다르다면? ························· 58

4.3 해수의 깊이에 따른 수온 변화 알아보기 ························· 59

아하! 지구과학
❶ 해수의 깊이에 따른 수온 구조 ························· 77
❷ 계절에 따라 다르게 나타나는 해수온의 구조 ························· 78

Part III 파이차트로 데이터 표현하기

5장 PIE를 사용하여 파이차트 그리는 방법

5.1 파이차트란? ························· 83
5.2 파이차트 그려보기 ························· 84

6장 PIE로 그려보는 지구별 자연법칙

6.1 지질시대 시간표 만들기 ························· 91

아하! 지구과학
❶ 지질시대의 구분과 시대별 특징 ························· **106**
❷ 인류의 등장과 지질시대 ························· 111

6.2 지구와 우주의 구성 원소 ························· 113

아하! 지구과학
❶ 우주의 구성 원소 질량 비율이 가지는 비밀 ························· 128
❷ 지구를 구성하는 원소비는 우주와 너무나도 다른데? ························· 130
❸ 지각을 구성하는 원소와 지구 전체를 구성하는 원소비는 또 다르다 ························· 133

6.3 해수와 담수에는 무엇이 녹아 있을까? 135
  아하! 지구과학
  ❶ 바닷물이 짠 이유는 무엇일까? 144
  ❷ 담수에 녹아 있는 물질의 종류와 비율은 바다와는 어떻게 다를까? 147

Part IV 산점도로 데이터 분석하기

7장 SCATTER로 산점도 그리는 방법
7.1 산점도란? 153
7.2 산점도 그려보기 154

8장 SCATTER로 그려보는 지구별 자연법칙
8.1 태양계 행성의 물리량을 이용하여 케플러 제3 법칙 알아보기 158
  아하! 지구과학
  ❶ 케플러 제3 법칙 - 조화의 법칙 167
  ❷ 완벽하게 1이 나오지 않는 이유는 무엇일까? 169
8.2 태풍이 지나갈 때 나타나는 풍향의 변화 170
  아하! 지구과학
  ❶ 태풍의 정의와 분류 187
  ❷ 태풍의 발생과 구조 187
  ❸ 태풍의 풍향 변화를 통해 무엇을 알 수 있을까? 189
8.3 H-R도를 이용하여 별의 특징 알아보기 192
  아하! 지구과학
  ❶ H-R도의 구조와 별의 종류 207
  ❷ H-R도에 사용되는 물리량 210
  ❸ H-R도와 별의 진화 215
8.4 수온-염분도로 한반도 주변 해수의 특징 알아보기 217
  아하! 지구과학
  ❶ 해수의 물리·화학적 성질 240
  ❷ 수온-염분도와 수괴 243

8.5 태양이 은하의 중심에 있지 않다는 것은 어떻게 알아냈을까? 247
　아하! 지구과학
　❶ 우리 은하 주변의 구상성단 분포 266
　❷ 구상성단의 분포가 시사하는 바는 무엇일까? 267

Part V　추세선으로 스마트하게 데이터 분석하기

9장　추세선 그리는 방법
9.1 추세선이란? 273
9.2 추세선 그려보기 275

10장　추세선으로 그려보는 지구별 자연법칙
10.1 우리 고장의 기온 변화 알아보기 282
　아하! 지구과학
　❶ 서울은 얼마나 더워졌을까? 298
　❷ 기온 상승과 지구온난화의 원인 299
　❸ 고마운 온실 기체와 온실 효과, 하지만 불편한 진실 300
　❹ 앞으로의 노력 302
10.2 허블의 법칙 303
　아하! 지구과학
　❶ 어째서 외부 은하는 모두 우리 은하로부터 멀어지고 있을까? 321
　❷ 우주 팽창의 개념, 생각보다 어렵지 않다! 323
　❸ 허블 상수와 허블 상수의 중요성 325
　❹ 후퇴속도는 어떻게 측정하는 것일까? 327
　❺ 가까운 은하도 멀어질까? 331

Part VI 등치선과 컬러 맵으로 재미있는 그래프 그려보기

11장 등치선을 그리는 방법
11.1 등치선이란? 335
11.2 등치선 그려보기 337

12장 컬러 맵으로 데이터를 더욱 멋지게 표현하기
12.1 컬러 맵 표현하기 342

13장 등치선과 컬러 맵으로 그려보는 지구별 자연법칙
13.1 해수의 수온 연직 단면 347
   아하! 지구과학
   ❶ 2월과 8월 동해의 수온 분포 분석 358
   ❷ 계절에 따른 혼합층과 심해층 수온의 변화 359
13.2 암흑성운에는 정말 아무것도 없을까? 362
   아하! 지구과학
   ❶ 인간이 바라보는 세상이 진짜 세상일까? 376
   ❷ 적외선을 볼 수 있다면 암흑성운은 어떻게 보일까? ... 377
   ❸ 파장에 따라 달라지는 분해능 379
13.3 파장에 따라 다른 모습으로 보이는 센타우루스 A 은하 ... 381
   아하! 지구과학
   ❶ 신비한 센타우루스 A 은하 391
   ❷ 센타우루스 A에서 보이는 제트의 정체 394
   ❸ 나선은하와 센타우루스 A 395

찾아보기 396

Part I

새싹들의 파이썬 시작하기

| 1장 | 파이썬을 설치하고 실행하기 |
| 2장 | 살금살금 파이썬 맛보기 |

1장 파이썬을 설치하고 실행하기

1.1 파이썬 설치하기

파이썬을 접해본 경험이 있다면 이 과정을 넘어가도 좋다. 파이썬을 접해본 적이 없거나 아직 익숙하지 않다면 여기서부터 시작하는 것을 권장한다. 이 파트에서 다루지 않는 내장 함수나 문법 등은 각 챕터에서 필요할 때 하나씩 소개할 예정이다.

파이썬은 파이썬 공식 홈페이지 https://python.org에서 설치할 수 있다. 하지만 여기서는 아나콘다 Anaconda라는 툴킷을 다운로드하여 설치해 보고자 한다. 아나콘다를 설치하는 이유는 여러 가지가 있겠지만 가장 큰 이유는 편리함이다. 아나콘다를 설치함으로써 얻는 이점은 다음과 같다.

❶ 파이썬과 함께 데이터 과학에 필요한 몇 가지 컴퓨터 언어가 설치된다.
❷ 프로그래밍 언어를 작성 및 실행하는 프로그램인 주피터 노트북이 함께 설치된다. 파이썬을 다루는 데 주피터 노트북은 유용하고 편리하다.
❸ 데이터 과학에 필요한 필수 라이브러리가 함께 설치된다. 아나콘다를 설치하지 않으면 이런 라이브러리를 모두 일일이 다운로드해야 한다.

이 책에서는 데이터 시각화를 주로 다루기 때문에 가장 많이 사용하는 라이브러리는 matplotlib이다. 그리고 pandas, numpy, scipy, astropy 등의 라이브러리도 사용된다.

[그림 1-1] 이 책에서 주로 사용될 4가지 라이브러리 로고

라이브러리는 일종의 코드 집합이라고 생각하면 쉽다. 예를 들어 파이썬의 내장 함수만으로 간단한 선형그래프를 그리려면 매우 복잡하고 긴 코드를 만들어야 한다. 하지만 matplotlib에서 개발한 라이브러리를 사용하면 단순히 plot이라는 한 단어만으로 그래프가 그려진다.

아나콘다를 설치하기 위해서는 아나콘다 공식 홈페이지 https://www.anaconda.com 에서 프로그램을 다운로드하여 설치하면 된다. 기업이 아닌 개인 사용자라면 무료로 다운로드할 수 있다.

프로그램 다운로드를 시작할 때 사용자 컴퓨터의 운영 체제를 묻는 메뉴가 나온다. 윈도우라면 윈도우를, 애플이나 리눅스라면 맥 또는 리눅스를 선택하자. 여기서는 윈도우 환경을 기준으로 설치 과정을 안내하고자 한다. 설치할 때 주의해야 할 사항이 하나 있다. 아나콘다의 사용자를 묻는 단계인데 [all users]와 [just me] 중 하나를 선택해야 한다. 만약 윈도우의 사용자 이름이 한글로 되어있는 상태에서 [just me]를 선택하면 설치 폴더에 한글이 포함되어 알 수 없는 오류를 일으킬 수 있다. 따라서 가급적 [all users]를 선택하여 설치하는 것이 좋다.

1.2 파이썬 실행하기

설치를 모두 마친 뒤 윈도우 시작 버튼을 누르면 Anaconda3(64-bit)가 설치되어 있을 것이다. 이를 클릭하면 여러 가지 메뉴가 나오는데 여기서 [Jupyter Notebook]를 클릭하자. [Jupyter Notebook]를 처음으로 클릭하면 어떤 환경에서 주피터 노트북을 실행할 것인지 묻는 창이 나온다. 주피터 노트북은 마이크로소프트에서 제공하는 엣지^{Edge}나 구글의 크롬^{Chrome} 등 인터넷 브라우저 환경에서 구동되도록 제작된 프로그램이다. 여기서 본인의 컴퓨터 환경에 맞게 하나를 선택하여 실행하면 된다. 만약 웹 브라우저가 열리지 않고 명령 프롬프트 창만 열리는 경우 [그림 1-2]의 1번이나 2번을 복사한 뒤 원하는 웹 브라우저의 주소 입력창에 입력하면 실행된다.

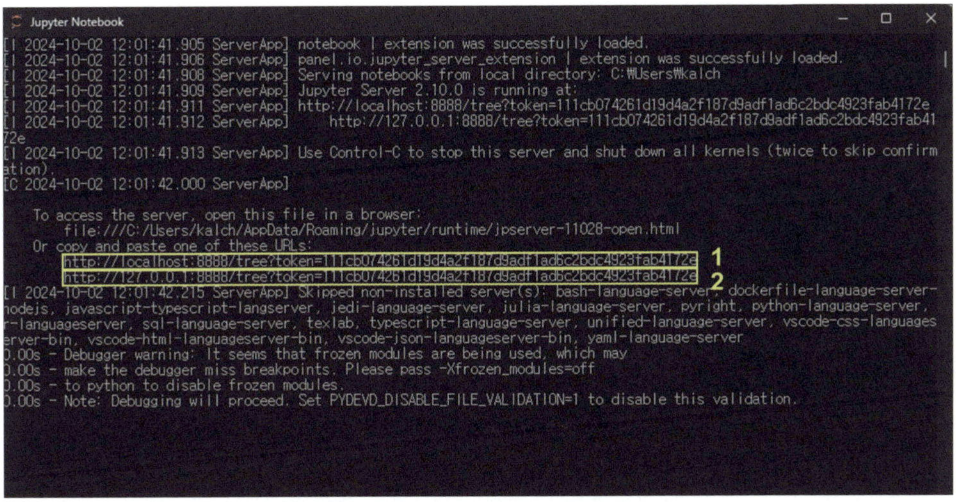

[그림 1-2] 명령 프롬프트 창에서 복사할 내용

최초로 주피터 노트북을 실행하면 명령 프롬프트 창 하나가 자동으로 열리며 주피터 노트북이 실행된다. 이때 프롬프트 창을 닫으면 주피터 노트북이 정상적으로 구동되지 않으니 닫지 말자.

[그림 1-3] 초기 주피터 노트북

주피터 노트북을 실행하면 [그림 1-3]과 같이 오른쪽 상단에 있는 [New] 버튼을 볼 수 있다. 이 버튼을 클릭한 뒤 나오는 메뉴에서 [Notebook]을 클릭하자.

이때 다시 [Kernel]을 선택하는 메뉴가 나오는데 [Python 3]를 선택하고 [Select]를 클릭하면 된다.

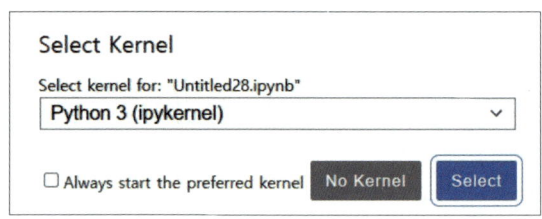

[그림 1-4] Kernel 선택 화면

여기까지 정상적으로 되었다면 [그림 1-4]와 같은 화면이 나타난다.

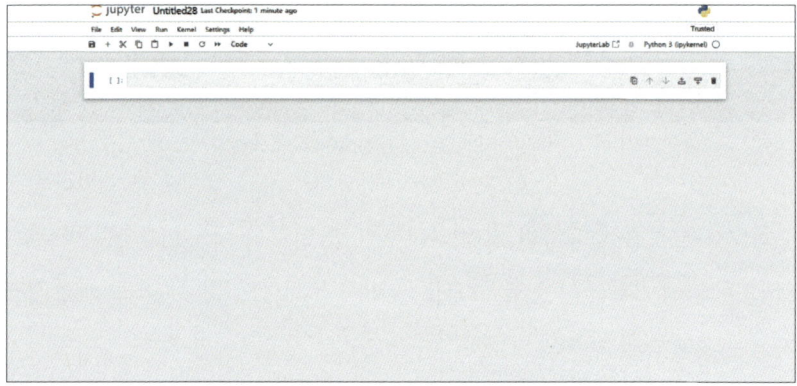

[그림 1-5] 주피터 노트북의 초기 실행화면

주피터 노트북의 상단에 있는 몇 가지 필요한 중요한 기능만 살펴보자.

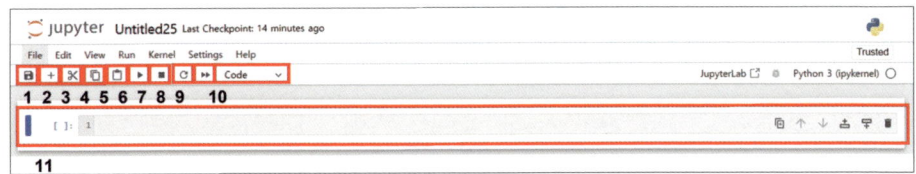

[그림 1-6] 주피터 노트북 상단의 주요 아이콘

❶ 코드를 저장하는 아이콘이다. 상단의 [Untitled]를 클릭하면 저장할 파일 이름을 바꿀 수 있다.
❷ 현재 활성화된 셀 하단에 새로운 셀을 추가하는 아이콘이다.
❸ 현재 활성화된 셀을 잘라내는 아이콘이다. 5번 아이콘으로 붙여넣기할 수 있다.
❹ 현재 활성화된 셀을 복사하는 아이콘이다. 5번 아이콘으로 붙여넣기할 수 있다.
❺ 잘라냈거나 복사한 셀을 붙여넣기하는 아이콘이다.
❻ 현재 활성화된 셀의 코드를 실행하는 버튼이다. 이 아이콘을 클릭하여 셀을 실행해도 되지만 매번 클릭하기가 다소 번거롭다. 그렇다고 〈Enter〉키를 누르면 한 줄 아래로 내려갈 뿐 셀이 실행되지는 않는다. 〈Ctrl+Enter〉를 치거나 〈Alt+Enter〉, 〈Shift+Enter〉를 치면 셀이 실행된다. 〈Ctrl+Enter〉를 누르면 단순히 셀이 실행되기만 하고, 〈Alt+Enter〉 또는 〈Shift+Enter〉를 누르면 새로운 셀이 하나 추가되면서 셀이 실행된다.
❼ 현재 실행 중인 코드를 중지하는 버튼이다. 셀에 기록된 코드를 실행하는 도중 예기치 못한 오류가 생겨 실행이 되지 않는 경우 셀 왼쪽 [ ]에 * 표시가 사라지지 않고 아무런 반응을 하지 않는다. 그런 경우 7번 아이콘을 눌러 실행을 중지한다.
❽ 활성화 셀을 재시작하는 버튼이다. 현재 셀의 코드에 지정한 변수, 라이브러리 등이 모두 새롭게 시작된다.
❾ 모든 셀을 재시작하는 버튼이다.
❿ 셀의 타입을 지정한다. [Code]가 기본값이며 파이썬 코드를 입력하고 실행하는 셀이다. [Markdown]은 주석을 달 수 있는 셀이다. 셀의 타입을 [Markdown]으로 바꾸고 셀에 쓰고자 하는 설명을 입력한 뒤 실행하면 주석이 달리는 것을 알 수 있다. [RAW]는 주피터 노트북에서 작성한 내용을 LaTex과 같은 다른 형식으로 변환할 때 사용한다. [Code]나 [Markdown]과 달리 변환 과정에서 아무런 처리를 하지 않는다. 이 책에서는 거의 대부분 [Code]만 사용한다.
⓫ 실제 코드를 입력하는 셀이다. 셀 안에 원하는 코드를 입력할 수 있다.

2장 살금살금 파이썬 맛보기

2.1 간단한 사칙연산

파이썬의 가장 큰 장점은 직관적인 문법 구조이다. 더하기, 빼기, 곱하기, 나누기 등의 사칙연산을 하려면 우리가 알고 있는 그대로 입력하면 된다. 가장 먼저 1+1을 하려면 셀에 간단히 1+1이라고 입력하고 실행하면 된다. 아래 코드를 입력하고 실행해보자.

```
1+1
```

결과는 예상대로 2가 나온다. 빼기도 더하기와 마찬가지로 단순하게 1-1이라고 입력하면 된다.

나누기는 어떻게 하면 될까? 간단하다. '/'를 이용하면 된다. 예를 들어 4÷2를 계산하려면 4/2를 입력하면 된다.

```
4/2
```

결과는 예상대로 2가 나온다.

나누기에서 4/2와 같이 나누어떨어지는 숫자가 아니라면 모두 소수점으로 계산 결과를 출력한다. 그런데 종종 몫만 필요하거나 나머지만 필요한 경우도 있다. 소수점 계산 결과가 아닌 몫만 필요한 경우에는 //를 사용하면 된다. 다음과 같이 코드를 입력하고 실행해보자. 7÷3을 계산한 몫은 2이다. 따라서 실행 결과, 2가 출력된다.

```
7//3
```

만약 나머지만 필요하다면 %를 사용하면 된다. 7÷3을 계산하면 몫은 2이고 나머지는 1이다. 따라서 다음 코드를 입력하고 실행하면 1이 출력된다.

```
7%3
```

곱하기 계산도 어렵지 않다. 3×2를 계산하고 싶다면 간단히 다음과 같이 입력하면 된다. 출력 결과는 6이다.

```
3*2
```

제곱 계산도 간단하다. 예를 들어 2^2를 계산하고 싶다면 다음과 같이 입력하면 된다.

```
2**2
```

계산 결과는 4이다. 2^4를 계산하는 것도 같다. 다음과 같이 입력해보자.

```
2**4
```

결과는 16이다.

2.2 문자열 슬라이싱과 연산

문자에 대한 연산도 가능하다. 다음과 같이 코드를 입력해보자.

```
a="신나는"
b="  지구과학"
print(a+b)
```

실행하면 "신나는 지구과학"이 출력된다.

a="신나는"에서 a는 변수이다. 내장 함수, 키워드 또는 라이브러리에 포함된 기능도 모두 아닌 단지 무의미한 철자이다. 변수로 지정하지 않은 문자를 입력하고 실행하면 'name 000 is not defined'라는 에러가 발생한다. 하지만 변수로 지정하면 의미를 가지게 된다. a에 문자열 "신나는"을 적용하여, 앞으로 a는 "신나는"이라는 문자열을 가지는 변수가 되었다.

여기서 주목할 점은 문자열 "신나는"의 앞뒤에 ""를 사용한 것이다. ' '나 " "로 싸인 글자는 문자로 취급하겠다는 의미를 가진다. 숫자도 특수문자도 모두 ' '나 " "를 사용하여 문자로 처리할 수 있다. 만약 신나는이란 문자를 ' '나 " "로 감싸지 않으면 마찬가지로 'name "신나는" is not defined'라는 에러가 발생한다. 문자를 변수로 지정하지 않았기 때문이다.

마지막으로 print는 출력하라는 의미를 가지는 내장 함수이다. print(a+b)라고 하면 a+b의 결과를 출력하라는 의미다. 참고로 파이썬에서 문자는 대문자와 소문자를 철저히 구분한다. print라고 입력하지 않고 Print라고 입력하면 오류가 발생한다. 마찬가지로 파이썬은 a와 A를 서로 다른 문자로 인식한다.

이와 유사하게 나중에 배우게 될 라이브러리인 pandas에는 DataFrame이라는 명령어가 있다. 이 명령어를 사용하려면 반드시 DataFrame이라고 써야 한다. dataframe이나 Dataframe이라고 쓰면 오류가 발생한다.

문자와 숫자의 곱하기는 가능할까? 가능하다. 다음의 코드를 입력해보자.

```
a="신나는 "
b="지구과학"
print(a*3+b)
```

다음과 같이 정말 신나는 결과가 나온다.

```
신나는 신나는 신나는 지구과학
```

그렇다면 신나는 지구과학에서 지구과학을 빼고 싶다면 어떻게 해야 할까? 아마 직관적으로 다음과 같이 입력하고 싶을 것이다.

```
a="신나는 지구과학"
b="지구과학"
print(a-b)
```

하지만 막상 코드를 실행하면 오류가 발생한다. 빼기 연산은 물론이고 나누기 연산을 사용해도 마찬가지로 오류가 발생한다. 문자열의 연산은 단순히 이어주는 기능으로써 더하기(+)나 곱하기(*)만 가능하다. 빼기(-)나 나누기(/) 연산은 문자와 숫자 또는 문자와 문자 모두 지원하지 않는다.

위와 같은 상황을 해결하려면 문자열 인덱싱 및 슬라이싱을 사용하면 된다. 문자열 인덱싱과 슬라이싱은 문자열 내 개별 문자에 접근하거나 특정 범위의 부분 문자열을 추출하는 방법이다. 따라서 이 방법을 사용하면 원하는 문자열만 뽑아내어 출력할 수 있다. 다음과 같이 코드를 입력하고 실행해보자.

```
a="신나는 지구과학"
print(a[0:3])
```

"지구과학"이 빠지고 "신나는"만 출력된다. 결과가 왜 이렇게 나왔는지 살펴보자.

[그림 2-1] 문자의 순서

'신나는 지구과학'은 중간의 공백을 포함하여 모두 8개 글자로 되어있다. 이는 len(a)를 이용해 확인할 수 있다. 여기서 a[0:3]은 첫 번째 문자에서 세 번째 문자까지 뽑아내겠다는 의미를 가진다. 첫 번째 문자를 0이라 지칭하는 것이 조금 이상하지만 파이썬은 그렇게 만들어졌다. 모든 것의 첫 번째는 1이 아닌 0으로 지정하는 파이썬의 규칙을 따라야 한다. 나중에 배우게 될 리스트 자료형에서 첫 번째 데이터를 뽑아내고 싶을 때에도 1이 아닌 0을 입력한다. 이는 자주 이용되는 부분이니 꼭 기억하자.

이 논리대로 한다면, [0:3]에서 3은 세 번째 문자가 아닌 네 번째 문자가 된다. 위에서 네 번째 문자는 공백인데 출력 결과에는 공백이 포함되어 있지 않다. 첫 번째 0은 포함의 의미를 가지지만 :뒤의 숫자 3은 포함이 아닌 미만, 즉 이전을 의미한다. 다시 말해 네 번째 문자 미만인 세 번째 문자까지 추출하겠다는 뜻이다.

숫자를 문자로 바꾸는 방법도 있다. str을 이용하면 된다. 다음의 코드를 입력해보자.

```
a=3
b=str(a)
print(1+b)
```

변수 a에 숫자 3을 대입해 주었고 변수 b에는 str을 사용하여 숫자 3을 문자로 바꾸어 놓은 결과를 대입해 주었다. 그리고 print(1+b)를 사용해서 숫자 1과 문자 3을 더한 결과를 출력했다. 결과는 오류가 발생한다. 그 이유는 숫자는 숫자끼리의 연산만 가능하고, 문자와 문자의 연산은 더하기(+)나 곱하기(*)에 한하여 가능하기 때문이다. 숫자와 문자의 연산은 불가능하기 때문에 오류가 발생한다. 하지만 다음과 같은 연산은 가능하다.

```
a=3
b=str(a)
c="은 숫자입니다."
print(b+c)
```

위 코드를 실행하면 예상한 대로 "3은 숫자입니다."라는 결과가 나온다. 언뜻 보기에는 숫자와 문자의 연산이 가능한 것처럼 보이지만, 사실 변수 b에는 숫자 3이 아닌 문자 3이 저장되어 있다. 결국 문자와 문자의 더하기(+) 연산이기 때문에 오류가 발생하지 않는 것이다.

2.3 변수를 지정하는 다양한 방법

위에서 변수를 지정하는 법을 배웠다. 변수 지정은 코드 한 줄에 들어갈 단어를 줄여주고 동시에 가독성을 높인다. 또한 코드 입력 중 발생하는 불필요한 실수를 줄여주기도 한다. 그래서 여러 가지 형태로 변수를 지정하며, 파이썬을 사용하다 보면 변수 이름을 짓는 일에 신경을 쓰게 된다.

앞에서 다루었던 예처럼 변수와 변수에 들어갈 값은 1:1 대응이 원칙이다. 예를 들어 a=10, b="신나는 지구과학"과 같이 하나의 변수에는 하나의 숫자나 문자가 들어가야 한다.

하지만 코드를 줄이기 위해 다음과 같이 변수를 지정하는 것도 가능하다.

```
a,b=3,10
print(a,b)
```

결과는 3과 10이 출력된다.

만약 변수 a와 b에 모두 3을 넣고 싶다면 어떻게 해야 할까? 직관적으로 다음과 같이 해야 한다고 생각할지 모른다.

```
a,b=3
print(a,b)
```

하지만 이렇게 코드를 작성하고 실행을 하면 오류가 발생할 것이다. 앞서 본 것처럼 변수와 변수에 들어갈 값은 반드시 1:1 대응을 해야 한다. 그렇기 때문에 위와 같이 변수는 2개이고 값이 하나일 경우, 오류가 발생하는 것이다. 변수 a와 b에 같은 3을 넣으면서 코드를 줄이고 싶다면 다음처럼 입력하면 된다.

```
a=b=3
print(a,b)
```

이렇게 입력한다면, 결과는 3 3이 출력될 것이다.

이번에는 다른 방식으로 변수를 만들어보자. 변수 a에 리스트 자료형 ["신나는", "파이썬과", "지구과학"]을 만들어 주자. 여기서 리스트 자료형이란 [ ]로 감싼 자료형이다. 리스트 자료형에 대한 자세한 내용은 뒤에서 다루고, 우선 다음의 코드를 작성해보자.

```
a=["신나는","파이썬과","지구과학"]
b,c,d=a
print(b,c,d)
```

다음은 위 코드의 실행 결과이다.

```
신나는 파이썬과 지구과학
```

변수 a에는 "신나는", "파이썬과", "지구과학"이라는 3개의 자료가 저장되어 있다. 따라서 3개의 변수 b, c, d에 이를 하나씩 넣었다. 결과적으로 3개의 변수에 3개의 자료를 넣었으니 1:1 대응이 성립된 셈이다. print에서 3개의 변수 b, c, d를 모두 출력하라고 하였기 때문에 위와 같이 출력 결과가 나온 것이다.

2.4 문자를 숫자로 바꾸기

str을 이용해 숫자를 문자로 바꾸었다면 다시 문자를 숫자로 바꾸는 것도 가능하다. 이때 상황에 따라 float이나 int를 사용할 수 있다.

우선 다음의 간단한 예제를 통해 float와 int가 무엇을 의미하는지 알아보자.

```
a=10
b=10.1
print(type(a))
print(type(b))
```

실행 결과 첫 번째 print(type(a))는 class "int", 두 번째 print(type(b))는 class "float"가 출력되었다. 10은 정수인데, 파이썬에서 정수는 int로 표현한다. 10.1은 소수점을 포함한 실수이며 파이썬에서 실수는 float라고 표현한다. type은 데이터의 형식을 알아보고자 할 때 유용하게 사용되는 내장 함수이기 때문에 기억해 두면 좋다.

이번에는 변수 a에 대입한 10을 문자로 바꾼 뒤 자료형이 무엇인지 확인해보자.

```
a=10
c=str(a)
print(type(c))
```

실행 결과 class "str"이 출력되었다. 변수 c에서 str을 사용하여 a의 10을 문자로 바꾸었기 때문이다. 이번에는 다시 실수와 정수로 바꾸어보자.

```
a=10
c=str(a)
d=int(c)
e=float(c)
print(type(d))
print(type(e))
```

변수 c의 str(a)를 변수 d에서 int를 사용해 정수로 바꾸어 주었다. 때문에 print(type(d))의 실행 결과 class "int"가 출력되었다. 마찬가지로 변수 e에서는 float를 사용해 c를 실수로 바꾸어 주었기 때문에 class "float"가 출력되었다.

문자를 정수나 실수로 바꾸거나 정수나 실수를 다시 문자로 바꾸는 것은 앞으로 우리가 배워야 할 코딩에서 빈번히 사용된다. 특히 주어진 자료의 부족한 부분을 보완하거나 가공할 때 유용하게 사용되기 때문에 꼭 알아두는 것이 좋다.

2.5 리스트 자료형에서 특정 데이터만 추출하기

문자열 인덱싱 및 슬라이싱과 유사하게 리스트 자료형에서 특정 데이터만을 추출할 수 있다.

다음의 코드를 입력해보자.

```
a=[2,3,4,5,6,7]
print(a[1])
```

여기서 변수 a의 리스트 자료형에 2, 3, 4, 5, 6, 7 데이터를 넣어주었다. 새로운 형태를 사용하였지만 기본적으로 위에서 다룬 것과 동일하다. a[1]은 앞에서 다룬 것과 마찬가지로 리스트 자료형 a에 포함된 6개 숫자 중 두 번째 숫자인 3에 해당한다. 따라서 위 코드를 실행하면 3이 출력된다.

이를 응용하면 다음과 같은 계산도 가능하다.

```
a=[2,3,4,5,6,7]
a[1]-a[4]
```

a[1]은 3이고 a[4]는 6이기 때문에 3 - 6을 계산하게 되고, 결과는 -3이 출력된다. 이 기능 역시 빈번히 사용되기 때문에 잘 기억해 두어야 한다.

또한 문자열 슬라이싱과 마찬가지로 콜론(:)을 사용하여 특정 범위의 데이터만을 추출할 수도 있다. 다음의 코드를 입력하고 실행해보자.

```
a=[2,3,4,5,6,7]
b=a[1:3]
print(b)
```

앞선 코드를 실행하면 [3, 4]가 출력된다. 1:3이므로 두 번째 데이터에서 네 번째 직전 데이터인 세 번째 데이터까지 출력하라는 의미를 가지기 때문에 3과 4가 출력되는 것이다.

문자열 슬라이싱에서 별도로 다루지는 않았지만 다음과 같은 방법으로 데이터를 추출할 수도 있다.

```
a=[2,3,4,5,6,7]
b=a[:3]
print(b)
```

실행하면 [2, 3, 4]가 나온다. 콜론의 앞에 아무런 숫자도 넣지 않으면 처음부터 세 번째 데이터까지 출력하라는 의미를 가진다. 이는 문자열 슬라이싱에서도 동일하며 반대 상황도 가능하다. 예를 들어 a[3:]은 네 번째 데이터에서 끝까지 출력하라는 의미를 가진다. 따라서 a[3:]이라고 입력하고 코드를 실행하면 [5, 6, 7]이 출력된다.

```
a=[2,3,4,5,6,7]
b=a[3:]
print(b)
```

2.6 메서드 사용하기

파이썬에 익숙하지 않다면 클래스나 메서드는 다소 이해하기 복잡한 면이 있다. 클래스와 메서드를 만들거나 정의하는 것은 이 책에서는 다루지 않는다. 책의 의도와 대상 독자를 고려한 판단이다. 하지만 메서드를 사용하는 것은 중요하다. 메서드란, 클래스로 정의한 작업을 구현해 주는 역할을 의미한다. 예를 들어 자동차 공장이 클래스라면 엔진을 만들거나 차 내부의 에어컨을 만드는 과정 등은 모두 메서드인 셈이다. 이런 특징으로 메서드는 클래스 내에서 작동한다. 따라서 메서드는 내장 함수나 for, if, def와 같은 키워드와 달리 단독으로는 사용할 수 없고, 반드시 클래스와 함께 사용되도록 코드를 작성해야 한다.

프로그래머가 클래스나 메서드를 정의하여 사용할 수 있다. 하지만 파이썬은 몇 가지 클래스에 대한 기본적인 메서드 형식을 만들어 두었다. 여기서는 자주 사용되는 메서드를 소개하겠다.

먼저 split이 있다. 영어 이름의 뜻 그대로 쪼개는 역할을 한다. 다음과 같이 코드를 구성해보자.

```
a="지구과학은-즐거워"
b=a.split("-")
print(b)
```

실행 결과의 값은 다음과 같다.

```
["지구과학은", "즐거워"]
```

변수 a에 "지구과학은-즐거워"를 입력했다. 단어가 " "로 감싸져있기 때문에 문자 형식의 데이터이다. 그리고 변수 b에서 split을 이용해 -를 기준으로 쪼개었다. 그 결과 -를 기준으로 "지구과학은"과 "즐거워"의 두 개의 문자열로 쪼개진 것을 확인할 수 있다. 여기서 주목할 점은 a. 뒤에 split을 썼다는 것이다. 앞에서 설명한 것처럼, 메서드는 해당 클래스나 객체와 함께 사용해야 한다. a.split이라 하지 않고 그냥 split이라고 하면 오류가 발생한다.

다음과 같이 응용할 수도 있다.

```
a="파이썬으로-배우는-신나는-지구과학"
b=a.split("-")[2]
print(b)
```

위의 코드를 실행하면 "신나는"이 출력된다. 이유는 간단하다. -를 기준으로 문자를 쪼개면 "파이썬으로", "배우는", "신나는", "지구과학" 4개의 문자열을 가진 리스트형 자료가 출력된다. 코드에서 [2]라고 입력하였기 때문에 이 데이터 중 세 번째 데이터만 출력하라는 의미를 가진다. -를 기준으로 쪼갠 세 번째 데이터는 "신나는"이기 때문에 앞서 말한 결과가 출력된 것이다.

여기서 잠시 메서드를 사용하는 기본 문법을 살펴보자. 지금까지 메서드를 사용한 과정을 보면 변수 a 다음에 "."을 입력하고 난 뒤 메서드를 사용하였다. 이처럼 메서드를 사용하기 위해서는 메서드를 정의한 클래스나 객체 다음에 "."을 입력하고 메서드 이름을 입력해 사용해야 한다.

문자열의 메서드 중 split만큼 빈번히 사용되는 것 중 하나로 replace가 있다. replace는 특정 문자를 다른 것으로 대체할 때 사용하는 메서드이다. 다음과 같은 코드를 입력해보자.

```
a="파이썬으로-배우는-신나는-지구과학"
b=a.replace("지구과학", "과학")
print(b)
```

변수 a에 "파이썬으로-배우는-신나는-지구과학"을 넣어주었다. 그리고 변수 b에서 replace를 사용하여 "지구과학"을 "과학"으로 바꾸라고 지시했다.

그 결과 변수 a에 있는 지구과학은 과학으로 바뀌고 다음과 같은 결과가 출력된다.

파이썬으로-배우는-신나는-과학

split만큼 많이 사용되는 또 다른 메서드로 append가 있다. append는 리스트 자료형에서 빈번하게 사용되는 메서드 중에 하나이다. 단어 뜻 그대로 추가하라는 의미를 가진다. 다음과 같은 코드를 입력해보자.

```
a=[1,2,3,4,5]
a.append(10)
print(a)
```

실행하기 전 먼저 예상해보자. 어떤 결과가 나올까? 현재 변수 a에 대입한 리스트형 자료 [1, 2, 3, 4, 5]에 10이 추가되어 [1, 2, 3, 4, 5, 10]이라는 결과가 나왔다. 많은 양의 데이터에 단순하게 반복되는 계산을 한 뒤 리스트 자료형에 추가하는 작업을 할 때 메서드 append를 사용하면 효율적인 프로그래밍을 할 수 있다. 이 책에서도 append는 종종 사용된다.

위의 리스트형 자료는 내ㅓ장 함수 list와 range를 사용해 다음과 같이 쓸 수도 있다.

```
a=list(range(1,6,1))
a.append(10)
print(a)
```

내장 함수 list는 리스트형 자료를 생성하는 명령어이며, range(1,6,1)은 1에서부터 6 이전의 정수인 5까지의 숫자를 1간격으로 생성하는 명령어이다. 따라서 range에서 생성한 1에서 5까지의 숫자를 리스트형 자료로 만든 뒤 a.append(10)를 사용하여 동일한 결과 [1, 2, 3, 4, 5, 10]을 얻을 수 있다.

이 외에도 파이썬에는 다양한 내장 함수, 키워드, 메서드 등이 사용된다. 여기까지 다룬 내용은 파이썬과 친해지기 위해 가볍게 다룬 내용이며 나머지 내용은 직접 데이터를 분석하며 하나씩 소개할 예정이다.

2.7 #으로 주석 달기

#(번호 기호)은 파이썬에서 자주 사용된다. 처리하지 않고 싶은 명령어의 맨 앞에 # 표시를 하면 파이썬은 엔터키로 줄을 바꾸기 전까지 # 다음의 명령어는 처리하지 않는다. 다음과 같이 코드를 입력하고 실행해보자.

```
a,b,c=15,10,11
print(a+b)
print(b+c)
```

실행 결과 25와 21이 나온다. 이제 print(b+c)의 앞줄에 #을 추가하고 실행해보자.

```
a,b,c=15,10,11
print(a+b)
#print(b+c)
```

그럼 파이썬은 print(b+c)는 실행하지 않고 print(a+b)의 결과인 25 하나만 출력된다.

그럼 #은 어디에 활용해야 할까? 다양하게 활용할 수 있다. 처음 코드를 계획하며 여러 가지 시행착오를 겪을 때에는 코드를 자주 수정해야 할 필요가 있다. 이때 #을 사용하여 당장 필요 없는 코드 앞에 붙여주고 해당 코드가 실행되지 않게 해놓으면 매우 편리하다. 또한 본인이 입력한 코드도 시간이 지나면 무슨 목적으로 작성했는지 기억하지 못할 때가 있다. 또는 다른 사람에게 작성한 코드를 설명해야 할 때, #을 쓰고 코드에 대한 설명을 넣을 수 있다. 이런 코드를 주석이라고 한다. 앞서 예시로 만든 코드를 다음과 같이 수정해서 실행해보자.

```
a,b,c=15,10,11 변수가 3개면 3개의 값이 필요해요
print(a+b)  15와 10을 더하고
print(b+c) 10과 11을 더합니다.
```

실행하면 오류가 발생한다. 왜냐하면 추가된 한글 문장은 문법에 맞지 않기 때문이다. 하지만 코드의 이해를 돕기 위해 설명을 꼭 넣어야 하는 상황이라면 설명 부분에 #을 추가하여 실행해보자.

```
a,b,c=15,10,11 #변수가 3개면 3개의 값이 필요해요
print(a+b) #15와 10을 더하고
print(b+c) #10과 11을 더합니다.
```

정상적으로 25와 21이 출력되는 것을 확인할 수 있다.

뒤의 모든 내용은 코드 실행 과정에서 처리되지 않기 때문에 #을 하나 이상을 붙여도 전혀 상관없다.

Part

II

PLOT으로 선형그래프 그리기

| 3장 | PLOT으로 선형그래프 그리는 방법 |
| 4장 | PLOT으로 그려보는 지구별 자연법칙 |

3장
PLOT으로 선형그래프 그리는 방법

3.1 선형그래프 그려보기

과학이나 공학에서는 가설을 검증하기 위해 연구를 하고 여러 가지 형태의 숫자로 결과를 나타낸다. 하지만 숫자만으로는 변인 간의 관계를 정확하게 파악하기 어려울 때가 많다. 이때 데이터를 시각화하면 변인 간의 관계를 정확하게 파악할 수 있다. 데이터의 시각화란 그래프를 활용하여 데이터를 나타내는 것을 말한다. 파이썬에서는 여러 가지 라이브러리를 활용하여 그래프를 그릴 수 있는데, 이때 많이 사용하는 라이브러리 중 하나로 matplotlib가 있다. matplotlib를 사용하면 여러 가지 형태의 그래프를 그릴 수 있다. 여기서 먼저 배워볼 것은 선형그래프이다. [그림 3-1]과 같이 선이나 곡선으로 이루어진 선형그래프를 그리려면 plot을 사용하면 된다.

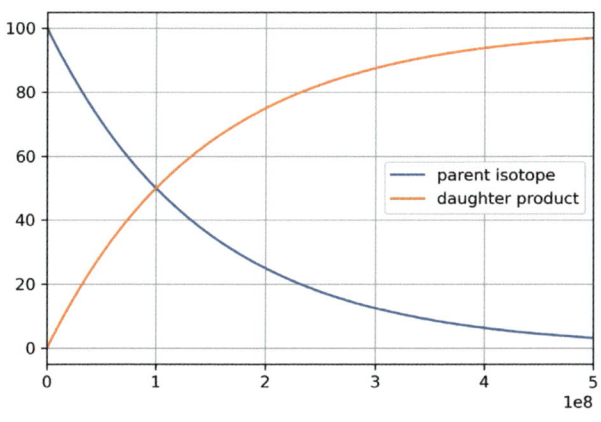

[그림 3-1] PLOT를 사용하여 그래프를 그린 예

plot은 matplotlib.pyplot에 있는 메서드이기 때문에 이 메서드를 사용하기 위해서는 matplotlib.pyplot을 호출해야 한다. matplotlib.pyplot을 호출하기 위해서는 다음과 같이 코드를 입력하고 실행하면 된다.

```
import matplotlib.pyplot
```

여기서 import는 라이브러리를 호출하기 위한 명령어(키워드)이다. 이렇게 코드를 입력하고 실행하면 matplotlib.pyplot를 호출할 수 있다.

라이브러리를 호출했다면 그래프를 그릴 준비는 모두 마쳤다. 이제 간단한 형태의 그래프를 그리기 위해 2개의 리스트 자료형을 임의로 만들어보자.

```
a=[1,2,3,4,5]
b=[2,3,4,5,6]
```

여기서 변수 a에는 리스트 자료형 [1, 2, 3, 4, 5]를, 변수 b에는 리스트 자료형 [2, 3, 4, 5, 6]을 지정했다.

이제 이 자료를 이용하여 그래프를 그려보고자 한다. 그래프를 그리기 위해 다음의 명령어를 입력한다. 여기서 plot은 선형그래프를 그려주는 명령어이고 show는 그래프를 보여주는 명령어이다. plot과 show 모두 파이썬에서 기본적으로 사용하는 메서드가 아니라 matplotlib.pyplot 라이브러리에만 있는 기능이기 때문에 plot과 show를 사용하려면 먼저 그 앞에 matplotlib.pyplot을 꼭 작성해야 한다.

```
matplotlib.pyplot.plot(a,b)
matplotlib.pyplot.show()
```

plot(a, b)는 x축 좌표로 a 변수에 있는 자료를, y축 좌표로 b 변수에 있는 자료를 쓰겠다는 의미이다. 첫 번째 x값과 y값은 (1, 2)이고 두 번째 x값과 y값은 (2, 3), 세 번째는 (3, 4) 네 번째는 (4, 5), 다섯 번째는 (5, 6)이기 때문에 [그림 3-2]처럼 직선 형태의 그래프가 그려질 것으로 예상할 수 있다. 결과는 다음과 같다.

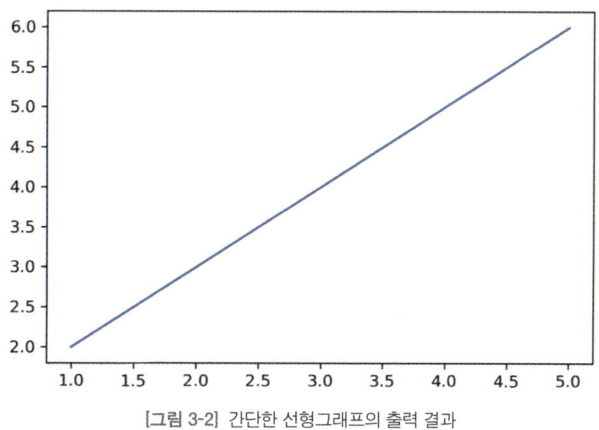
[그림 3-2] 간단한 선형그래프의 출력 결과

> **coding tip** **리스트 자료형**
>
> 파이썬에서 숫자나 문자를 변수로 지정하여 사용할 수 있다. 이때 변수로 지정할 숫자나 문자를 하나의 그룹으로 지정하고자 할 때는 리스트 자료형을 사용할 수 있다. 리스트 자료형을 사용하면 여러 개의 문자나 숫자를 하나의 변수로 지정할 수 있다. 리스트 자료형의 집합은 [ ]를 사용하여 나타낸다.

그런데 plot은 물론이고 matplotlib.pyplot에서 제공하는 여러 가지 메서드를 쓰려면 매번 matplotlib.pyplot을 먼저 작성해 주어야 한다. 하지만 라이브러리의 이름이 너무 길기 때문에 매번 쓰기에는 너무 번거롭다. 그렇기 때문에 파이썬에서는 이런 문제를 해결하기 위해 라이브러리의 이름을 간단하게 할 수 있는 방법을 만들어 놓았다. 바로 as를 사용하는 것이다. as를 활용하여 라이브러리를 호출하는 과정에서 다음과 같이 코드를 작성할 수 있다.

```python
import matplotlib.pyplot as plt
```

as는 라이브러리 이름을 사용자가 지정해 주는 것으로 대체하겠다는 의미이며 여기서 우리는 plt로 대체하였다. 여기서는 plt로 대체했지만 꼭 plt일 필요는 없다. 그런데 이상하게 전 세계의 많은 사람이 plt를 사용한다. 그러니 혼동을 피하기 위해 가급적 plt를 사용하는 것을 권장한다. plt를 사용하여 지금까지의 명령어를 다시 쓰면 다음과 같다.

```
import matplotlib.pyplot as plt
a=[1,2,3,4,5]
b=[2,3,4,5,6]
plt.plot(a,b)
plt.show()
```

그래프는 그림 파일로 저장할 수 있다. savefig 메서드를 사용하면 된다. 그래프를 저장하기 위해 전체 코드의 plt.show() 바로 위에 아래 명령어를 추가하자.

```
plt.savefig("C:\\111\\example.jpg", dpi=300)
```

여기서 savefig는 그래프를 저장하기 위한 메서드이고 그 다음의 코드는 그래프를 저장할 폴더의 경로이다. 여기서는 예제로 C 드라이브에 111 폴더를 만들어 jpg 파일 형식으로 example이라는 이름의 그래프를 저장하였다. 단, 컴퓨터에 111 폴더가 있어야 하며 111 폴더가 없다면 C 드라이브에 먼저 111 폴더를 만들어야 한다. 여기서 주의할 점은 윈도우에서는 폴더 사이의 구분기호로 \를 사용하지만 파이썬에서는 \\를 사용한다는 점이다. dpi=300은 사진의 품질을 지정해 주는데, 300 이상으로 해도 사진 용량만 커질 뿐 차이점을 느끼기 어렵다.

이제 plot을 사용해 그래프를 그릴 모든 준비를 마쳤다. 몇 가지 예제로 그래프를 그려보자.

4장
PLOT으로 그려보는 지구별 자연법칙

4.1 광물의 모스 굳기를 그래프로 나타내기

> **한걸음 다가서기**
>
> 광물은 종류에 따라 단단한 정도가 서로 다르다. 광물의 단단한 정도를 굳기라고 하는데, 모스 굳기계에서 광물의 실제 굳기는 얼마나 다른지 알아보자.

> **지구과학 미리보기**
>
> 우리가 밖에서 보는 돌을 과학에서는 암석이라고 한다. 이런 암석을 자세히 보면 서로 다른 작은 입자로 구성되어 있는 것을 알 수 있다. 이런 작은 입자를 광물이라고 하는데, 지금까지 알려진 광물의 수는 3,000여 종이다.
>
> 광물은 종류에 따라 단단한 정도가 다른데 이를 굳기라고 한다. 광물의 굳기는 모스 굳기계의 10가지 대표 광물을 이용해 단단한 정도를 상대적으로 표현한다. 이때 활석, 석고, 방해석, 형석, 인회석, 정장석, 석영, 황옥, 강옥, 금강석을 기준으로 사용한다. 여기서 활석이 가장 무른 광물이며 금강석이 가장 단단한 광물이다. 금강석은 우리가 잘 알고 있는 다이아몬드이다.

Step 1 데이터 찾아보기

[그림 4-1]은 모스 굳기계 10가지 광물의 상대적 굳기(모스 굳기)와 실제 굳기(절대 굳기)를 나타낸 것이다.

형석의 모스 굳기는 4이고 석고의 모스 굳기는 2이다. 하지만 이는 상대적인 순서이기 때문에 형석이 석고보다 2배 더 단단하다고 말할 수 없다. 학급 지구과학 1등의 점수가 100점이고 2등이 90점일 때, 등수가 2배 차이라고 해서 1등이 2등보다 점수가 2배 더 높다고 말할 수 없는 것과 마찬가지이다.

때문에 얼마나 더 단단한지 보려면 절대 굳기를 비교해야 한다. 모스 굳기계에 사용하는 광물의 절대 굳기를 그래프로 표현하면 각 광물이 실제로 얼마나 더 단단한지를 알아보기 쉽게 나타낼 수 있다.

모스 굳기	광물	화학식	절대 굳기	사진
1	활석	$Mg_3(OH)_2Si_4O_{10}$	1	
2	석고	$CaSO_4 \cdot 2H_2O$	3	
3	방해석	$CaCO_3$	9	
4	형석	CaF_2	21	
5	인회석	$Ca_5(PO_4)_3(OH^-,Cl^-,F^-)$	48	

모스 굳기	광물	화학식	절대 굳기	사진
6	정장석	$KAlSi_3O_8$	72	
7	석영	SiO_2	100	
8	황옥	$Al_2SiO_4(OH^-,F^-)_2$	200	
9	강옥	Al_2O_3	400	
10	금강석	C	1600	

[그림 4-1] 모스 굳기계의 기본 광물[1]

Step 2 그래프 표현하기

선형그래프를 이용하면 모스 굳기계 10개 광물의 실제 단단한 정도를 한눈에 볼 수 있다. 우선 라이브러리를 호출하고, 리스트 자료형을 이용해 데이터를 표현해보자.

```
import matplotlib.pyplot as plt
a=["활석", "석고", "방해석", "형석", "인회석", "정장석", "석영", "황옥", "강옥", "금강석"]
b=[1,2,9,21,48,72,100,200,400,1500]
```

변수 a에는 광물 이름을, 변수 b에는 각 광물의 절대 굳기에 해당하는 데이터를 리스트 자료형으로 생성하였다. 이제 변수 a는 x축, 변수 b는 y축에 대응하도록 그래프를 그리면 된다. 따라서 다음과 같이 코드를 입력해보자.

---

[1] "Mohs scale", Wikipedia, https://en.wikipedia.org/wiki/Mohs_scale

```
import matplotlib.pyplot as plt
a=["활석", "석고", "방해석", "형석", "인회석", "정장석", "석영", "황옥", "강옥", "금강석"]
b=[1, 2, 9, 21, 48, 72, 100, 200, 400, 1500]
plt.plot(a,b)
plt.show()
```

이렇게 코드를 작성하고 실행하면 다음과 같은 그래프가 나온다.

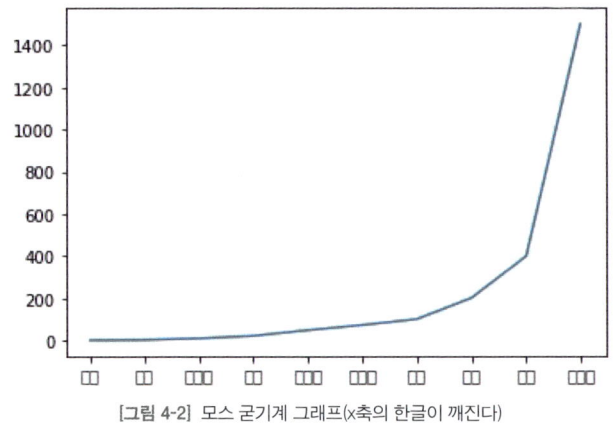

[그림 4-2] 모스 굳기계 그래프(x축의 한글이 깨진다)

그런데 x축의 광물명이 제대로 출력되지 않았다. matplotlib의 그래프는 기본적으로 한글을 지원하지 않기 때문이다. 그래서 한글을 호출할 수 있도록 별도의 코드를 입력해야 한다. 코드의 맨 윗줄에 다음의 두 줄을 추가해 주자.

```
from matplotlib import font_manager, rc
rc("font", family="HCR Dotum")
```

첫 번째 줄은 한글을 출력할 수 있는 라이브러리를 호출하는 것이고 두 번째 줄은 글자체(폰트)를 지정해 주는 코드이다.

이렇게 작성하여 그래프를 다시 그리면 [그림 4-3]처럼 한글이 정상적으로 출력되는 것을 볼 수 있다.

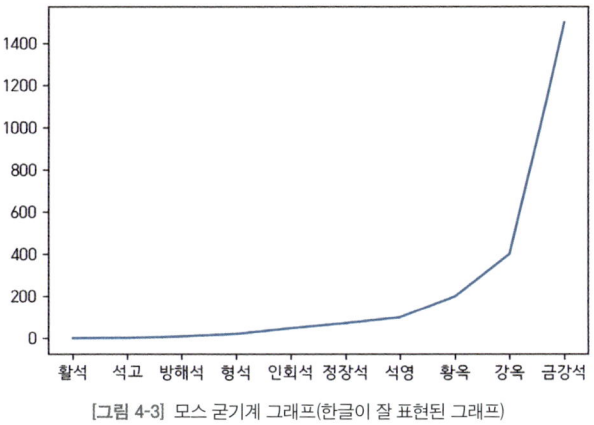

[그림 4-3] 모스 굳기계 그래프(한글이 잘 표현된 그래프)

그래프를 그릴 때에는 x축과 y축의 이름을 지정해 주고 그래프의 이름도 함께 나타내는 것이 좋다. 위 그래프에는 x축, y축이 무엇인지와 그래프의 이름이 빠졌기 때문에 축 제목과 그래프 제목을 지정해보자.

```
plt.xlabel("광물 이름")
plt.ylabel("광물의 절대 굳기")
plt.title("모스 굳기계 광물의 절대 굳기")
```

plt.xlabel과 plt.ylabel은 각각 x축과 y축의 이름을 지정해 주는 코드이고 plt.title은 그래프의 이름을 입력하는 코드이다. 그래프를 저장하고 싶으면 맨 마지막에 savefig를 이용해 그래프를 저장하자.

다음은 이렇게 코드를 작성하여 그린 그래프와 전체 코드이다.

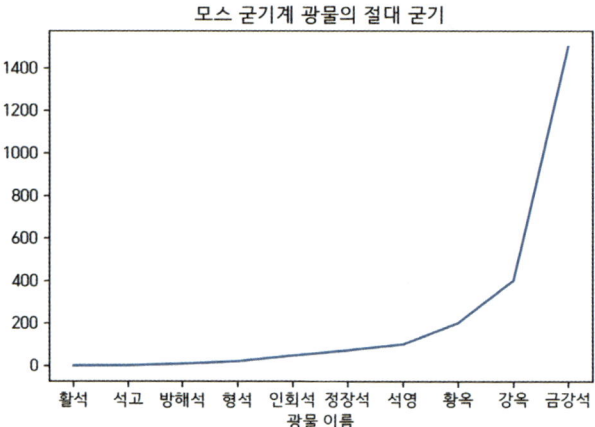

[그림 4-4] 축 제목과 그래프 제목을 모두 나타낸 그래프

```
from matplotlib import font_manager, rc
rc("font", family="HCR Dotum")
import matplotlib.pyplot as plt
a=["활석", "석고", "방해석", "형석", "인회석", "정장석", "석영", "황옥", "강옥", "금강석"]
b=[1,2,9,21,48,72,100,200,400,1500]
plt.xlabel("광물 이름")
plt.ylabel("광물의 절대굳기")
plt.title("모스 굳기계 광물의 절대 굳기")
plt.plot(a,b)
plt.savefig("C:\\111\\광물의 절대 굳기", dpi=300)
plt.show()
```

❶ 모스 굳기와 절대 굳기

모스 굳기계는 1812년 독일의 광물학자인 프리드리히 모스가 개발한 광물의 굳기 기준표다. 모스 굳기계의 기준 광물은 활석, 석고, 방해석, 형석, 인회석, 정장석, 석영, 황옥, 강옥, 금강석인데, 이들 광물을 실제 단단한 정도인 절대 굳기가 증가하는 순서대로 나열한 것이다.

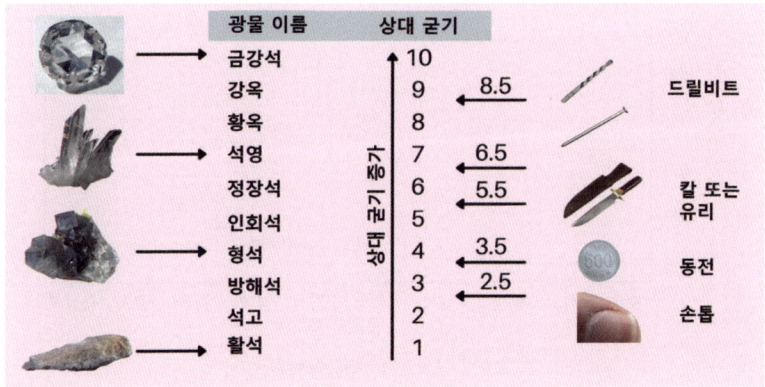

[그림 4-5] 모스 굳기계

활석인 1부터 금강석인 10까지로 굳기를 표현했지만 굳기가 1인 활석과 굳기가 10인 금강석의 절대 굳기 차이는 10배가 아니라 1600배 차이가 난다. 즉, 모스 굳기는 광물 간의 상대적 굳기를 간단히 판단하는데 유용하지만 실제 물리적 성질을 왜곡하는 측면이 있기 때문에 절대 굳기의 수치도 눈여겨볼 필요가 있다.

파이썬으로 작성한 그래프는 상대적 순서인 모스 굳기와 절대 굳기를 한 번에 표현하고 있어, 둘 사이의 관계를 쉽게 판단할 수 있다. 또한 모스 굳기의 증가에 따른 절대 굳기의 변화도 기울기를 통해 시각적으로 쉽게 확인할 수 있다. [그림 4-6]을 보면 활석에서부터 석영까지는 비교적 완만한 기울기를 보이다가, 그 이후부터는 기울기가 급격하게 변화했음을 알 수 있다. 특히 금강석은 모스 굳기계에서 절대 굳기가 1600으로 가장 단단한데, 금강석은 자연적으로 만들어지는 광물 중 가장 단단한 광물이다.

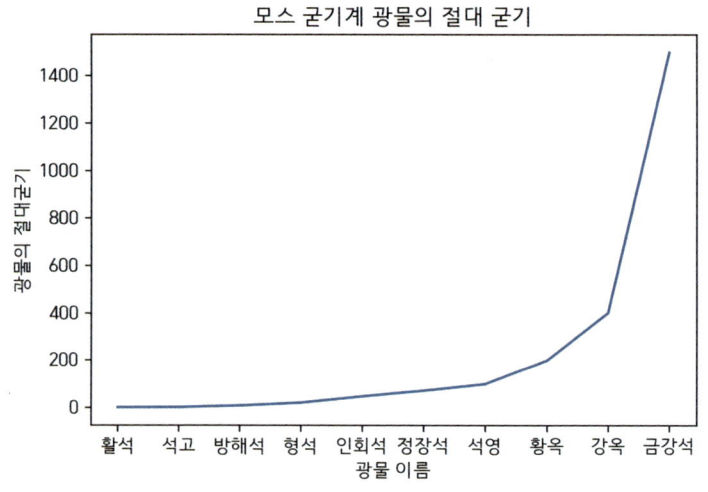

[그림 4-6] 모스 굳기계 광물의 절대 굳기

❷ 광물의 굳기를 왜 알아야 할까?

암석은 일종의 혼합물이지만 광물은 화합물이다. 즉, 광물은 광물마다 가지는 원소와 구조적 특성에 의해 고유한 성질을 지닌 순수한 물질이라고 할 수 있으며 각 광물의 성질을 분석하여 분류하고 판별할 수 있다. 광물을 분류하는 데 주요한 물리적 특성은 결정형, 쪼개짐, 깨짐, 굳기, 광택, 조흔색 등이 있다. 꼭 광물이 아니더라도 과학에서 물질의 특성을 학습하고 분류하는 작업은 미지의 물질을 연구하는 데에 매우 중요하다.

앞서 열거한 대로 광물의 굳기는 광물이 가지는 고유한 물리적 특성 중 하나이다. 광물의 굳기는 주로 광물의 구조적 차이에 의해 발생하므로 광물이 가지는 구조적 안정성을 간접적으로 판단할 수 있다. 굳기가 약한 광물과 굳기가 강한 광물을 서로 긁으면 굳기가 약한 광물이 긁히게 되는데, 이는 굳기가 약한 광물이 물리적으로 강도가 약하다는 의미이기 때문에 기계적 풍화에도 약할 것을 예상할 수 있다. 즉, 기계적 풍화가 강한 환경에서 굳기가 약한 광물은 쉽게 없어질 것으로 추정 가능하며, 역으로 해석하면 어떤 지역에 남아있는 광물을 통해 과거 이 지역이 어떤 환경이었는지 추론할 수도 있다. 다만, 굳기가 강하더라도 화학적 풍화에는 약한 광물도 있으므로 풍화에 대한 내구도를 알아보려면 이 두 가지를 모두 고려하는 것이 좋다.

4.2 조석 예보표를 그래프로 그려서 물때의 변화 경향 분석하기

> **한걸음 다가서기**
>
> 간조와 만조의 높이 차이인 조차는 매일 조금씩 다르다. 조차가 매일 다른 이유는 무엇이고, 우리나라에서 조차가 가장 크게 나타나는 바다는 어디일까?

> **지구과학 미리보기**
>
> 지구의 바다는 달과 태양의 영향으로 하루에 1~2번의 밀물과 썰물이 나타난다. 이로 인해 바닷물은 하루에 수차례 들어왔다 나가기를 반복한다. 이 현상을 조석이라고 하는데, 이렇게 지구에 조석을 일으키는 힘을 조석력(또는 기조력)이라고 한다. 중력은 거리의 제곱에 반비례하지만 조석력은 거리의 세제곱에 반비례한다. 달 - 지구의 거리가 태양 - 지구의 거리에 비해 대략 400배가량 더 가깝다. 때문에 달이 태양보다도 훨씬 질량이 작음에도 불구하고 지구에 미치는 조석력은 태양보다 50배 정도 더 크다. 또한 지구는 태양 주변을 돌고 있고, 달 역시 지구 주변을 돌고 있기 때문에 태양과 달이 지구에 미치는 기조력의 합은 시시각각 달라진다. 이는 밀물과 썰물 때 해수면의 높이차가 달라지는 원인이 된다. 밀물과 썰물에서 해수면의 높이차가 크게 발생할 때와 작게 발생할 때는 언제이며, 우리나라의 동해, 남해, 서해 중 조차가 가장 크게 나타나는 바다가 어디일지 그래프를 분석하여 알아보자.

Step 1 데이터 다운로드

국립해양조사원에서는 우리나라 연안 여러 지역에 대한 조석예보를 하고 있다. 국립해양조사원 홈페이지 [스마트 조석예보] 메뉴의 [돋보기] 버튼을 클릭하면 지역별, 시간별로 예측한 간조와 만조 때 물높이 데이터를 다운로드할 수 있다.

[그림 4-7] 국립해양조사원 홈페이지[2]

스마트 조석예보의 첫 화면에는 서해, 남해, 동해의 지역별로 예측한 물때를 확인할 수 있다. 지도를 확대하여 원하는 지역을 찾아 클릭해서 자료를 다운로드할 수 있지만 여기서는 지도 화면 오른쪽 상단의 [검색] 탭에 '보령'이라고 입력하여 보령 지역의 데이터를 다운로드해 보고자 한다.

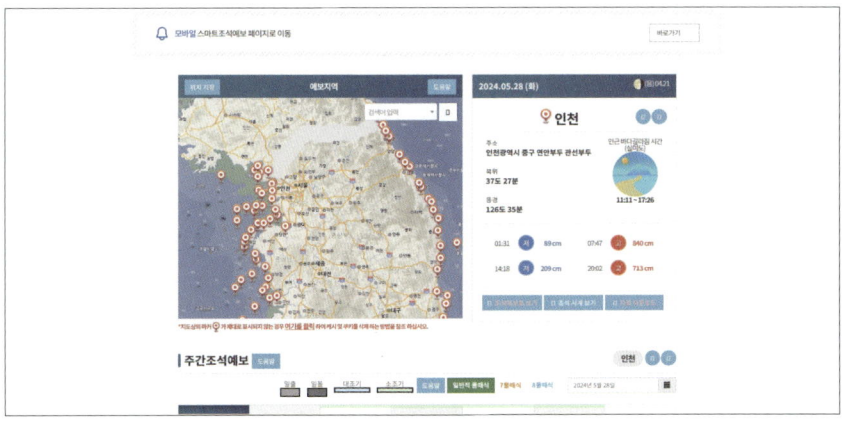

[그림 4-8] 스마트 조석예보 화면[3]

---

[2] 국립해양조사원, https://www.khoa.go.kr/
[3] "스마트 조석예보", 국립해양조사원, https://www.khoa.go.kr/swtc/main.do?pageType=pc

보령이라고 입력한 뒤 검색하면 지도의 오른쪽 아래에 [자료 다운로드] 메뉴가 활성화된다. 여기서 [자료 다운로드]를 클릭하자.

[그림 4-9] 조석 다운로드 화면[4]

1시간, 10분, 1분 단위로 조위 예측 자료를 다운로드할 수 있다. 여기서는 1달 치 데이터를 분석할 것이기 때문에 10분이나 1분 단위 예측 자료는 지나치게 상세할 수 있다. 따라서 [1시간 예측 조위] 값의 [엑셀 받기] 버튼을 클릭하여 데이터를 다운로드하자. 다운로드가 완료되면 자료를 작업하기 편리한 폴더로 이동하고 파일명을 간단하게 tidal로 바꾸자. 여기서는 다운로드한 파일을 C 드라이브의 111 폴더로 옮겼다.

다운로드한 파일은 엑셀 형식이다. 파이썬에서 엑셀 형식의 데이터를 분석할 수 있는 라이브러리로 pandas가 있다. pandas를 이용한 분석은 다음 장에서 배워보고, 여기서는 csv 라이브러리와 for 문을 이용해 데이터를 분석해 보고자 한다. 따라서 다운로드한 파일을 다음의 과정에 따라 분석에 용이하게 변환한 뒤, csv 형식으로 저장하자.

---

4 "스마트 조석예보", 국립해양조사원, https://www.khoa.go.kr/swtc/main.do?pageType=pc

1. 다운로드한 파일을 엑셀을 이용하여 열자.

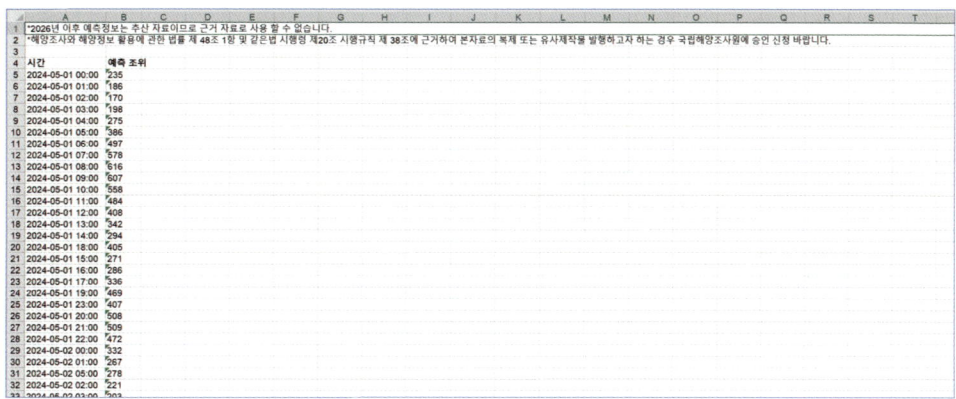

[그림 4-10] 다운로드한 데이터의 구조

여기서 1, 2, 3번 행은 분석에 불필요한 행이기 때문에 모두 삭제하자.

2. **[다른 이름으로 저장하기]**를 클릭하여 작업하기 편리한 폴더에 파일이름을 tidal로 저장한다. 이때 파일 형식은 csv로 바꾸어서 저장한다.

여기서 csv는 Comma-Separated Values의 약자로, 각 데이터가 쉼표로 구분되어 있는 텍스트 파일이다. csv 파일은 엑셀이나 메모장으로 읽고 편집할 수 있다. 과학의 다양한 분야에서 csv는 데이터 처리를 목적으로 매우 광범위하게 사용되고 있다. csv는 엑셀로 열었을 때에는 각 값이 쉼표로 구분되어 있는 것을 확인할 수 없지만, 메모장으로 열면 쉼표로 구분되어 있는 것을 확인할 수 있다.

| Step 2 | 데이터 정리하기

먼저 그래프를 그리고 데이터를 불러올 때 사용할 필수 라이브러리를 호출하고 파일을 읽어보자.

```
import csv
from matplotlib import font_manager, rc
rc("font", family="HCR Dotum")
file=open("C:\\111\\tidal.csv")
data=csv.reader(file)
```

코드를 실행했을 때 오타가 없다면 별도로 출력되는 것 없이 코드 실행이 완료된다. 이제 tidal.csv에 어떠한 데이터가 있는지 파이썬으로 불러보자.

```
data=csv.reader(file)
for row in data:
    print(row)
```

[그림 4-11]는 코드의 실행 결과이다.

```
['시간', '예측 조위']
['2024-01-01 00:00', '204']
['2024-01-01 01:00', '175']
['2024-01-01 02:00', '203']
['2024-01-01 03:00', '291']
['2024-01-01 04:00', '410']
['2024-01-01 05:00', '512']
['2024-01-01 06:00', '564']
['2024-01-01 07:00', '557']
['2024-01-01 08:00', '497']
['2024-01-01 09:00', '397']
['2024-01-01 10:00', '287']
['2024-01-01 11:00', '196']
['2024-01-01 12:00', '138']
['2024-01-01 13:00', '124']
['2024-01-01 14:00', '167']
['2024-01-01 18:00', '616']
['2024-01-01 15:00', '269']
```

[그림 4-11] 실행 결과

실행 결과를 보면, 2차원의 리스트 자료형으로 출력되는 것을 알 수 있다. 리스트 자료형의 첫 번째 행은 시간과 예측 조위이다. 이는 각 데이터가 무엇을 의미하는지 알려주는 정보이다. 이와 같은 데이터를 '헤더 데이터'라고 한다. csv 라이브러리는 헤더 데이터도 하나의 일반적인 데이터로 간주하기 때문에 실제로 그래프를 그릴 때에는 헤더 데이터는 제외하고 작업을 해야 한다. 또한, 모든 데이터가 ""로 싸여 있는데, 이는 csv 라이브러리가 각 데이터를 문자로 인식하고 있음을 말해준다. 날짜와 시간 데이터는 문자로 인식해도 큰 문제가 없지만 예측 조위 데이터는 문자로 인식하고 있으면 그래프를 그릴 수 없다. 따라서 문자를 숫자(실수)로 바꾸는 작업이 필요하다.

마지막으로 csv 파일을 불러오기 위해 for 문을 사용하였다.

coding tip | for 문 사용의 기본

파이썬에서 숫자나 문자를 변수로 지정하여 사용할 수 있다. 이때 변수로 지정할 숫자나 문자를 하나의 그룹으로 지정하고자 할 때는 리스트 자료형을 사용할 수 있다. 리스트 자료형을 사용하면 여러 개의 문자나 숫자를 하나의 변수로 지정할 수 있다. 리스트 자료형의 집합은 [ ]를 사용하여 나타낸다.

```
x=[1, 2, 3, 4 ,5]
```

변수 x에 1, 2, 3, 4, 5로 되어있는 리스트 자료형을 만들었다. 1, 2, 3, 4, 5에 모두 3을 곱하고자 한다면 일일이 3을 곱해도 되지만 for 문을 사용하면 일일이 곱하지 않아도 간단하게 해결할 수 있다. 다음과 같은 코드를 입력하고 실행해보자.

```
x=[1, 2, 3, 4, 5]
for i in x:
    y=i*3
    print(y)
```

결과는 다음과 같을 것이다.

```
3
6
9
12
15
```

for 문을 사용할 때에는 몇 가지 주의점이 있다. 첫 번째로 2가지 변수를 사용한다는 것이다. for 문은 기본적으로 아래와 같은 구조로 되어있다.

```
for (변수) in (데이터 집합의 변수):
```

2개의 서로 다른 변수를 쓰는 이유는 간단하다. 변수 x는 1, 2, 3, 4, 5라는 정수의 집합이다. 여기서 1은 변수 x에 있는 데이터일 뿐 x 자체가 1은 아니다. 따라서 x에 있는 1을 사용하려면 새로운 변수를 사용하여야 한다. 그래서 for 문을 사용할 때에는 2개의 변수가 모두 필요한 것이다. 두 번째로 for 문의 마지막에는 : (콜론)을 사용한다는 것이다.

주피터 노트북에서 :을 입력하고 엔터를 누르면 자동으로 4칸이 띄워진다. 이렇게 4칸이 띄워진 채로 입력한 코드는 for 문에서 모든 데이터를 순서대로 불러올 때까지 반복 작업하라는 의미를 가진다. 앞의 예제에서 4칸을 띄워 입력한 코드는 y=i*3과 print(y)이다. 따라서 x의 첫 번째 값인 1에 3을 곱하고 결과를 출력하면 첫 번째 작업이 끝난다. 다음으로 x의 두 번째 값인 2에 다시 3을 곱하고 그 결과인 6을 출력한다. 이 작업은 x의 마지막 데이터인 5까지 반복하여 수행한다.

첫 번째로 헤더 데이터를 제외하기 위해 다음 코드를 입력해보자.

```
import csv
file=open("C:\\111\\tidal.csv")
data=csv.reader(file)
next(data)
for row in data:
    print(row)
```

내장 함수 next는 반복 가능한 데이터의 집합(객체)에서 데이터를 하나씩 뽑아낼 때 사용하는 코드이다. 여기서 next(data)를 사용한 이유는 tidal.csv의 첫 번째 데이터가 헤더 데이터인 '시간'과 '예측조위'이기 때문이다. next(data)를 사용해 tidat.csv의 첫번째 행인 '시간'과 '예측조위'를 불러왔다. 따라서 for 문에서는 두 번째 행부터 하나씩 작업한다. 이렇게 데이터를 출력하면 헤더 데이터는 사라지고 두 번째 행부터 출력되는 것을 확인할 수 있다.

다음으로 예측조위 값은 모두 문자로 되어있기 때문에 숫자로 바꾸어야 한다. 또한 그래프를 그리기 위해서는 x축에 해당하는 리스트 자료형과 y축에 해당하는 리스트 자료형만 있으면 되는데, 위 데이터는 2차원 리스트 자료형으로 구성되어 있기 때문에 날짜에 해당하는 값은 모두 새로운 리스트 자료형 dates로 옮겨주어야 하고, 예측조위에 해당하는 값은 모두 정수로 바꾸어 새로운 리스트 자료형 heights로 옮겨주어야 한다. 이 작업은 for 문을 사용하여 수행할 것이다. 다음처럼 코드를 수정해보자.

```python
import csv
file=open("C:\\111\\tidal.csv")
data=csv.reader(file)
next(data)
dates=[]
heights=[]
for row in data:
    dates.append(row[0])
    nheights=float(row[1])
    heights.append(nheights)
print(dates)
print(heights)
```

[그림 4-12]는 코드의 실행 결과이다.

```
['2024-01-01 00:00', '2024-01-01 01:00', '2024-01-01 02:00', '2024-01-01 03:00', '2024-01-01
04:00', '2024-01-01 05:00', '2024-01-01 06:00', '2024-01-01 07:00', '2024-01-01 08:00', '202
4-01-01 09:00', '2024-01-01 10:00', '2024-01-01 11:00', '2024-01-01 12:00', '2024-01-01 13:0
0', '2024-01-01 14:00', '2024-01-01 18:00', '2024-01-01 15:00', '2024-01-01 16:00', '2024-01
-01 17:00', '2024-01-01 19:00', '2024-01-01 20:00', '2024-01-02 00:00', '2024-01-01 21:00',
'2024-01-01 22:00', '2024-01-01 23:00', '2024-01-02 01:00', '2024-01-02 02:00', '2024-01-02
05:00', '2024-01-02 03:00', '2024-01-02 04:00', '2024-01-02 06:00', '2024-01-02 07:00', '202
4-01-02 11:00', '2024-01-02 08:00', '2024-01-02 09:00', '2024-01-02 10:00', '2024-01-02 12:0
0', '2024-01-02 13:00', '2024-01-02 15:00', '2024-01-02 14:00', '2024-01-02 16:00', '2024-01
-02 17:00', '2024-01-02 18:00', '2024-01-02 19:00', '2024-01-02 23:00', '2024-01-02 20:00',
'2024-01-02 21:00', '2024-01-02 22:00', '2024-01-03 00:00', '2024-01-03 01:00', '2024-01-03
05:00', '2024-01-03 02:00', '2024-01-03 03:00', '2024-01-03 04:00', '2024-01-03 06:00', '202
4-01-03 10:00', '2024-01-03 07:00', '2024-01-03 08:00', '2024-01-03 09:00', '2024-01-03 11:0
0', '2024-01-03 12:00', '2024-01-03 16:00', '2024-01-03 13:00', '2024-01-03 14:00', '2024-01
```

[그림 4-12] 출력 결과

변수 dates와 heights에 데이터 없이 텅 빈 리스트 자료형을 만들어 주었고 for 문을 이용해 tidal.csv에 있는 행을 하나씩 반복하며 첫 번째 열(row[0])의 날짜와 시간 데이터를 dates에, 두 번째 열(row[1])의 예측조위 데이터를 heights에 실수로 변환(float(row[1]))한 뒤 추가했다. 이제 그래프를 그릴 준비가 모두 되었다.

Step 3 그래프로 표현하기

그래프를 그리는 작업은 간단하다. 앞서 배운 plot를 사용하면 된다. 앞에서 작성한 코드의 맨 마지막 줄 print(dates)와 print(heights)는 삭제하고 x축에는 날짜에 해당하는 dates가, y축에는 조위에 해당하는 heights가 들어가도록 plt.plot 코드를 구성하자. 코드 내용과 실행 결과는 다음과 같다.

```python
import matplotlib.pyplot as plt
plt.plot(dates, heights)
plt.show()
```

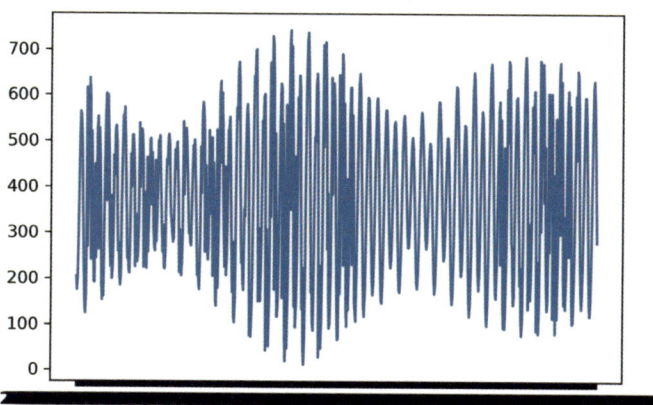

[그림 4-13] 실행 결과

그래프는 오류 없이 제대로 출력 된 것처럼 보인다. 하지만 자세히 보면 x축 값을 전혀 알 수 없는데 이것은 데이터가 너무 많고 길어서 발생한 문제다. 실제로 예측조위 데이터는 1시간 간격으로 기록되어 있어서 하루에만 24개의 데이터가 있다. 하지만 하루 24개의 시간과 날짜를 다 나타낼 필요는 없다. 이 문제는 x축의 눈금 간격을 지정하여 해결할 수 있다. x축의 눈금 간격을 조정하는 것은 여러 가지 방법이 있지만 여기서는 파이썬의 기본 함수인 range를 이용한 방법으로 눈금의 간격을 조정해보자.

> **coding tip** 스마트한 range 사용
>
> 파이썬에서 range는 빈번히 사용되는 함수 중 하나이다. 예를 들어 range(0,6,1)는 0에서 5까지 1간격으로 정수를 생성하라는 의미를 가진다.
>
> 아래와 같이 코드를 구성하고 실행하면 0, 1, 2, 3, 4, 5가 출력된다.
>
> ```
> x=range(0,6,1)
> for i in x:
>     print(i)
> ```
>
> range(0,6,1)은 0부터 6까지의 숫자를 출력하는 것이 아니라 0부터 6보다 작은 정수인 5까지를 출력하라는 의미인 것을 잊지 말자.

matplotlib에서 x축에 변화를 주고자 한다면 plt.xticks()를 사용하면 된다. 그리고 plt.xticks의 ( )에 원하는 변경 옵션을 넣어주면 된다.

첫 번째로 눈금의 수를 줄여보자. 하루에 24개의 데이터가 있고 1월 1일부터 예측한 값이기 때문에 31 x 24 = 744, 총 744개의 데이터가 있다. 하루 중 00:00시 예측 값을 5일 간격으로 보고 싶다면 24 x 5 = 120, 즉 120 간격으로 데이터를 호출하면 된다. 따라서 range 함수를 다음과 같이 구성해보자.

```python
import matplotlib.pyplot as plt
plt.plot(dates, heights)
ticks=range(0,745,120)
plt.xticks(ticks)
plt.show()
```

[그림 4-14]는 코드의 실행 결과이다.

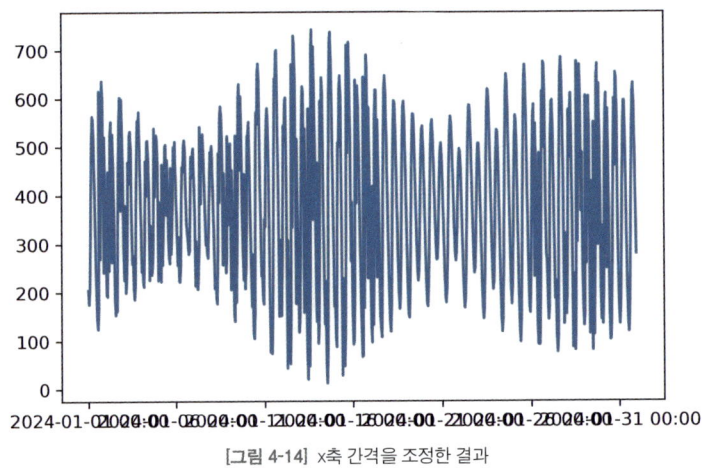

[그림 4-14] x축 간격을 조정한 결과

아직도 x축 데이터의 길이가 길어 글자가 겹친다. x축 글자를 45도 회전시켜 이 문제를 해결하자. 코드를 다음과 같이 수정해보자.

```
import matplotlib.pyplot as plt
plt.plot(dates, heights)
ticks=range(0,745,120)
plt.xticks(ticks,rotation=45)
plt.show()
```

[그림 4-15]는 코드의 실행 결과이다.

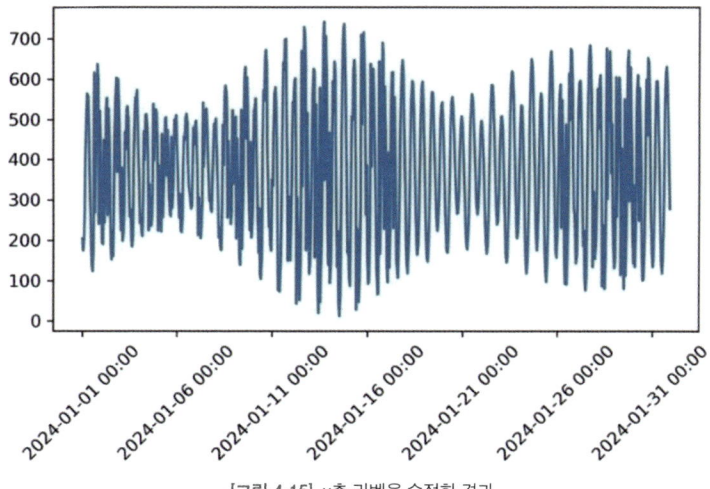

[그림 4-15] x축 라벨을 수정한 결과

이제 마지막으로 코드의 맨 아랫줄에 축 제목과 그래프 제목을 추가하여 코드를 완성해보자.

```
from matplotlib import font_manager, rc
rc("font", family="HCR Dotum")
plt.xlabel("날짜")
plt.ylabel("예측 조위(cm)")
plt.title("보령의 1월 예측 조위")
plt.savefig("C:\\111\\tidal.jpg", dpi=300)
plt.show()
```

만약 그래프를 그린 결과, x축이나 y축 일부가 잘린다면 그래프를 저장하기 전 다음 한 줄을 추가하여 코드를 완성하자.

```
plt.tight_layout()
```

최종 코드와 출력 결과는 다음과 같다.

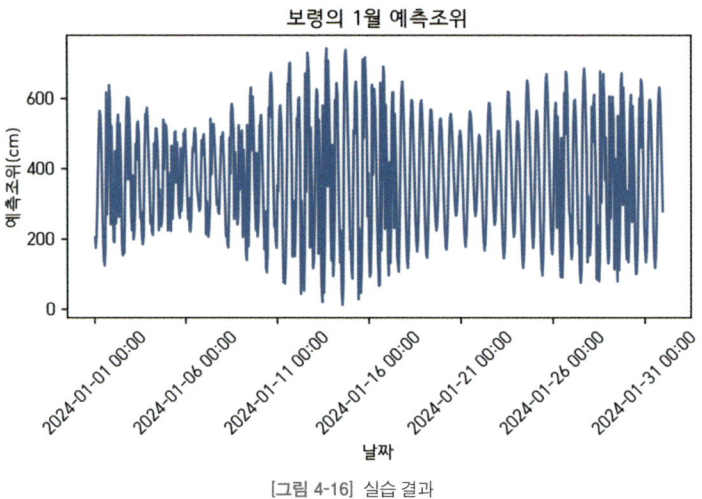

[그림 4-16] 실습 결과

```
import matplotlib.pyplot as plt
import csv
from matplotlib import font_manager, rc
rc("font", family="HCR Dotum")
f=open("C:\\111\\tidal.csv")
data=csv.reader(f)
next(data)
dates=[]
heights=[]
for row in data:
    dates.append(row[0])
    nheight=float(row[1])
    heights.append(nheight)
plt.plot(dates,heights)
ticks=range(0,745,120)
plt.xticks(ticks,rotation=45)
plt.xlabel("날짜")
plt.ylabel("예측조위(cm)")
plt.title("보령의 1월 예측조위")
plt.tight_layout()
plt.savefig("C:\\111\\tidal.jpg",dpi=300)
plt.show()
```

지금까지의 코드를 활용하면 강릉이나 속초 등 동해 지역의 조위 예측 데이터도 그래프로 그려볼 수 있다. 동해나 남해의 조위 예측 데이터도 그래프로 그려보고 서해와 어떤 차이가 있는지 비교해보자.

❶ 밀물과 썰물이 나타나는 원인은 무엇일까?

지구의 바다에 밀물과 썰물이 나타나는 것은 태양과 달이 지구에 미치는 기조력(조석력)이라는 힘 때문이다.

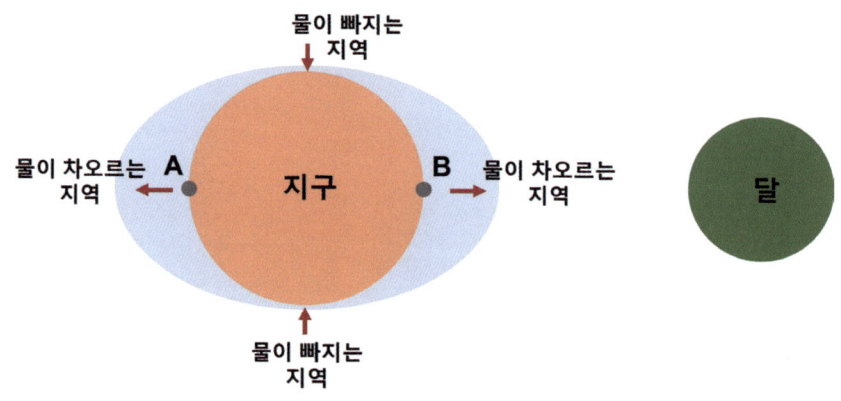

[그림 4-17] 조석이 발생하는 원리

지구와 달은 서로의 질량 중심을 돌고 있다. A와 B는 모두 같은 질량 중심을 돌고 있기 때문에 회전에 의해 발생하는 원심력의 크기는 같다. 하지만 달의 중심에서 지구의 A 지점과 B 지점까지의 거리는 다르다. 때문에 달이 A 지점과 B 지점에 미치는 힘이 달라진다. 이렇게 달이 A 지점과 B 지점에 미치는 힘과 A 지점과 B 지점의 원심력 차이가 기조력으로 작용하고, 이 기조력이 지구를 좌우로 잡아당겨 바닷물이 쏠리게 되는 것이다. 결국 지구가 하루 한 바퀴 자전을 하는 동안 이론상 하루에 2번씩의 간조와 만조가 발생하게 된다.

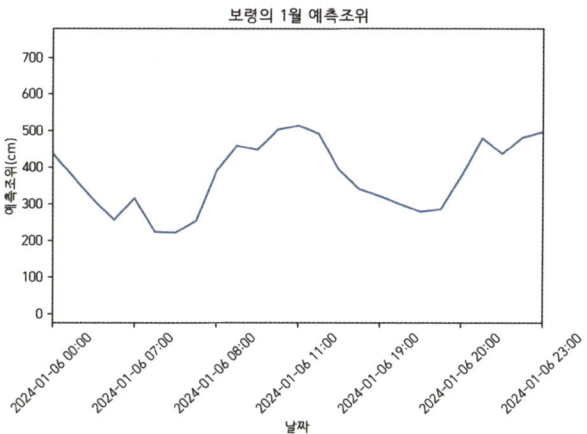

[그림 4-18] 2024년 1월 6일 보령 예측조위

[그림 4-18]은 이번 실습 데이터 중에 1월 6일에 해당하는 데이터만 나타내 보았다. 대략 5시와 17시에 물때가 가장 낮고, 11시와 23시경에 물때가 가장 높다. 물때가 낮을 때를 간조, 높을 때를 만조라고 한다. 그리고 간조와 만조 때 물의 높이 차이를 조차라고 한다. 조차가 클수록 간조와 만조 때 물의 이동량이 많아지며, 조류의 흐름이 강해진다.

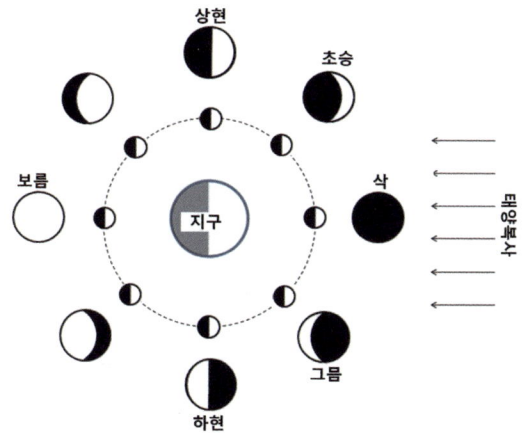

[그림 4-19] 달의 위치와 위상[5]

---

5 "Phases of the Moon" 번역, Wikipedia, https://simple.wikipedia.org/wiki/Phases_of_the_Moon

❷ 매일 만조 때와 간조 때마다 물의 높이가 조금씩 다르다면?

실습 결과를 다시 잘 살펴보면, 매번 간조와 만조 때 물의 높이가 다르다. 1월 14일과 1월 28경에 만조 때 물의 높이가 가장 높고 간조 때 물의 높이가 가장 낮아 조차가 크다. 반면 1월 6일과 1월 21일의 만조 때 물의 높이가 가장 낮고, 간조 때 물의 높이가 가장 높다. 지구의 기조력은 달에 의해 발생하지만 태양도 지구에 기조력을 미친다. 특히 이 기조력은 태양과 지구, 달이 일직선상에 놓일 때 가장 강해진다. 반대로 지구에서 보았을 때 태양과 달의 각도가 90도일 때 기조력이 가장 작아진다. 때문에 [그림 4-19]처럼 태양-지구-달이 일직선상에 놓이는 보름이나 그믐일 때 지구에 미치는 기조력이 가장 커 조차도 커지고, 태양-지구-달이 이루는 각도가 90도인 상현과 하현일 때 조차가 가장 작아진다. 보름과 그믐, 상현과 하현은 한 달 동안 한 번씩 나타난다. 그래서 실습 결과에서도 조차가 가장 클 때와 작을 때가 한 달에 2번 나타나는 것이다. 물때가 높고 조차가 높은 시기를 대조기, 물때가 낮고 조차가 낮은 시기를 소조기라고 한다. [그림 4-16]과 [그림 4-20]을 보면 실습한 지역의 대조기는 보름과 그믐에(10일과 25일 인근), 소조기는 상현과 하현(4일과 18일 인근)에 나타나는 것을 확인할 수 있다. 실습 결과와 [그림 4-20]를 비교해보면 대조기와 소조기가 나타나는 날짜와 달의 모양 사이에 규칙성이 보일 것이다.

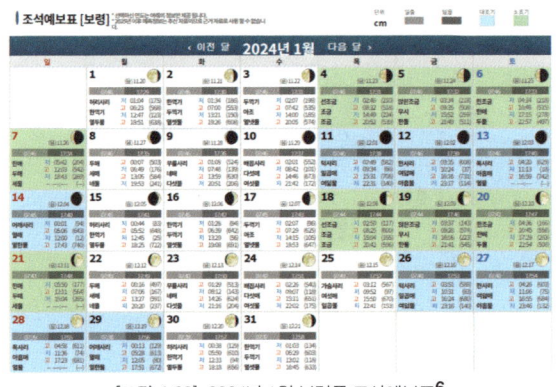

[그림 4-20] 2024년 1월 보령군 조석예보표[6]

---

[6] "스마트 조석예보", 국립해양조사원, https://www.khoa.go.kr/swtc/main.do?pageType=pc

4.3 해수의 깊이에 따른 수온 변화 알아보기

> **한걸음 다가서기**
>
> 바다는 일반적으로 태양으로부터 열에너지를 받는다. 그래서 태양에너지를 직접 받는 해수의 표면은 온도가 높지만, 깊은 바다로 들어갈수록 낮아진다. 그렇다면 해수의 깊이에 따라 온도는 정확하게 얼마나 낮아질까?

> **지구과학 미리보기**
>
> 해수는 주로 태양으로부터 에너지를 받는다. 이에 저위도의 표층 해수는 상대적으로 온도가 높고, 고위도의 표층 해수온은 저위도에 비해 온도가 낮다. 그런데 태양복사에너지는 깊은 곳까지 들어가지는 못한다. 때문에 수심이 깊을수록 해수온은 낮아진다. 여기서는 깊이에 따라 해수온이 어떻게 달라지는지를 그래프를 통해 알아보고, 여기서 알 수 있는 사실에는 무엇이 있는지 알아보고자 한다.

Step 1 데이터 다운로드

국립수산과학원 한국해양자료센터에는 동해와 서해, 남해의 여러 지점에서 정기적으로 해수온을 관측하여 공개하고 있다. 1961년부터 현재까지 조사를 하고 있으며, 수온, 염분, 용존산소, 영양염류, 동물 플랑크톤, 기상요소 등의 17개 항목을 1년에 총 6번(2월, 4월, 6월, 8월, 10월, 12월) 조사한다.

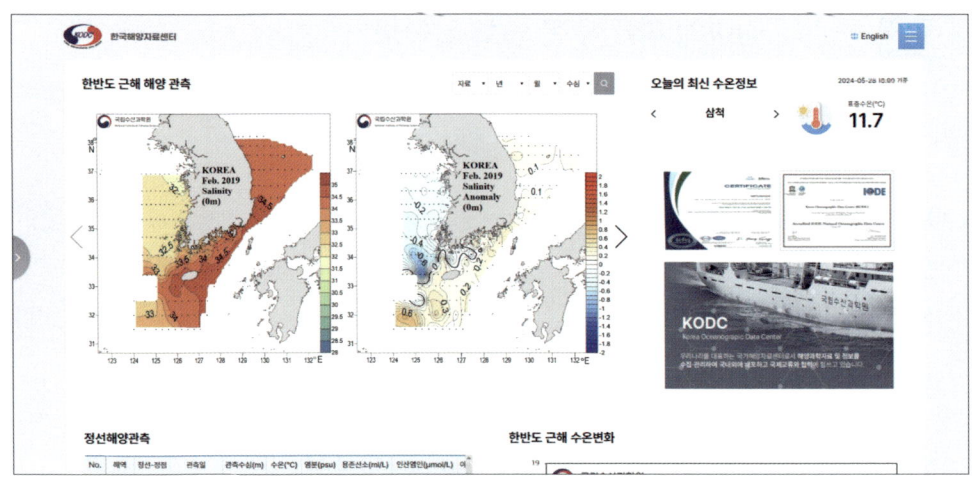

[그림 4-21] 국립수산과학원 한국해양자료센터 홈페이지[7]

조사하는 지점은 동해, 서해, 남해, 동중국해에 총 207개 지점이 있는데, 조사 지점을 '정점'이라고 부른다. 3개 이상의 정점을 모두 직선으로 배열해 두었는데, 이 직선의 집합을 '정선'이라고 부른다. 동해와 서해, 남해, 동중국해에 있는 정선과 정점의 수와 위치는 다음 표와 그림에서 확인할 수 있다.

해역	지점수	지점번호
동해	8개 정선 69개 정점	102, 103, 104, 105, 106, 107, 208, 209
서해	6개 정선 52개 정점	307, 308, 310, 311, 312, 313
남해	8개 정선 54개 정점	203, 204, 205, 206, 207, 313, 314, 400
동중국해	3개 정선 32개 정점	315, 316, 317

---

[7] 한국해양자료센터, https://www.nifs.go.kr/kodc/index.kodc

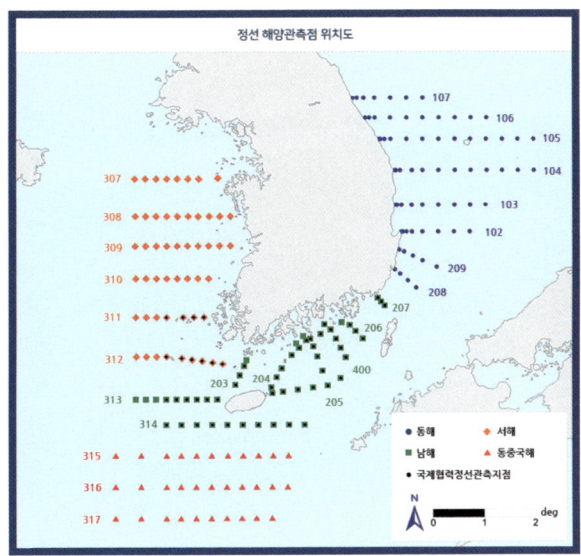

[그림 4-22] 정선 해양관측점 위치도[8]

이제 국립수산과학원 한국해양자료센터에서 수심별 수온 데이터를 다운로드해 보자.

1. 국립수산과학원 한국해양자료센터 https://www.nifs.go.kr 에 접속한다.

2. 메인 화면 하단에 위치한 [정선해양 조사자료] 배너를 클릭한다.

[그림 4-23] 국립수산과학원 배너[9]

3. [관측 지점]과 [관측 일시] 등의 정보를 입력하는 화면이 나오는데, 여기서 [해역]은 [동해], [수심]은 [전체]를 선택한다.

---

8 "정선해양조사", 한국해양자료센터, https://www.nifs.go.kr/kodc/soo_summary.kodc
9 한국해양자료센터, https://www.nifs.go.kr/kodc/index.kodc

4. [정선]은 [104], [정점]은 [11]로 선택한다. 정점의 숫자가 클수록 연안에서 먼 바다이다.

5. [날짜]는 [2022년 1월 1일~2022년 12월 31일]로 맞춘다. 만약 2022년이 없을 경우 가장 과거 연도로 맞춘다.

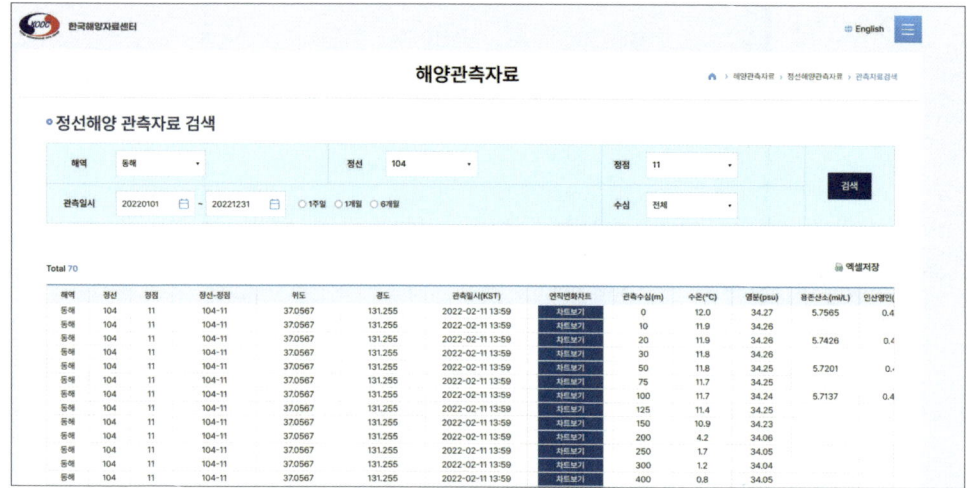

[그림 4-24] 정선해양관측자료 검색 화면[10]

날짜를 최근으로 맞추면 관측 데이터가 아직 업로드되지 않아 없을 수 있기 때문에 현재보다 1년 이상 이전으로 선택하는 것이 좋다. 또한 한 번에 검색할 수 있는 기간은 최대 1년이다.

6. 조건을 모두 입력하였으면 [검색]을 누르고 검색 결과를 확인한다.

7. [엑셀 저장] 버튼을 눌러 파일을 다운로드한다.

8. 다운로드한 엑셀 파일을 파이썬으로 분석하기 편리한 폴더로 이동한다. 여기서는 C 드라이브의 111 폴더로 이동하였다.

---

10 "해양관측자료", 한국해양자료센터, https://www.nifs.go.kr/kodc/soo_list.kodc

[그림 4-25] 엑셀로 열어본 정선해양 관측정보

다운로드한 엑셀 파일에는 해역, 정선, 정점, 위도, 경도 등의 여러 가지 데이터가 저장되어 있다. 하지만 이번 활동에서는 관측 일시, 수심, 온도만 있으면 된다. 이제 파이썬으로 다운로드한 데이터를 불러와보자.

Step 2 > 데이터 정리하기

파이썬에서 xlsx 형식의 파일은 pandas 라이브러리를 이용하여 읽을 수 있는데, pandas의 read_excel을 사용하면 된다. 다음의 코드를 입력하고 실행해보자.

```
import pandas as pd
data=pd.read_excel("C:\\111\\data.xlsx")
data
```

파일명과 경로를 잠시 확인해보자. 다운로드한 파일은 "정선해양 관측정보"라는 파일명으로 저장되지만 파일명이 다소 길어 "data"로 변경한 후 C 라이브의 111 폴더로 이동하였다. 코드의 마지막에 있는 data는 단순히 해당 엑셀파일을 출력한다는 의미를 가진다. 특히 정선해양 관측정보에서 제공하는 파일의 파일 형식을 잘 확인해야 한다. 만약 정상적으로 코드를 입력했음에도 불구하고 'No such file or directory'라는 오류 메시지가 발생하는 경우 파일 형식이 xlsx가 아닌 xls이거나 폴더의 주소가 잘못되었을 수 있다. 국립수산과학원에서 제공하는 파일 형식이 종종 바뀌는 경우가 있으므로, 에러가 발생하면 파일 형식이 무엇인지 검토해보자.

[그림 4-26]은 코드의 실행 결과이다.

[75]:		해역	정선	정점	정선-정점	위도	경도	관측일시(KST)	연직변화차트	관측수심(m)	수온(℃)	염분(psu)	용존산소(ml/L)	인산염인(μmol/L)	아질산질소(μmol/L)	질산질소(μmol/L)	규산규소(μmol/L)	pH	투명도(m)	기압(hPa)	조사선
	0	동해	104	11	104-11	37.0567	131.255	2022-02-11 13:59	차트보기	0	12.0	34.27	5.7565	0.409	0.205	6.439	8.977	NaN	19.0	1021	탐구3
	1	동해	104	11	104-11	37.0567	131.255	2022-02-11 13:59	차트보기	10	11.9	34.26	NaN	NaN	NaN	NaN	NaN	NaN	19.0	1021	탐구3
	2	동해	104	11	104-11	37.0567	131.255	2022-02-11 13:59	차트보기	20	11.9	34.26	5.7426	0.411	0.230	7.293	8.970	NaN	19.0	1021	탐구3
	3	동해	104	11	104-11	37.0567	131.255	2022-02-11 13:59	차트보기	30	11.8	34.26	NaN	NaN	NaN	NaN	NaN	NaN	19.0	1021	탐구3
	4	동해	104	11	104-11	37.0567	131.255	2022-02-11 13:59	차트보기	50	11.8	34.25	5.7201	0.410	0.226	6.918	8.967	NaN	19.0	1021	탐구3
	65	동해	104	11	104-11	37.0567	131.255	2022-12-10 10:19	차트보기	200	9.2	34.19	NaN	NaN	NaN	NaN	NaN	NaN	16.3	1016	탐구3
	66	동해	104	11	104-11	37.0567	131.255	2022-12-10 10:19	차트보기	250	5.5	34.08	NaN	NaN	NaN	NaN	NaN	NaN	16.3	1016	탐구3
	67	동해	104	11	104-11	37.0567	131.255	2022-12-10 10:19	차트보기	300	2.7	34.03	NaN	NaN	NaN	NaN	NaN	NaN	16.3	1016	탐구3

[그림 4-26] 코드 실행 결과의 일부

여기서 데이터의 구성을 먼저 살펴보자. 기본적으로 표는 행row과 열column로 구성된다. 가로줄을 행이라고 하고, 세로줄을 열이라고 한다. 특히 앞에서 살펴본 것처럼 각 숫자가 무엇을 의미하는지 정의한 데이터를 헤더 데이터라고 하는데, 여기서는 첫 번째 줄의 해역, 정선, 정점, 정선-정점, 관측일시(KST) 등의 정보가 헤더 데이터에 해당한다.

> **coding tip** **만약 첫 번째 줄에 헤더 데이터가 아닌 표의 제목이 있다면?**
>
> pandas는 첫 번째 줄의 데이터를 헤더 데이터로 인식하는데, 이는 매우 편리한 기능이다. 하지만 종종 첫 번째 줄에 헤더 데이터가 아닌 표의 제목이나, 데이터와 관련된 관측 기기의 정보 등이 실려 있는 경우도 많다. 만약 첫 번째 줄에 표의 제목이 있고, 헤더 데이터는 두 번째 줄에 있다면, 아래와 같이 잘못된 결과를 출력하게 된다.
>
>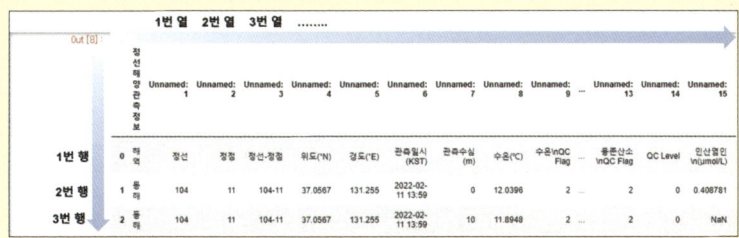
>
> [그림 4-27] 첫 번째 줄에 표의 제목이, 두 번째 줄에 헤더 데이터가 있는 경우
>
> 이런 경우에는 컴퓨터에게 어디서부터 헤더 데이터가 시작되는지를 알려주어야 한다. 방법은 간단하다. 데이터를 호출하는 코드를 아래와 같이 수정해 주자.
>
> ```
> import pandas as pd
> data=pd.read_excel("C:\\111\\data.xlsx", header=1)
> data
> ```
>
> pd.read_excel의 폴더 주소 다음에 header=1만 추가하였다. 여기서 주의할 점이 있다. 헤더 데이터는 두 번째 줄에 있는데 왜 1이라고 하였을까?
>
> 이건 앞에서도 다룬 파이썬의 기본 규칙이다. 파이썬에서 첫 번째에 해당하는 것은 숫자 0으로 지정하고, 두 번째는 1로 지정한다. 문자열 인덱싱을 할 때에도 첫 번째 문자는 0, 두 번째 문자는 1과 같은 형식으로 코드를 구성하였다. 여기서도 같은 맥락으로 첫 번째 줄은 숫자 0이고 두 번째 줄은 숫자 1, 세 번째 줄은 숫자 2가 된다. 이는 파이썬의 문법 전체에 공통으로 적용되는 부분이니 꼭 알아두자.

헤더 데이터를 보면 알 수 있듯, 헤더 데이터에는 매우 많은 정보가 포함되어 있다. 하지만 여기서 분석하는데 필요한 데이터는 관측일시(KST), 관측수심(m), 수온(℃)뿐이다. 따라서 필요한 3개 데이터만 별도로 불러오면 된다. 따라서 두 번째 줄의 코드를 다음과 같이 수정하자.

```
import pandas as pd
data=pd.read_excel("C:\\111\\data.xlsx", usecols=["관측일시(KST)", "관측수심(m)", "수온(℃)"])
data
```

여기서 usecols는 usecols에서 지정하는 헤더 데이터만 사용하겠다는 의미를 가진다.

우리는 여기서 2022년 10월 14일에 관측한 데이터만 분석해 보려고 한다. 따라서 파이썬이 2022년 10월 14일에 해당하는 데이터만 찾아내도록 하면 된다. 여기서 관측 날짜에 해당하는 데이터는 관측일시(KST) 열에 있고 관측일시(KST) 열에 있는 데이터의 구조는 다음과 같다.

2022-10-14 09:00

2022-10-14는 날짜이고 09:00는 관측 시간이다. 그리고 2022-10-14와 09:00은 공백으로 구분되어 있다. 우리에게 필요한 것은 날짜이지 시간은 아니다. 때문에 불필요한 오류가 발생하지 않도록 시간 데이터는 지워주어야 한다. 방법은 간단하다. 날짜와 시간으로 구성된 데이터를 두 개로 나눈 뒤 날짜에 해당하는 데이터만 추려내어 10월 14일에 해당하는 수온과 깊이만 사용하도록 코드를 구성하면 된다.

이를 위해 이제부터 pandas에서 유용하게 사용되는 DataFrame을 사용하여 데이터를 조작해보자. DataFrame을 사용하면 엑셀과 같은 통계 소프트웨어나 csv 파일 형식을 파이썬이 이해할 수 있는 형태로 재조직하여 편리하게 데이터를 조작할 수 있다. DataFrame을 이용해 데이터를 조작해도 원본 데이터는 바뀌지 않는다. 엑셀과 같은 통계 소프트웨어를 파이썬이 이해할 수 있도록 가상의 행렬 데이터를 조직했다고 생각하면 된다. 다음과 같이 코드를 작성하여 파이썬이 이해할 수 있는 데이터 프레임을 만들어보자.

```
import pandas as pd
data=pd.read_excel("C:\\111\\data.xlsx", usecols=["관측일시(KST)", "관측수심(m)", "수온(℃)"])
df=pd.DataFrame(data)
```

위의 코드를 실행해도 별도의 출력물은 없다. 하지만 pd.DataFrame(data)로 코드를 작성하여 데이터 프레임을 생성하였다. 이제 관측일시(KST)에서 관측 날짜에 해당하는 부분만 별도로 찾아내기 위해 코드의 가장 마지막 줄에 다음과 같이 코드를 추가해보자.

```
df["관측일시(KST)"]=df["관측일시(KST)"].str.split(" ",expand=True)[0]
```

df["관측일시(KST)"]에 있는 2022-02-11 13:59를 공백을 기준으로 쪼개려면 먼저 2022-02-11 13:59의 타입을 문자로 지정해야 한다. 왜냐하면 파이썬은 공백을 문자로 인식하기 때문이다. 따라서 모두 문자로 변환해야 한다. 이를 위해 df["관측일시(KST)"].str.split(" ", expand=True)[0]를 입력했다. 그리고 문자로 변환한 값을 공백을 기준으로 나누었다. 여기에 해당하는 것이 split(" ")이다. 마지막으로 expand=True를 사용했는데 구분한 결과를 데이터 프레임의 "관측일시(KST)" 열에 새롭게 포함하겠다는 의미를 가진다. 이렇게 데이터를 구분하면 데이터 프레임에는 2개의 새로운 열이 생긴다. 첫 번째 열은 2022-02-11이고 두 번째 열은 시간에 해당하는 13:59이다. 여기서 시간에 해당하는 정보는 필요가 없기 때문에 첫 번째 열만 사용하면 된다. 그래서 마지막에 [0]을 사용하였다.

이렇게 수정한 코드를 현재 데이터 프레임의 관측일시(KST)에 넣으면 끝난다. 그래서 코드의 맨 첫 줄에 df["관측일시(KST)"]= 를 사용하여 해당 명령을 수행하게 했다. 이를 통해 기존의 관측일시(KST)의 날짜와 시간 데이터를 날짜 데이터로 수정하였다. 코드의 맨 마지막 줄에 df를 입력하여 코드를 실행한 결과는 다음과 같다.

	관측일시(KST)	관측수심(m)	수온(℃)
0	2022-02-11	0	12.0
1	2022-02-11	10	11.9
2	2022-02-11	20	11.9
3	2022-02-11	30	11.8
4	2022-02-11	50	11.8
...	...	...	...
65	2022-12-10	200	9.2
66	2022-12-10	250	5.5
67	2022-12-10	300	2.7
68	2022-12-10	400	1.1
69	2022-12-10	500	0.8

	관측일시(KST)	관측수심(m)	수온(℃)
0	2022-02-11 13:59	0	12.0
1	2022-02-11 13:59	10	11.9
2	2022-02-11 13:59	20	11.9
3	2022-02-11 13:59	30	11.8
4	2022-02-11 13:59	50	11.8
...	...	...	...
65	2022-12-10 10:19	200	9.2
66	2022-12-10 10:19	250	5.5
67	2022-12-10 10:19	300	2.7
68	2022-12-10 10:19	400	1.1
69	2022-12-10 10:19	500	0.8

[그림 4-28] 데이터를 정리한 결과(좌: 변경 후, 우: 변경 전)

Step 3 그래프로 표현하기

이제 처음에 계획한 대로 2022-10-14에 해당하는 데이터만 별도로 찾아보고자 한다. 지금까지 입력한 코드의 다음 줄에 다음과 같은 코드를 추가해보자.

```
filtering=df[df["관측일시(KST)"]=="2022-10-14"][["관측수심(m)","수온(℃)"]]
filtering
```

여기서는 현재 데이터 프레임에 있는 관측일시(KST) 데이터 중 2022-10-14에 해당하는 관측수심(m)과 수온(℃) 데이터만으로 새로운 2차원 행렬을 조직하라는 의미를 가지며, 이렇게 새로 조직한 2차원 리스트를 변수 filtering에 적용해 주었다. 코드를 실행하면 2022년 10월 14일에 관측한 데이터만 출력되는 것을 볼 수 있다. 여기서 주의할 것은 변수 filtering은 2022-10-14에 해당하는 관측수심과 수온을 가지고 새롭게 조직한 데이터 프레임이라는 점이다.

> **coding tip** **2차원 리스트 자료형 생성하기**

리스트 자료형은 숫자나 문자로 구성된 자료의 집합을 만들 때 사용하며 x=[1, 2, 3]이나 y=["a", "b", "c"]
와 같은 형태로 작성한다. 2차원의 행렬 데이터를 리스트 자료형으로 만들 수도 있다.

	1 열	2 열	3 열
1 행	1	2	3
2 행	4	5	6
3 행	7	8	9

[그림 4-29] 2차원의 행렬

위 그림과 같이 3개의 행과 3개의 열로 구성된 자료가 필요한 경우에는 아래와 같이 코드를 조직하면
간단하게 2차원 리스트 자료형을 만들 수 있다.

```
x=[[1, 2, 3], [4, 5, 6], [7, 8, 9]]
```

앞선 상황에서는 2022-10-14에 해당하는 관측 수심(m)과 수온(℃) 자료로 구성된 데이터 프레임이 필
요하고, 이 데이터 프레임은 행과 열을 가진 리스트 자료이다. 때문에 2차원 리스트 자료형을 만들기
위해 아래와 같이 코드를 구성한 것이다.

```
filtering=df[df[""관측일시(KST)"]=="2022-10-14"][["관측수심(m)","수온(℃)"]]
```

데이터 프레임을 가공하는 작업은 모두 끝났다. 이제 그래프를 그리기만 하면 된다.

여기서는 x축은 수온, y축은 관측수심으로 하는 그래프를 그려보고자 한다. 따라서 이전 절
에서 했던 방법과 유사하게 다음과 같이 코드를 구성해보자.

```
import pandas as pd
import matplotlib.pyplot as plt
```

```
data=pd.read_excel("C:\\111\\data.xlsx", usecols=["관측일시(KST)","관측수심
(m)","수온(℃)"])
df=pd.DataFrame(data)
df["관측일시(KST)"]=df["관측일시(KST)"].str.split(" ", expand=True)[0]
filtering=df[df["관측일시(KST)"]=="2022-10-14"][["관측수심(m)","수온(℃)"]]
y=filtering["관측수심(m)"]
x=filtering["수온(℃)"]
plt.plot(x,y)
plt.show()
```

coding tip 파이썬에서 연산자 사용하기

```
filtering=df[df[""관측일시(KST)"]=="2022-10-14"][["관측수심(m)","수온(℃)"]]
```

위 코드에서 오타라는 생각이 드는 부분이 있다. = 기호를 하나가 아닌 2개를 썼다는 점에서 이상함을 느꼈을 것이다. 파이썬에서 =과 ==은 엄연히 다른 기호이다. 수학에서 사용하는 =는 같다는 의미를 가진다. 하지만 파이썬에서 =는 변수를 정의하는 개념이다. 따라서 10과 10이 같다는 의미로 10=10이라고 쓰는 것은 잘못된 파이썬 문법이다. 10과 10이 같다는 것을 파이썬의 문법으로 쓰려면 아래와 같이 써야 한다.

```
10==10
```

따라서 위 코드에서 df["관측일시(KST)"]=="2022-10-14"가 의미하는 것은 관측일시(KST)가 2022-10-14와 같은 데이터 프레임이다.

같거나 다름, 크고 작음을 표현하는 연산자의 종류는 아래 표와 같다.

연산자 기호	의미
a==b	a와 b가 같다.
a>=b	a는 b보다 크거나 같다.
a<=b	a는 b보다 작거나 같다.
a!=b	a는 b와 다르다.

[그림 4-30]은 해당 코드의 실행 결과이다.

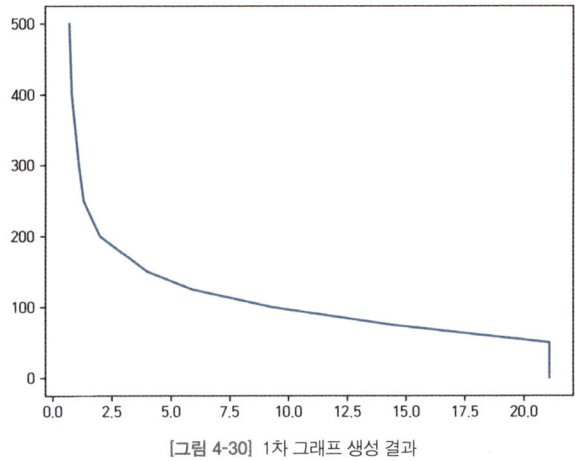

[그림 4-30] 1차 그래프 생성 결과

해수 깊이에 대한 그래프는 실제 해수가 깊어지는 아래 방향으로 표현하고, y축의 길이를 x축에 비해 길게 표현하면 더 편리하게 자료를 해석할 수 있다. 따라서 x=filtering["수온(℃)"] 이후의 코드를 다음과 같이 수정하자.

```
plt.figure(figsize=(5,7))
plt.plot(x,y)
plt.ylim(500,0)
plt.show()
```

여기서 plt.figure(figsize=(5,7))은 그래프의 크기를 지정하는 코드이다. 가로 길이를 5, 세로 길이를 7로 지정하여 y축 길이가 조금 더 긴 그래프를 만들 수 있다. 여기서 주의할 점이 하나 있다. 만약 plt.plot(x, y)의 다음 줄에 plt.figure(figsize=(5,7))을 입력하면 빈 그래프만 출력될 뿐 실제 해수온 그래프의 크기는 변하지 않는다. 따라서 그래프의 크기를 지정하는 코드는 반드시 plot을 생성하기 전에 먼저 입력해야 한다. 마치 큰 종이에 그림을 그리려면 처음부터 큰 종이를 준비하고 그림을 그려야하는 것처럼 말이다.

plt.ylim(500,0)은 그래프 y축의 값의 범위를 지정한다. 기본적으로 최솟값, 최댓값 순서로 입력하는데, 지금처럼 최댓값, 최솟값 순서로 입력을 하면 그래프의 축이 반전되어 표시된다.

[그림 4-31]은 코드를 실행한 결과이다.

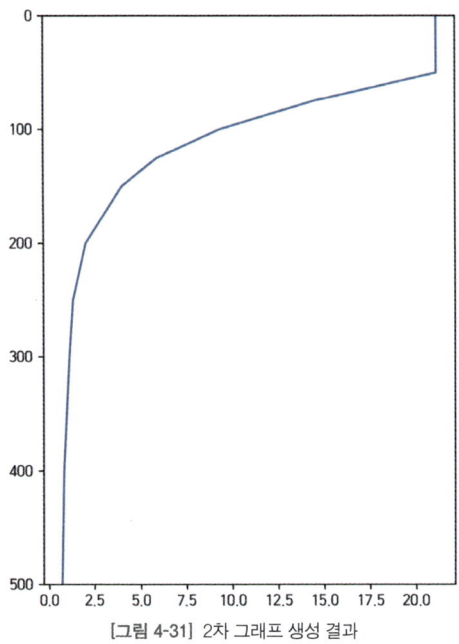

[그림 4-31] 2차 그래프 생성 결과

이제 그래프에 보조선과 x축 제목, y축 제목을 넣어보자. 축의 제목을 넣는 방법은 앞에서 다뤘기 때문에 여기서는 생략하겠다. 보조선을 넣으려면 plt.show() 이전 줄에 다음과 같은 코드를 추가하면 된다.

```
plt.grid(ls="--")
plt.show()
```

plt.grid()는 보조선을 추가할 때 사용하는 코드이다. 기본값은 회색 실선으로 표현된다. 만약 실선이 아닌 점선 등 다른 선으로 표현하고자 한다면 ls="–"와 같이 별도로 지정하면 된다.

> **coding tip** 보조선의 종류
>
> 보조선에 사용되는 선은 실선, 점선, 파선, 1점 쇄선 등이 있다. 보조선의 형태를 바꾸려면 plt.grid(ls="--")에서 코드를 아래와 같이 변경하면 된다.
>
> | 선 명칭 | 입력할 코드 | 선 형태 |
> |---|---|---|
> | 실선 | plt.grid() 또는 plt.grid(ls="None") | ─────── |
> | 점선 | plt.grid(ls=":") 또는 plt.grid(ls="dotted") | ········· |
> | 파선 | plt.grid(ls="--") 또는 plt.grid(ls="dashed") | ─ ─ ─ ─ ─ |
> | 1점 쇄선 | plt.grid(ls="-.") 또는 plt.grid(ls="dashdot") | ─·─·─·─·─ |

이제 x축과 y축의 제목인 수온(℃)과 수심(m)을 입력할 차례이다. 두 축의 제목 모두 한글이기 때문에 그래프에 한글이 표시될 수 있도록 실행하는 코드와 축의 제목을 표시할 수 있는 코드를 추가하자. 여기까지의 코드는 다음과 같다.

```python
from matplotlib import font_manager, rc
rc("font", family="HCR Dotum")
import pandas as pd
import matplotlib.pyplot as plt
data=pd.read_excel("C:\\111\\data.xls", usecols=["관측일시(KST)","관측수심(m)","수온(℃)"])
df=pd.DataFrame(data)
df["관측일시(KST)"]=df["관측일시(KST)"].str.split(" ", expand=True)[0]
filtering=df[df["관측일시(KST)"]=="2022-10-14"][["관측수심(m)","수온(℃)"]]
y=filtering["관측수심(m)"]
x=filtering["수온(℃)"]
plt.figure(figsize=(5,7))
plt.plot(x,y)
plt.ylim(500,0)
plt.grid(ls="--")
```

```
plt.xlabel("수온(℃)")
plt.ylabel("관측수심(m)")
plt.show()
```

[그림 4-32]는 위 코드를 실행한 결과이다.

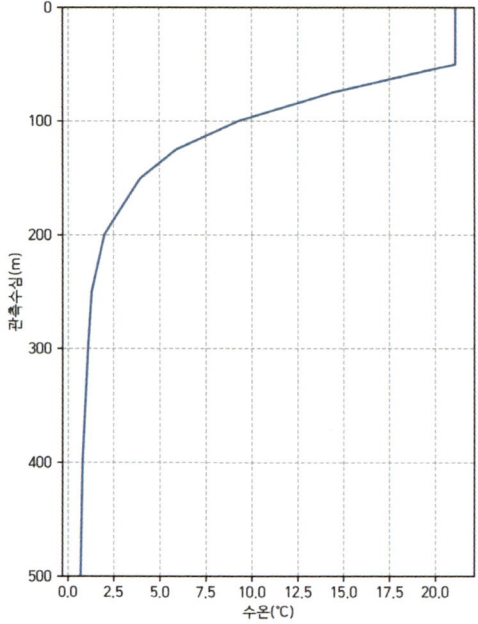

[그림 4-32] 보조선과 축 제목을 추가한 결과

지구과학에서는 [그림 4-33]과 같은 그래프를 많이 사용하는데 [그림 4-33]과 같은 그래프를 그리려면 x축의 눈금과 값을 그래프의 하단이 아닌 상단에 표기해야 한다. x축의 축 제목과 숫자를 그래프 상단에 표기하기 위해서는 다음의 코드 두 줄을 추가하면 된다. 다음의 코드 두 줄을 축 제목을 지정하는 코드 다음 줄에 추가하고 코드를 실행해보자.

```
plt.gca().xaxis.set_ticks_position("top")
plt.gca().xaxis.set_label_position("top")
```

마지막으로 그래프의 제목을 작성하고 그래프를 저장하면 완성된다. 최종 코드와 출력 결과는 다음과 같다.

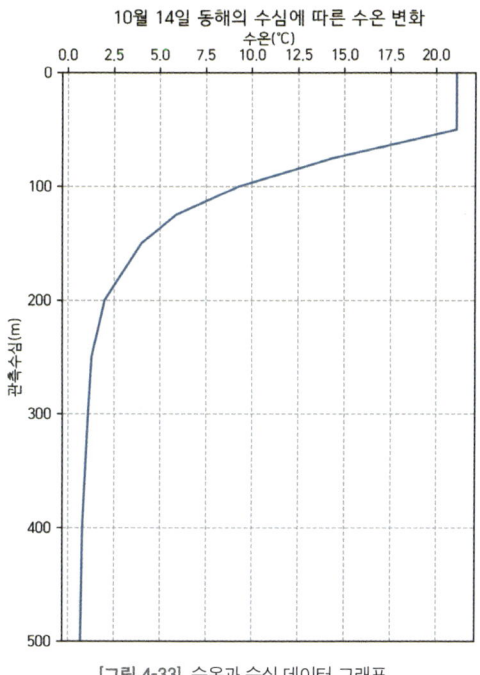

[그림 4-33] 수온과 수심 데이터 그래프

```
from matplotlib import font_manager, rc
rc("font", family="HCR Dotum")
import pandas as pd
import matplotlib.pyplot as plt
data=pd.read_excel("C:\\111\\data.xls", usecols=["관측일시(KST)","관측수심(m)","수온(℃)"])
df=pd.DataFrame(data)
df["관측일시(KST)"]=df["관측일시(KST)"].str.split(" ", expand=True)[0]
filtering=df[df["관측일시(KST)"]=="2022-10-14"][["관측수심(m)","수온(℃)"]]
y=filtering["관측수심(m)"]
x=filtering["수온(℃)"]
plt.figure(figsize=(5,7))
plt.plot(x,y)
```

```
plt.ylim(500,0)
plt.grid(ls="--")
plt.xlabel("수온(℃)")
plt.ylabel("관측수심(m)")
plt.gca().xaxis.set_ticks_position("top")
plt.gca().xaxis.set_label_position("top")
plt.title("10월 14일 동해의 수심에 따른 수온 변화")
plt.savefig("C:\\111\\depth_vs_temp.jpg",dpi=300)
plt.show()
```

❶ 해수의 깊이에 따른 수온 구조

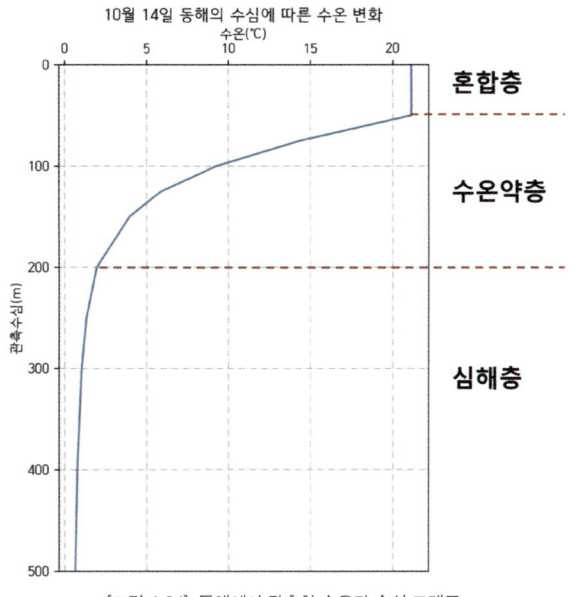

[그림 4-34] 동해에서 관측한 수온과 수심 그래프

일반적으로 해수는 수심이 깊어짐에 따라 수온이 감소하는 경향을 보인다. 표층은 많은 태양복사에너지를 흡수하여 수온이 높게 나타나지만, 수심이 깊어지면서 태양복사에너지의 양이 급격히 줄어들며 수온이 감소하기 때문이다. 그런데 [그림 4-33], [그림 4-34]를 보면 수심 약 50m 수준까지 수온이 감소하지 않고 거의 일정하게 유지되고 있는 것을 볼 수 있는데, 이 층을 혼합층이라고 한다. 실제 태양복사에너지는 해수 약 10m 이내에서 대부분 흡수된다. 또한 수심이 깊어질수록 흡수되는 에너지의 양이 급격히 줄어들기 때문에 혼합층 안에서도 깊이에 따라 수온이 낮아져야 한다. 하지만 실제로는 혼합층 내부에서 수온이 일정하게 유지되며, 경우에 따라서는 수심 100m 이상까지도 수온이 일정하게 유지되는 경우도 많다. 이렇게 혼합층에서 수온이 일정하게 유지되는 이유는 바람에 의한 해수의 혼합작용 때문이다. 따라서 바람이 강할수록 혼합층의 두께는 두꺼워진다.

[그림 4-34]에서 수심 50m 이상인 지점부터는 수온이 급격하게 낮아진다. 수온의 변동이 급격하게 나타나는 이 구간을 수온약층이라고 하며 수온약층이 끝나는 지점부터 수온이 다시 0~5℃ 정도로 일정하게 유지되는 구간은 심해층이라고 한다. 심해층은 매우 깊은 곳에 있어 태양복사에너지나 바람과 같은 표층의 영향을 거의 받지 않는다. 때문에 항상 비슷한 깊이에서 형성되고 수온도 연중 거의 일정하게 유지된다.

❷ **계절에 따라 다르게 나타나는 해수온의 구조**

우리나라는 사계절이 뚜렷하고 자연스레 계절별 기후 특성이 해수에도 영향을 주게 된다. 해수온의 연직 구조 또한 계절별로 다르게 나타나며, 이는 [그림 4-35]과 같다.

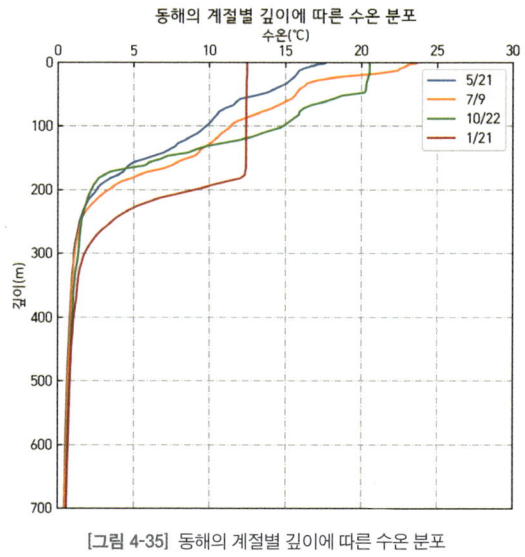

[그림 4-35] 동해의 계절별 깊이에 따른 수온 분포

[그림 4-35]은 무인 해양관측 장비 ARGO가 동해에서 5월 21일, 7월 9일, 10월 22일, 1월 21일에 관측한 깊이에 따른 수온 변화 자료를 파이썬으로 나타낸 것이다. 겨울(1월 21일)의 관측 자료를 보면 표층 수온이 낮고 혼합층이 매우 두껍게 나타났음을 알 수 있다. 이는 겨울철에 기온이 낮고 해수로 입사되는 태양복사에너지의 양이 적으며, 바람이 강하기 때문이다. 대조적으로 여름(7월 9일)의 관측 자료에서는 표층 수온이 높게 나타나고, 혼합층은 거의 나타나지 않음을 알 수 있는데, 이는 겨울의 관측 자료와 같은 맥락으로 여름철의 기후가 수온에 반영된 결과이다.

실제 세계의 기후 분포는 위도대에 따라 다르게 나타난다. 이는 지구의 모양과 대기 대순환으로 나타나는 대표적인 결과이다. 즉, 위도별 해수온의 연직 구조를 분석하면 각 위도대의 기후 특성을 추론할 수 있다. 북극이나 남극과 같은 고위도의 경우 표층 해수온이 매우 낮기 때문에 표층과 심층의 수온이 비슷하다. 따라서 북극이나 남극에서는 혼합층이나 수온약층, 심해층을 구분하기 어렵다. 반면 저위도의 경우 바람이 매우 약하고, 표층 수온은 매우 높다. 때문에 혼합층의 두께가 얇아 수온 약층이 시작되는 깊이가 얕다. 우리나라와 같은 중위도는 혼합층, 수온약층, 심해층의 형태가 계절과 날씨에 따라 매우 역동적으로 변화하지만 평균적으로는 저위도보다 수온은 낮고 혼합층의 두께는 두껍게 나타난다.

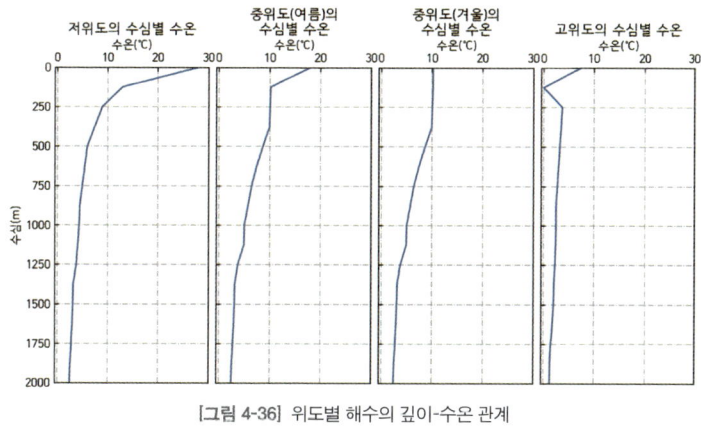

[그림 4-36] 위도별 해수의 깊이-수온 관계

Part

III

파이차트로
데이터
표현하기

| 5장 | PIE를 사용하여 파이차트 그리는 방법 |
| 6장 | PIE로 그려보는 지구별 자연법칙 |

5장

PIE를 사용하여
파이차트 그리는 방법

5.1 파이차트란?

파이차트는 하나의 원을 여러 조각으로 나누어 전체 데이터 중 각 항목의 데이터가 얼마만큼의 양을 차지하는지를 나타낼 때 사용한다. 만약 전체 데이터를 100%로 했을 때 A라는 데이터가 50%를 차지한다면 원에서 절반만큼의 조각을 A로 표시하면 된다. 이렇게 하면 A라는 데이터가 전체에서 얼마만큼의 비율을 차지하는지 한눈에 알아볼 수 있어서 편리하다.

선형그래프나 뒤에서 배울 산점도는 두 변인 간의 관계를 나타내기 때문에 x축과 y축에 해당하는 데이터 집단이 하나씩 있어야 하지만, 파이차트는 단순히 데이터가 얼마만큼의 양을 차지하는지를 보는 것이기 때문에 하나의 데이터 집단만 있으면 된다. [그림 5-1]은 뒤에서 실제로 실습해 볼 해수의 염분 분포를 나타낸 것이다. 염소 이온이 18.98g으로 가장 많은 양을 차지하고 있음을 한눈에 알아볼 수 있다.

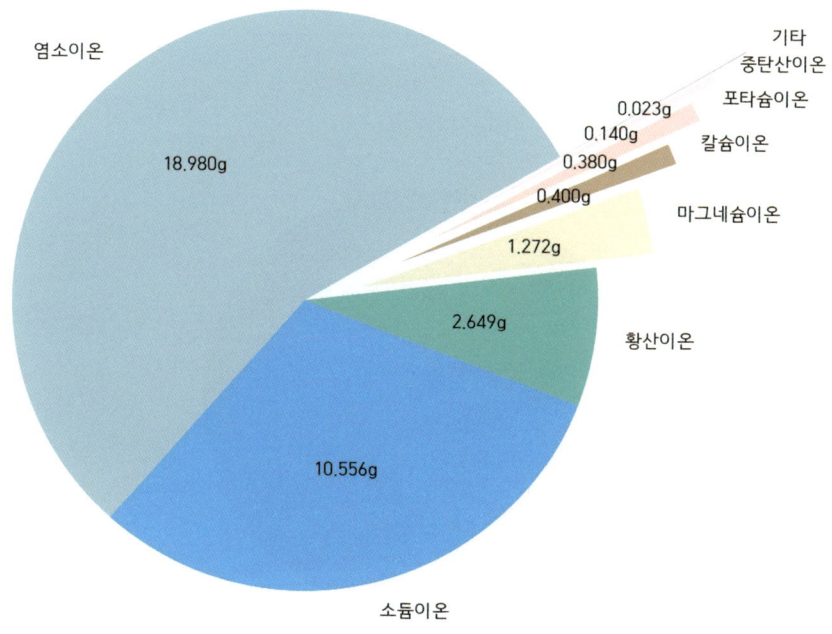

[그림 5-1] 파이차트로 해수의 염분비를 표현한 예

5.2 파이차트 그려보기

파이차트를 그리는 방법은 매우 간단하다. plot으로 선형그래프를 그리는 것과 같이 matplitlib.pyplot을 호출하자.

```
import matplotlib.pyplot as plt
```

앞에서 다루었던 선형그래프를 그릴 때에는 plt.plot을 사용했지만 파이차트를 그리기 위해서는 plot대신에 pie라고만 쓰면 된다. 다음과 같이 임의로 3개의 데이터를 넣은 코드를 입력해보자.

```
import matplotlib.pyplot as plt
x=[78,21,1]
plt.pie(x)
plt.show()
```

[그림 5-2]는 코드의 출력 결과이다.

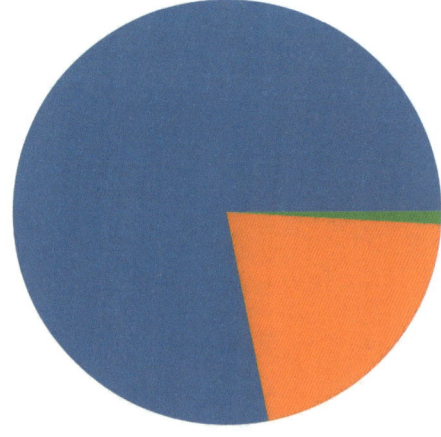

[그림 5-2] 파이차트의 간단한 예제

실행 결과, 각각의 데이터가 전체에서 얼마만큼의 양을 차지하는지 파이차트로 잘 표현되었다. 파이차트는 데이터가 전체에서 차지하는 비율을 나타내는 것이기 때문에 데이터를 78, 21, 1이 아닌 156, 42, 2로 2배씩 데이터의 크기를 늘려도 비율이 동일하다면 결과는 같다. 파이차트를 이용하면 앞의 그림과 같이 전체 데이터에서 78이 차지하는 비율과 21이 차지하는 비율, 1이 차지하는 비율을 한눈에 알아볼 수 있다. 하지만, 앞의 그림에서는 각 데이터가 전체에서 차지하는 비율이 정확히 얼마인지 숫자로 표시되지 않아 정확한 수치를 알 수 없다. 이럴 때 plt.pie에서 제공하는 몇 가지 파라미터를 알면 더욱 멋지게 그래프를 표현할 수 있다.

우선 차지하는 비율이 얼마인지 정확하게 표시하려면 autopct를 사용하면 된다. pie 부분을 다음과 같이 수정해보자.

```
import matplotlib.pyplot as plt
x=[78,21,1]
plt.pie(x,autopct="%.2f")
plt.show()
```

그림 [그림 5-3]처럼 그래프에 각각의 데이터가 차지하는 비율이 표시된다. 위 데이터의 경우 어차피 모든 데이터를 더한 값이 100이기 때문에 비율도 데이터값 그대로 표시되고 있다.

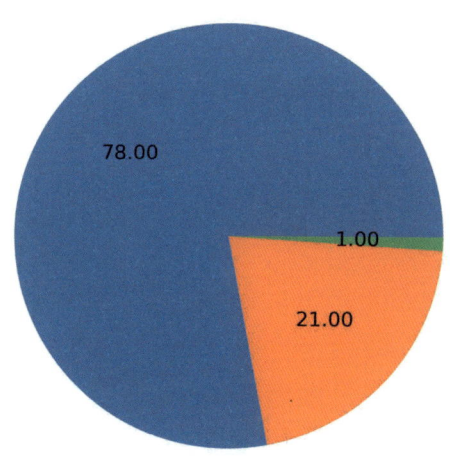

[그림 5-3] 파이차트에 데이터가 차지하는 비율을 나타낸 결과

비율이 숫자로 잘 표현되었지만 단위인 %가 빠졌다. 위 숫자는 백분율로 나타낸 비율이기 때문에 %를 사용해야 한다. autopct 부분을 다음과 같이 수정해보자. 이렇게 하면 파이차트에 표시된 숫자에 %가 함께 표시된다.

```
plt.pie(x,autopct="%.2f%%")
```

그래프의 색을 바꾸고 싶다면 colors를 사용하면 된다. 데이터가 2개 이상이라면 색도 2개 이상을 사용해야 한다. 만약 데이터가 5개인데 2가지 색상만 지정해 주면 지정한 2개 색상을 반복하여 사용하고, 3개를 지정하면 3개 색상을 반복하여 사용한다. 그리고 5개 색상을 지정하면 5개를 모두 사용하지만, 데이터보다 많은 수의 색상을 지정해 주면 가장 먼저 지정한 순서대로 색상을 사용하게 된다. 여기서는 3개의 데이터가 있으니 총 3개의 색상을 지정해 주자. 색상 이름은 구글에서 'matplotlib color chart'로 검색하면 알 수 있다. 색상을 바꾸기 위해 다음과 같은 코드를 추가해 주자.

```
import matplotlib.pyplot as plt
x=[78,21,1]
color=["orange","beige","olive"]
plt.pie(x,autopct="%.2f%%",colors=color)
plt.show()
```

coding tip 문자열 포맷팅

다음과 같은 문자열을 출력했다고 생각해보자.

> "민수의 지구과학과 프로그래밍 과목 평균은 91점입니다."

이제 앞으로 민수 외에도 민규, 민준, 민서의 지구과학과 프로그래밍 평균 점수도 출력하려고 한다면 사람 이름과 과목 평균 점수만 달라질 뿐 다른 것은 그대로 출력하면 된다. 이런 상황에 문자열 포맷팅을 활용하면 코드를 간단하게 꾸밀 수 있다. 다음과 같이 코드를 구성해보자.

> "%s의 지구과학과 프로그래밍 평균 점수는 90점이다." %"민규"

포맷팅 규칙은 간단하다. 민규라는 글자를 넣고 싶은 자리에 %s를 써주면 되고, %s에 넣고 싶은 문자를 맨 마지막에 %"민규"의 형태로 넣어주면 된다. 점수 부분에도 %s와 같은 것을 넣어주면 원하는 문자를 바로 넣어줄 수 있다. 이 경우 하나의 문장에 2개의 문자가 들어가야 하기 때문에 다음과 같이 코드를 입력하면 된다.

> "%s의 지구과학과 프로그래밍 평균 점수는 %f이다."%("민준",90)

위 코드를 실행하면 민준의 지구과학과 프로그래밍 평균 점수는 90.0000000이 나온다.

첫 번째 포맷팅에서는 문자를 받아야 하기 때문에 %s를 사용하였지만 두 번째 포맷팅에서는 숫자(부동소수점)를 받기 위해 %f를 사용하였다. 이렇게 했더니 불필요한 소수점이 너무 많이 나왔다. 이런 경우 소수점 자릿수에 제한을 둘 수 있다. 다음과 같이 코드를 수정해보자.

> "%s의 지구과학과 프로그래밍 평균 점수는 %.1f이다."%("민준",90)

이렇게 하면 숫자가 들어갈 부분에 90.0이 들어간다.

만약 점수 뒤에 단위로 %를 쓰고 싶다면 어떻게 해야 할까? 이때는 다음과 같이 하면 된다.

"%s의 지구과학과 프로그래밍 평균 점수는 %.1f%%이다."%("민규",90)

실행 결과는 다음과 같다.

민규의 지구과학과 프로그래밍 평균 점수는 90.0%이다.

여기서 몇 가지 중요한 규칙을 눈치챘을 것이다. 문자열 포맷팅에서 문자를 쓰고 싶다면 %s, 부동소수를 쓰고 싶다면 %f를 쓰면 된다. 마찬가지로 정수를 쓰고 싶다면 %d를 사용하면 된다. 그 밖에도 몇 가지가 더 있지만, %s, %d, %f 정도만 알아 두어도 큰 문제는 없다.

다음번에는 문자열 포맷팅보다 쉽고 간편한 f-string을 알아볼 예정이다.

출력 결과 정상적으로 색이 잘 표현되었다.

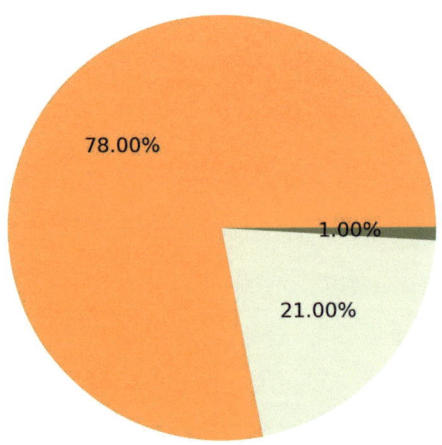

[그림 5-4] 색상을 바꾼 결과

이번에는 각 데이터가 무엇을 나타낸 것인지 그래프에 표현해보자. 메서드 labels를 이용하면 손쉽게 나타낼 수 있다. 총 3개의 데이터가 있기 때문에 이름 역시 3개가 필요하다. 사실 지금까지 사용한 데이터는 대기 중에 포함된 분자의 부피비를 나타낸 것이다. 다음처럼 코드를 추가해보자.

```python
import matplotlib.pyplot as plt
from matplotlib import font_manager, rc
rc("font", family="HCR Dotum")
x=[78,21,1]
color=["orange","beige","olive"]
name=["질소","산소","기타"]
plt.pie(x,autopct="%.2f%%",colors=color, labels=name)
plt.show()
```

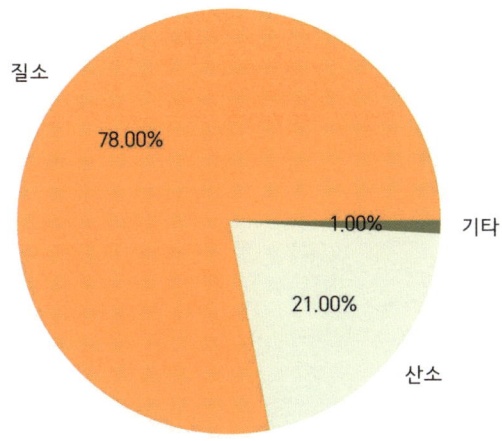

[그림 5-5] 데이터에 이름을 표시한 결과

데이터의 이름까지 모두 정상적으로 출력된 것이 보인다. 이외에도 데이터의 이름이나 숫자의 위치, 첫 번째 데이터의 시작점, 데이터 표시 방향을 시계방향이나 반시계 방향으로 바꾸는 방법, 그림자 추가 등 여러 가지 기능이 있다. 필요한 것은 그래프를 그리며 하나씩 소개해 보려고 한다. 이제부터 실제 데이터를 그래프로 표현해보자.

6장

PIE로 그려보는
지구별 자연법칙

6.1 지질시대 시간표 만들기

> **한걸음 다가서기**
>
> 과학자들은 46억 년이라는 긴 지구의 역사를 연구하기 위해 지질시대를 몇 가지 기간으로 구분해 놓았다. 전체 지구 역사 중 각 지질시대는 얼마만큼 차지하고 있을까?

지구과학 미리보기

[그림 6-1] 중생대 상상도[11]

지구가 만들어지고 현재까지 약 46억 년이라는 시간이 흘렀다. 지구가 형성된 시기부터 현세 이전까지의 긴 시간을 지질시대라고 부른다. (현세는 지금부터 1만 년 전까지의 시간이다.) 과학자는 지구의 역사를 연구하기 위해 46억 년 지질시대를 여러 부분으로 구분하였다. 우리가 익히 들어온 선캄브리아시대, 고생대, 중생대, 신생대 등은 이렇게 지질시대를 구분한 대표적인 예이다. 그런데 지구의 역사는 너무 길다. 40억 년 전 시생누대가 시작되고, 25억 년 전부터 원생누대가 시작된다. 인간의 일생은 길어야 100년 남짓이기 때문에 우리는 이 정도의 시간은 가늠하기조차 어렵다. 그래서 여기에서는 지질시대의 시간을 파이차트로 그려보고 각 지질시대가 얼마만큼의 시간을 차지하는지 알아보고자 한다.

---

11 vecstock, "Majestic mountain peak in tranquil tropical rainforest generated by AI", freepik, https://www.freepik.com/free-ai-image/majestic-mountain-peak-tranquil-tropical-rainforest-generated-by-ai_40996439.htm

> Step 1   데이터 찾아보기

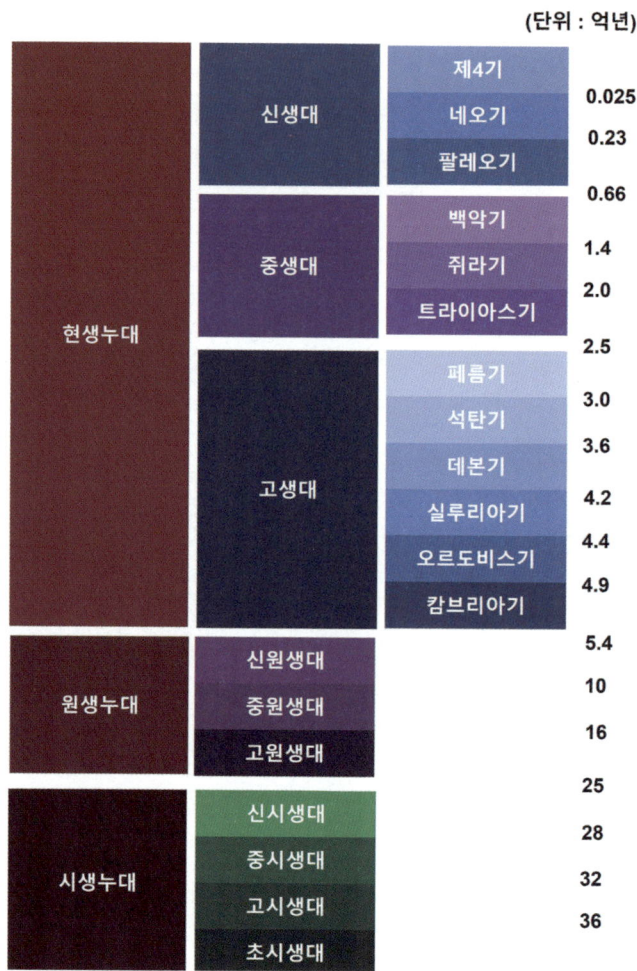

[그림 6-2] 지질시대의 구분

지질시대는 가장 큰 단위에서부터 누대, 대, 기, 세 단위로 구분한다. [그림 6-2]와 같이 누대 단위에서는 시생누대, 원생누대, 현생누대로 구분하고 시생누대와 원생누대는 초시생대에서 신원생대까지 대 단위로 구분한다. 현생누대는 다시 잘 알려진 고생대, 중생대, 신생대로 구분하며, 고생대, 중생대, 신생대는 다시 캄브리아기부터 제4기까지 세분한다. 원생누대의 고원생대, 중원생대, 신원생대도 기 단위로 구분하기는 하지만 여기서는 크게 중요하지 않아 따로 구분하지 않았다. 또한 모든 기 단위는 다시 세 단위로 구분할 수 있지만 마찬가지로 여기서는 크게 중요하지 않기 때문에 따로 구분하지 않았다. 마찬가지로 시생누대 이전에 명왕누대가 있지만 그것 역시 따로 다루지는 않는다.

여기서는 시생누대와 원생누대, 고생대, 중생대, 신생대의 시작과 끝만을 활용하여 파이차트를 만들어 보고자 한다.

Step 2) 그래프로 표현하기

우선 그래프를 그릴 때 필요한 라이브러리인 matplotlib.pyplot과 그래프에 한글을 표현할 때 필요한 라이브러리를 함께 호출하자.

```
from matplotlib import font_manager, rc
rc("font", family="HCR Dotum")
import matplotlib.pyplot as plt
```

다음으로 각 지질시대의 시작과 끝을 리스트형 데이터로 넣으면 된다. 마지막 줄에 다음 코드를 추가해 주자.

```
x=[40, 25, 5.4, 2.5, 0.66, 0]
```

시생누대의 시작은 40억 년, 종료는 25억 년 전인데 시생누대가 지속된 시간은 40억 년에서 25억 년을 뺀 15억 년이 된다. 원생누대의 시작 시간은 25억 년 전이고 종료 시간은 5.4억 년이다. 따라서 원생누대가 지속된 시간은 19.6억 년이 된다. 마찬가지 방법으로 다른 시대도 생각해보면 표와 같이 정리할 수 있다.

시기	시작 시간(억 년)	종료 시간(억 년)	유지 기간(억 년)
신생대	0.66	0	0.66
중생대	2.5	0.66	1.84
고생대	5.4	2.5	2.9
원생누대	25	5.4	19.6
시생누대	40	25	15

각 시대가 지속된 시간을 계산하려면 x에 있는 데이터를 순서대로 하나씩 빼는 과정을 거쳐야 한다. 이 과정은 for 문을 사용하면 쉽게 해결할 수 있다. 다음과 같이 코드를 수정해 보자.

```python
from matplotlib import font_manager, rc
rc("font", family="HCR Dotum")
import matplotlib.pyplot as plt
x=[40,25,5.4,2.5,0.66,0]
result=[]
for i in range(0,len(x)-1):
    year=x[i]-x[i+1]
    result.append(year)
print(result)
```

코드를 보면 for 문을 사용하기 전에 빈 리스트 자료형 result를 만들어 주었다. 여기에는 for 문에서 계산한 결과를 넣을 예정이다.

다음으로 for 문을 사용하였고 for 문에서 데이터를 반복하여 출력하는 동안 x[i]-x[i+1]을 계산하도록 하였다. 여기서 변수 i는 range(0, len(x)-1)에서 순서대로 반복할 숫자이다.

len(x)는 변수 x에 있는 데이터의 숫자가 몇 개인지 알려주는 내장 함수이다. 위 자료에는 6개의 데이터가 있기 때문에 len(x)는 6이 된다. 그런데 len(x)-1이라고 했기 때문에 range로 만들어 낸 숫자는 0, 1, 2, 3, 4가 된다. 그런데 여기서 1을 왜 뺐을까? 이유는 간단하다. 앞에서 다룬 문자열 인덱싱을 다시 생각해보자. 첫 번째 데이터는 0, 두 번째 데이터는 1이며 따라서 6번째 데이터는 5가 된다. 따라서 첫 번째 데이터에서 두 번째 데이터를 빼고 싶다면 다음과 같이 코드를 입력해야 한다.

```
year=x[0]-x[1]
```

여기서 x[0]은 40이고 x[1]은 25가 된다.

이 과정을 0.66-0까지 반복 진행해야 한다. 0.66은 5번째 데이터로 x[4]가 되고, 0은 6번째 데이터로 x[5]이 된다. 따라서 코드를 x[i]-x[i+1]로 쓴다면 실제 i는 최대 4까지만 필요하다. 때문에 range(0,len(n)-1)은 range(0,5)가 되어 0, 1, 2, 3, 4까지 출력하기 때문에 len(x)에서 1을 빼 5가 되도록 한 것이다.

코드의 마지막에 print(result)라고 했기 때문에 다음과 같이 for 문에서 계산한 결과가 저장된 result가 출력된다.

```
[15, 19.6, 2.9000000000000004, 1.8399999999999999, 0.66]
```

> **coding tip 컴퓨터의 소수점 계산**
>
> 일반적인 프로그램 언어는 이진법으로 계산한 결과를 십진법으로 나타낸다. 이런 과정에서 일부 계산 결과가 부정확하게 나타나기도 한다. 앞에서 다룬 계산 결과는 이러한 사례 중 하나이다. 2.5에서 0.66을 빼면 1.84가 되지만 이 경우에는 1.839999…. 로 계산되었다. 따라서 정밀한 계산을 하려면 round를 이용해 계산 결과를 반올림하여 사용하는 것이 좋다. 여기서는 계산 결과를 그대로 사용하여도 큰 문제가 없기 때문에 별도의 처리는 하지 않는다.

이제 result를 파이 차트로 표현하면 된다. 위의 코드 중 print(result)는 삭제하고 다음과 같이 코드를 추가해보자.

```python
from matplotlib import font_manager, rc
rc("font", family="HCR Dotum")
import matplotlib.pyplot as plt
x=[40,25,5.4,2.5,0.66,0]
result=[]
for i in range(0,len(x)-1):
    year=x[i]-x[i+1]
    result.append(year)
plt.pie(result)
plt.show()
```

[그림 6-3]은 실행 결과이다.

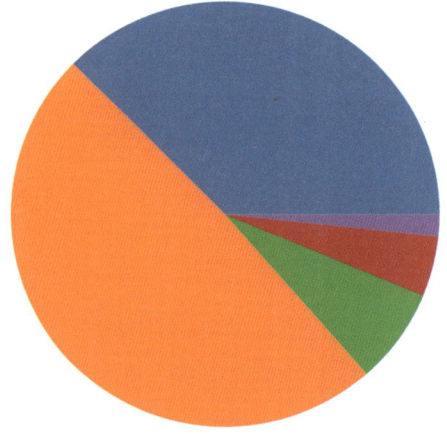

[그림 6-3] 그래프의 출력 결과

그래프가 정상적으로 출력되었지만 파이차트의 각 파이가 무엇을 나타내는지 알 수 없어 보기가 불편하다. 파이에 이름을 넣기 위해 다음과 같이 코드를 수정하자.

```
from matplotlib import font_manager, rc
rc("font", family="HCR Dotum")
import matplotlib.pyplot as plt
x=[40,25,5.4,2.5,0.66,0]
result=[]
for i in range(0, len(x)-1):
    year=x[i]-x[i+1]
    result.append(year)
name=["시생누대", "원생누대", "고생대", "중생대", "신생대"]
plt.pie(result, labels=name)
plt.show()
```

[그림 6-4]는 실행 결과이다.

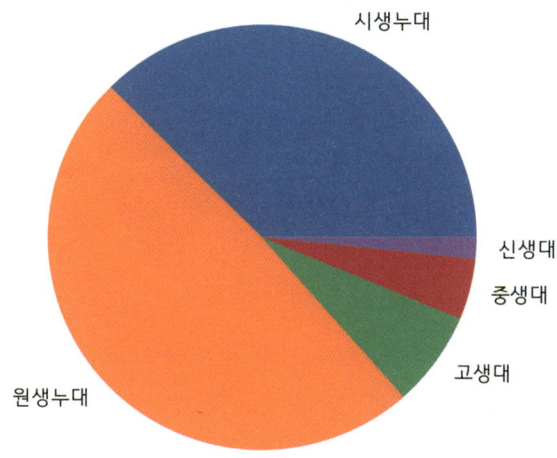

[그림 6-4] 파이차트의 각 파이에 이름을 넣은 결과

정상적으로 잘 출력되었지만 몇 가지 수정을 통해 더 좋은 그래프로 만들 수 있다. 예를 들면 보통 파이차트에서 데이터의 순서가 있는 경우 12시 방향부터 시작하는 것이 좋다. 특히 지질시대와 같이 시간 순서가 있는 경우 시계 방향으로 데이터가 진행되도록 하면 가독성이 좋아진다. [그림 6-4]처럼 파이차트에 별도의 옵션을 지정하지 않으면 3시 방향에서 시작하여 반시계 방향으로 그려진다. 따라서 plt.pie 부분을 다음과 같이 수정해보자.

```
plt.pie(result, labels=name, startangle=90, counterclock=False)
plt.show()
```

실행 결과, 시작 지점이 반시계 방향으로 90도 이동하였고, 데이터는 시계 방향으로 돌아가게 바뀌었다. 결과를 보면 알 수 있겠지만 startangle은 시작 지점을 지정하는 파라미터이고, counterclock은 데이터의 진행 방향을 바꾸는 파라미터이다. [그림 6-5]는 코드의 실행 결과이다.

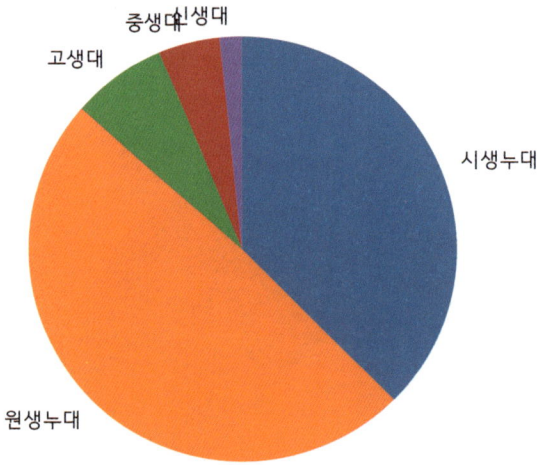

[그림 6-5] 데이터 진행 방향과 시작 지점을 바꾼 결과

진행 방향과 시작 지점을 바꾸었더니 중생대와 신생대의 글자가 겹치는 문제가 발생하였다. 해결하는 방법은 여러 가지가 있지만 여기서는 그래프의 크기를 키우는 방식을 사용하겠다. 또한 그래프의 색상 역시 바꾼다면 가독성을 더욱 높일 수 있기 때문에 색상도 함께 바꿔보겠다. plt.pie 전 줄에 그래프의 크기를 크게 바꾸는 코드와 색상을 지정하는 리스트 자료형을 추가하자. 그리고 plt.pie 안에는 색상을 바꿔주는 파라미터를 추가하겠다.

```
plt.figure(figsize=(10,10))
color=["orange","wheat","oldlace","darkgoldenrod","goldenrod"]
name=["시생누대", "원생누대", "고생대", "중생대", "신생대"]
plt.pie(result, labels=name, startangle=90, counterclock=False, colors=color)
plt.show()
```

코드를 수정하고 실행하면 처음보다 가독성이 높아진 것을 확인할 수 있다.

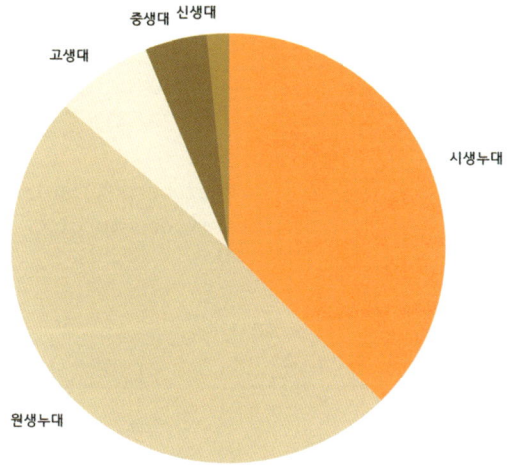

[그림 6-6] 그래프의 색상 및 크기를 수정한 결과

이제 마지막으로 각 지질시대가 지구 전체 역사에서 얼마만큼 차지하는지 그래프에 표시를 해보자. 이때 autopct를 사용하여 plt.pie에 다음과 같은 파라미터를 추가하면 간단하게 표현할 수 있다.

```
plt.pie(result,labels=name, startangle=90, counterclock=False,
colors=color, autopct="%.1f%%")
plt.show()
```

이제 각 지질시대가 지구 역사 전체에 걸쳐 얼마만큼 차지하는지 수치로 표시되는 것을 확인할 수 있다. 마지막으로 그래프에 제목을 추가하여 그래프를 완성해보자. 전체 코드는 다음과 같다.

```python
from matplotlib import font_manager, rc
rc("font", family="HCR Dotum")
import matplotlib.pyplot as plt
x=[40,25,5.4,2.5,0.66,0]
result=[]
for i in range(0,len(x)-1):
    year=x[i]-x[i+1]
    result.append(year)
name=["시생누대", "원생누대", "고생대", "중생대", "신생대"]
plt.figure(figsize=(10,10))
color=["orange","wheat","oldlace","darkgoldenrod","goldenrod"]
plt.pie(result,labels=name, startangle=90, counterclock=False,colors=color,autopct = "%.1f%%")
plt.title("지질시대 비율")
plt.savefig("C:\\111\\지질시대.jpg", dpi=300)
plt.show()
```

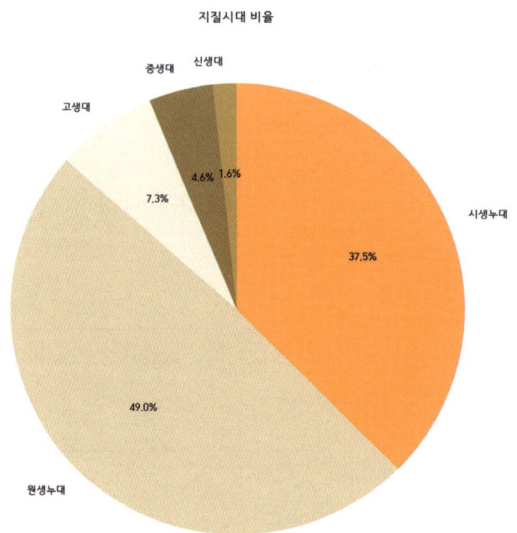

[그림 6-7] 각 지질시대가 지구의 역사에서 차지하는 비율을 나타낸 결과

만약 차지하는 비율을 표시하지 않고 실제 시간을 표시하려면 어떻게 해야 할까? 예를 들어 시생누대는 15억 년이고 원생누대는 19.6억 년, 고생대는 2.9억 년, 중생대는 1.84억 년, 신생대는 0.66억 년이라는 시간을 그래프에 표시하고 싶다면 어떻게 해야 할까?

안타깝게도 현재 matplotlib의 버전에서는 이를 따로 지원하지는 않는다. 이렇게 실제 데이터를 표시하려면 autopct의 문자열 포맷팅을 가공해야만 한다. 이 과정에서 def를 사용해야 한다.

> **coding tip** **스마트한 def 활용**
>
> def는 함수를 만들어주는 키워드이다. 함수라는 말이 수학에서 사용하는 용어라 보기만 해도 다소 골치 아프지만 개념은 간단하다.
>
>
>
> [그림 6-8] 쌀과 물을 넣고 어떤 일을 하면 밥을 만들 수 있다.
>
> 밥을 짓기 위해서는 쌀과 물이 필요하다. 그럼 쌀과 물을 가지고 어떻게 하면 밥이 만들어질까? 우선 쌀을 1시간 동안 물에 불린다. 불린 쌀을 전기밥솥에 넣고 쌀 위에 손을 얹었을 때 손등이 아주 조금 잠길 만큼 물을 채운다. 그 다음 전기밥솥의 취사 버튼을 누르고 밥이 다 될 때까지 기다리면 된다. 이 모든 과정이 위 그림의 물음표 상자에 들어가는 일이다. 함수는 바로 물음표 상자에 들어가는 모든 과정이라고 생각하면 된다. 이제 수학 시간에 배운 함수를 떠올려보자.
>
> $f(x) = 5x + 10$이라는 함수가 있다. $f(x)$는 x에 5를 곱한 뒤 10을 더하는 과정이 포함되어 있다. 이때 x 값으로 2를 넣는다면 $f(x)$는 20이 된다.
>
> 파이썬의 함수도 마찬가지다. 함수의 이름을 정의하고, 이 함수에 넣어줄 입력값을 지정해 준다. 마지막으로 이 함수가 해야 하는 작업을 지정하면 끝난다.

함수는 'def'라는 명령어로 만들 수 있다. 구조는 간단하다.

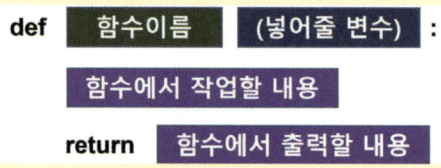

[그림 6-9] def의 기본적인 구조

예를 들어 a와 b라는 변수에 들어갈 숫자를 더하는 함수 exam을 만들어보자.

```
def exam(a,b):
    return a+b
```

이제 exam(5,6)을 입력하고 실행해보자. 실행 결과 11이 출력된다. def는 함수와 변수를 정의하는 것이고, return은 작업 결과를 반환하는 명령어이다. 반환값이 없을 수도 있다. return 없이 아래와 같이 코드를 구성해보자.

```
def exam(a,b):
    a+b
```

이 경우 exam(5,6)이라는 코드를 실행해도 어떠한 결괏값도 나오지 않는다. 결과를 반환하는 코드를 넣지 않았기 때문이다. 이번에는 다음과 같이 코드를 만들어보자.

```
def exam(a,b):
    print(a+b)
```

이 경우에 반환값은 없다. 하지만 exam(5,6)을 실행하면 11이라는 결과가 나타난다. 반환값이 없는데 어떻게 결과가 나온 걸까? 함수 자체가 단순히 a와 b를 더하는 것이 아니라 더한 결과를 출력하는 작업까지 포함되어 있기 때문이다. 여기서 print는 단지 결괏값을 출력한 것이지 결괏값을 반환한 것은 아니니 유의하자.

아래와 같이 코드를 수정하자. 또한 이제 그래프의 수치가 비율을 의미하는 것이 아니기 때문에 그래프의 제목을 지질시대 시간표로 바꿔주자.

여기서 sum을 이용하여 변수 result에 저장된 데이터를 모두 더하였다. 그리고 함수 cal에서는 result에 저장된 하나하나의 데이터가 전체에서 차지하는 비율을 p/100*total과 autopct를 사용해 원래 값으로 돌아오게 하였다. 별다른 오타가 없다면 파이차트에 실제 데이터가 출력될 것이다.

```python
from matplotlib import font_manager, rc
rc("font", family="HCR Dotum")
import matplotlib.pyplot as plt
x=[40,25,5.4,2.5,0.66,0]
result=[]
for i in range(0,len(x)-1):
    year=x[i]-x[i+1]
    result.append(year)
name=["시생누대", "원생누대", "고생대", "중생대", "신생대"]
plt.figure(figsize=(10,10))
color=["orange","wheat","oldlace","darkgoldenrod","goldenrod"]
total=sum(result)
def cal(p):
    return "%.2f"%float(p/100*total)
plt.pie(result,labels=name, startangle=90, counterclock=False,
colors=color, autopct=cal)
plt.title("지질시대 시간표 (단위:억년)")
plt.savefig("C:\\111\\지질시대.jpg", dpi=300)
plt.show()
```

다음은 이렇게 작성한 코드를 실행한 결과이다.

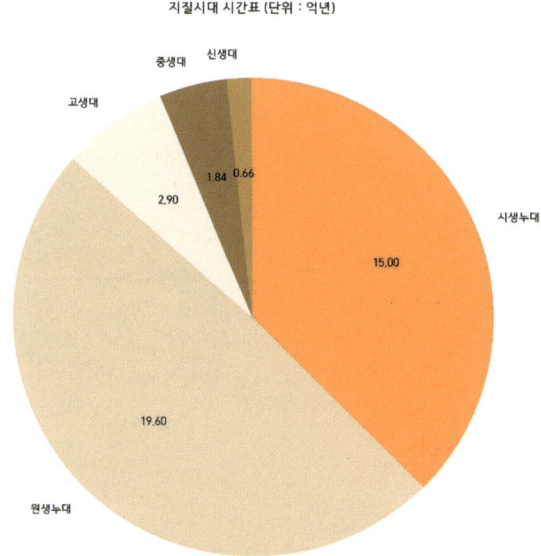

[그림 6-10] 그래프 출력 결과

science tip   백분율 계산

어떤 암석에 석영이 300g, 정장석이 450g, 사장석이 150g, 흑운모가 50g, 각섬석이 50g이 들어있었다고 한다. 여기서 석영, 정장석, 사장석, 흑운모, 각섬석이 암석 1kg에서 차지하는 비율을 퍼센트로 나타내려고 한다면 각각의 광물 질량을 석영, 정장석, 사장석, 흑운모, 각섬석의 질량을 모두 더한 값으로 나눈 다음에 100을 곱해주면 된다. 예를 들어 석영이 몇 퍼센트 들어있는지 계산하려면 아래와 같이 식을 세우면 된다.

모든 암석을 더한 값은 1000g이고 석영은 이 암석 1000g 중 30%를 차지하고 있다.

$$\frac{300g}{300g + 450g + 150g + 50g + 50g} \times 100\%$$

그렇다면 암석 1000g 중 석영의 질량이 30%를 차지할 때 석영의 질량이 얼마인지를 계산하려면 어떻게 하면 될까? 식을 석영 질량에 대해 다시 쓰면 된다.

$$\frac{30\%}{100\%} \times 1000g$$

식을 계산하면 300g이 나온다.

❶ 지질시대의 구분과 시대별 특징

지구가 만들어지고 지금까지 약 46억 년이라는 시간이 흘렀다. 이 기간 동안 지구에는 무수히 많은 사건이 일어났고, 과학자들은 이 사건을 연구하기 위해 46억 년 전 명왕누대를 시작으로 신생대까지 지질시대를 몇 가지 기준으로 구분하였다. 그렇다면 과학자들은 무엇을 기준으로 지질시대를 구분하였을까?

지질시대를 구분하는 기준은 크게 두 가지이다.

1. 생물학적으로 큰 변동이 발생(생물 대멸종이나 폭발적 번식)
2. 지질학적으로 큰 변동이 발생

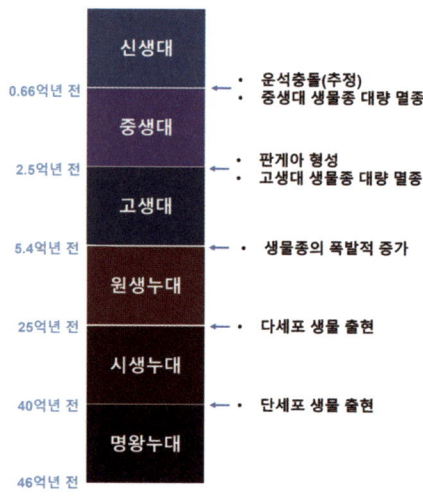

[그림 6-11] 지질시대의 각 시대 사이의 큰 사건

명왕누대는 지구가 형성된 직후의 시기로, 시생누대 이전 약 6~7억 년의 기간에 해당한다. 끊임없이 화산 폭발이 있었고, 용암이 흘러내려오는 매우 불안정한 시기였을 것으로 추정하며 당연히 생물의 흔적은 발견되지 않는다.

시생누대에 접어들면서 지구가 충분히 식어 지각이 대륙이라고 부를 수 있을 만큼 안정적으로 존재하기 시작하였다. 또한 이 시기에 바다가 만들어지며 생명체가 생존할 수 있는 환경이 만들어졌을 것으로 추정하고 있다. 전 세계적으로 이 시기의 암석에서 시아노박테리아의 활동이 화석으로 남아있는데, 이 화석이 잘 알려진 스트로마톨라이트이다.

원생누대는 다세포 생물이 출현한 시기이다. 이 시기에 최초로 대기 중에 산소가 공급되며 오존층이 형성되어 자외선이 지표에 영향을 주지 못하기 시작했다. 특히 오존층이 형성된 시기와 다세포 생물이 출현한 시기가 어느 정도 맞는다는 점이 주목할 만한 점이다. 이 시기에 생존한 유명한 다세포 생물의 화석으로 에디아카라 동물군이 있다.

[그림 6-12] 시생누대의 상상도[12]

---

[12] "Flash Floods in the Mid-Archean", NASA Astrobiology, https://astrobiology.nasa.gov/news/flash-floods-in-the-mid-archean/

[그림 6-13] 원생누대 에디아카라 동물군 상상도[13]

고생대에 접어들며 해양 무척추동물이 대량으로 번성하기 시작했다. 이 시기에 등장한 생물은 시생누대나 원생누대에 살았던 원시적인 생명체와 뚜렷하게 구분된다. 삼엽충이 번성하기 시작했고, 최초의 어류가 등장했다. 전세계 대륙에서 방추충이 번성했다. 이외에도 필석, 완족류, 두족류, 해백합 등의 다양한 생물이 번성했다. 특히 고생대 중반인 실루리아기 무렵에는 곤충 및 양서류를 포함한 최초의 육상생물도 등장하기 시작했다. 또한 고생대가 종료되기 직전까지 온난한 기후가 유지되며 고위도까지 산호초가 번성하기도 했다.

---

13 Michelle Z. Donahue, "Did mystery worms cause world's first mass extinction?", Smithsonian Insider, https://insider.si.edu/2015/09/did-mystery-worms-cause-worlds-first-mass-extinction/

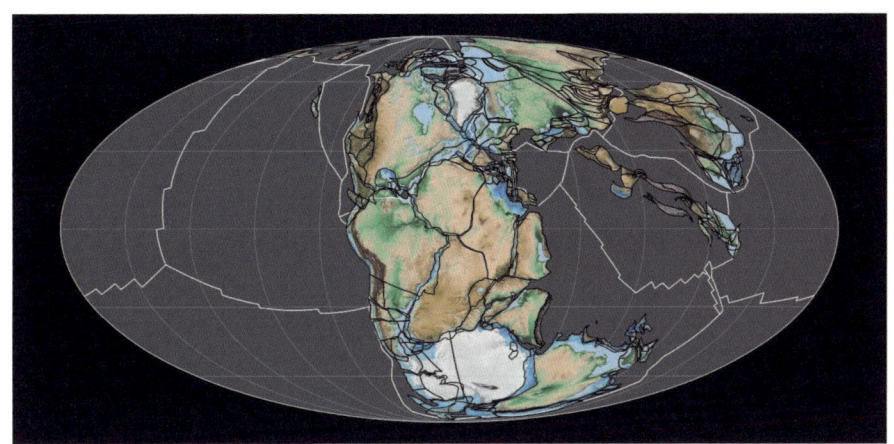

[그림 6-14] 고생대 말 형성된 판게아의 상상도[14]

고생대 말인 페름기에는 전 세계에 흩어져 있던 대륙이 하나로 합쳐지는 사건이 발생했다. 이렇게 하나로 모인 대륙을 '판게아'라고 하는데 판게아가 형성되는 과정에서 굉장히 긴 시간 동안 엄청난 화산활동이 있었던 것으로 추정한다. 이 화산활동으로 인해 화산재가 하늘을 뒤덮어 태양복사에너지가 들어오지 못해 지표면의 온도가 낮아졌다. 또한 화산가스가 대량으로 유입되며 대기가 산성화되었고, 이 화산가스는 해양에도 녹아들어 가며 해양의 산성화가 빠르게 진행되었다. 지구 평균기온 감소와 산성화된 환경에 적응하지 못한 수많은 생물이 절멸하기 시작하였다. 또한 판게아 형성 과정으로 얕은 해양 환경이 줄어들며 생물의 서식 환경이 감소한 것도 고생대 생물 멸종의 원인 중 하나였다. 고생대 말의 대량 멸종이 중생대 말 공룡의 대량 멸종보다 규모가 훨씬 컸을 것으로 추정하고 있다.

판게아 형성이라는 대사건으로 수많은 고생대 생물이 절멸하고 살아남은 생물이 다시 번성하기 시작하였다. 이 시기를 중생대라고 한다. 중생대가 고생대와 구분되는 뚜렷한 특징 중 하나는 공룡의 번성이다. 공룡은 중생대 초기인 트라이아스기에 최

---

14 "Pangaea", Wikipedia, https://en.wikipedia.org/wiki/Pangaea

초로 등장하여 중생대 말인 백악기까지 지구를 지배한 대표적인 동물이다. 공룡은 전세계에 걸쳐 수많은 화석이 발굴되어 알려진 고생물이며, 46억 지질시대 전체를 전부 합쳐 가장 대중적인 고생물이기도 하다. 공룡 이외에 잘 알려진 화석으로는 암모나이트가 있다. 공룡과 마찬가지로 중생대 백악기 말에 모두 절멸하였지만, 중생대 바다를 대표하는 고해양생물로 알려져 있다.

중생대 말, 대멸종으로 공룡과 암모나이트 등이 절멸하였다. 유카탄반도에 떨어진 지름 12km의 운석 충돌이 원인으로 알려져 있으며 중생대에 지구를 지배하던 대부분의 생명체가 절멸하면서 포유류가 지구를 지배하기 시작했다. 이렇게 중생대와 신생대를 구분할 수 있다. 책의 내용과 다소 벗어나기는 하지만 알아 두어야 할 내용이 하나 있다. 지금 이 순간에도 많은 생물종이 멸종하고 있다는 것이다. 인류가 번성하기 시작하며 생명체의 멸종 속도는 자연적 멸종 속도에 비해 1,000배 이상 빠르게 진행되었다. 특히 이 멸종 속도는 고생대 말이나 중생대 말에 발생하였던 멸종 속도보다도 훨씬 빠르다는 연구 결과가 나왔다. 이에 고생물 학자들은 과거에 있었던 다섯 번의 대멸종에 더해 지금의 멸종을 여섯 번째 대멸종으로 부르기 시작했다.

신생대에는 잘 알려진 매머드를 포함한 포유류가 지구를 지배하기 시작한 시점이다. 또한 최초의 인류가 등장했으며, 속씨식물이 지구 전체를 지배했다. 생물의 모양이나 생존 방식 등은 지금 우리가 잘 알고 있는 형태와 유사해졌다. 대륙의 분포도 지금과 비슷했던 시기이기도 하다. 또한 인류가 매머드 등을 사냥했던 기록도 남아있다. 특히 이 시기에 네 번의 빙하기와 세 번의 간빙기가 찾아왔는데, 이 과정에서 적지 않은 생명체가 절멸하였다.

❷ 인류의 등장과 지질시대

앞에서 다룬 지질시대 시간표에 최초로 인류가 등장한 시기와 최초의 문명이 탄생한 시기를 함께 나타내 보았다. 로마 제국의 출범, 조선 왕조의 건국 등을 표시해 보았지만, 이 시기는 지질학적 시간에 비해 너무 짧다 보니 수십억 년 단위의 시간표에는 표시조차 할 수 없다.

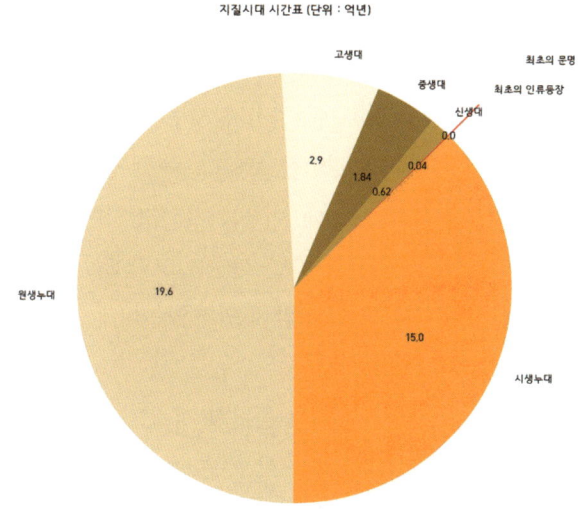

[그림 6-15] 시생누대에서 신생대까지의 지질시대

그래서 이 시간을 24시간으로 변환하여 표로 나타내 보았다. 지구가 만들어지고 지구 역사가 시작된 시간을 0시로, 지금 현재를 24시로 변환한 것이다.

사건명	억 년 단위 시간	24시간으로 변환
지구 탄생	46억 년 전	0시
시생누대 시작	40억 년 전	3시 7분 49초
원생누대 시작	25억 년 전	10시 57분 23초
고생대 시작	5억 4천만 년 전	21시 10분 57초
중생대 시작	2억 5천만 년 전	22시 41분 44초
신생대 시작	6천 6백만 년 전	23시 39분 20초
최초의 인류 등장	약 5천 5백 년 전	23시 58분 44초
로마 제국의 출범	약 2천 50년 전	23시 59분 58초
조선 왕조의 시작	약 630년 전	23시 59분 59.999초

중요한 특징은 아니지만, 시생누대를 제외하고 원생누대, 고생대, 중생대, 신생대로 갈수록 지질시대의 길이가 짧아지는 경향을 보인다. 특히 명왕누대, 시생누대, 원생누대를 합쳐 선캄브리아 시대라고 하는데, 이 시기가 지질시대 중 거의 대부분을 차지한다. 그리고 생명체가 폭발적으로 증가한 시기는 고작 5억 년, 24시간을 기준으로 따지면 24시의 약 3시간 전인 21시 이후밖에 되지 않는다.

46억 년을 24시로 변환하면, 최초의 인류가 등장한 시기는 불과 1분 20여초 전인 23시 59분 40초이고, 로마 제국은 2초 전인 23시 59분 58초에, 조선 왕조는 0.001초 전인 23시 59분 59.999초에 시작한 것이다. 우리는 여기서 무엇을 생각해야 할까?

인류가 활동한 시간은 지구 역사를 24시간으로 환산하였을 때 지구 전체 역사에서 고작 1분 20초밖에 되지 않고, 인류가 지구를 무분별하게 파괴하기 시작한 시기는 고작 1초도 되지 않는다. 1초도 안 되는 짧은 시간 동안 지구 환경이 엄청나게 훼손되었다는 것을 생각해보면 가슴 아픈 일이다.

마지막으로 앞에서 다룬 지질시대를 24시간으로 변환하는 코드를 파이썬으로 어떻게 구현하면 될지 생각해보자.

6.2 지구와 우주의 구성 원소

한걸음 다가서기

현재까지 발견된 원소의 개수는 총 118개이다. 이들은 지구와 우주에 골고루 분포해 있다. 그렇다면 우주 전체에서 가장 많은 원소는 무엇이고, 지구에 가장 많은 원소는 무엇일까?

지구과학 미리보기

[그림 6-16] 신생별이 탄생하고 있는 성운 W51[15]

빅뱅이라는 사건으로 우주가 탄생하였다. 그리고 3분 동안 양성자가 만들어졌으며 3분부터 17분 동안 빅뱅 핵합성으로 헬륨이나 리튬 같은 원소가 만들어졌다. 이후 우주 공간에서는 더 이상 새로운 원소가 만들어지지는 않았다고 한다. 그런데 지금까지 발견된 원소의 개수는 총 118개이다. 이 많은 원소는 도대체 어디서 만들어진 걸까? 바로 별 내부에서 발생하는 핵융합과 별의 생애 마지막에 발생하는 초신성 대폭발로 여러 원소가 만들어진 것으로 알려져 있다. 그리고 이런 원소가 모여 태양계를 이루고 지구를 구성하는 원소가 되기도 하였으며, 우리 몸을 이루는 원소가 되기도 하였다.

우주가 만들어지고 지금까지 약 137억 년이라는 시간이 지났으며 지구와 태양의 나이는 약 46억 년 정도로 추정하고 있다. 현재까지 과학자들이 밝혀낸 지구와 우주에 있는 원소의 구성 비율은 어떻게 될까?

---

[15] "Where Are Stars Made? NASA's Spitzer Spies a Hot Spot", NASA, https://www.nasa.gov/centers-and-facilities/jpl/where-are-stars-made-nasas-spitzer-spies-a-hot-spot/

> **Step 1** 데이터 찾아보기

여기서는 지각과 지구 전체, 우리 은하에 있는 원소의 전체 함량을 하나씩 분석해보고 어떤 차이가 있는지를 알아보고자 한다.

먼저 지구 내부 구조를 살펴보자. 지구는 가장 바깥부터 지각, 맨틀, 외핵, 내핵으로 구성되어 있다. 지각과 맨틀의 경계는 약 50㎞ 지점, 맨틀과 외핵 경계는 약 2910㎞ 지점, 외핵과 내핵 경계는 약 5100㎞ 지점이다. 지구 중심까지의 깊이는 약 6400㎞이다.

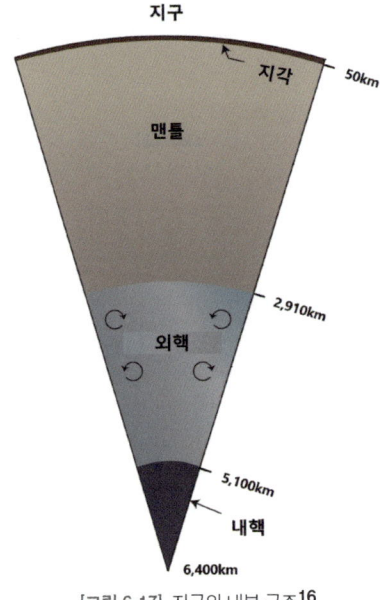

[그림 6-17] 지구의 내부 구조[16]

먼저 지각을 구성하는 원소에 대해 알아보자. 정확한 구성비를 알아보기 위해 다소 어려워 보이기는 하지만, 실제 연구자들의 연구 데이터를 활용해 그래프로 나타내 보고자 한다.

---

[16] "Earth Interior Graphic" 번역, Jet Propulsion Laboratory, https://www.jpl.nasa.gov/images/pia25063-earth-interior-graphic

지각의 원소 함량비는 수많은 과학자에 의해 상세히 밝혀졌다. 연구자에 따라 조금씩 다른 값을 보이지만 대체로 유사하다. 여기서는 데이비드 달링David Darling이 연구한 결과를 기반으로 함량을 정리하였다.

순위	원소이름	원소기호	함량(ppm)
1	산소	O	466,000
2	규소	Si	277,200
3	알루미늄	Al	81,300
4	철	Fe	50,000
5	칼슘	Ca	36,300
6	나트륨	Na	28,300
7	칼륨	K	25,900
8	마그네슘	Mg	20,900
9	티타늄	Ti	4,400
10	수소	H	1,400
11	기타		5,450

다음으로는 지구 전체 원소의 비율은 어떻게 되는지 살펴보자. 지구 전체에서 함량비가 가장 높은 원소는 철이다. 지각과 비교하였을 때 전혀 다른 함량비를 보이고 있다.

순위	원소이름	원소기호	함량(%)
1	철	Fe	32.1
2	산소	O	30.1
3	규소	Si	15.1
4	마그네슘	Mg	13.9
5	황	S	2.9
6	니켈	Ni	1.8
7	칼슘	Ca	1.5
8	알루미늄	Al	1.4
9	기타		1.2

마지막으로 분광학을 이용해 추정한 우리 은하계에서 가장 흔한 10가지 원소에는 무엇이 있는지 살펴보자.

순위	원소이름	원소기호	함량(ppm)
1	수소	H	739,000
2	헬륨	He	240,000
3	산소	O	10,400
4	탄소	C	4,600
5	네온	Ne	1,340
6	철	Fe	1,090
7	질소	N	960
8	규소	Si	650
9	마그네슘	Mg	580
10	황	S	440

우리 은하에서 가장 많은 양을 차지하는 원소는 수소로, 지각이나 지구를 구성하는 원소와는 완전히 다른 경향을 보이고 있다. 이제 파이차트를 활용하여 분포비를 알아보자.

Step 2 〉 그래프로 표현하기

가장 먼저 지각을 구성하는 원소를 파이차트로 그려보고자 한다. 앞에서 했던 것과 마찬가지로 그래프를 그릴 때 필요한 라이브러리인 matplotlib.pyplot과 그래프에 한글을 표현할 때 필요한 라이브러리를 함께 호출하자.

```
from matplotlib import font_manager, rc
rc("font", family="HCR Dotum")
import matplotlib.pyplot as plt
```

다음으로 지각을 이루고 있는 원소의 구성비를 순서대로 리스트 자료형에 입력한다. 여기서는 변수 crust를 만들고 데이터를 입력했다. 그리고 각 데이터가 어떤 원소의 함량비인지 나타내 줘야 한다. 따라서 원소의 이름을 넣어줄 코드도 미리 만들어보자. 여기서는 변수 c_ele에 데이터를 넣어주었다.

```
crust=[466000,277200,81300,50000,36300,28300,25900,20900,4400,1400,5450]
c_ele=["산소","규소","알루미늄","철","칼슘","나트륨","칼륨","마그네슘","티타늄","수소",
"기타"]
```

이제 파이차트를 그릴 기본적인 준비는 모두 완료되었다. 변수 c_ele의 다음 줄에 파이차트를 그릴 수 있는 코드를 입력하여 그래프를 그려보자.

```
plt.pie(crust,labels=c_ele)
plt.show()
```

[그림 6-18]은 코드의 실행 결과이다.

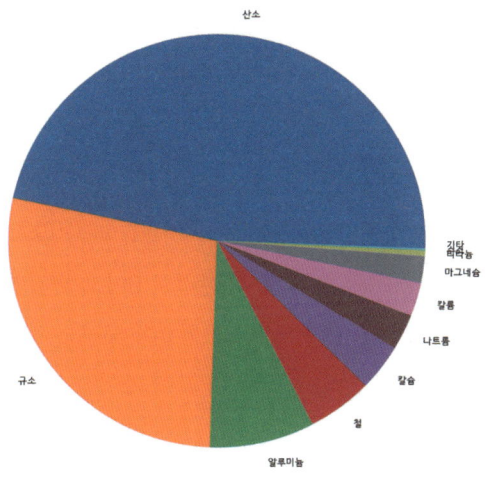

[그림 6-18] 코드의 출력 결과

산소나 규소, 알루미늄, 철 등의 분포는 큰 문제가 되지 않는다. 하지만 마그네슘, 티타늄, 수소, 기타는 양이 너무 적어 글자가 겹쳐 보인다. 우선 앞에서 했던 것과 마찬가지로 그래프의 크기를 크게 하여 문제를 해결해보자. 그래프의 크기를 늘리기 위해 plt.pie 바로 전 줄에 다음의 코드를 입력해보자.

```
plt.figure(figsize=(10,10))
plt.pie(crust, labels=c_ele)
plt.show()
```

[그림 6-19]는 코드의 실행 결과이다.

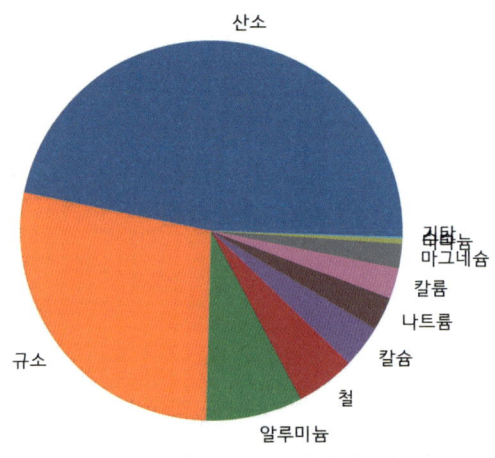

[그림 6-19] 그래프의 크기를 늘린 결과

그래프는 충분히 커졌다. 하지만 그래프의 글자 일부가 겹쳐있다. 이런 경우 해결 방법은 글자가 겹치는 부분의 파이를 중심에서 떨어뜨리는 것이다. 파라미터 explode를 사용하면 원하는 파이를 중심에서부터 떨어뜨릴 수 있다. 기본값은 0이고 숫자가 커질수록 멀리 떨어진다. 지나치게 많이 떨어뜨릴 필요는 없다. 물론 재미 삼아 해보는 것이 문제가 되지는 않겠지만, 0에서 1사이의 숫자만으로도 충분하다. 다음과 같이 파이를 떨어뜨릴 코드를 추가하자.

```
from matplotlib import font_manager, rc
rc("font", family="HCR Dotum")
import matplotlib.pyplot as plt
crust=[466000,277200,81300,50000,36300,28300,25900,20900,4400,1400,5450]
c_ele=["산소","규소","알루미늄","철","칼슘","나트륨","칼륨","마그네슘","티타늄","수소","기타"]
```

```
explode=[0,0,0,0,0,0,0,0,0.3,0.4,0.6]
plt.figure(figsize=(10,10))
plt.pie(crust, labels=c_ele, explode=explode)
plt.show()
```

[그림 6-20]은 코드의 실행 결과이다.

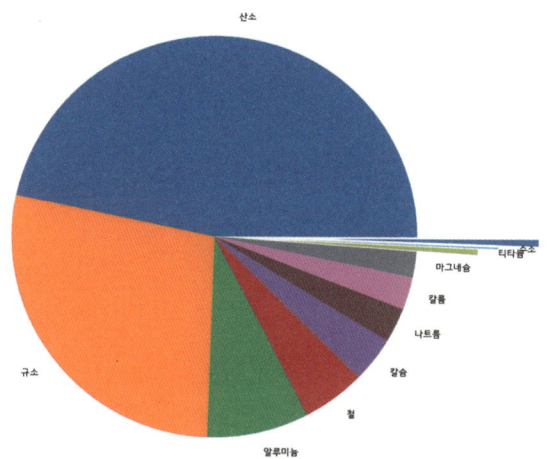

[그림 6-20] 파이를 중심에서 떨어뜨린 결과

글자가 겹쳐서 보이지 않던 파이가 정상적으로 떨어진 것이 확인된다. 눈치챈 분도 있겠지만, explode를 사용하는 방법은 어렵지 않다. 데이터의 개수는 총 11개이기 때문에 변수 explode에 넣을 데이터도 총 11개가 필요하다. 중심에서 떨어뜨릴 데이터는 마지막의 티타늄, 수소, 기타 3개이다. 그래서 티타늄에는 0.3, 수소에는 0.4, 기타에는 0.6이 대응하도록 순서대로 값을 넣어주었고, 떨어뜨릴 필요가 없는 나머지 데이터는 0이 되도록 했다. 데이터가 11개인데 이보다 적거나 많은 수의 데이터를 넣어주면 오류가 발생한다. 이제 startangle을 45로 작성하여, 그래프 전체를 왼쪽으로 45도 회전시켜주자. 사실 이 작업은 필수는 아니지만 그래프의 가독성을 높여주는 효과가 있다. 그리고 그래프의 각 파이에 정확한 함량 비율을 나타내기 위해 autopct를 사용해 함량비를 표시하자. 마지막으로 그래프의 제목을 넣어주고 matplotlib의 color chart를 이용해 각 파이에 원하는 색상을 넣어주자. 여기까지 작성한 코드와 실행 결과는 다음과 같다.

```
from matplotlib import font_manager, rc
rc("font", family="HCR Dotum")
import matplotlib.pyplot as plt
crust=[466000,277200,81300,50000,36300,28300,25900,20900,4400,1400,5450]
c_ele=["산소","규소","알루미늄","철","칼슘","나트륨","칼륨","마그네슘","티타늄","수소","기타"]
color=["tan","mistyrose","lime","aqua","lightblue","gold","ivory","orange","yellow","coral","linen"]
explode=[0, 0, 0, 0, 0, 0, 0, 0, 0.3, 0.4, 0.6]
plt.figure(figsize=(10,10))
plt.pie(crust,labels=c_ele, explode=explode, colors=color, startangle=45, autopct="%.1f%%")
plt.title("지각을 구성하는 원소 함량비")
plt.show()
```

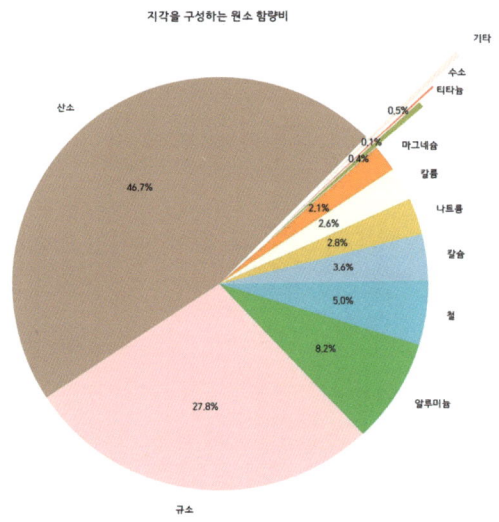

[그림 6-21] 코드의 최종 출력 결과

같은 방법으로 데이터만 바꾸어 지구 전체의 함량비와 우리 은하계의 함량비도 나타내보자. 여기서 수정할 것은 함량비를 나타낼 데이터, 데이터의 이름, 색깔의 종류, 중심에서 떨어뜨릴 파이 등만 바꾸어 주면 된다. 다만 explode를 이용해 파이를 중심에서 떨어뜨릴 때에는 실행 결과를 보면서, 숫자를 조금씩 조정해 주면 된다.

다음은 이런 내용을 반영하여 코드를 수정한 내용과 코드의 실행 결과이다.

```python
from matplotlib import font_manager, rc
rc("font", family="HCR Dotum")
import matplotlib.pyplot as plt
crust=[32.1,30.1,15.1,13.9,2.9,1.8,1.5,1.4,1.2]
c_ele=["철","산소","규소","마그네슘","황","니켈","칼슘","알루미늄","기타"]
color=["tan","mistyrose","lime","aqua","lightblue","gold","ivory","orange","yellow"]
explode=[0, 0, 0, 0, 0, 0.05, 0.1, 0.2, 0.3]
plt.figure(figsize=(10,10))
plt.pie(crust, labels=c_ele, explode=explode, colors=color, startangle=45, autopct="%.1f%%")
plt.title("지구 전체 구성하는 원소 함량비")
plt.show()
```

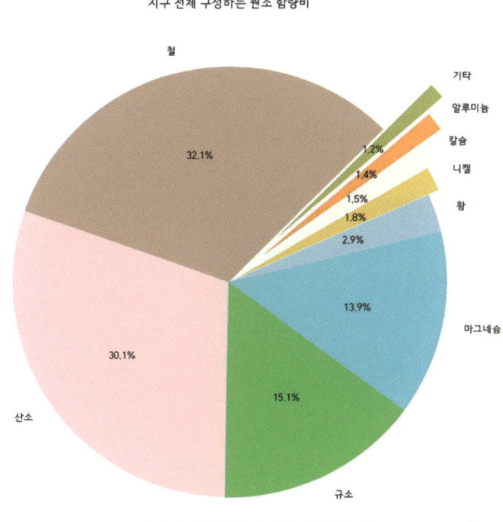

[그림 6-22] 그래프의 출력 결과

이제 마지막으로 우리 은하계의 구성 원소 함량비를 나타내보자. 위에서 한 것과 마찬가지로 필요한 데이터만 변경하면 된다. 다만 은하의 경우 수소와 헬륨, 탄소를 제외한 다른 원소는 함량비가 극히 미량이기 때문에 소수점 두 번째 자리까지 표시가 되도록 하는 것이 좋다. 따라서 autopct 부분의 .1을 .2로 수정하는 것이 좋다. 또한 파이차트의 회전 각도 역시 45도에서 25도로 변경하였다.

다음은 전체 코드와 실행 결과이다.

```python
from matplotlib import font_manager, rc
rc("font", family="HCR Dotum")
import matplotlib.pyplot as plt
crust=[739000,240000,10400,4600,1340,1090,960,650,580,440]
c_ele=["수소","헬륨","산소","탄소","네온","철","질소","규소","마그네슘","황"]
color=["tan","mistyrose","lime","aqua","lightblue","gold","ivory","orange","yellow","coral"]
explode=[0, 0, 0, 0.1, 0.3, 0.5, 0.7, 0.9, 1.1, 1.3]
plt.figure(figsize=(10,10))
plt.pie(crust, labels=c_ele, explode=explode, colors=color, startangle=25, autopct="%.2f%%")
plt.title("우리 은하를 구성하는 원소 함량비")
plt.show()
```

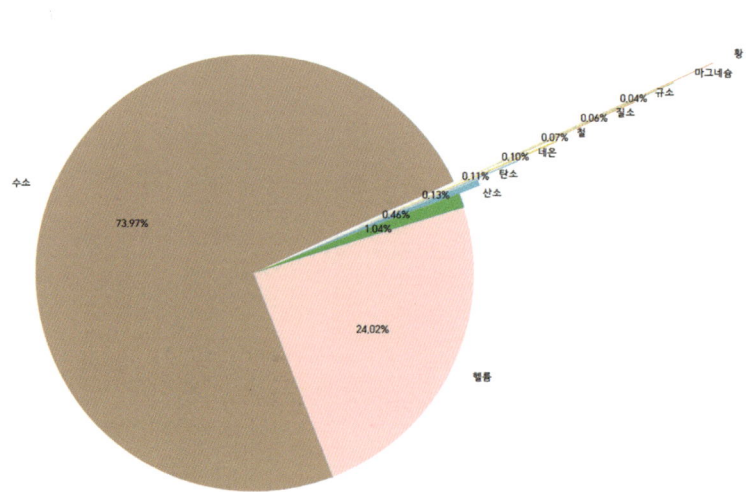

[그림 6-23] 우리 은하를 구성하는 원소 함량비를 나타낸 결과

> **coding tip** **f-string으로 더욱 알아보기 쉽게 문자열 포맷팅 하기**
>
> 앞에서 %d나 %s를 활용한 문자열 포맷팅을 다루었다. 여기서도 autopct에 문자열 포맷팅을 사용했는데, 문자열 포맷팅은 활용 범위가 넓은 반면에 어떠한 타입의 문자가 들어가는지에 따라 %d나 %s, %f 등을 바꾸어 사용해야 하는 번거로움이 있다. 또 '%'를 사용하는 것이 전체적인 코드를 읽는 데에 눈에 잘 들어오지 않는다는 단점도 있다. 그래서 파이썬 버전 3.6 이상부터는 기존의 문자열 포맷팅뿐만 아니라 f-string을 이용한 새로운 문자열 포맷팅 방법이 적용되었다. 아래 예시를 따라 하며 문자열 포맷팅을 이해해보자.
>
> ```
> score=90
>  f"민규의 수학 점수는 {score}점이다."
> ```
>
> 위 코드를 실행하면 다음과 같은 결과가 출력된다.
>
> ```
> 민규의 수학 점수는 90점이다.
> ```
>
> 새로운 문자열 포맷팅의 규칙은 단 하나다. 중괄호에 넣어줄 변수 하나를 만들고 문자열 포맷팅을 할 문자열 앞에 f를 쓴 뒤 문자열 포맷팅의 내용을 " "나 ' '로 씌워서 작성만 하면 된다. 이렇게 하면 기존의 문자열 포맷팅에서 사용한 지정자 %d나 %s, %f 같은 것은 전혀 사용하지 않아도 된다.
>
> 만약 민규의 수학 점수가 93.778점인데, 소수점 첫째 자리까지만 나타내고 싶을 때는 어떻게 해야 할까? 이는 기존의 문자열 포맷팅에서 부동소수점을 반올림하던 규칙과 거의 같다. 다음과 같은 코드를 만들어 실행해보자.
>
> ```
> score=93.778
>  f"민규의 수학 점수는 {score:.1f}점이다."
> ```

실행 결과는 다음과 같다.

> 민규의 수학 점수는 93.8점이다.

반올림 규칙도 간단하다. 반올림할 숫자가 지정되어 있는 변수 다음에 콜론을 찍고, 나타내고자 하는 소수점 자릿수를 .1과 같은 형식으로 표현한 뒤 마지막에 f를 쓰면 된다.

이런 규칙도 복잡하다면 round 내장 함수를 사용하여 다음과 같이 써도 무방하다.

```
score=93.778
f"민규의 수학 점수는 {round(score,1)}점이다."
```

결과는 앞의 내용과 완전히 같다.

---

coding tip | lambda로 간단한 함수를 스마트하게 정의하기

def는 함수를 정의하고 사용하는 키워드이다. 여러가지로 활용도가 높은데, def 외에도 lambda라는 또 다른 함수의 정의 방법이 있다. def는 함수의 이름과 변수를 정의해 주고, return값을 사용하여 결과를 어떻게 도출할지를 지정해 주어야 한다.

그런데 lambda는 함수의 이름을 정의할 필요도, return을 지정해 줄 필요도 없다. 그래서 간단한 함수는 def보다는 lambda를 사용하면 훨씬 간편하게 정의할 수 있다. 다음과 같은 예시를 생각해보자.

```
def exam(a,b):
    return a+b
exam(10,5)
```

위 코드를 실행하면 결괏값은 15가 출력된다.

exam이라는 함수는 lambda를 사용하면 조금 더 간편해질 수 있다. 다음과 같이 코드를 구성해 보자.

```
exam2=lambda a,b:a+b
exam2(10,5)
```

실행하면 결과는 15가 나온다.

lambda의 문법 구조는 간단하다. 먼저 lambda를 쓰고, 함수에 사용할 하나 이상의 변수를 지정해 준다. 그리고 콜론(:)을 쓴 다음에 함수에서 할 작업을 정의하면 된다.

여기서 exam2라는 변수에 lambda를 넣어주고 exam2(10,5)로 코드를 실행했으니 '결국 def에서 함수를 정의하는 것과 뭐가 다르지?'와 같은 의문을 가질 수 있다. 하지만 다음과 같이 변수를 지정하지 않고서도 lambda 함수를 실행할 수 있다.

```
(lambda a,b : a+b)(10,5)
```

결과는 15가 출력된다.

앞에서 다룬 autopct는 lambda를 사용하여 나타낼 수도 있다. 예를 들어 다음의 코드를 보자.

```
plt.pie(crust,labels=c_ele,explode=explode,colors=color,startangle=25
,autopct="%.2f%%")
```

%.2f%%는 문자열 포맷팅이다. lambda와 f-string을 사용하면 아래와 같이 쓸 수 있다.

```
plt.pie(crust,labels=c_ele,explode=explode,colors=color,startangle=25
,autopct=lambda p:f"{p:.2f}")
```

lambda에서 사용할 변수 p와 lambda에서 진행할 작업을 f"{p:.2f}" 형태로 정의했다.

지질시대 시간표 만들기에서 파이 차트에서 나타낼 데이터를 비율이 아닌 실제 데이터값으로 나타내기 위해 def와 문자열 포맷팅을 함께 사용했다. 여기서 def를 정의하는데 꽤 많은 글자를 사용했다. 하지만 lambda를 사용하면 최소한 2줄의 코드는 삭제할 수 있다.

지질시대 시간표 만들기의 코드를 다시 살펴보자.

```python
from matplotlib import font_manager, rc
rc("font", family="HCR Dotum")
import matplotlib.pyplot as plt
x=[40,25,5.4,2.5,0.66,0]
result=[]
for i in range(0,len(x)-1):
    year=x[i]-x[i+1]
    result.append(year)
plt.figure(figsize=(10,10))
color=["orange","wheat","oldlace","darkgoldenrod","goldenrod"]
name=["시생누대", "원생누대", "고생대", "중생대", "신생대"]
total=sum(result)
def cal(p):
    return "%.2f"%float(p/100*total)
plt.pie(result,labels=name,startangle=90, counterclock=False,colors=color,autopct=cal)
plt.title("지질시대 시간표 (단위 : 억년)")
plt.show()
```

여기서 실제 데이터를 사용하기 위해 def로 함수를 정의하고, autopct에서 cal로 이 함수를 불러왔다. 이 부분 중 def 부분을 모두 삭제하고 방금 배워본 lambda와 f-string을 사용해 autopct 부분만 다시 작성해보자.

```python
autopct=lambda p : f"{p/100*total:.2f}"
```

lambda 다음에 함수로 지정할 변수 p를 넣어주었고, 이 함수에서 수행할 작업을 콜론 뒤에 f-string으로 지정했다. 그 다음 코드는 f-string의 기본 구조인 **f "넣어줄 문자 { 문자열 포맷팅 내용: 소수점 반올림 규칙 }"** 에 따라 위와 같이 적어준 것뿐이다.

f-string의 소수점 반올림 규칙이 복잡하다면 단순히 아래와 같이 작성해도 된다.

```
autopct=lambda p : round(p/100*total,2)
```

결과는 동일하다.

❶ 우주의 구성 원소 질량 비율이 가지는 비밀

가장 마지막에 그린 파이차트였던 우주의 구성 원소 함량비를 먼저 살펴보자. 수소, 헬륨, 산소, 탄소, 네온, 철, 질소, 규소, 마그네슘, 황 등 10개 원소의 질량 비율을 파이차트로 그렸는데, 10개 원소를 사용한 것이 무색할 만큼 대부분이 수소와 헬륨이다. 특히 수소와 헬륨이 차지하는 질량비는 전체의 97.99%에 달한다. 온통 수소와 헬륨뿐이라고 표현해도 틀린 말이 아니다. 나머지 기타 원소는 2% 남짓이다.

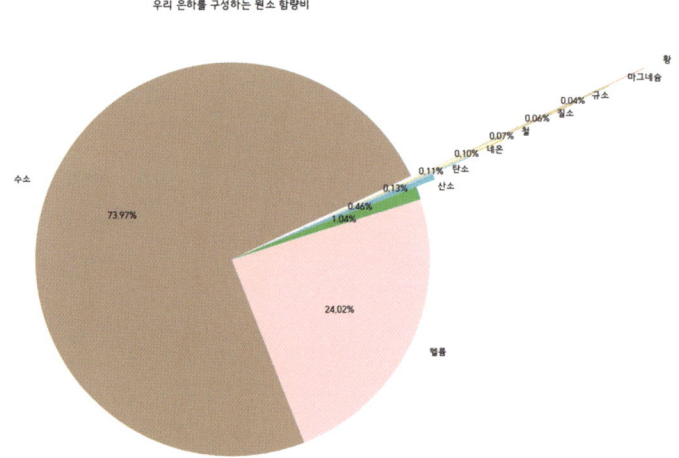

[그림 6-24] 우주를 구성하는 원소의 질량비

우주를 구성하는 원소의 대부분이 수소와 헬륨이고, 그 질량비가 3:1가량 되는 이유는 최초로 우주가 만들어진 빅뱅 시점으로 되돌아가서 살펴봐야 한다. 빅뱅이라는 대폭발로 우주가 만들어진 직후 우주는 팽창하며 조금씩 온도가 낮아졌다. 이 과정에서 쿼크나 랩톤 같은 기본 입자가 만들어졌고, 이 입자들이 모이면서 최초의 양성자와 중성자가 만들어졌다. 특히 우주의 나이가 1초가 되었을 때 양성자나 중성자가 안정적으로 존재할 수 있을 만큼 온도가 낮아졌다. 그리고 우주의 나이가 1분이 되었을 때 핵융합이 가능한 온도로 낮아져 핵융합이 일어나기 시작했다. 이 핵융합을 빅뱅 핵합성이라고 하는데, 빅뱅 핵합성은 1분에서 3분 동안 활발히 진행되다가 17분이 지난 뒤 완전히 종료된 것으로 보고 있다.

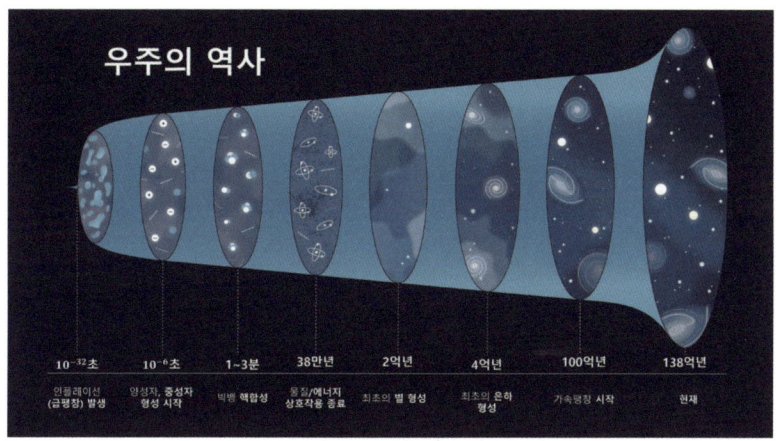

[그림 6-25] 우주의 역사[17]

초기 우주에서 일어난 빅뱅 핵합성은 양성자(수소핵)가 반응하여 헬륨이나 리튬이 만들어지는 핵융합 과정이었다. 헬륨이 다시 핵융합하면 탄소가 될 수 있지만, 이 과정은 매우 높은 온도와 압력을 요구하기 때문에 빅뱅 핵합성에서는 진행되기 어려웠을 것으로 생각된다. 빅뱅 이론을 주장한 가모는 20분 동안 핵융합이 진행된 후 남아 있는 수소와 만들어진 헬륨의 질량비를 3:1로 예측했다. 그리고 놀랍게도 이 질량비는 은하나 가스의 분광 관측 결과와 거의 비슷하게 맞아떨어진다고 한다. [그림 6-24]에서도 수소의 함량은 약 74%이고, 헬륨은 약 24%로, 거의 3:1에 근사하는 것을 볼 수 있다.

---

[17] "What is Dark Energy? Inside our accelerating, expanding Universe", NASA Science, https://science.nasa.gov/universe/the-universe-is-expanding-faster-these-days-and-dark-energy-isresponsible-so-what-is-dark-energy/

❷ 지구를 구성하는 원소비는 우주와 너무나도 다른데?

[그림 6-26]은 앞에서 만든 지구 전체의 구성 원소비이다. 지구 전체 중 가장 많은 양을 차지하는 원소는 철이고, 그다음부터 산소, 규소, 마그네슘 순서다. 자세히 살펴보면 우주에서 가장 많은 양을 차지하는 수소는 지구에서 보이지도 않는다. 이상한 부분이다. 분명 지구는 우주에서 만들어진 행성이다. 그렇다면 당연히 수소나 헬륨이 가장 많아야 하지만, 이상하게도 수소나 헬륨은 보이지 않고 대부분이 철이나 산소, 규소이다. 그리고 이 원소들이 모여 암석을 이루었고, 바다가 되었으며, 생명체가 되었다.

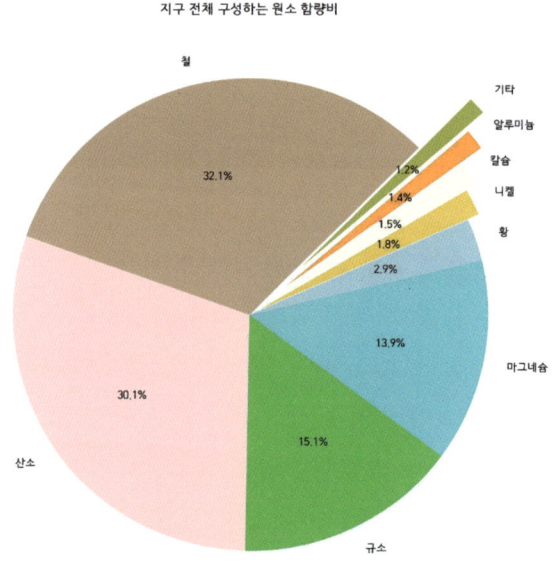

[그림 6-26] 지구 전체를 구성하는 원소 질량비

이상한 점은 하나 더 있다. 빅뱅 핵합성 과정에서는 기껏해야 헬륨이나 리튬 정도가 만들어졌다. 하지만 지구에는 수소나 헬륨만 있는 것이 아니다. 오히려 이 원소는 거의 없고 대부분이 수소나 헬륨보다 훨씬 무거운 원소뿐이다.

우선 수소나 헬륨보다 무거운 원소는 거의 대부분 별이 탄생한 후 별 내부의 핵융합에서 만들어진 것이다. 별은 일생 동안 지속적으로 핵융합을 하며 헬륨, 탄소, 산소, 네온 등의 원소를 만들어 낸다. 질량이 큰 별일수록 무거운 원소까지 핵융합이 가능한데, 별 내부에서 핵융합으로 만들어 낼 수 있는 가장 무거운 원소는 철이다. 철보다 무거운 원소를 핵융합하려면 주변 열을 흡수해야 하는데, 이 핵융합에 필요한 에너지가 별 중심에는 없기 때문에 더 이상 핵융합하지 못하고 중심핵은 중력 수축을 하기 시작한다. 이 과정에서 중심핵이 붕괴하며 강한 에너지를 방출하면서 폭발하는 것이 초신성이다. 초신성 폭발에서 철 이상의 원소가 핵융합되어 만들어진다. 이 과정에서 만들어진 철보다 무거운 원소는 초신성 폭발 과정에서 우주 공간에 뿌려지며 성간 물질이 되고, 이 성간 물질이 다시 모여 별이나 행성계가 된다.

태양계도 마찬가지였다. 지구에는 철보다 무거운 원소가 무수히 많은데, 이 말은 태양계가 형성되기 전에 초신성 폭발이 있었음을 암시한다. 초신성 폭발 과정에서 만들어진 철보다 무거운 원소가 지구를 구성하는 원소로 자리매김한 것이다.

[그림 6-27] 원시 태양계의 모습 상상도[18]

---

18 "Tracing Meteorites to the Solar Nebula", NASA Astrobiology, https://astrobiology.nasa.gov/news/tracing-meteorites-to-the-solar-nebula/

아무리 이렇게 설명해도 이해되지 않는 부분이 하나 있을 것이다. 초신성 폭발로 철보다 무거운 원소가 만들어졌다고 하지만, 그래도 우주 전체의 구성 원소에 비하면 극히 일부일 뿐이다. 여전히 성간 물질의 대부분은 수소와 헬륨이다. 이는 태양계 형성 과정에서 그 비밀을 찾을 수 있다.

[그림 6-28] 태양과 태양계 행성의 실제 크기비[19]

원시 태양이 만들어지고 난 뒤 원시 태양 주변 성간 물질은 태양에서 가까울수록 뜨겁고, 멀수록 차가웠을 것이다. 태양 주변에 가까이 있던 수소나 헬륨은 매우 가볍기 때문에 조금만 가열되어도 운동 속도가 빠르게 증가하여 태양계 멀리 날아가 버렸을 것이다. 하지만 무거운 원소들은 상대적으로 오래 버티며 원시 태양 가까이 남아있을 수 있다. 이런 이유로 태양 주변에는 주로 암석 재질의 무거운 물질이 남게 되었고, 먼 곳에 수소나 헬륨과 같은 가벼운 가스들이 자리를 잡게 된 것이다. 태양 근처에는 암석 재질의 수성, 금성, 지구, 화성의 지구형 행성이, 먼 곳에는 수소나 헬륨 가스 위주로 구성된 목성, 토성, 천왕성, 해왕성 등의 목성형 행성이 자리를 잡게 되었다. 이제 우주의 구성 원소비와 지구의 구성 원소비가 다른 이유는 충분히 설명된다.

---

19 "Solar System", Wikipedia, https://en.wikipedia.org/wiki/Solar_System

❸ 지각을 구성하는 원소와 지구 전체를 구성하는 원소비는 또 다르다

이제 마지막으로 지각을 이루는 원소의 질량비를 볼 차례이다. 지각이 지구 전체에서 차지하는 부피비는 0.02% 정도밖에 되지 않는다. 사과에 비유하면 사과 껍질에 해당하는 수준이다. 그렇다면 지각의 원소 질량비나 지구의 원소 질량비나 별 차이가 없어야 할 것 같은데, 달라도 너무 다르다. 지구에서 가장 많은 원소는 철, 산소, 규소 순이었다. 그런데 지각을 보면 산소, 규소, 알루미늄, 철 순서로, 철은 5% 정도밖에 차지하지 못하고 있다. 이런 이유는 지구의 형성 과정과 판 구조 운동에서 원인을 찾아야 한다.

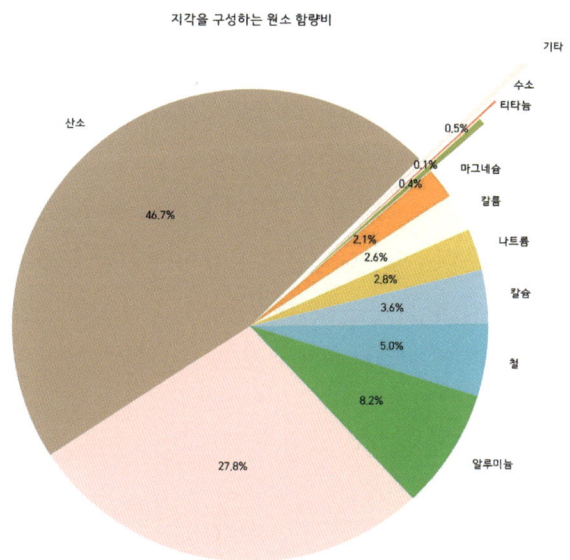

[그림 6-29] 지각을 이루는 원소의 질량비

태양계 형성 초기에는 성간 물질이 모여 만들어진 미행성이 수없이 충돌하며 원시행성이 만들어졌고, 원시행성은 주변의 미행성을 끌어당기며 몸집을 부풀렸다. 이렇게 만들어진 것이 지구이다. 당연히 형성 초기에는 미행성과 수없이 부딪혀 매우 뜨겁고 불안정할 수밖에 없었다. 이런 이유로 지구가 통째로 녹아있던 시기가 있었는데, 이 시기를 마그마의 바다라고 한다. 지구가 통째로 액체 상태였기 때문에 무거운 원소는 모두 중심 방향으로 가라앉고, 가벼운 원소는 모두 표면으로 뜨는 층상 분리 현상이 일어날 수 있었다. 이렇게 층상 분리가 발생하는 동안 미행성 간의 충돌 빈도는 점차 감소하고, 지구는 천천히 식어가며 안정적인 상태를 유지하게 된 것이다. 때문에 지각에는 가벼운 원소가 많이 분포하고, 맨틀이나 핵에는 무거운 원소가 자리를 잡게 되었다.

하지만 이렇게 지구가 만들어진 이후에도 판구조 운동과 열점에 의해 맨틀 물질, 심지어 맨틀과 외핵의 경계에서도 마그마가 올라온다. 맨틀 또는 맨틀과 외핵의 경계에서 올라오는 마그마이기 때문에 분명 매우 무거운 원소를 포함했을 것이다. 그리고 이렇게 올라온 맨틀 물질은 대부분 해양판을 구성하게 된다. 그렇다면 지표면에도 무거운 원소가 충분히 있어야 한다. 하지만 실제로는 많지 않다. 이유는 간단하다. 판구조 운동 중 무거운 해양판은 가벼운 대륙판 아래로 들어간다. 이때 상대적으로 가벼운 화강암은 지각 밑으로 잘 들어가지 못하고, 철이나 마그네슘과 같이 무거운 원소를 다량 함유한 현무암은 가벼운 화강암 아래로 잘 들어갈 수 있다. 때문에 지구가 안정기를 찾은 뒤 화산활동으로 무거운 원소가 지표에 공급되더라도 판구조 운동을 기반으로 한 암석 및 지각의 순환 과정에서 무거운 원소는 모두 지각 밑으로 가라앉게 된 것이다.

6.3 해수와 담수에는 무엇이 녹아 있을까?

> **한걸음 다가서기**
>
> 바닷물을 맛보면 짠맛이 느껴진다. 하지만 계곡, 강 등의 물에서는 전혀 그런 맛이 느껴지지 않는다. 이들 물은 모두 순수한 증류수는 아니다. 바닷물과 강물에는 무엇이 얼마만큼 녹아 있고 바닷물에서만 짠맛이 나는 이유는 무엇일까?

 지구과학 미리보기

[그림 6-30] 바다와 강

바다나 강 모두 100% 순수한 물로만 되어있지 않다. 여러 이유로 다양한 물질이 이온 상태로 녹아있다. 바다나 강 모두 대부분의 이온 물질은 땅에서부터 공급받았다. 그런데 바다와 강이 있는 곳의 땅은 성격도, 나타나는 자연현상도 크게 다르다. 여기서는 과학자들이 조사하여 밝혀낸 바다와 강에 녹아 있는 이온에는 무엇이 있고 어떤 차이가 있는지 살펴보고자 한다.

Step 1 〉 데이터 찾아보기

바다와 강에 어떠한 물질이 녹아있는지는 수많은 연구자에 의해 자세히 밝혀졌다. 바다에 녹아있는 물질을 염분이라고 하는데, 어느 바다인지에 따라 녹아있는 염분의 양은 조금씩 다르지만, 염분의 비는 거의 비슷하다. 하지만 육지의 경우 암석의 성분, 자연현상 등에 따라 녹아있는 물질의 양이나 종류가 너무나 다양하다. 그래서 여기에서 다루는 육지의 이온은 평균적인 양임을 알아 두어야 한다.

아래 표는 바다와 육지에 녹아있는 이온의 종류와 양이다.

이온 종류	해수(g/L)	비율(%)	담수(g/L)	비율(%)
염화 이온(Cl^-)	19.4	55.0	7	약 7
나트륨 이온(Na^+)	10.8	30.6	6	약 6
황산 이온(SO_4^{2-})	2.7	7.7	8	약 8
마그네슘 이온(Mg^{2+})	1.3	3.7	4	약 4
칼슘 이온(Ca^{2+})	0.4	1.2	15	약 15
칼륨 이온(K^+)	0.4	1.1	2	약 2
탄산수소 이온(HCO_3^-)	0.15	0.4	50	약 50

위 데이터를 파이차트로 나타내보자.

Step 2 › 그래프로 표현하기

앞에서 했던 것과 마찬가지로 그래프를 그릴 때 필요한 라이브러리인 matplotlib.pyplot과 그래프에 한글을 표현할 때 필요한 라이브러리를 함께 호출하자.

```
from matplotlib import font_manager, rc
rc("font", family="HCR Dotum")
import matplotlib.pyplot as plt
```

이제 해수와 담수에 포함된 이온의 양을 리스트 자료형으로 넣어주자. 두 개의 변수를 만들어 넣어주면 된다. 여기서 해수는 변수 sea_water에, 담수는 변수 fresh_water에 리스트 자료형으로 넣어주려고 한다. 그리고 파이차트에 표시할 데이터의 이름도 리스트 자료형으로 만들어보자.

```
sea_water=[19.4,10.8,2.7,1.3,0.4,0.4,0.15]
fresh_water=[7,6,8,4,15,2,50]
ion=["염화 이온", "나트륨 이온", "황산 이온", "마그네슘 이온", "칼슘 이온", "칼륨 이온",
"탄산수소 이온"]
```

이번에는 앞에서 했던 것과 다르게 2개의 파이차트를 한꺼번에 그려보려고 한다. 따라서 subplot을 이용해 다음처럼 코드를 구성해보자.

```
plt.subplot(1,2,1)
plt.pie(sea_water, labels=ion)
plt.subplot(1,2,2)
plt.pie(fresh_water,labels=ion)
plt.show()
```

이렇게 코드를 구성하면 다음과 같은 그래프가 출력된다.

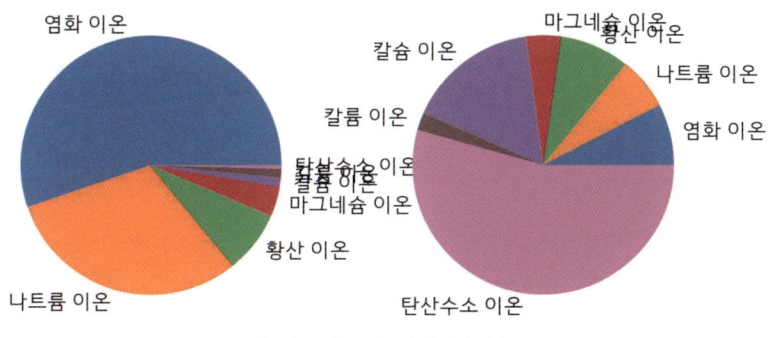

[그림 6-31] 그래프가 출력된 결과

그래프가 출력되기는 했지만 두 그래프에 표시된 글자가 겹쳐서 잘 확인되지 않는다. 이 부분은 두 그래프의 거리를 조절하면 쉽게 해결할 수 있다. plt.show() 바로 전 줄에 다음의 코드를 추가하여 두 그래프의 간격을 넓혀주자.

```
plt.subplots_adjust(wspace=0.7)
```

이렇게 코드를 수정하면 [그림 6-32]처럼 그래프가 출력되는 것을 확인할 수 있다.

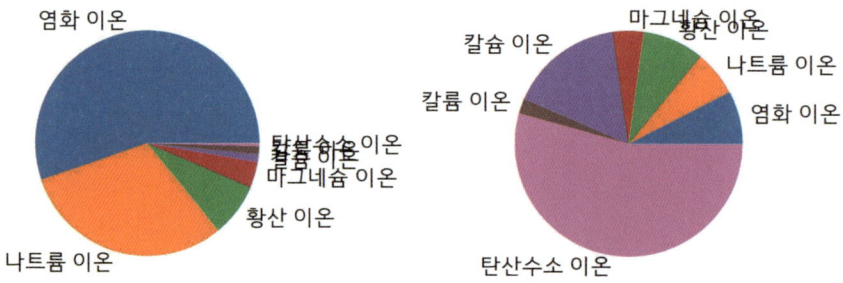

[그림 6-32] 정상적으로 그래프가 출력된 결과

> **coding tip** subplot
>
> subplot은 한 번에 여러 개의 작은 그래프를 행렬 형태로 배열하여 나타내고 싶을 때 사용하는 메서드이다. subplot의 문장구조는 간결하다. 아래 예시를 먼저 보자.
>
> ```
> import matplotlib.pyplot as plt
> x=[1,2,3,4]
> y=[5,6,7,8]
> z=[9,10,11,12]
> ```
>
> x, y, z에 임의의 리스트 자료형을 4개씩 넣었다. 이제 이들을 subplot을 사용해 3개의 서로 다른 산점도로 나타내고자 한다. 그럼 먼저 subplot을 이용해 그래프의 수와 배열 등을 지정해야 하는데, 아래와 같이 나타내면 된다.
>
> ```
> plt.subplot(1,3,1)
> plt.scatter(x,y)
> plt.subplot(1,3,2)
> plt.scatter(y,z)
> plt.subplot(1,3,3)
> plt.scatter(x,z)
> plt.subplots_adjust(wspace=0.5)
> plt.show()
> ```

여기서 1, 3, 1은 1행 3열로 된 그래프에서 가장 왼쪽 첫 번째 그래프를 의미한다. 마찬가지로 1, 3, 2는 2번째, 1, 3, 3은 세 번째 그래프를 의미한다. 이렇게 작성하고 코드를 실행하면 아래와 같이 1줄에 3개의 x-y, y-z, x-z 그래프가 순서대로 출력되는 것을 확인할 수 있다. 여기서 subplots_adjust(wspace=0.5)는 그래프의 가로 간격을 조정하는 코드이다. 참고로 hspace를 이용하면 그래프가 세로로 배열되었을 때 세로 간격을 조정할 수 있다.

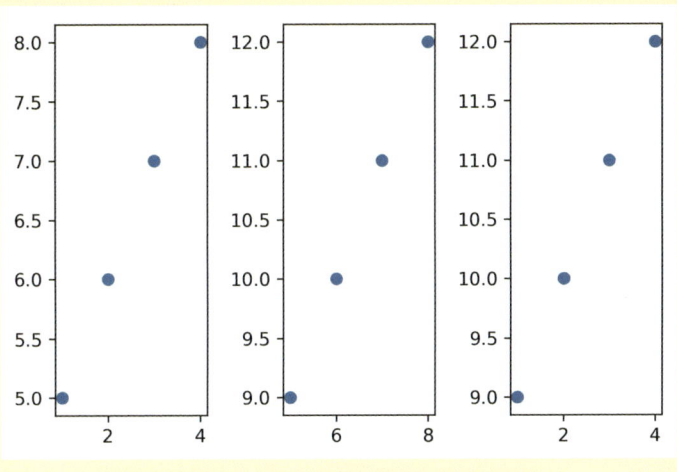

[그림 6-33] subplot으로 그래프를 표현한 결과

그래프 간 글씨가 겹치는 것은 해결되었지만, 여전히 겹치는 부분이 있다. 이는 앞에서 했던 것과 마찬가지로 그래프의 크기를 크게 하고 파이를 중심에서 떨어뜨린 뒤, startangle을 조정하여 해결하자. 마지막으로 그래프의 색도 바꾸자.

```
plt.figure(figsize=(10,5))
color=["lightblue", "deepskyblue","turquoise","cornsilk","tan","mistyrose","lavenderblush"]
plt.subplot(1,2,1)
explode=[0, 0, 0, 0.1, 0.3, 0.4, 0.5]
plt.pie(sea_water, labels=ion, explode=explode, startangle=45, colors=color)
plt.subplot(1,2,2)
```

```
plt.pie(fresh_water,labels=ion, startangle=45, colors = color)
plt.subplots_adjust(wspace=0.7)
plt.show()
```

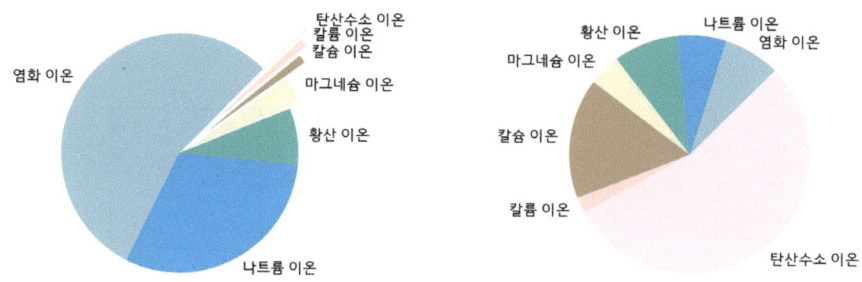

[그림 6-34] 정상적으로 잘 출력된 그래프

이제 그래프에 비율 데이터를 입력하면 된다. 앞에서 했던 것과 마찬가지로 autopct를 사용하면 된다. 여기서는 실제 함량보다 함량비가 더 중요하다. 따라서 함량비를 퍼센트 단위로 표현하고자 한다. 그리고 그래프에 제목을 넣기 위해 다음과 같이 코드를 수정하자.

```
plt.figure(figsize=(10,5))
color=["lightblue", "deepskyblue","turquoise","cornsilk","tan","mistyrose
","lavenderblush"]
plt.subplot(1,2,1)
explode=[0, 0, 0, 0.1, 0.3, 0.4, 0.5]
plt.pie(sea_water, labels=ion, explode=explode, startangle=45,
colors=color, autopct="%.1f%%")
plt.title("해수의 염분비")
plt.subplot(1,2,2)
plt.pie(fresh_water,labels=ion, startangle=45, colors = color,
autopct="%.1f%%")
plt.title("담수의 이온 성분비")
plt.subplots_adjust(wspace=0.7)
plt.show()
```

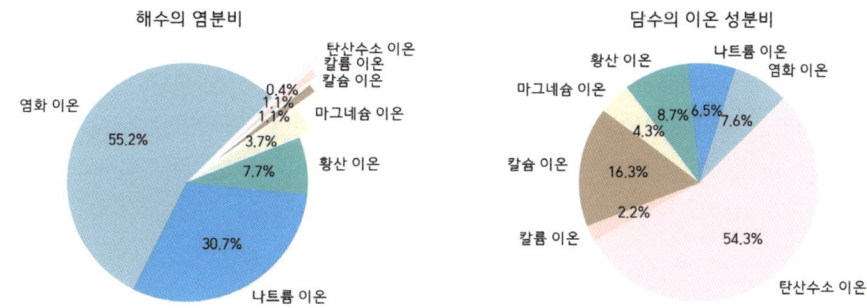

[그림 6-35] 비율까지 출력된 결과

[그림 6-35]는 코드의 실행 결과이다. 그래프가 정상적으로 잘 출력된 것을 확인할 수 있다. 여기까지의 전체 코드는 다음과 같다.

```python
from matplotlib import font_manager, rc
rc("font", family="HCR Dotum")
import matplotlib.pyplot as plt

sea_water=[19.4,10.8,2.7,1.3,0.4,0.4,0.15]
fresh_water=[7,6,8,4,15,2,50]
ion=["염화 이온", "나트륨 이온", "황산 이온", "마그네슘 이온", "칼슘 이온", "칼륨 이온", "탄산수소 이온"]

plt.figure(figsize=(10,5))
color=["lightblue", "deepskyblue","turquoise","cornsilk","tan","mistyrose","lavenderblush"]
plt.subplot(1,2,1)
explode=[0, 0, 0, 0.1, 0.3, 0.4, 0.5]
plt.pie(sea_water, labels=ion, explode=explode, startangle=45, colors=color, autopct="%.1f%%")
plt.title("해수의 염분비")
plt.subplot(1,2,2)
plt.pie(fresh_water,labels=ion, startangle=45, colors = color, autopct="%.1f%%")
plt.title("담수의 이온 성분비")
plt.subplots_adjust(wspace=0.7)
plt.savefig("C:\\111\\해수담수성분비.jpg", dpi=300)
plt.show()
```

> coding tip   **파이썬의 자료형**

지금까지의 모든 자료형은 리스트 자료형을 사용하였다. 그런데 파이썬에는 리스트 자료형 외에도 튜플과 딕셔너리 자료형도 있으며, 두 자료형도 그래프로 나타낼 수 있다. 그럼 튜플, 딕셔너리는 어떻게 표현하고 리스트 자료형과는 무엇이 다른지 알아보자.

1. 리스트

리스트 자료형은 자료의 수정이 가능한 자료로, 숫자나 문자 모든 것을 넣을 수 있다. 자료에 순서가 있어 그래프 등으로 표현하게 되면 자료의 순서대로 그래프가 그려진다. 그리고 [ ]를 이용해 자료를 표현한다. 예를 들어, A반 학생의 지구과학 시험 성적은 리스트 자료형으로 아래와 같이 표현할 수 있다.

```
score=[90, 85, 72, 64, 100, 96]
```

2. 튜플

한 번 지정한 자료는 수정이 불가능한 자료형이다. 소괄호인 ( )를 이용하여 자료를 표현한다. 파이썬으로 데이터를 작업하는 과정에서 변경하면 안 되는 자료나 변경이 필요 없는 자료, 예를 들어 날짜나 좌표 같은 것을 사용할 때 튜플을 이용하면 된다. 튜플을 이용해서도 그래프를 그릴 수 있다.

```
import matplotlib.pyplot as plt
x=(1,2,3,4)
y=(5,6,7,8)
plt.plot(x,y)
plt.show()
```

3. 딕셔너리

이름과 자료를 1:1 대응시킬 때 유용하다. 키(key)와 값(value)의 쌍을 이루어 표현하며, 중괄호인 { }를 활용해 자료를 표현한다. 앞에서 다룬 해수의 염분비는 딕셔너리를 이용하면 이온명과 함량비를 따로 리스트 자료형으로 담지 않아도 되기 때문에 편리하다. 다음 예시와 같이 코드를 구성해보자.

```python
import matplotlib.pyplot as plt
sea_water={"염화 이온" : 19.4, "나트륨 이온" : 10.8, "황산 이온" : 2.7, "마그네
슘 이온" : 1.3, "칼슘 이온" : 0.4, "칼륨 이온" : 0.4, "탄산수소 이온" : 0.15}
data1=list(sea_water.keys())
data2=list(sea_water.values())
plt.figure(figsize=(7,7))
explode=[0,0,0,0,0,0.2,0.4]
plt.pie(data2,labels=data1,startangle=45,explode=explode)
plt.show()
```

딕셔너리의 문법 구조는 간단하다. 텍스트 형의 키(key)가 먼저 주어지고, 콜론을 쓴 뒤 키에 대응하는 값을 작성하면 된다.

```
{"염화 이온" : 19.4, "나트륨 이온" : 10.8}
```

여기서 한 가지 주의할 점이 있다. 딕셔너리 형태의 자료를 그래프로 바꾸어 주려면 list를 이용해 자료의 형태를 리스트로 바꾸어 준 뒤 사용하거나, tuple을 이용해 자료의 형태를 튜플로 바꾸어 준 뒤 그래프를 그려야 한다는 점이다.

마찬가지로 파이차트의 라벨이나 plot의 x축과 y축에 해당하는 데이터를 지정하려면 keys와 values 메서드와 list나 tuple 내장 함수를 이용해 리스트나 튜플 자료형으로 바꿔야 한다. 위의 예시에서는 이온의 이름과 함량비를 각각 key와 value로 지정했으며, 리스트 자료형으로 바꾼 뒤 파이차트로 그렸다.

❶ 바닷물이 짠 이유는 무엇일까?

우리나라의 동해나 서해, 남해의 바닷물 중 어느 바닷물을 맛보아도 짠맛이 난다. 해외 어느 바다를 가도 마찬가지이다. 바닷물은 짜다. 바닷물이 짜다는 건 바다에 소금, 즉 염분이 녹아있다는 의미이다. 그렇다면 누가 어떻게 바닷물에 소금을 녹인걸까? 그 이유를 알아내면 바닷물이 짠 이유를 할 수 있다. 우리나라 전래 동화에서는 무엇이든 만들어주는 맷돌이 한없이 소금을 만들고 있다고 이야기한다. 물론 바닷속에 진짜 맷돌이 한없이 돌고 있는 것은 아니다. 그렇다면 과학자들은 바다에 녹아있는 염분의 기원을 무엇으로 생각하고 있을까?

[그림 6-36] 해수의 염분[20]

---

[20] "Dead sea, Seashore, Light blue sea image", Pixabay, https://pixabay.com/photos/dead-seaseashore-light-blue-sea-7519884/

우선 염분은 바다에 녹아 있는 모든 이온물질을 통칭하는 말이다. 그럼에도 우리가 염분이라 하면 소금을 우선 떠올리는 것은 바닷물을 맛볼 때 느껴지는 짠맛 때문이다. 바다의 짠맛이 느껴지게 하는 것은 당연히 나트륨 이온과 염화 이온 때문이다. 이들이 고체 상태에서는 NaCl, 즉 소금으로 존재하는데 바다에 녹으면서 나트륨 이온과 염화 이온이 되는 것이다. 그리고 앞에서 조사한 그래프를 다시 살펴보면 염분 중 염화 이온은 약 55.2%를 차지하고 있고 나트륨 이온은 약 30.7%를 차지하고 있다. 이 둘을 합친 비율은 85.9%에 달한다. 거의 대부분이 소금인 것이다. 기타 황산 이온, 마그네슘 이온 등이 녹아있지만 모두 합쳐도 14% 수준으로 적은 양만 녹아있다.

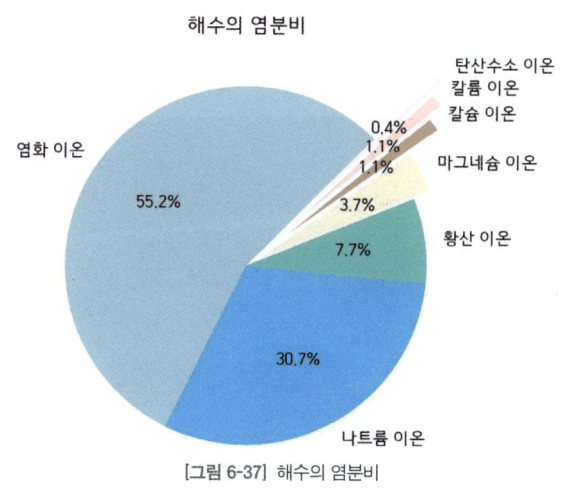

[그림 6-37] 해수의 염분비

그렇다면 염분은 도대체 어디서 온 걸까? 이 궁금증을 해결하려면 다시 지구 형성 초기로 돌아가야 한다. 지구가 만들어진 초기에는 마그마의 바다 상태를 거쳤고 미행성과의 충돌 빈도가 감소하며 지구가 천천히 식어 지금과 같은 암석 덩어리가 되었다는 내용을 앞에서 보았다. 그럼에도 적지 않은 미행성의 충돌과 남아있는 뜨거운 열, 이로 인해 불안정한 지구 내부 상태가 유지됨에 따라 당시에는 끊임없이 많은 화산 폭발이 있었을 것으로 추측하고 있다. 화산 폭발 시 방출되는 화산가스의 대부분은 수증기인데 수증기는 대부분 맨틀의 기원 물질이다. 쉽게 말하면 맨틀에 포함된

물 성분이 화산가스 형태로 대기 중으로 방출된 것이다. 이렇게 다량의 수증기가 대기 중으로 방출되고 비가 되어 지면으로 내려, 저지대에 쌓이고 지금의 바다가 된 것으로 추측하고 있다.

그런데 이때 화산가스에는 물 이외의 맨틀 성분의 일부도 함께 분출되었다. 이 물질들이 수증기에 녹아들어 최초의 염분이 된 것이다. 상부 맨틀의 구성 성분이 바다의 염분과 비슷하다는 점은 이 가설을 뒷받침해 주는 강력한 증거이기도 하다. 바다가 만들어진 뒤에도 화산 폭발은 계속되었다. 화산 폭발은 육지뿐 아니라 해저에서도 발생하였다. 특히 육지에서 방출된 화산가스에는 이산화탄소도 다량 함유되어 있었는데, 이 중 적지 않은 양이 바다로 녹아들어 갔다.

[그림 6-38] 북위 20도 동태평양에서 발견된 열수 분출공[21]

또한 현재의 해저 화산 폭발 과정에서 공급되는 다량의 이온 역시 해수 염분의 기원이 된다. 특히 전세계 심해 바다에서는 크고 작은 열수 분출공이 발견되기도 하는데 열수 분출공은 해저에 맨틀 기원 염분을 공급해주는 또 다른 원인이기도 하다. 그 밖

---

21 "Restren:BlackSmoker.jpg", Wikipedia, https://kw.m.wikipedia.org/wiki/Restren:BlackSmoker.jpg

에도 육지에서의 담수 공급과 해저 암석에서 직접 녹아들어 가는 이온도 해수 염분의 기원이 된다.

그렇다면 최소한 육지의 강물 유입이나 화산 폭발 등은 지속적으로 발생하고 있기 때문에 해수의 염분은 계속 증가해야 한다. 하지만 그런 일은 일어나지 않는다. 해수에 새롭게 축적되는 염분만큼 해양 생물이 염분을 활용하여 자신의 몸체로 쓰거나 바다에서 직접 침전되어 광물로 결정화되기도 한다. 이런 여러 이유로 바다의 염분 총량은 지금까지 항상 일정한 상태를 유지하고 있다.

❷ 담수에 녹아 있는 물질의 종류와 비율은 바다와는 어떻게 다를까?

이제 육지의 물, 즉 담수에 녹아있는 물질의 종류와 비율이 바다와 어떻게 다른지 볼 차례이다. 만약 해수 염분의 기원이 오직 육지에서 흘러온 강물에 녹아있는 이온뿐이라면 육지와 해수에 녹아있는 이온의 종류나 비율은 완전히 같아야 한다. 하지만 바다에 녹아있는 염분은 주로 화산활동에 의해 공급된 것이기 때문에 강물과는 크게 다르다.

육지에 있는 물, 다시 말해 담수에 녹아있는 물질의 대부분은 탄산수소 이온이다. 다음으로는 칼슘이 가장 많은 양을 차지하고 이후 황산 이온, 염화 이온, 나트륨 이온의 순서. 바다에서 가장 양이 많았던 나트륨이나 염화 이온은 담수에는 그렇게 많지는 않다. 때문에 강물이나 계곡물을 마셔도 짠맛을 느끼지 못하는 것이다.

강물을 포함한 육지의 물은 대부분 암석에 있는 성분이 녹아들어 간 것이다. 때문에 해수와는 큰 차이를 보인다. 마찬가지 이유로 담수는 어디에 있는 물인지에 따라 녹아있는 이온의 종류나 양이 크게 달라진다. 여기서 실습에 활용한 데이터는 담수 전체의 평균적인 양일뿐 모든 담수에 공통적으로 적용되는 것은 아니다.

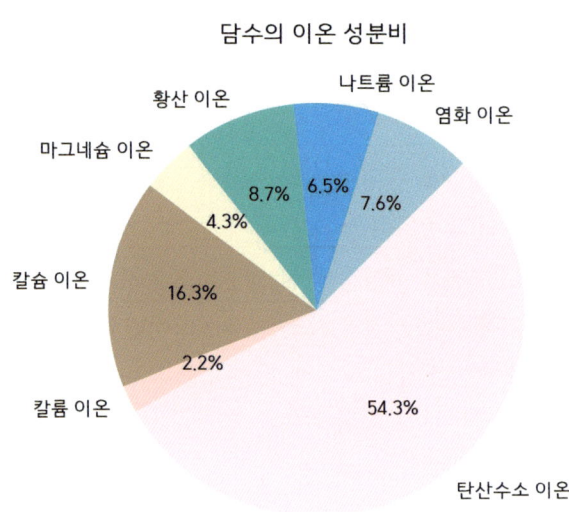

[그림 6-39] 육지에 녹아있는 이온의 성분비

예를 들어 강원도 정선의 화암 약수는 톡 쏘는 맛이 나는 물로 유명하다. 화암 약수에서 톡 쏘는 맛이 나는 이유는 이 물이 주변 석회암을 통과하며 지하로부터 올라온 이산화탄소가 물에 다량 포함되었기 때문이다. 그 밖에도 화암 약수에는 철분이나 탄산, 칼슘 등 건강에 필요한 필수 원소가 다량 함유되어 건강에도 좋다.

물에 녹아 있는 성분에 따라 물의 색이 달라지는 곳도 있다. 예를 들어 스위스의 대표적인 명소 루체른호는 물의 빛깔이 우윳빛을 띤다. 우리나라에서는 좀처럼 볼 수 없는 물의 색깔인데 루체른호의 물색이 우윳빛을 띠는 이유는 알프스산맥이 주로 석회암질로 되어 있고 이 석회암질의 암석 물질이 호수에 녹아들어 갔기 때문이다. 이 외에도 극단적이긴 하지만 미국 옐로스톤의 그랜드 프리즈매틱 온천 색은 무지개 빛을 나타내며, 아프리카의 레트바 호수는 분홍빛을 띤다. 어떠한 이온이 녹아있는지와 어떤 생명체가 활동을 하는지에 따라 호수의 색이 결정되기 때문에 육지의 호수나 강물은 주변 환경에 따라 매우 다양한 색을 띠기도 한다.

[그림 6-40] 스위스의 루체른호[22]

더욱 재미있는 사실은 우리가 항상 보는 강이나 호수는 육지 전체의 물 중 단 0.1% 밖에 되지 않는다는 사실이다. 놀랍게도 담수의 물은 거의 대부분이 빙하에 있고 20% 정도는 지하수의 형태로 땅에 저장되어 있다.

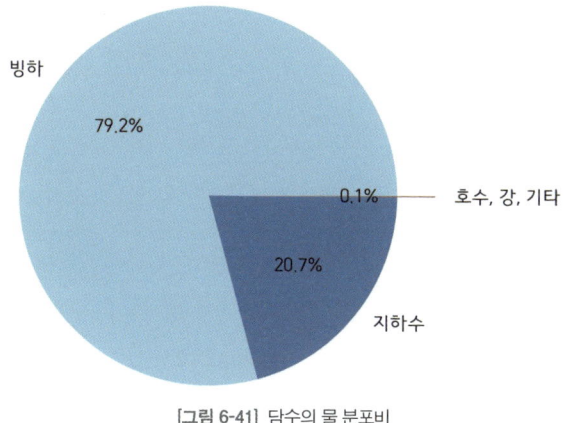

[그림 6-41] 담수의 물 분포비

---

22 "루체른호", 위키백과, https://ko.wikipedia.org/wiki/%EB%A3%A8%EC%B2%B4%EB%A5%B8%ED%98%B8

Part

IV

산점도로
데이터
분석하기

| 7장 | SCATTER로 산점도 그리는 방법 |
| 8장 | SCATTER로 그려보는 지구별 자연법칙 |

7장

SCATTER로 산점도 그리는 방법

7.1 산점도란?

두 변인 간의 관계나 데이터의 변화 경향을 보기 위해 직선이나 곡선 형태의 그래프를 그릴 때도 있지만, 점을 찍어 데이터의 분포 경향을 보는 것이 더 좋을 때도 있다. 데이터를 그래프에 점으로 찍어 두 변수 간의 관계를 나타내는 그래프를 산점도 scatter plot라고 한다. 파이썬의 라이브러리 matplotlib를 활용하면 plot과 거의 비슷한 방법으로 산점도를 그릴 수 있다.

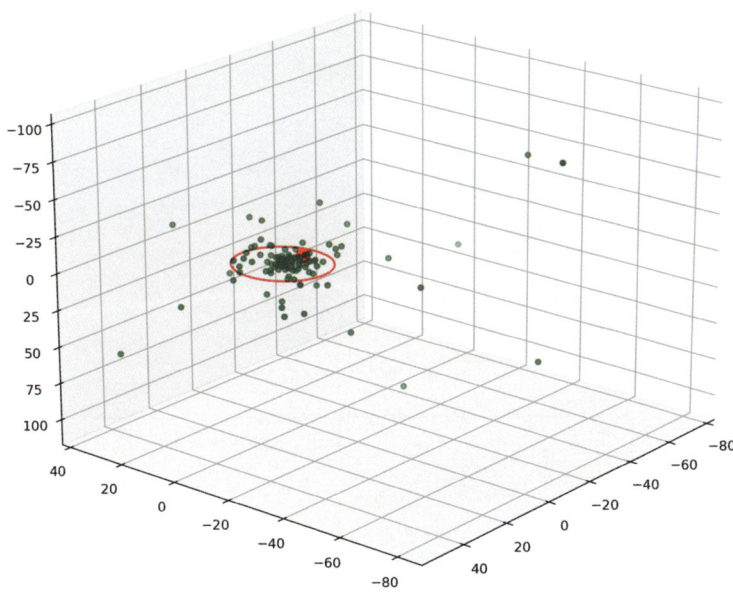

[그림 7-1] 우리 은하 주변의 구상성단 분포를 3차원 산점도로 나타낸 예

7.2 산점도 그려보기

plot으로 선형그래프를 그릴 때와 마찬가지로 matplotlib.pyplot을 호출하자.

```
import matplotlib.pyplot as plt
```

선형그래프를 그릴 때에는 plt.plot을 사용했는데, 산점도를 그릴 때에는 plot을 scatter로 바꿔줘야 한다. 다음과 같이 임의의 리스트 자료형을 만들어준 뒤, 산점도를 그려보자.

```
import matplotlib.pyplot as plt
x=[5,3,1,4,5]
y=[8,4,9,5,7]
plt.scatter(x,y)
plt.show()
```

[그림 7-2]는 코드의 실행 결과이다.

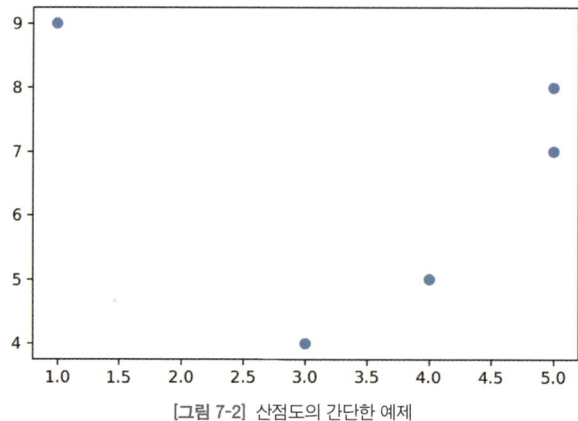

[그림 7-2] 산점도의 간단한 예제

모든 그래프는 그래프의 색을 바꿀 수 있다. 선형그래프나 산점도 역시 마찬가지이다. 그래프를 그리라고 지시하는 코드는 plt.plot()이나 plt.scatter()이기 때문에 ( ) 안에 그래프의 색을 바꾸는 코드를 추가하면 간단하게 바꿀 수 있다. 여기서는 점을 빨간색으로 바꾸어보자. 그럼 plt.scatter() 부분을 다음과 같이 수정하면 된다.

```
plt.scatter(x, y, color="red")
```

색상은 red라고 쓰지 않고 약자로 r만 사용하여도 결과는 동일하게 나온다. matplotlib에서는 매우 다양한 색상을 지원하고 있어 여기서 모두 설명하는 것은 생략하고 8가지 대표적인 색상만을 소개한다. 또한 아래 코드처럼 0~1 사이 숫자의 RGB 색상을 조합하여 사용하면 훨씬 다양한 색상을 구현할 수 있다.

```
plt.scatter(x,y,color=(0.4,0.7,0.2))
```

색	함수	약자
빨간색	color="red"	color="r"
초록색	color="green"	color="g"
파란색	color="blue"	color="b"
청록색	color="cyan"	color="c"
노란색	color="yellow"	color="y"
자홍색(마젠타색)	color="magenta"	color="m"
검정색	color="black"	color="k"
흰색	color="white"	color="w"

점의 크기도 바꿀 수 있다. 점의 크기는 scatter의 ( ) 안에 파리미터 s를 사용하여 바꿀 수 있다. 점의 크기의 최솟값과 최댓값의 범위는 없으나 너무 작거나 크면 그래프를 보기 불편하기 때문에 그래프의 성격이나 데이터의 수에 따라 적절히 조절하는 것이 좋다. 다음은 점의 크기를 바꾸는 예시이다.

```
plt.scatter(x, y, color="red", s=12)
```

산점도에서 찍히는 점을 원이 아닌 다른 모양으로도 바꿀 수 있는데 marker를 사용하면 된다. 예를 들어 네모로 바꾸고 싶다면 square의 약자인 s라고 쓰면 된다.

네모 외에도 지원하는 모양은 원을 포함하여 총 6가지가 있다.

점의 모양	영어 표기	코드
원	circle	marker="o"
삼각형	triangle up	marker="^"
네모	square	marker="s"
엑스	x	marker="x"
다이아몬드	diamond	marker="d"
별표	star	marker="*"

```
plt.scatter(x,y,color="red", s=12, marker="s")
```

이 부분은 별도로 입력하여 지정하지 않는 이상 기본값인 원으로 출력된다.

8장 SCATTER로 그려보는 지구별 자연법칙

8.1 태양계 행성의 물리량을 이용하여 케플러 제3 법칙 알아보기

> **한걸음 다가서기**
>
> 케플러는 튀코 브라헤Tycho Brahe의 관측 데이터를 바탕으로 연구하여 태양계 행성의 공전주기와 공전궤도 긴반지름 사이의 물리적 관계를 찾아냈다. 태양계 행성의 공전주기와 공전궤도 긴반지름 사이에는 어떤 관계가 있을까?

지구과학 미리보기

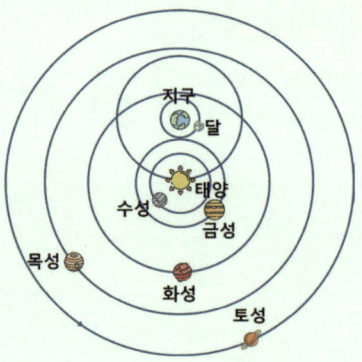

[그림 8-1] 튀코 브라헤(좌)**23**와 튀코 브라헤가 주장한 절충설(우)

튀코 브라헤는 1546년에 덴마크에서 태어난 천문학자이다. 천체 망원경이 발명되기 전에 활동한 탓에 오로지 육안 관측만으로 천체 관측을 수행하였는데, 일생을 천체 관측에 바치며 놀랍도록 방대한 관측 자료를 남겼다. 뿐만 아니라 육안 관측으로는 경지에 이르렀다고 말할 정도로 정확한 관측을 한 것으로 유명하다. 튀코 브라헤가 관측한 별의 위치는 현대 천문학과 비교했을 때 오차가 25초각에 불과하다. 도 단위로 환산하면 0.007도밖에 되지 않는 놀라운 정확성이다. 당시에는 모든 천체가 지구 주변을 돈다는 지구 중심설이 지배적이었는데, 이토록 정확한 관측을 한 만큼 튀코 브라헤는 지구가 태양 주변을 공전한다고 하면 지구 중심설(천동설)에서 발생하는 모든 문제점을 해결할 수 있을 것이라 믿었다. 하지만, 연주시차 등을 관측하지 못하여 끝까지 태양 중심설(지동설)을 믿지 않았다. 때문에 태양은 지구 주변을 돌지만, 지구 이외의 모든 행성은 태양을 중심으로 공전한다는 독특한 절충설

---

23 "튀코 브라헤", 위키백과, https://ko.wikipedia.org/wiki/%ED%8A%80%EC%BD%94_%EB%B8%8C%EB%9D%BC%ED%97%A4

> 을 주장하였다. 그런데 천체 망원경이 없던 당시 기술로는 1초각보다도 작게 나타나는 연주시차는 관측할 수 없었다. 참고로 연주시차는 튀코 브라헤 사후 200년 뒤 베셀이라는 천문학자에 의해 최초로 관측되었다.
>
> 아이러니하게도 튀코의 관측 결과는 튀코의 공동 연구자이자 제자였던 케플러에 의해 태양 중심설(지동설)의 결정적 증거로 사용되었다. 여기서는 케플러의 연구 결과 중 하나인 케플러 제3 법칙에 대하여 알아보고자 한다.

Step 1 > 데이터 찾아보기

	수성	금성	지구	화성	목성	토성	천왕성	해왕성
P(년)	0.24	0.61	1.00	1.88	11.87	29.47	84.13	165.00
a(AU)	0.39	0.72	1.00	1.52	5.20	9.58	19.20	30.05

표는 태양계 행성의 공전주기(P)와 공전궤도 긴반지름(a)이다. 공전궤도 긴반지름의 단위는 AU, 공전주기의 단위는 년^{year}을 사용하였다. 위 표를 분석하여 케플러 제3 법칙에 대하여 알아보자.

Step 2 > 그래프로 표현하기

우선 그래프를 그릴 때 필요한 라이브러리인 matplotlib.pyplot을 호출하고 공전주기를 변수 period에, 공전궤도 긴반지름을 변수 radius에 리스트 자료형으로 만들어보자. 또한 그래프에 한글을 표현할 때 필요한 라이브러리도 함께 호출하자.

```
from matplotlib import font_manager, rc
rc("font", family="HCR Dotum")
import matplotlib.pyplot as plt
period=[0.24, 0.61, 1.00, 1.88, 11.87, 29.47, 84.13, 165.00]
radius=[0.39, 0.72, 1.00, 1.52, 5.20, 9.58, 19.20, 30.05]
```

위 자료를 살펴보면 태양에서 멀리 떨어져 있는 행성일수록 공전주기가 길어지고 있음을 파악할 수 있다. 케플러는 당시에 태양에서 멀리 떨어져 있는 행성일수록 공전주기가 길어진다는 사실로부터 공전궤도 긴반지름과 공전주기 사이에 물리적 관계가 있을 것으로 추측했다. 이에 여러 가지 수학적 모델을 적용하여 공전궤도 긴반지름과 공전주기 사이의 관계를 찾아냈다. 두 물리량의 관계는 주기에 제곱을, 반지름에 세제곱을 하면 더욱 명확해진다. for 문을 사용하여 주기에 제곱을, 반지름에 세제곱을 하여 새로운 리스트 자료형에 넣어보자.

```
from matplotlib import font_manager, rc
rc("font", family="HCR Dotum")
import matplotlib.pyplot as plt
period=[0.24, 0.61, 1.00, 1.88, 11.87, 29.47, 84.13, 165.00]
radius=[0.39, 0.72, 1.00, 1.52, 5.20, 9.58, 19.20, 30.05]
period_s=[]
radius_c=[]
for x in period:
    period_s.append(x**2)
for y in radius:
    radius_c.append(y**3)
print(period_s,radius_c)
```

이렇게 하면 주기(period)에 제곱을, 반지름(radius)에 세제곱을 계산한 값을 각각 변수 period_s와 radius_c에 리스트 자료형으로 넣은 결과를 보게 된다. 위에서 사용한 for 문은 리스트 컴프리헨션 list comprehension 을 사용하면 좀 더 간단하게 나타낼 수 있다. 다음은 리스트 컴프리헨션을 이용해 코드를 다시 작성한 결과이다.

```
from matplotlib import font_manager, rc
rc("font", family="HCR Dotum")
import matplotlib.pyplot as plt
period=[0.24, 0.61, 1.00, 1.88, 11.87, 29.47, 84.13, 165.00]
radius=[0.39, 0.72, 1.00, 1.52, 5.20, 9.58, 19.20, 30.05]
period_s=[x**2 for x in period]
radius_c=[y**3 for y in radius]
print(period_s,radius_c)
```

coding tip | 리스트 컴프리헨션

파이썬에서 리스트 컴프리헨션은 리스트를 생성하는 간결하고 직관적인 문법 구조이다. for 문을 사용해 리스트를 생성할 때, 리스트 컴프리헨션을 사용하면 코드를 훨씬 간결하게 짤 수 있다.

먼저 for 문을 이용해 0부터 5의 수에 차례대로 2를 더하는 간단한 코드를 만들어보자.

```
x=range(0,6)
result=[]
for i in x:
    result.append(i+2)
print(result)
```

결과는 아래와 같다.

```
[2, 3, 4, 5, 6, 7]
```

이 코드는 리스트 컴프리헨션을 활용하면 훨씬 간결해진다.

```
x=range(0,6)
result=[i+2 for i in x]
print(result)
```

결과는 당연히 동일하다. for 문의 구조와 리스트 컴프리헨션에서의 for 문의 구조는 유사하여 직관적으로 알 수 있다.

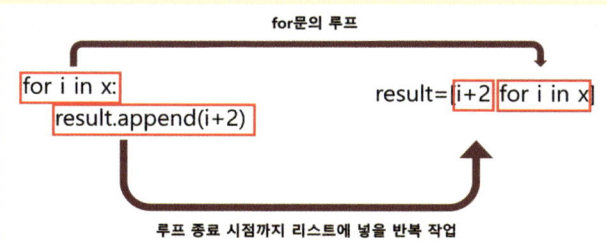

[그림 8-2] 리스트 컴프리헨션의 구조

리스트 컴프리헨션을 사용하면 간결하게 코드를 만들 수 있다는 장점이 있어, 간단한 for 문에 대해서는 활용도가 높다.

이제 결과를 산점도를 이용해 나타내보자. 맨 아랫줄에 다음의 코드를 추가해보자.

```
plt.scatter(period_s,radius_c)
plt.show()
```

[그림 8-3]은 코드의 실행 결과이다.

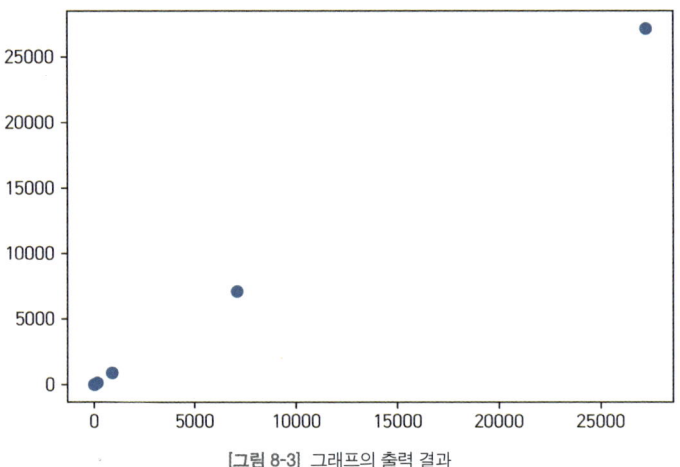

[그림 8-3] 그래프의 출력 결과

각 값이 점으로 출력된 것이 확인된다. 그런데 데이터는 분명 8개인데 점은 그보다 훨씬 적다. 처음에 계산한 결과를 다시 살펴보자.

	수성	금성	지구	화성	목성	토성	천왕성	해왕성
P^2	0.058	0.372	1.000	3.534	140.897	868.481	7077.857	27225.0
a^3	0.059	0.373	1.000	3.512	140.608	879.218	7077.888	27135.225

수성이나 금성, 지구, 화성의 경우 계산값이 작다. 하지만 목성, 토성, 천왕성, 해왕성은 수성이나 금성, 지구, 화성에 비해 계산값이 너무 크다. 그래서 이 데이터를 모두 하나의 그래프에 나타내다 보니 수성, 금성, 지구, 화성의 점이 겹쳐서 찍혀버린 것이다. 이런 경우에는 x축과 y축을 로그^{log} 스케일로 표현하면 모두 나타낼 수 있다. plt.scatter의 다음 줄에 아래 코드를 추가해보자.

```
plt.xscale("log")
plt.yscale("log")
```

coding tip 로그 스케일 활용하기

다음과 같은 리스트 자료형을 만들어 산점도로 나타내보자.

```
x=[0.01,0.1,1,10,100,1000]
y=[0.01,0.1,1,10,100,1000]
```

결과는 다음과 같다.

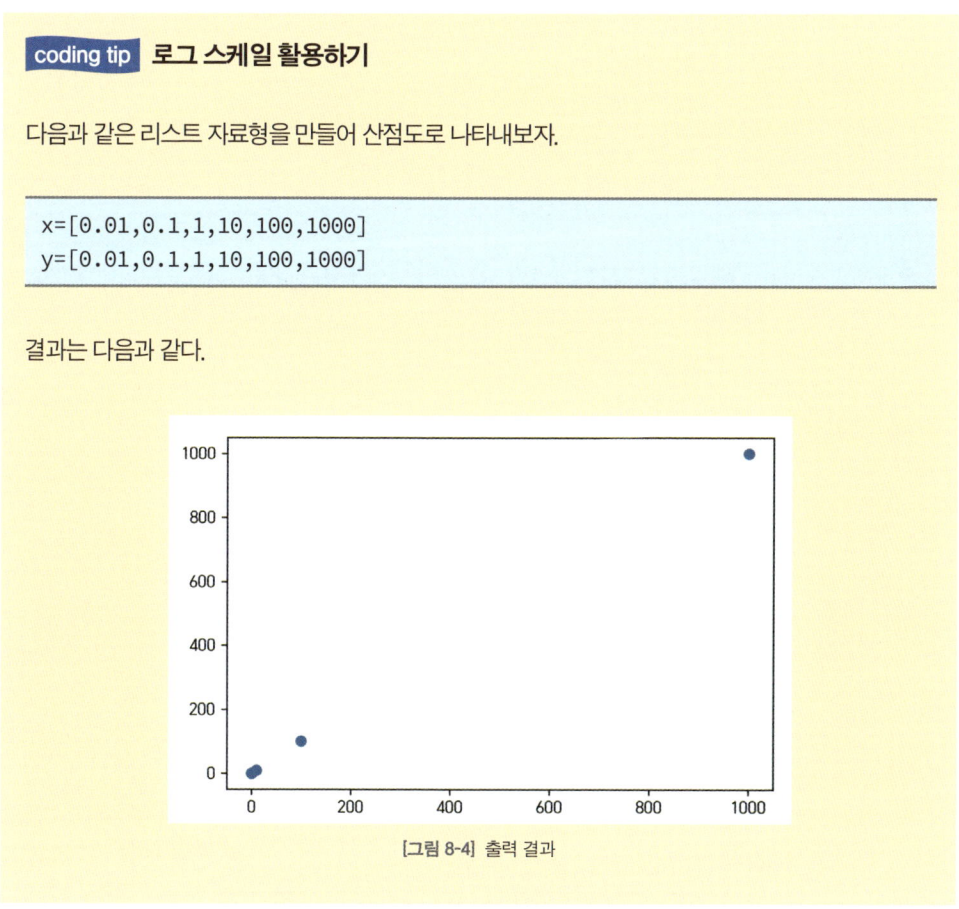

[그림 8-4] 출력 결과

0.01, 0.1, 1, 10 등의 값은 100이나 1000에 비해 너무 작다. 때문에 이런 값을 하나의 그래프로 나타내면 숫자가 작은 값은 점들이 겹쳐져 정확하게 데이터의 경향을 파악하기 어렵다. 하지만 이들의 값에 밑을 10으로 하는 상용로그를 취해보자. 로그 계산을 위해 math라는 라이브러리를 호출하고 코드를 다음과 같이 작성해보자.

```
import math
x=[0.01,0.1,1,10,100,1000]
y=[0.01,0.1,1,10,100,1000]
logx=[math.log10(i) for i in x]
logy=[math.log10(j) for j in y]
print(logx,logy, sep="\n")
```

결과는 다음과 같다.

```
[-2.0, -1.0, 0.0, 1.0, 2.0, 3.0]
[-2.0, -1.0, 0.0, 1.0, 2.0, 3.0]
```

이렇게 하면 숫자가 10배씩 증가하지 않고, 1씩 증가하여 수치가 작은 값을 그래프로 나타내기 어렵던 문제가 간단히 해결된다.

이렇게 x축과 y축을 로그 스케일로 변환하는 코드 두 줄을 입력하면 다음과 같은 그래프가 출력된다.

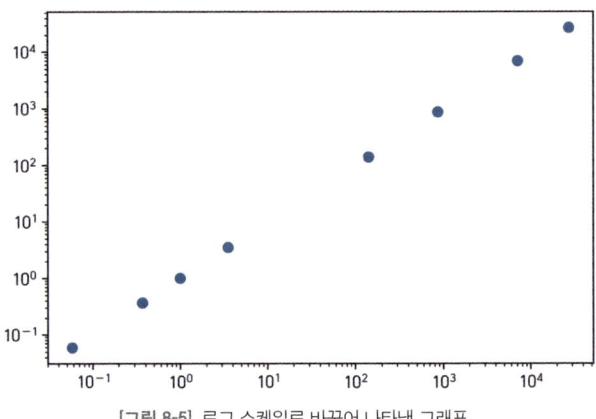

[그림 8-5] 로그 스케일로 바꾸어 나타낸 그래프

이제 보조선과 x축 제목, y축 제목, 그래프의 제목 등을 추가하자. 축의 스케일을 바꾸는 코드 다음 줄에 아래의 코드를 추가하자.

```
plt.title("케플러 제3 법칙")
plt.xlabel("$P^{2}$($year^{2}$)")    ## 위첨자를 나타내기 위한 표시 $P^{2}$
plt.ylabel("$a^{3}$($AU^{3}$)")
plt.grid(ls="--")
```

이제 그래프의 제목과 축 제목, 보조선 등이 정상적으로 나타나는 것을 확인할 수 있다. 여기에 선형그래프를 추가로 나타내기 위해 plt.grid(ls="--") 다음 줄에 아래 코드를 추가하자.

```
plt.plot(period_s,radius_c, ls="--", c="r")
```

이렇게 산점도와 선형그래프를 추가한 전체 코드는 다음과 같으며 최종 결과는 [그림 8-6]에서 확인할 수 있다.

```
from matplotlib import font_manager, rc
rc("font", family="HCR Dotum")
import matplotlib.pyplot as plt
period=[0.24, 0.61, 1.00, 1.88, 11.87, 29.47, 84.13, 165.00]
radius=[0.39, 0.72, 1.00, 1.52, 5.20, 9.58, 19.20, 30.05]
period_s=[x**2 for x in period]
radius_c=[y**3 for y in radius]
print(period_s,radius_c)
plt.scatter(period_s,radius_c)
plt.xscale("log")
plt.yscale("log")
plt.title("케플러 제3 법칙")
plt.xlabel("$P^{2}$($year^{2}$)")
plt.ylabel("$a^{3}$($AU^{3}$)")
plt.grid(ls="--")
plt.plot(period_s,radius_c, ls="--", c="r")
plt.savefig("C:\\111\\kepler.jpg", dpi=300)
plt.show()
```

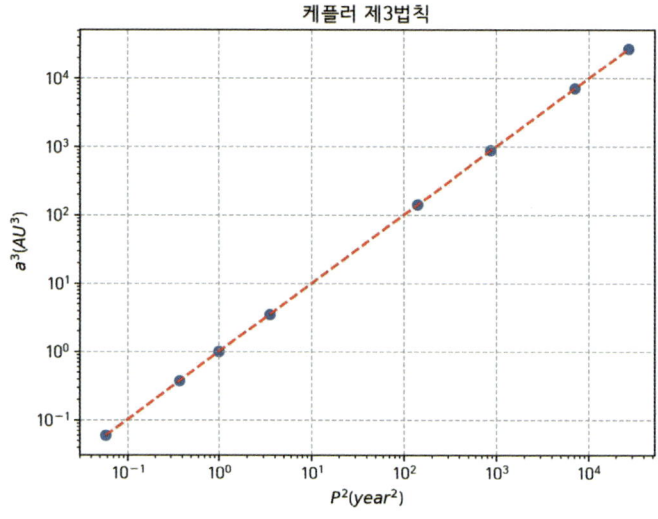

[그림 8-6] 최종 출력 결과

❶ 케플러 제3 법칙 - 조화의 법칙

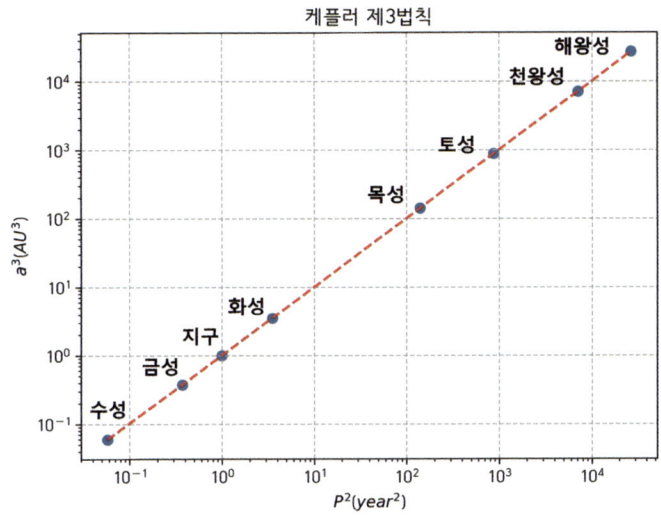

[그림 8-7] 태양계 행성의 공전주기와 공전궤도 긴반지름 관계

태양계 행성의 공전주기를 제곱한 값과 공전궤도 긴반지름을 세제곱한 값을 자세히 살펴보면 두 값이 거의 같음을 알 수 있다. 이를 수학적으로 표현하면 다음과 같이 매우 간결한 관계로 표현할 수 있다.

$$P^2 = a^3$$

단, 이 관계는 주기의 단위는 년^{year}, 공전궤도 긴반지름의 단위는 천문단위^{AU,} ^{astronomical unit}를 썼을 때이다. 1AU는 태양에서 지구까지의 거리를 의미하는데, 1.5

Part Ⅳ 산점도로 데이터 분석하기 **167**

×$10^8 km$와 같은 값이다. 어찌 되었든 $\frac{P^2}{a^3}$을 계산하면 1이 나와야 한다. 실제로 계산해보면 모든 행성에서 거의 1이 나온다.

하지만 케플러의 3가지 법칙은 모두 경험 법칙이다. 특히 제3 법칙을 설명하기 위해 훌륭한 수학적 모델을 사용해 공전주기와 공전궤도 긴반지름 사이의 관계를 찾아냈지만, 행성의 공전주기와 공전궤도 긴반지름 사이에 이와 같은 관계가 왜 성립하는지는 정확히 알지 못했다. 이는 후대 학자들에 의해 밝혀졌는데, 바로 잘 알려진 뉴턴의 만유인력의 법칙이 그것이다. 뉴턴은 만유인력의 법칙에서 중력을 가진 두 물체는 서로 잡아당기는 힘이 작용한다고 하였다. 케플러의 제3 법칙 역시 만유인력의 법칙으로 증명 가능하다. 뉴턴의 방법으로 케플러 제3 법칙을 다시 작성하면 다음과 같다.

$$P^2 = \frac{4\pi^2 a^3}{G(M_1 + M_2)}$$

태양계와 같이 중심별의 질량이 다른 행성에 비해 압도적으로 큰 경우 행성의 질량은 무시할 수 있다. 그럼 식은 다음과 같이 바꿀 수 있다.

$$P^2 = \frac{4\pi^2 a^3}{GM}$$

여기서 G는 만유인력 상수($6.67 \times 10^{-11} m^3/kg\ s^2$)이고, M은 태양 질량($2.0 \times 10^{30} kg$)이다. P와 a는 각각 공전주기와 공전궤도 긴반지름이다. 그럼 P와 a를 제외한 나머지는 모두 단순히 숫자(상수)이다. 따라서 다음과 같이 바꾸어 쓸 수 있다.

$$k = \frac{4\pi^2}{GM} (s^2/m^3)$$

$$P^2 = ka^3$$

M에 태양 질량을, G에 만유인력 상수를, π 값에 3.14를 대입한 뒤 시간의 초(s) 단위를 년(year)으로, 거리의 미터(m) 단위를 AU로 바꾸어 주면 놀랍게도 k값은 거의 1이 된다.

❷ 완벽하게 1이 나오지 않는 이유는 무엇일까?

케플러의 발견과 뉴턴의 증명은 과학사에서 매우 의미 있는 사건이다. 그런데 이 수를 자세히 살펴보면 아주 약간의 오차가 있음을 발견할 수 있다. 계산 결과를 다시 살펴보고, $\frac{P^2}{a^3}$값이 얼마인지 계산해보자.

	수성	금성	지구	화성	목성	토성	천왕성	해왕성
P^2	0.058	0.372	1.000	3.534	140.897	868.481	7077.857	27225.0
a^3	0.059	0.373	1.000	3.512	140.608	879.218	7077.888	27135.225
$\frac{P^2}{a^3}$	0.971	0.997	1.000	1.006	1.002	0.988	1.000	1.003

소수점 첫째 자리에서 반올림을 하면 1이 되지만 완전히 1은 아니다. 아주 작긴 하지만 약간의 오차가 있는 이유는 태양계 행성 간의 중력적 상호작용 때문이다. 쉽게 말해 지구의 공전궤도에 단순히 태양만 중력을 미치는 것이 아니라 달이나 금성, 화성, 멀게는 목성이나 토성까지도 작지만 영향을 미친다. 이로 인해 공전궤도 이심률이 달라지기도 하고 근일점이나 원일점이 회전하기도 하는 등 아주 조금 불안정한 공전궤도를 그리게 된다. 이외의 여러 가지 물리적인 변칙으로 완전하게 1을 나타내지는 않는다.

8.2 태풍이 지나갈 때 나타나는 풍향의 변화

한걸음 다가서기

태풍은 매우 강한 열대 저기압으로, 지상에서 매우 뚜렷한 풍향을 보인다. 때문에 태풍이 지나갈 때 태풍의 이동 경로를 기준으로 이동 경로의 왼쪽에 있는 관측소와 오른쪽에 있는 관측소에서는 전혀 다른 풍향 변화가 뚜렷하게 나타난다. 실제 관측에서는 관측소의 풍향이 어떻게 달라질까?

지구과학 미리보기

태풍은 열대 저기압이기 때문에, 북반구 지상에서 바람은 태풍의 중심을 향하여 반시계 방향으로 불어 들어간다. 이에 태풍이 어느 한 지점을 지나갈 때 풍향이 크게 변한다. 여기서는 태풍의 이동 경로의 왼쪽에 있는 관측소와 오른쪽에 있는 관측소에서 풍향이 어떻게 달라지는지를 알아보고자 한다.

Step 1 데이터 다운로드

기상청 날씨누리 홈페이지에서는 최근의 날씨뿐 아니라 과거 날씨 관측 데이터까지 방대한 데이터를 제공하고 있다. 날씨누리에서 과거 태풍 데이터를 다운로드해 보자.

1. 기상청 날씨누리 홈페이지 https://weather.go.kr 에 접속한다.

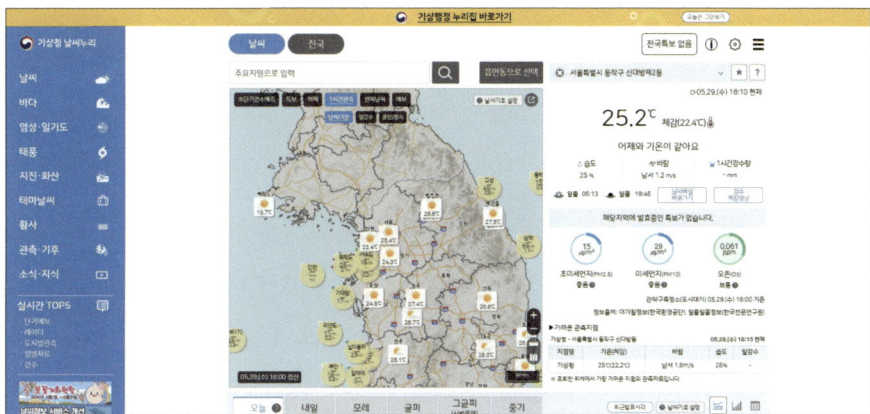

[그림 8-8] 기상청 날씨누리 홈페이지[24]

2. 왼쪽 메뉴에서 [태풍]을 클릭하고, 하위메뉴에서 다시 [과거태풍]을 클릭하자.

3. [검색구분]을 [세부검색]으로, [기간구분]은 체크하지 않는다.

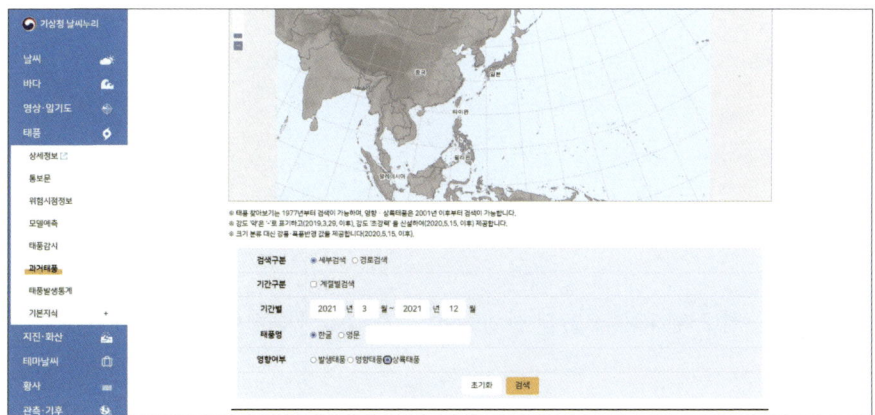

[그림 8-9] 태풍 검색 화면[25]

---

[24] 기상청 날씨누리, https://www.weather.go.kr/w/index.do
[25] "과거태풍", 기상청 날씨누리, https://www.weather.go.kr/w/typhoon/typ-history.do

Part Ⅳ 산점도로 데이터 분석하기 171

4. [기간별]은 [2021년 3월~2021년 12월]로 바꿔준다.

5. [태풍명]은 그대로 두고, [영향여부]는 [상륙태풍]으로 바꾼 뒤 [검색]을 클릭한다.

6. [오마이스OMAIS]를 클릭한다.

7. 오마이스에 대한 정보를 담은 새 인터넷 창이 뜨면 제주도 주변의 지도를 확대하고 태풍이 제주도를 통과한 날짜와 시간을 확인한다. 태풍 기호에 마우스를 올려놓으면, 해당 위치에 태풍이 있었던 날짜와 시간을 확인할 수 있다. 오마이스는 2021년 8월 23일 18시에 제주도 남쪽 해상에 있었고, 제주도를 관통하여 21시에 제주도 북쪽 해상으로 빠져나갔다.

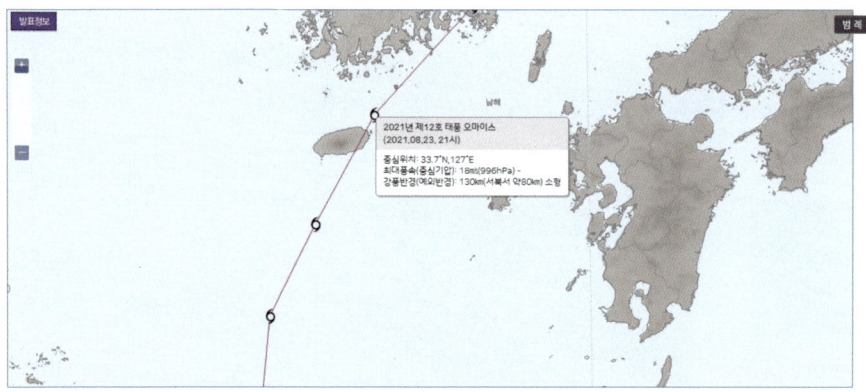

[그림 8-10] 제주도 인근 해안에서 오마이스의 위치[26]

8. 이제 2021년 8월 23일 18시 ~ 21시 사이에 해당 지역에서 풍향이 어떻게 바뀌었는지 확인해보자.

---

26 "2021년 제12호 태풍 오마이스(OMAIS)", 기상청 날씨누리, https://www.weather.go.kr/w/typhoon/typ-historypop.do?json=%7B%22typYear%22:2021,%22typSeq%22:12%7D

다시 기상청 날씨누리 홈페이지의 메인 화면으로 돌아가자. 여기서 태풍이 통과할 당시 제주도의 우도와 고산의 날씨를 검색할 것이다.

1. 기상청 날씨누리 홈페이지에서 [관측]을 클릭한다.

2. 하위 메뉴에서 [육상]을, 다시 하위 메뉴에서 [지역별상세관측(기존)]을 클릭한다.

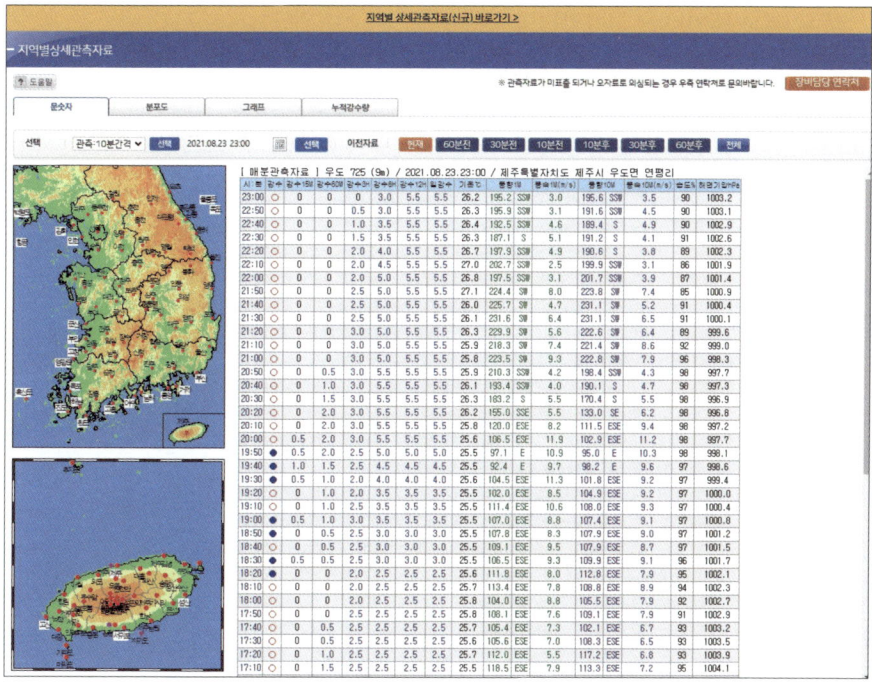

[그림 8-11] 지역별상세관측자료(기존)에서 2021년 8월 23일 우도의 날씨를 선택한 결과[27]

3. 왼쪽의 지도에서 제주 중심에 있는 빨간 원을 클릭한다. 이후에 나타나는 하단의 상세 지도에서 제주 오른쪽에 위치한 [우도]를 클릭한다.

---

[27] "지역별상세관측자료", 기상청 날씨누리, https://www.weather.go.kr/plus/land/current/aws_table_popup.jsp

4. 새롭게 뜨는 창에서 **[관측: 매분]**을 **[관측: 10분 간격]**으로 바꿔주고, 날짜는 **[2021년 8월 23일 시간은 23:00]**로 바꾸고 **[선택]**을 클릭한다.

5. 관측 결과가 나타나면 헤더 데이터를 포함해 표 전체를 드래그한 뒤 복사를 한다.

6. 메모장을 열고 복사한 데이터를 붙인다.

7. 태풍우도.txt로 데이터를 저장한다.

우도의 데이터를 다운로드하는 과정을 마쳤다. 이제 다운로드한 데이터를 엑셀로 열어보자.

1. 엑셀을 실행하고 다운로드한 텍스트 파일을 열자.

2. **[열기]**를 클릭했을 때 나오는 화면에서 **[구분 기호로 분리됨]**을 선택하고 **[다음]**을 클릭하자.

3. **[구분 기호]**에 **[탭]**을 선택하고 **[다음]**을 클릭하자.

4. 열 데이터 서식을 **[일반]**으로 선택하고 **[마침]**을 클릭하자.

시:분	강수	강수15M	강수60M	강수3H	강수6H	강수12H	일강수	기온℃	풍향1M	풍속1M(m	풍향10M	풍속10M(r	습도%	해면기압hPa
23:00 ○		0	0	0	3	5.5	5.5	26.2	195.2 SSW	3	195.6 SSW	3.5	90	1003.2
22:50 ○		0	0	0.5	3	5.5	5.5	26.3	195.9 SSW	3.1	191.6 SSW	4.5	90	1003.1
22:40 ○		0	0	1	3.5	5.5	5.5	26.4	192.5 SSW	4.6	189.4 S	4.9	90	1002.9
22:30 ○		0	0	1.5	3.5	5.5	5.5	26.3	187.1 S	5.1	191.2 S	4.1	91	1002.6
22:20 ○		0	0	2	4	5.5	5.5	26.7	197.9 SSW	4.9	190.6 S	3.8	89	1002.3
22:10 ○		0	0	2	4.5	5.5	5.5	27	202.7 SSW	2.5	199.9 SSW	3.1	86	1001.9
22:00 ○		0	0	2	5	5.5	5.5	26.8	197.5 SSW	3.1	201.7 SSW	3.9	87	1001.4
21:50 ○		0	0	2.5	5	5.5	5.5	27.1	224.4 SW	8	223.8 SW	7.4	85	1000.9
21:40 ○		0	0	2.5	5	5.5	5.5	26	225.7 SW	4.7	231.1 SW	5.2	91	1000.4
21:30 ○		0	0	2.5	5	5.5	5.5	26.1	231.6 SW	6.4	231.1 SW	6.5	91	1000.1
21:20 ○		0	0	3	5	5.5	5.5	26.3	229.9 SW	5.6	222.6 SW	6.4	89	999.6
21:10 ○		0	0	3	5	5.5	5.5	25.9	218.3 SW	7.4	221.4 SW	8.6	92	999
21:00 ○		0	0	3	5	5.5	5.5	25.8	223.5 SW	9.3	222.8 SW	7.9	96	998.3
20:50 ○		0	0.5	3	5.5	5.5	5.5	25.9	210.3 SSW	4.2	198.4 SSW	4.3	98	997.7
20:40 ○		0	1	3	5.5	5.5	5.5	26.1	193.4 SSW	4	190.1 S	4.7	98	997.3
20:30 ○		0	1.5	3	5.5	5.5	5.5	26.3	183.2 S	5	170.4 S	5.5	98	996.9
20:20 ○		0	2	3	5.5	5.5	5.5	26.2	155 SSE	5.5	133 SE	6.2	98	996.8
20:10 ○		0	2	3	5.5	5.5	5.5	25.8	120 ESE	8.2	111.5 ESE	9.4	98	997.2
20:00 ○		0.5	2	3	5.5	5.5	5.5	25.6	106.5 ESE	11.9	102.9 ESE	11.2	98	997.7
19:50 ●		0.5	2	2.5	5	5	5	25.5	97.1 E	10.9	95 E	10.3	98	998.1
19:40 ●		1	1.5	2.5	4.5	4.5	4.5	25.5	92.4 E	9.7	98.2 E	9.6	97	998.6
19:30 ●		0.5	1	2	4	4	4	25.6	104.5 ESE	11.3	101.8 ESE	9.2	97	999.4
19:20 ○		0	1	2	3.5	3.5	3.5	25.5	102 ESE	8.5	104.9 ESE	9.2	97	1000
19:10 ○		0	1	2.5	3.5	3.5	3.5	25.5	111.4 ESE	10.6	108 ESE	9.3	97	1000.4
19:00 ●		0.5	1	3	3.5	3.5	3.5	25.5	107 ESE	8.8	107.4 ESE	9.1	97	1000.8
18:50 ○		0	0.5	2.5	3	3	3	25.5	107.8 ESE	8.3	107.9 ESE	9	97	1001.2
18:40 ○		0	0.5	2.5	3	3	3	25.5	109.1 ESE	9.5	107.9 ESE	8.7	97	1001.5
18:30 ●		0.5	0.5	2.5	3	3	3	25.5	106.5 ESE	9.3	109.9 ESE	9.1	96	1001.7
18:20 ○		0	0	2	2.5	2.5	2.5	25.6	111.8 ESE	8	112.8 ESE	7.9	95	1002.1
18:10 ○		0	0	2	2.5	2.5	2.5	25.7	113.4 ESE	7.8	108.8 ESE	8.9	94	1002.3
18:00 ○		0	0	2	2.5	2.5	2.5	25.8	104 ESE	8.8	105.5 ESE	7.9	92	1002.7
17:50 ○		0	0	2.5	2.5	2.5	2.5	25.8	108.1 ESE	7.6	109.1 ESE	7.9	91	1002.9
17:40 ○		0	0.5	2.5	2.5	2.5	2.5	25.7	105.4 ESE	7.3	102.1 ESE	6.7	93	1003.2

[그림 8-12] 엑셀로 데이터를 열었을 때 나타난 결과

정상적으로 열렸다. 그런데 헤더 데이터가 2칸씩 밀려있다. 실제 데이터에서는 풍향1M에 23:00시에 관측한 데이터 195.2와 SSW 두 개의 데이터가 포함되는데 여기서는 풍향1M에 195.2에 해당하는 데이터만 들어와 있고 SSW는 풍속1M으로 밀려있기 때문이다. 이를 구분해야 한다. 따라서 [그림 8-13]과 같이 방위1M과 방위10M을 추가해 헤더 데이터를 수정하고 밀려나간 SSW 데이터를 각각 방위1M과 방위10M에 넣어주자.

	A	B	C	D	E	F	G	H	I	J	K	L	M	N	O	P	Q
1	시:분	강수	강수15M	강수60M	강수3H	강수6H	강수12H	일강수	기온℃	풍향1M	방위1M	풍속1M(m	풍향10M	방위10M	풍속10M(r	습도%	해면기압hPa
2	23:00 ○		0	0	0	3	5.5	5.5	26.2	195.2	SSW	3	195.6	SSW	3.5	90	1003.2
3	22:50 ○		0	0	0.5	3	5.5	5.5	26.3	195.9	SSW	3.1	191.6	SSW	4.5	90	1003.1

[그림 8-13] 헤더 데이터의 수정 결과

수정이 완료되었다면 파일 이름은 태풍우도, 파일 형식을 csv로 저장하자. 이제 같은 방법으로 제주의 서쪽에 위치한 고산에서 관측한 자료도 함께 다운로드하고 정리하자.

> science tip 실습 대상으로 오마이스를, 관측 위치를 우도와 고산으로 선택한 이유는?

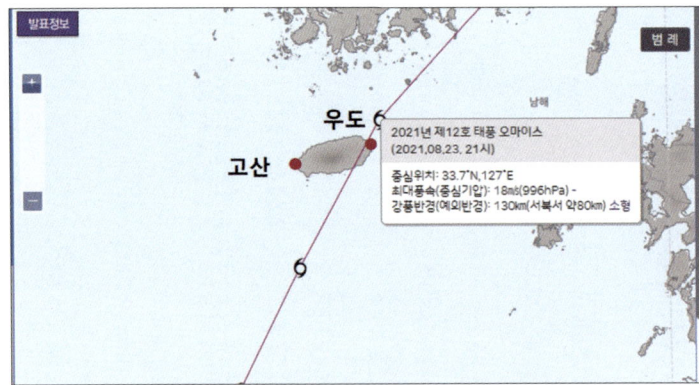

[그림 8-14] 우도와 고산의 위치와 오마이스의 이동 경로[28]

바람은 기본적으로 고기압에서 저기압으로 분다. 그런데 바람은 지표면의 마찰로 인해 이동 방향이 틀어질 수 있다. 이는 지표면의 마찰이 클수록 더 심해진다. 육지는 해상보다 지표면의 마찰이 더 크다. 따라서 육지를 관통하는 태풍의 바람은 기압뿐 아니라 마찰에 의해서도 변화하여 정확한 풍향 변화를 알기 어렵다. 때문에 가급적 해상에 위치한 관측소에서 풍향을 해석해야 정확한 태풍의 특징을 확인할 수 있다. 이에 제주도를 관통하는 태풍 중에서 이동경로의 왼쪽과 오른쪽에 모두 관측소가 있는 오마이스를 선택한 것이다.

Step 2 그래프로 표현하기

여기서는 csv의 파일 형식을 분석하는데 유용한 라이브러리인 pandas를 활용하여 분석하고자 한다. 다음과 같이 라이브러리를 호출하고 데이터를 불러오자.

```python
import pandas as pd
import matplotlib.pyplot as plt
from matplotlib import font_manager, rc
rc("font", family="HCR Dotum")
```

---

[28] "2021년 제12호 태풍 오마이스(OMAIS)", 기상청 날씨누리, https://www.weather.go.kr/w/typhoon/typ-history-pop.do?json=%7B%22typYear%22:2021,%22typSeq%22:12%7D

```
data=pd.read_csv("C:\\111\\태풍우도.csv")
data2=pd.read_csv("C:\\111\\태풍고산.csv")
data
```

	시:분	강수	강수 15M	강수 60M	강수 3H	강수 6H	강수 12H	일강수	기온℃	풍향 1M	방위 1M	풍속 1M(m/s)	풍향 10M	방위 10M	풍속 10M(m/s)	습도%	해면기압 hPa
0	23:00	○	0.0	0.0	0.0	3.0	5.5	5.5	26.2	195.2	SSW	3.0	195.6	SSW	3.5	90	1003.2
1	22:50	○	0.0	0.0	0.5	3.0	5.5	5.5	26.3	195.9	SSW	3.1	191.6	SSW	4.5	90	1003.1
2	22:40	○	0.0	0.0	1.0	3.5	5.5	5.5	26.4	192.5	SSW	4.6	189.4	S	4.9	90	1002.9
3	22:30	○	0.0	0.0	1.5	3.5	5.5	5.5	26.3	187.1	S	5.1	191.2	S	4.1	91	1002.6
4	22:20	○	0.0	0.0	2.0	4.0	5.5	5.5	26.7	197.9	SSW	4.9	190.6	S	3.8	89	1002.3
...	...	...	...	...	...	...	...	...	...	...	...	...	...	...	...	...	...
56	13:40	○	0.0	0.0	0.0	0.0	0.0	0.0	28.2	120.9	ESE	6.1	121.1	ESE	5.9	90	1007.9
57	13:30	○	0.0	0.0	0.0	0.0	0.0	0.0	28.0	121.5	ESE	6.3	122.7	ESE	5.6	91	1008.0
58	13:20	○	0.0	0.0	0.0	0.0	0.0	0.0	28.3	124.8	SE	5.2	120.6	ESE	5.5	90	1008.0
59	13:10	○	0.0	0.0	0.0	0.0	0.0	0.0	28.4	119.6	ESE	6.5	119.4	ESE	6.2	90	1008.1
60	13:00	○	0.0	0.0	0.0	0.0	0.0	0.0	28.6	119.6	ESE	6.9	122.3	ESE	6.0	90	1008.2

[그림 8-15] 우도 관측 데이터의 출력 결과

헤더 데이터에는 강수, 일강수, 기온 등이 있다. 우리에게 필요한 데이터는 풍향이다. 그런데 풍향에도 1M과 10M이 있다. 의미는 간단하다. 풍향1M은 관측시간을 기준으로 과거 1분간의 평균 풍향을, 풍향10M은 관측 시간을 기준으로 과거 10분간의 평균 풍향을 나타낸다. 1분 풍향은 데이터 일부에 변수나 오차가 그대로 반영되어 있을 수 있다. 따라서 1M 자료보다는 10M 자료를 쓰는 것이 더 좋다. 또한 풍향은 각도와 방위로 제공되고 있다. 여기서는 각도 단위로 측정한 풍향을 사용하며 해석은 크게 어렵지 않다.

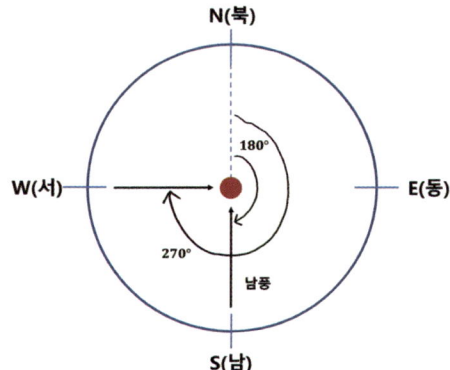

[그림 8-16] 각도를 이용한 풍향 표기 방법

예를 들어 풍향이 S인 경우 남풍을 의미한다. 이는 [그림 8-16]처럼 남쪽에서 불어오는 바람으로, 빨간 점을 향하는 남풍을 그려보면 북쪽을 기준으로 시계 방향으로 180도임을 알 수 있다. 따라서 풍향이 정확히 남풍이라면, S 또는 180°라고 표기할 수 있다. 만약 서풍이라면 [그림 8-16]처럼 서쪽에서 바람이 불어옴을 의미하며, 북쪽을 기준으로 시계 방향으로 각도를 재면 270°임을 쉽게 알 수 있다. S나 E 등의 텍스트 형식의 데이터는 그래프로 그리기 어렵기 때문에 각도 단위의 풍향을 사용하여 그래프를 그려보자. 10분 동안 분 바람을 평균한 데이터는 풍향10M이고, 관측 시간에 해당하는 데이터는 시:분이다. 따라서 다음과 같이 변수를 만들고 x축과 y축에 넣을 데이터를 지정하자.

```
import pandas as pd
import matplotlib.pyplot as plt
from matplotlib import font_manager, rc
rc("font", family="HCR Dotum")
data=pd.read_csv("C:\\111\\태풍우도.csv")
data2=pd.read_csv("C:\\111\\태풍고산.csv")
x=data["시:분"]
y=data["풍향10M"]
x2=data2["시:분"]
y2=data2["풍향10M"]
```

여기서 변수 data와 x, y는 우도에서 관측한 데이터이고 변수 data2와 x2, y2는 고산에서 관측한 데이터이다. 이번에 그리는 그래프는 우도와 고산에서 관측한 2개의 데이터를 사용해 그려야 한다. 때문에 csv 파일을 불러오는 코드와 변수 지정 코드 등이 반복된다. 이런 경우 앞에서 다룬 def로 함수를 만들면 반복되는 코드를 줄일 수 있다.

그럼 def를 사용하여 코드를 다시 작성해보자. 여기서 함수로 지정해 줄 작업은 데이터를 불러오고 그래프를 그리는 과정이다. 우선 1개의 변수를 가지는 함수 scat을 만들어주자. 여기서 변수 a에는 csv 파일과 폴더 주소를 넣어줄 것이다. 따라서 함수에 들어갈 코드를 다음과 같이 만들 수 있다.

```
import pandas as pd
import matplotlib.pyplot as plt
from matplotlib import font_manager, rc
rc("font", family="HCR Dotum")
def scat(a):
    data=pd.read_csv(a)
    x=data["시:분"]
    y=data["풍향10M"]
```

또한 함수 안에 x축과 y축에 들어갈 값을 넣어 주었다. 이제 함수 안에서 산점도를 그리는 코드를 넣어주면 된다. 다음과 같이 산점도를 그리는 코드를 추가하자.

```
def scat(a):
    data=pd.read_csv(a)
    x=data["시:분"]
    y=data["풍향10M"]
    plt.scatter(x,y)
```

이제 함수 scat이 만들어졌다. 그런데 여기서 함수의 기본 구조인 return이 없다. 여기서는 plt.scatter가 함수 내에 포함되어 있기 때문에 return이 없어도 결과가 나오는 데 아무런 문제가 없다. 다음과 같이 명령어를 입력하여 실행해보자.

```
scat("C:\\111\\태풍우도.csv")
```

[그림 8-17]은 코드의 실행 결과이다.

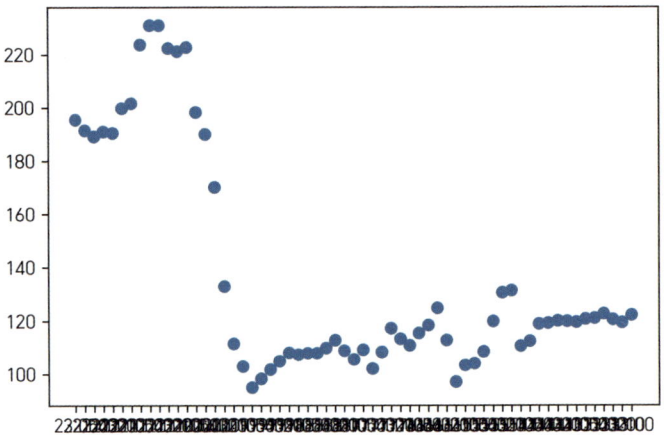

[그림 8-17] 그래프 출력 결과 x축 값이 겹쳐서 확인이 어렵다.

x축의 데이터가 너무 많아 무슨 글자인지 알기 어렵다. 그래서 앞에서 했던 방법으로 데이터를 숨아줘야 한다. 13시부터 23시까지 10분 간격으로 총 10시간을 관측한 데이터이기 때문에 1시간에 6개의 관측값이 있다. 따라서 10시간 동안으로 본다면, 총 60개의 데이터가 포함되어 있다. 그렇기 때문에 x축 간격이 1시간 간격으로 나타나도록 하려면 range와 xticks를 이용하여 다음과 같이 작성할 수 있다.

```
def scat(a):
    data=pd.read_csv(a)
    x=data["시:분"]
    y=data["풍향10M"]
    ticks=range(0,61,6)
    plt.xticks(ticks)
    plt.scatter(x,y)
```

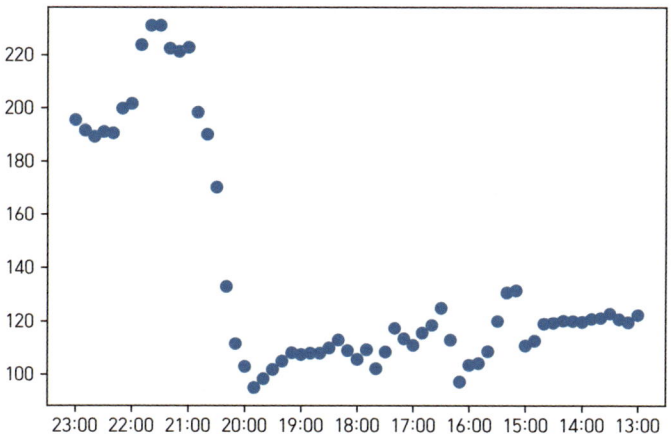

[그림 8-18] 그래프 출력 결과. X축 값이 거꾸로 되어있고, 보조선, 축 제목 등이 빠졌다.

이제 x축의 축 값이 겹쳐서 보이지 않는 문제는 해결되었다. 하지만 원본 데이터의 시간 값이 23시, 22시, 21시 순서로 되어있어 x축의 시간도 거꾸로 출력되었다. 그리고 보조선이 없어 가독성이 떨어지고, 그래프의 축 제목도 빠졌다. def 함수 부분에 아래의 내용을 추가하자.

```
def scat(a):
    data=pd.read_csv(a)
    x=data["시:분"]
    y=data["풍향10M"]
    ticks=range(0,61,6)
    plt.xticks(ticks)
    plt.grid(ls="--")
    plt.xlabel("관측시간")
    plt.ylabel("풍향")
    plt.xlim(60,0)
    plt.scatter(x,y)
```

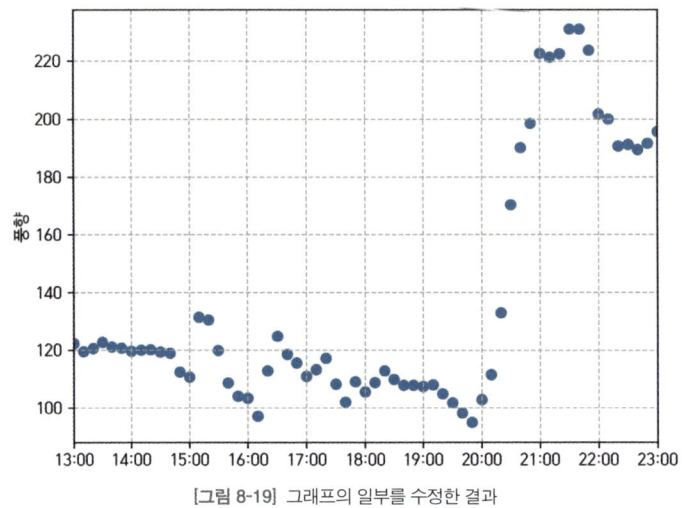

[그림 8-19] 그래프의 일부를 수정한 결과

이제 그래프의 완성도가 높아졌다. 우도의 데이터는 완성되었고 고산에서 관측한 데이터를 추가해보자. def 함수 내부에서 바꿀 것은 없다. 함수를 호출하는 명령을 2개 부르면 된다. 다음과 같이 호출해보자.

```
scat("C:\\111\\태풍우도.csv")
scat("C:\\111\\태풍고산.csv")
```

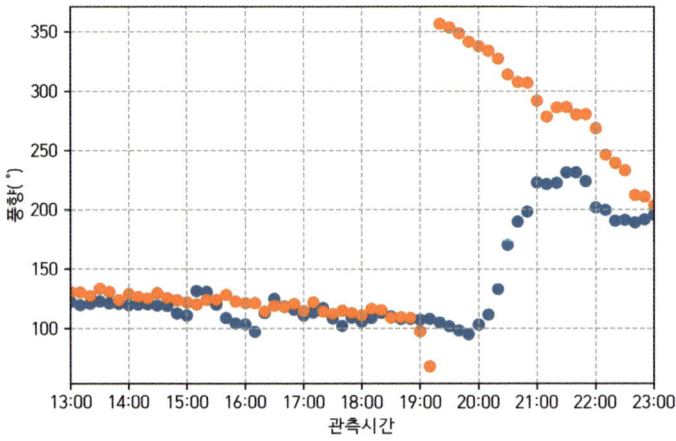

[그림 8-20] 우도와 고산 관측 데이터 출력 결과, 범례(legend)가 빠져 확인이 어렵다.

2개의 데이터가 하나의 그래프에 올바르게 출력된 것을 확인할 수 있다. 그런데 어떤 것이 우도이고 어떤 것이 고산인지 파악할 수 없다. 이런 경우에 범례를 사용하여 어떤 그래프가 우도이고 어떤 그래프가 고산인지 표시하면 된다. 범례를 사용하기 위해서는 산점도를 그리는 명령어 plt.scatter()의 괄호 안에 label="범례 이름"을 넣어주면 된다. 그리고 그 다음 줄에 label을 범례로 표기하는 plt.legend()를 추가하면 된다. 그리고 점의 크기가 다소 커 보이기 때문에 plt.scatter()에 s=10을 추가하여 점의 크기를 바꾸자. 여기까지의 내용을 def 함수 내에 추가하자. 또한 범례를 넣는 과정이 추가되었는데, 범례는 우도와 고산에서 서로 다른 이름을 부여해야 한다. 때문에 def의 변수를 하나 더 추가해야 한다. 마지막으로 그래프의 제목이 빠졌기 때문에 그래프의 제목을 넣는 과정도 추가하자.

```
def scat(a,b):
    data=pd.read_csv(a)
    x=data["시:분"]
    y=data["풍향10M"]
    ticks=range(0,61,6)
    plt.xticks(ticks)
    plt.grid(ls="--")
    plt.xlabel("관측시간")
    plt.ylabel("풍향")
    plt.xlim(60,0)
    plt.scatter(x,y,s=10, label=b)
    plt.legend()
    plt.title("태풍이 지나가는 동안 관측소에서 나타나는 풍향 변화")
```

코드를 수정하는 과정에서 함수 scat에 들어가는 변수가 a, b로 2개가 되었다. a가 불러올 데이터와 폴더 주소를 지정하는 변수라면 b는 범례에 들어갈 관측 도시의 이름이 들어갈 변수이다. 처음에는 관측 데이터가 단지 우도 하나만 있었기 때문에 범례를 넣을 필요가 없었고 그래서 함수에 들어갈 변수 b도 필요 없었다. 하지만 고산에서 관측한 값과 범례를 함께 불러와야 해서 변수 b가 필요해졌다.

이제 함수를 호출할 때에도 2개의 변수를 넣어주어야 한다. 따라서 다음과 같이 함수를 호출해보자.

```
scat("C:\\111\\태풍우도.csv", "우도")
scat("C:\\111\\태풍고산.csv", "고산")
```

[그림 8-21]은 최종 출력 결과이다. 이제 그래프를 해석하여 태풍이 지나갈 때 풍향 변화에 대하여 알아보자.

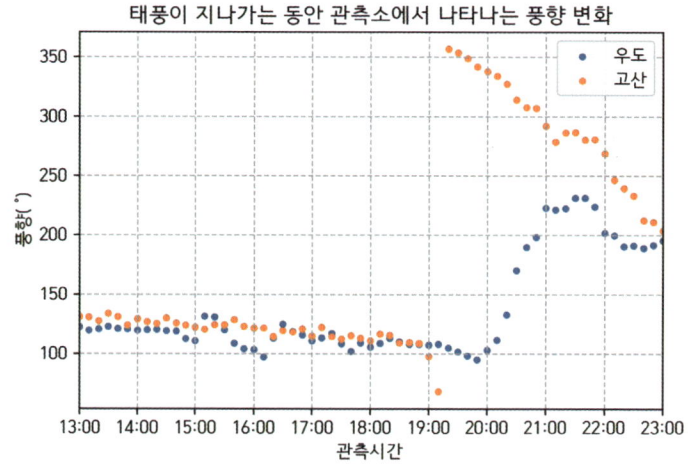

[그림 8-21] 그래프의 최종 완성 결과

coding tip 그래프에 범례를 넣어 더욱 아름답게 만들기

하나의 그래프에 서로 다른 종류의 데이터를 2개 이상 사용한다면 어떤 데이터인지 표시해 두어야 그래프를 더욱 정확하게 해석할 수 있다. 이때 사용하는 것이 범례legend이다. 범례를 표기하는 방법은 간단하다. 그래프를 그리는 명령어, 예를 들어 plt.plot( )이나 plt.scatter( ) 등의 괄호 안에 label="범례이름"을 추가해 준다. 다음으로 범례를 그래프에 나타내는 메서드인 plt.legend( )를 추가하면 된다. 여기서 legend( )의 괄호 안에 loc를 활용하여 범례의 위치를 바꿀 수 있다. 별도의 지정을 하지 않으면 파이썬에서 알아서 그래프와 범례가 겹치지 않도록 그래프의 안쪽에 범례를 넣어준다.

coding tip **바람장미로 풍향 풍속 동시에 나타내기**

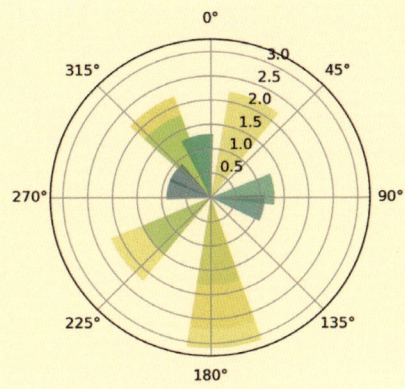

[그림 8-22] 바람장미의 예시

기상청에서는 어느 한 지역에서 풍향과 풍속의 변화나 분포 등을 간결하게 알아볼 수 있는 그래프로 바람장미를 사용한다. 북쪽을 0도로 하여 시계방향으로 관측한 풍향을 기록하고, 중심으로부터 바깥으로 뻗어나가는 방향으로 풍속을 표시한다. 만약 동풍이 불면 방위각으로는 90도로 표기하며, 풍속이 2m/s라면 중심으로부터 2m/s 지점까지 막대를 그려주면 된다. 일반적으로 바람장미는 그림처럼 방사형 그래프에 막대로 표시하지만, 여기서는 산점도 형태로 표현하고자 한다. 앞에서 본 내용에 코드 몇 줄만 더 추가하면 된다.

```
import pandas as pd
import matplotlib.pyplot as plt
from matplotlib import font_manager, rc
from math import radians
rc("font", family="HCR Dotum")
def scat(a,b):
    data=pd.read_csv(a)
    sdirec=data["풍향10M"]
    sdirec=[radians(b) for b in sdirec]   ## 관측한 풍향의 각도를 라디안으로 변환
    svel=data["풍속10M(m/s)"]   ## 풍속값은 변환없이 그대로 사용
    plt.scatter(sdirec,svel,s=10,label=b)   ## 산점도로 표현
    plt.grid(ls="--")
plt.figure(figsize=(8,8))
```

```
sp = plt.subplot(projection="polar")    ## 극좌표계로 변환
sp.set_theta_zero_location("N")   ## 북쪽을 영점으로 설정
sp.set_theta_direction(-1)   ## 좌표의 회전 방향(반시계 방향은 1)
scat("C:\\111\\태풍우도.csv", "우도")
scat("C:\\111\\태풍고산.csv", "고산")
plt.legend()
plt.savefig("C:\\111\\바람장미.jpg", dpi=300)
plt.show()
```

❶ 태풍의 정의와 분류

태풍은 열대 지방에서 발달하는 저기압의 한 종류로, 강력한 기상 현상 중 하나이다. 태풍이 육지에 상륙할 경우 심각한 피해를 입힐 수 있기 때문에 기상청에서는 지속적으로 태풍을 연구하고 감시하며 우리나라에 영향을 줄 때는 경보를 발령한다. 하지만 지구시스템의 관점에서 태풍은 저위도와 고위도의 에너지 불균형을 해소하는 중요한 역할을 하며, 태풍에 의한 영양 염류 순환으로 어장에 좋은 영향을 주기도 한다.

모든 열대저기압이 태풍은 아니며 중심 부근의 최대 풍속에 따라 분류할 수 있다. 세계기상기구World Meteorological Organization, WMO에서는 중심 부근 최대 풍속이 33m/s 이상인 것만 태풍으로 정의하지만, 우리나라에서는 중심 부근 최대 풍속이 17m/s 이상이면 태풍으로 분류하고, 그 이하는 열대저압부로 분류한다. 아래 표는 중심 부근 최대 풍속에 따라 열대저기압을 분류한 것이다.

중심 부근 최대 풍속(m/s)	세계기상기구(WMO)	우리나라
17 미만	열대저압부	열대저압부
17~24	열대폭풍	태풍
25~32	강한 열대폭풍	
33 이상	태풍	

❷ 태풍의 발생과 구조

태풍은 지구 자전 효과가 미미한 적도 부근에서는 거의 발생하지 않고, 주로 5°~25°

사이의 수온이 약 27℃ 이상인 열대 해상에서 공기 중으로 수증기가 다량으로 공급되며 발생한다. 태풍은 발생 지역에 따라 각기 다른 이름으로 불리는데, 북서태평양에서는 태풍Typhoon, 북중미에서는 허리케인Hurricane, 인도양과 남반구에서는 사이클론Cyclone이라고 부른다.

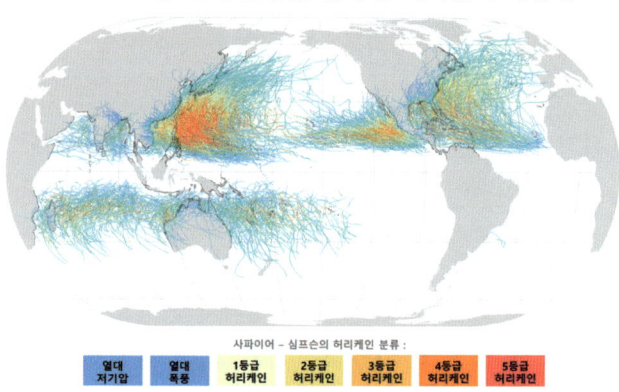

[그림 8-23] 태풍이 주로 발생하는 지역과 이동 방향[29]

태풍은 열대저기압이므로, [그림 8-24]와 같이 태풍의 중심으로 갈수록 기압은 감소한다. 하지만 풍속은 태풍의 중심으로 가며 빨라지다가 태풍의 눈에 이르면 급격히 감소하는 것을 알 수 있다. 또한 태풍의 이동 방향을 기준으로 오른쪽 반원과 왼쪽 반원의 최고 풍속이 다르게 나타난다. 이는 태풍 자체의 바람과 태풍의 이동 방향, 대기 대순환의 바람이 합쳐지거나 상쇄되어 나타나는 결과로 최대 풍속이 높게 나타나는 오른쪽 반원을 위험 반원, 왼쪽 반원을 안전 반원이라 한다.

---

29 "1945~2006년까지 발생한 열대저기압과 이동 경로"(번역), 위키백과, https://ko.wikipedia.org/wiki/%ED%83%9C%ED%92%8D

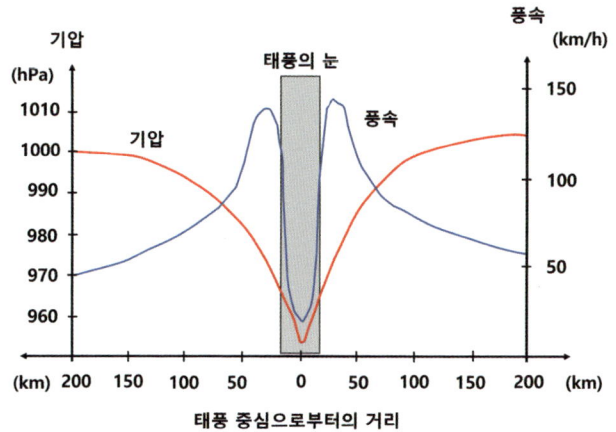

[그림 8-24] 태풍의 기압과 풍속 분포

❸ 태풍의 풍향 변화를 통해 무엇을 알 수 있을까?

그렇다면 본 활동에서 분석한 제주도의 우도와 고산 지역의 풍향 변화는 무엇을 의미하며, 이를 통해 어떤 사실을 알 수 있을까?

앞서 분석한 자료에서 우도는 태풍이 지나갈 때 태풍 이동 방향의 오른쪽, 즉 위험 반원에 위치하고 있으며, 고산은 왼쪽, 안전 반원에 위치하고 있다. 그리고 급격히 풍향이 변화하는 구간을 보면 우도는 약 100°에서 230°로 변화하고 있고 고산은 약 350°에서 200°로 변화하고 있다. 지구과학에서는 이러한 풍향의 변화를 시계 바늘의 방향에 비유하여 많이 표현한다. 정리하면 [그림 8-25]처럼 우도는 태풍이 지나가는 동안 풍향이 시계 방향으로 변하고, 고산은 시계 반대 방향으로 변하였다고 할 수 있다.

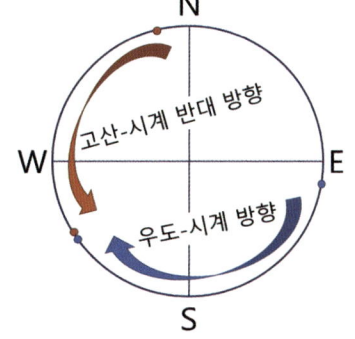

[그림 8-25] 관측소별 풍향 변화 방향

즉, 본 활동에서는 미리 태풍의 이동 경로를 알고 있는 상태에서 의도적으로 태풍의 위험 반원에 위치한 우도와 안전 반원에 위치한 고산의 풍향 변화를 분석하였다. 반대로 태풍이 지나가는 동안 어떤 지역의 풍향 변화를 안다면 관측 장소가 태풍 이동 경로의 오른쪽인지 왼쪽인지를 추측할 수 있다. 그리고 풍향 변화를 분석한 지역이 많으면 많을수록 정확한 태풍의 이동 경로 추정이 가능할 수 있다. 최근에는 인공위성으로 쉽게 태풍의 이동 경로를 확인할 수 있어 큰 의미가 없지만 만약 인공위성 영상을 확보할 수 없다면 각 관측소에서 측정한 풍향 변화 자료를 바탕으로 태풍이 어느 방향으로 이동했는지 추정할 수는 있다.

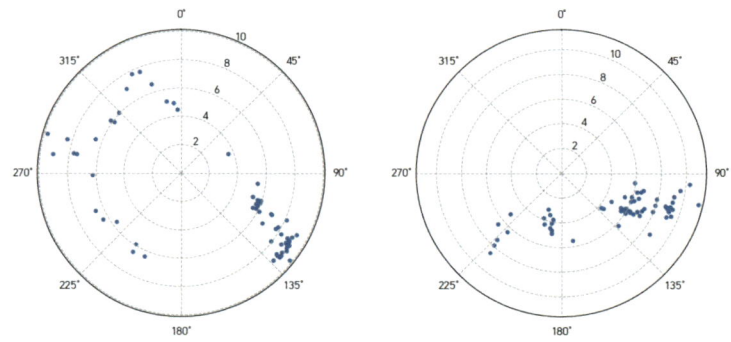

[그림 8-26] 바람장미로 나타낸 고산(좌)과 우도(우) 지역의 풍속·풍향 변화

앞에서 분석한 태풍의 이동 경로를 모른다고 가정하자. 우도와 고산의 풍향 변화 분석을 통해 태풍이 제주도를 통과하며 이동했음을 알 수 있지만 태풍의 중심이 이동한 정확한 경로를 추정하기에는 범위가 너무 넓다.

[그림 8-27] 고산과 우도의 위치[30]

[그림 8-28]은 태풍이 이동한 경로의 범위를 더욱 자세히 파악하기 위해 대흘과 수산의 풍향 분석 결과를 추가하여 분석한 것이다. 고산과 우도의 분석 결과만 있을 때와 달리 태풍 이동 경로에 대한 위치에 따라 풍향의 변화가 다르게 나타난다는 사실을 직관적으로 확인할 수 있다. 대흘은 고산과 유사한 형태로 나타나고, 수산은 우도와 유사하게 풍향 변화 경향이 나타남을 확인할 수 있으며, 이는 태풍이 대흘의 오른쪽, 수산의 왼쪽을 통과했다는 의미이다.

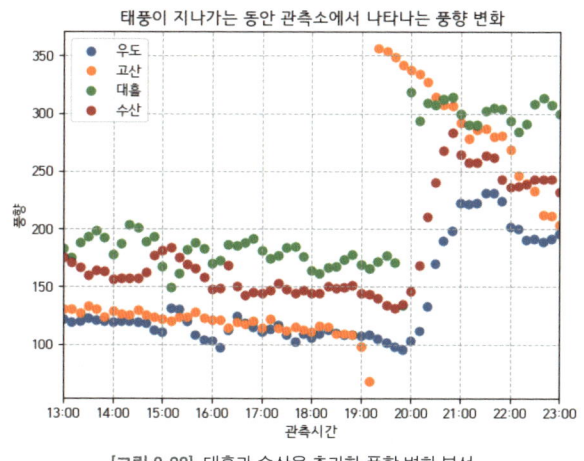

[그림 8-28] 대흘과 수산을 추가한 풍향 변화 분석

---

30 "제주도", 위키백과, https://ko.wikipedia.org/wiki/%EC%A0%9C%EC%A3%BC%EB%8F%84

8.3 H-R도를 이용하여 별의 특징 알아보기

한걸음 다가서기

자세히 보지 않으면 눈치채기 어렵지만 밤하늘에 보이는 별은 모두 색과 밝기가 다르다. 그런데 별의 색이나 밝기는 별을 분류하고 진화 단계를 연구하는 데에 매우 중요한 물리량이기 때문에 과학자들은 별의 밝기나 색을 정확히 측정하려고 한다. 별의 색이나 밝기를 이용하여 별을 어떻게 분류할 수 있을까?

지구과학 미리보기

천문학자들은 H-R도를 이용하여 별을 분류한다. H-R도의 x축은 표면 온도나 색지수, 분광형 등으로 나타내고, y축은 절대등급이나 광도로 나타낸다. 별은 진화 단계와 질량에 따라 표면 온도나 색지수, 분광형, 절대등급, 광도 등이 다르게 나타나기 때문에 별의 밝기와 분광형을 측정하여 H-R도에 나타내면 별이 어떠한 진화 단계에 있는지 알 수 있고, 어떤 특성을 나타내고 있는지 자세히 알아볼 수 있다. 여기서는 H-R도를 그리는 방법에 대하여 알아보고 그 결과를 바탕으로 별의 특징에 대하여 알아보고자 한다.

Step 1 데이터 다운로드

SIMBAD^{Set of Identifications, Measurements, and Bibliography for Astronomical Data}는 태양계 너머에 있는 천체에 대한 다양한 물리량에 대하여 정리한 데이터베이스이다. 과거의 관측 데이터부터 현재에 이르기까지 천문학자들이 관측하고 연구한 다양한 데이터를 수록하고 있다. SIMBAD를 처음 이용하면 다소 어려울 수 있겠지만, 꼭 필요한 내용만을 이용하여 데이터를 다운로드해 보자.

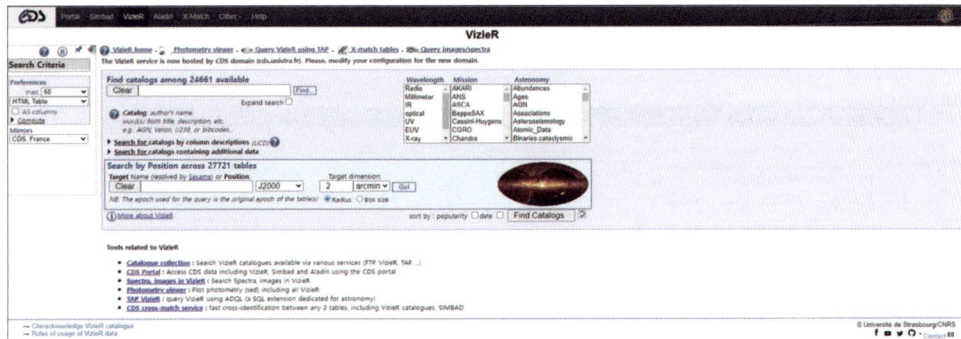

[그림 8-29] SIMBAD VizieR 의 메인 화면[31]

1. 구글에서 SIMBAD를 검색하여 SIMBAD 홈페이지에 접속한다.

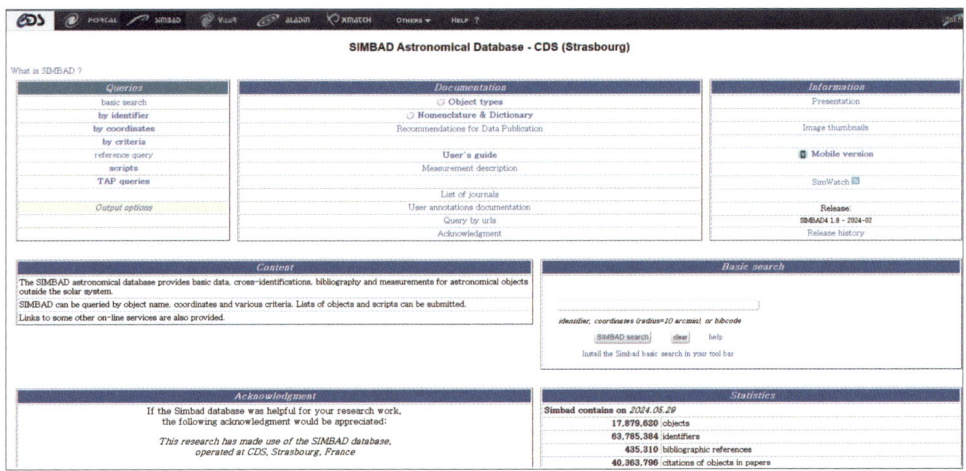

[그림 8-30] SIMBAD의 메인 화면[32]

---

31 VizieR, https://vizier.cds.unistra.fr/viz-bin/VizieR
32 SIMBAD, https://simbad.cds.unistra.fr/simbad/

2. 왼쪽 상단의 검정색 메뉴바에 있는 [VizieR]을 클릭한다.

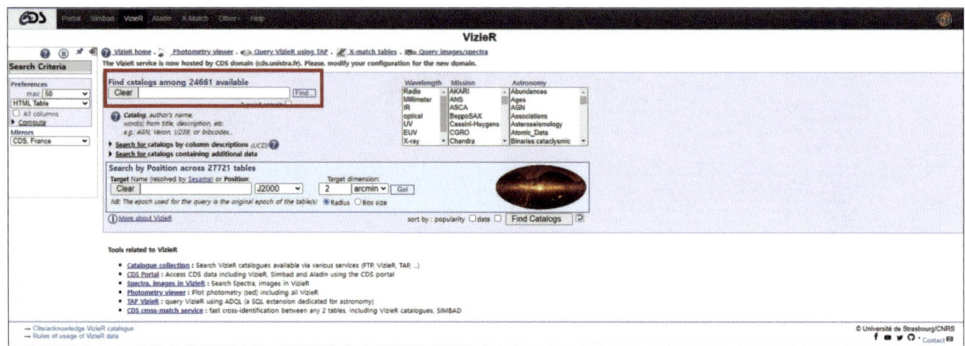

[그림 8-31] SIMBAD VizieR 메뉴 화면[33], 빨간색 상자 안에 검색 내용을 입력한다.

3. [그림 8-31]의 빨간색 상자에 I/239 라고 입력하고 [Find…]를 클릭하여 검색한다.

4. 검색 결과의 가장 상단에 있는 [I/239/hip main]을 클릭한다.

이제부터 잘 보아야 한다. 지금 검색한 내용은 Hipparcos and Tycho Catalogue로, 유럽항공우주국ESA, European Space Agency에서 1989년에서 1993년까지 4년 동안 인공위성을 이용해 관측하고 연구한 결과이다. Hipparcos and Tycho Catalogue에는 118,218개의 별의 목록과 다양한 물리량이 수록되어 있다. 제공되는 정보는 별의 HIP별의 번호, Rahms적경, Dedms적위, Vmag겉보기등급, Plx연주 시차, pmRA적경에 대한 고유운동, pmDE적위에 대한 고유운동 등 매우 다양하다. 여기서는 이 데이터가 모두 필요하지 않다. 다음의 내용을 잘 참고하여 H-R도를 그리는데 필요한 데이터만 다운로드하자.

---

33 VizieR, https://vizier.cds.unistra.fr/viz-bin/VizieR

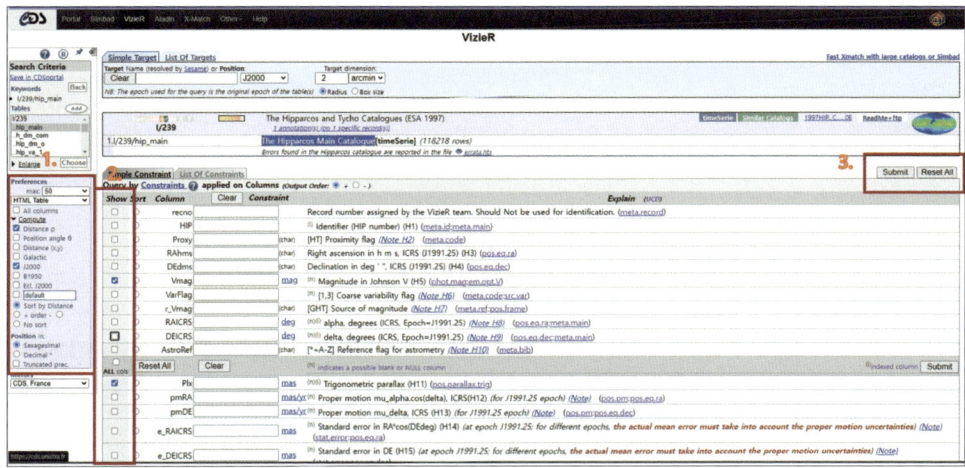

[그림 8-32] VizieR에서 자료를 다운로드하기 위한 준비[34]

먼저 [그림 8-32]에 나와있는 1번 상자의 [max]는 데이터의 최대 수를 지정하는 것이다. 9999로 바꾸자. 자료의 수가 10만 개가 넘기 때문에 10만 개 이상을 해도 되지만 양이 너무 많아 분석 중 컴퓨터가 멈추는 경우가 발생할 수 있다. 컴퓨터 성능이 충분하다면 10만 개 이상을 검색해도 상관없다.

다음으로 데이터를 보는 방법인데, 기본값은 [HTML Tables]이다. [Tab-Separated-Value]로 바꿔주자. 마지막으로 [J2000]은 별의 좌표에 대한 정보이다. 여기서는 필요가 없기 때문에 체크를 해제하자.

2번 상자는 필요한 데이터의 종류이다. 분석에 필요한 데이터는 Vmag, Plx, B-V, V-I, SpType이다. 따라서 [Vmag], [Plx], [B-V], [V-I], [SpType]만 체크하고 나머지는 체크를 해제하자.

마지막으로 3번 상자의 [Submit]을 클릭하면 파일 asu.tsv가 다운로드 된다. tsv는 앞에서 다룬 csv와 거의 같다. csv는 쉼표로 분리된 값을 뜻하며, tsv(tap separated value)는 탭으로 분리된

---

[34] VizieR, https://vizier.cds.unistra.fr/viz-bin/VizieR-3?-source=I/239/hip_main&-out.max=50&-out.form=HTML%20Table&-out.add=_r&-out.add=_RAJ,_DEJ&-sort=_r&-oc.form=sexa

값을 뜻한다. 엑셀이나 메모장에서도 열 수 있다. 여기서는 메모장으로 열어보겠다.

| Step 2 | 데이터 정리하기

메모장에서 파일을 열어보면 [그림 8-33]과 같은 화면을 볼 수 있다.

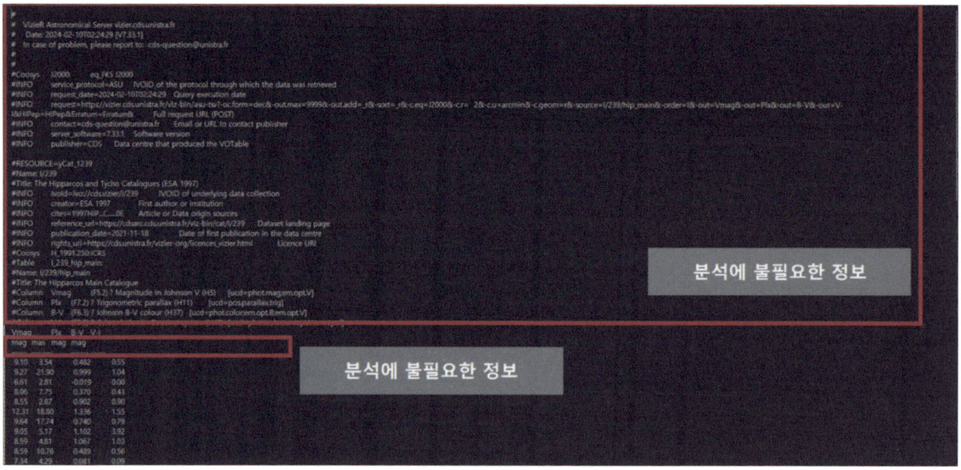

[그림 8-33] 파일을 메모장으로 연 결과. 빨간 박스안의 내용은 불필요한 정보이다.

[그림 8-33]의 빨간색 박스의 내용은 모두 분석에 불필요한 정보이다. 헤더 데이터인 Vmag, Plx, B-V, V-I를 제외하고 모두 삭제한 뒤 저장하자. 그러면 헤더 데이터인 Vmag, Plx, B-V, V-I와 여기에 해당하는 데이터만 남게 된다.

이제 pandas 라이브러리를 이용해 파일을 열어보자. 이때 그래프에 한글을 입력하는 라이브러리와 matplotlib.pyplot, numpy도 필요하기 때문에 모두 함께 호출해야 한다.

tsv도 csv와 마찬가지로 read_csv로 열 수 있다. csv와 다른 점은 파일 주소를 입력한 뒤 sep="\t"를 추가해야 한다는 점이다. 탭으로 분리된 값이라는 것을 컴퓨터에게 알려주는 과정이라고 생각하면 쉽다.

```
import pandas as pd
import matplotlib.pyplot as plt
import numpy as np
from matplotlib import font_manager, rc
rc("font", family="HCR Dotum")
hip=pd.read_csv("C:\\111\\asu.tsv", sep="\t")
hip
```

[그림 8-34]는 코드를 실행한 결과이다.

	Vmag	Plx	B-V	V-I
0	9.10	3.54	0.482	0.55
1	9.27	21.90	0.999	1.04
2	6.61	2.81	-0.019	0.00
3	8.06	7.75	0.370	0.43
4	8.55	2.87	0.902	0.90
...	...	...	...	...
9994	8.45	-0.93	1.404	1.38
9995	7.84	4.26	1.140	1.10
9996	9.38	3.61	0.507	0.58
9997	7.64	4.75	0.075	0.09
9998	9.00	10.61	0.566	0.64

9999 rows × 4 columns

[그림 8-34] 파일 출력 결과

뒤에서 다루겠지만 Vmag는 별의 절대등급이 아닌 겉보기등급이다. 겉보기등급은 육안으로만 보았을 때 별의 밝기이기 때문에 매우 밝은 별이라도 멀리 있으면 어둡게 측정되고 매우 어두운 별이지만 가까이 있는 별은 밝게 측정된다. 때문에 겉보기등급만으로는 별의 실제 밝기를 알기 어렵다. 따라서 겉보기등급은 별의 거리를 이용하여 별의 실제 밝기인 절대등급으로 바꾸어야 한다. 여기서 별의 거리는 Plx에 있다. Plx는 별의 거리를 계산하기 위해 측정한 연주 시차다. 연주 시차를 이용한 별의 거리 및 절대등급을 계산하는 원리는 뒤에서 알아보기로 하고 여기서는 절대등급을 바로 계산해 보려고 한다. 여기서 Plx는 milisecond of arc 단위로 나와있는데 1초각은 1000milisecond of arc이다. 따라서 주어진 값에 1000을 나누어줘야 한다. 다음과 같이 코드를 입력하고 실행해보자.

```
df=pd.DataFrame(hip)
df["Plx_sec"]=df["Plx"]/1000
```

데이터 프레임 df에 있는 Plx열의 데이터에 모두 1000을 나누어준 다음, Plx_sec라는 열을 새롭게 생성하여 넣어주기 위해 위와 같이 코드를 구성하였다. 하지만 실행해보면 다음과 같은 오류가 발생할 것이다. 오류의 맨 마지막 줄을 보자.

```
TypeError: unsupported operand type(s) for /: "str" and "int"
```

이 오류는 문자열과 정수를 나누는 연산을 시도했기 때문에 발생하는 오류다. 예를 들어 5*5는 계산할 수 있지만 안녕/5에서 안녕은 숫자가 아니기 때문에 계산할 수 없다. 그렇기 때문에 Plx열을 포함하여 데이터에 문자 형식이 있는지 확인해 볼 필요가 있다. df["Plx_sec"]=df["Plx"]/1000의 앞에 #을 넣어 주석 처리하고, 다음 코드를 추가해서 데이터를 다시 검토해보자.

```
pd.set_option("display.max_rows", None)
hip
```

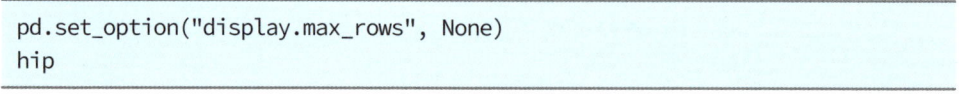

[그림 8-35] 결측값이 발생한 데이터의 일부

[그림 8-35]처럼 일부 데이터에 데이터가 없는 결측값이 존재한다. 각각의 열은 Vmag, Plx, B-V, V-I인데, V-I는 결측값에 NaN으로 표시된 부분이 있고, 다른 열에는 결측값을 NaN으로 표기하지 않고 그냥 공백으로 두었다. 모든 데이터는 숫자로만 이루어져 있기 때문에 V-I

처럼 결측값을 NaN으로 표기해야 한다. 하지만 우리가 다루고 있는 데이터는 그렇지 않다. NaN 표시가 없는 값은 공백을 문자로 인식하고 있다는 의미이다. 이런 이유 때문에 앞에서 산술 계산을 하지 못한 것이다. 파일의 데이터를 무엇으로 인식하고 있는지 아래 코드를 이용하여 확인해보자.

```
print(df.dtypes)
```

```
Vmag     float64
Plx       object
B-V       object
V-I      float64
dtype: object
```

예상대로 Plx와 B-V를 문자(object)로 인식하고 있다. 결측값은 삭제하고 모두 숫자로 바꾸어야 한다. 이전에 #으로 주석 처리한 코드 앞에 다음 코드를 적용하여 결측값을 모두 제거하고 문자를 숫자로 인식하도록 바꿔주자.

```
df["Plx"] = pd.to_numeric(df["Plx"], errors="coerce")
df["B-V"] = pd.to_numeric(df["B-V"], errors="coerce")
```

to_numeric은 문자를 숫자로 바꿔주는 코드이다. 여기서 사용한 파라미터 errors에는 ignore와 coerce, raise가 있다. ignore는 숫자로 바꾸지 말고 그냥 두라는 의미이고, coerce는 바꿀 수 없는 값을 NaN으로 대체, raise는 바꿀 수 없는 데이터에서 오류를 띄우고 변환을 멈추라는 의미이다. 여기서는 coerce를 사용하여 바꿀 수 없는 값은 NaN으로 처리하도록 했다. 다음은 여기까지의 내용을 정리한 코드이다.

```
import pandas as pd
import matplotlib.pyplot as plt
import numpy as np
from matplotlib import font_manager, rc
rc("font", family="HCR Dotum")
```

```
hip=pd.read_csv("C:\\111\\asu.tsv", sep="\t")
df=pd.DataFrame(hip)
df["Plx"]  = pd.to_numeric(df["Plx"], errors="coerce")
df["B-V"]  = pd.to_numeric(df["B-V"], errors="coerce")
```

코드를 실행한 뒤 print(df.dtypes)를 통해 데이터 형식을 보면 모두 float로 정상적으로 바뀐 것을 확인할 수 있다. 또한 df를 실행하여 전체 데이터를 확인해보면 결측값이 모두 NaN으로 대체된 것 역시 확인할 수 있다.

[그림 8-36] 결측값이 NaN으로 대체된 결과

결측값은 그래프를 그릴 때 오류가 발생하는 원인이다. 결측값이 있는 열이 포함된 행은 모두 삭제해야 한다. 코드의 마지막 줄에 아래의 한 줄을 추가하여 실행해보자.

```
df=df.dropna()
```

이제 NaN이 있는 열은 모두 제거되었다.

이제 다시 Plx와 Vmag의 데이터를 이용해 절대등급을 계산해보자. 먼저 Plx의 데이터에 모두 1000을 나누어 초각 단위로 바꿔준다. 주석 처리한 코드에 #을 삭제하여 주석을 취소하고 코드를 실행하자.

```
df["Plx_sec"]=df["Plx"]/1000
```

위 코드는 Plx_sec라는 열을 추가하여 Plx의 데이터에 1000을 나눈 값을 넣어주었다. 그런데 계산 결과를 잘 살펴보면 일부 Plx 값에 음수가 포함된 데이터가 있다. 연주 시차 값은 0이나 음수가 나올 수 없다. 이는 당시 관측 오류로 생각된다. 따라서 음수나 0인 값은 모두 제거하기 위해 아래의 한 줄을 추가하자.

| 9994 | 8.45 | -0.93 | 1.404 | 1.38 |

[그림 8-37] Plx와 Plx_sec가 0이거나 0보다 작은 값이 포함된 행

```
df.drop(df[df["Plx_sec"]<=0].index, inplace=True)
```

이렇게 하여 Plx_sec가 0 이하인 값을 가지는 모든 행은 제거되었다. 이제 Plx_sec 값을 이용해 별의 절대등급을 계산해 보고자 한다. 별의 절대등급은 거리 지수를 이용해 계산할 수 있다. 별의 거리 지수는

$$m - M = 5 \log d - 5$$

의 관계에 있다. 여기서 m은 겉보기등급, M은 절대등급이고 d는 별의 거리이다. 연주 시차를 이용한 별의 거리를 측정하는 방법은 다음과 같다.

$$d = \frac{1}{\pi}$$

여기서 π는 초각 단위로 측정한 별의 연주 시차다. 따라서 d를 거리 지수에 넣고 식을 절대등급에 대하여 다시 정리하면 다음과 같다.

$$M = m - 5 \log \frac{1}{\pi} + 5$$

위 식과 Vmag, Plx_sec 값을 이용하여 별의 절대등급을 계산하는 코드를 만들어보자.

```
df["Va"]=df["Vmag"]-5*np.log10(1/df["Plx_sec"])+5
```

여기서 log 계산을 위해 numpy 라이브러리를 사용하였고 나머지는 거리 지수 공식에 따라 식을 만들었다. 코드의 맨 마지막 줄에 df를 입력하고 출력해 보면 계산된 값이 데이터 프레임에 정상적으로 잘 입력되었다.

	Vmag	Plx	B-V	V-I	Plx_sec	Va
0	9.10	3.54	0.482	0.55	0.00354	1.845016
1	9.27	21.90	0.999	1.04	0.02190	5.972221
2	6.61	2.81	-0.019	0.00	0.00281	-1.146468
3	8.06	7.75	0.370	0.43	0.00775	2.506509
4	8.55	2.87	0.902	0.90	0.00287	0.839409
...	...	...	...	...	...	...
9993	8.98	8.11	0.480	0.55	0.00811	3.525104
9995	7.84	4.26	1.140	1.10	0.00426	0.987048
9996	9.38	3.61	0.507	0.58	0.00361	2.167536
9997	7.64	4.75	0.075	0.09	0.00475	1.023468
9998	9.00	10.61	0.566	0.64	0.01061	4.128577

9607 rows × 6 columns

[그림 8-38] 절대등급을 계산한 결과

---

coding tip df.drop(df[df["Plx_sec"]<=0].index, inplace=True)의 문장 구조

df.drop(df[df["Plx_sec"]<=0].index, inplace=True)의 문장 구조가 다소 복잡해 보인다. pandas 사용법이 어색하면 다소 어렵게 느껴질 수 있기 때문에 하나씩 살펴보자.

- ❶ df[df["Plx_sec"]<=0].index: 데이터 프레임 중 Plx_sec가 0 이하인 값을 가지는 행을 찾는 과정이다.
- ❷ df.drop: 찾아낸 행을 모두 제거하라는 메서드이다.
- ❹ inplace=True: 이렇게 제거한 결과를 실제 df에 반영하라는 의미다. 만약 False로 하면 반영되지 않는다. False로 문장 구조를 쓰고 싶다면 다음 코드와 같이 제거한 결과를 새로운 열을 만들어 저장해야 한다.

```
drop_df= df.drop(df[df["Plx_sec"]<=0].index, inplace=False)
```

| Step 3 | 그래프로 표현하기

데이터 정리는 완료하였다. 이제 scatter를 활용해 산점도로 표현해보자. 우선 x축에는 B-V 값이, y축에는 Va값이 들어가도록 한다.

```
x=df["B-V"]
y=df["Va"]
plt.scatter(x,y)
plt.show()
```

[그림 8-39]는 코드를 실행한 결과이다.

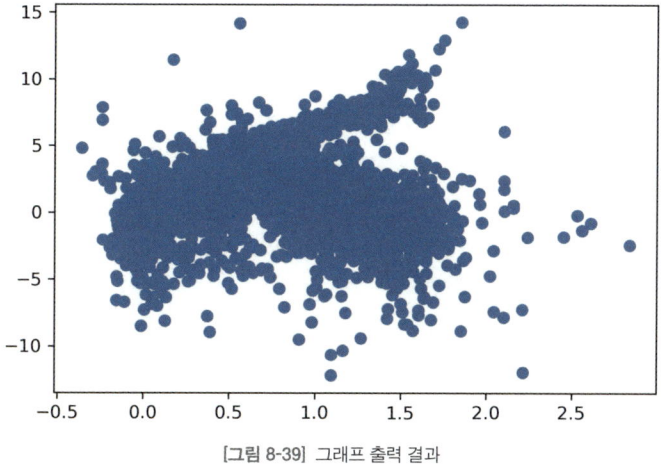

[그림 8-39] 그래프 출력 결과

그래프가 정상적으로 잘 나왔지만 자세히 보면 몇 가지 문제점이 있다. 우선 색지수는 일반적으로 2.0보다 큰 값이 거의 없다. 그래프에서 2.0 이상의 값이 나타나는 것은 관측 오차일 가능성이 높기 때문에 제거해야 한다. pandas의 drop를 이용해 제거하기 위해 x=df["B-V"] 이전에 아래의 코드를 추가하자.

```
df.drop(df[df["B-V"]>2].index, inplace=True)
```

데이터는 9000개가 넘는데 점의 크기가 너무 커서 정확한 식별이 어렵다. 점의 크기를 줄이고 그래프의 크기를 좀 더 크게 하면 보기 좋아진다. 따라서 다음과 같이 코드를 수정하자.

```
x=df["B-V"]
y=df["Va"]
plt.figure(figsize=(7,7))
plt.scatter(x,y,s=10)
plt.show()
```

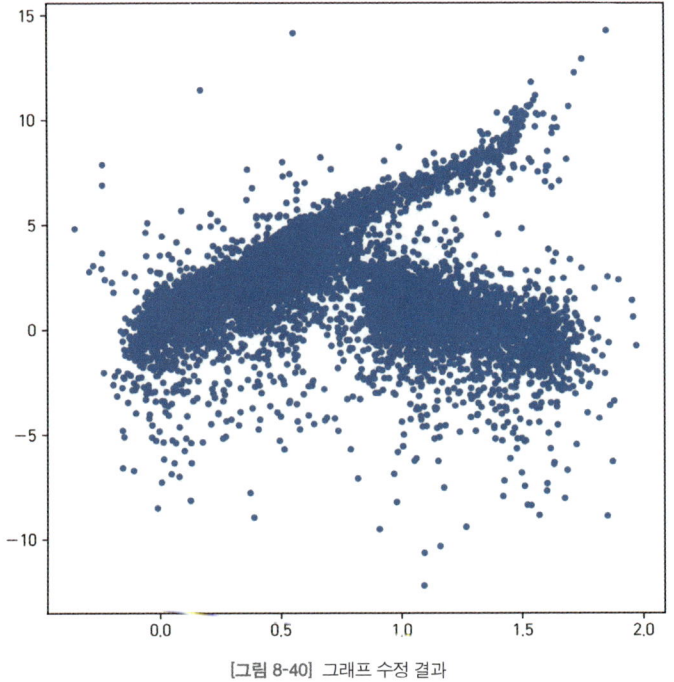

[그림 8-40] 그래프 수정 결과

그래프의 가독성이 높아졌다. 하지만 아직 몇 가지 수정할 내용이 보인다. 절대등급은 숫자가 작을수록 별이 더 밝음을 의미한다. 때문에 H-R도에서는 y축 값이 별이 더 밝아지는 방향, 즉 절대등급이 작아지는 방향으로 그린다. 따라서 y축을 반전해야 한다. 또한 그래프의 보조선을 넣고 x축과 y축의 이름, 그래프의 제목 등을 모두 입력해야 한다. 따라서 다음과 같이 코드를 수정하자.

```
plt.figure(figsize=(7,7))
plt.scatter(x,y,s=10)
plt.grid(ls="--")
plt.ylim(15,-14)
plt.xlabel("색지수")
plt.ylabel("절대등급")
plt.title("히파르코스 H-R도")
plt.show()
```

[그림 8-41]은 지금까지 코드의 실행 결과이다.

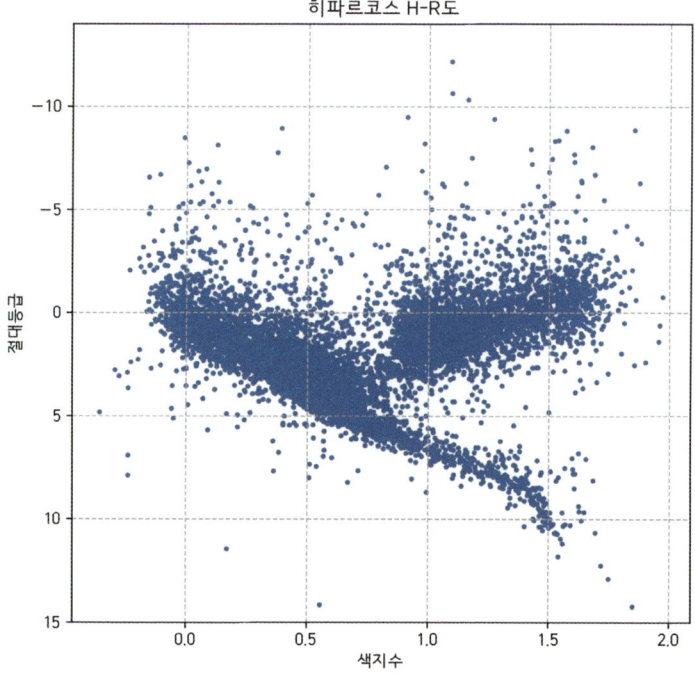

[그림 8-41] 그래프에 축 제목, 그래프의 제목 등을 추가한 결과

점의 색을 빨간색으로 하려면 plt.scatter(x, y, s=10, color="red")와 같이 color 파라미터를 추가하면 간단하게 해결된다. 만약 색지수의 크기에 따라 색을 모두 다르게 하려면 어떻게 하면 될까? 이때에는 color가 아닌 cmap을 사용하면 된다. plt.scatter 부분에 다음의 코드를 추가하자.

```
bar=plt.scatter(x, y, c=df["B-V"], cmap="plasma", s=10)
plt.colorbar(bar)
```

이렇게 하면 색지수의 크기에 따라 점의 색을 모두 다르게 할 수 있고, 각 점의 색이 어떤 색지수 크기를 나타내는지까지 표현할 수 있다. cmap이나 colorbar에 대한 내용은 컬러 맵 실습 차례에서 다시 다루고자 한다. [그림 8-42]는 최종적으로 그래프를 나타낸 결과이다.

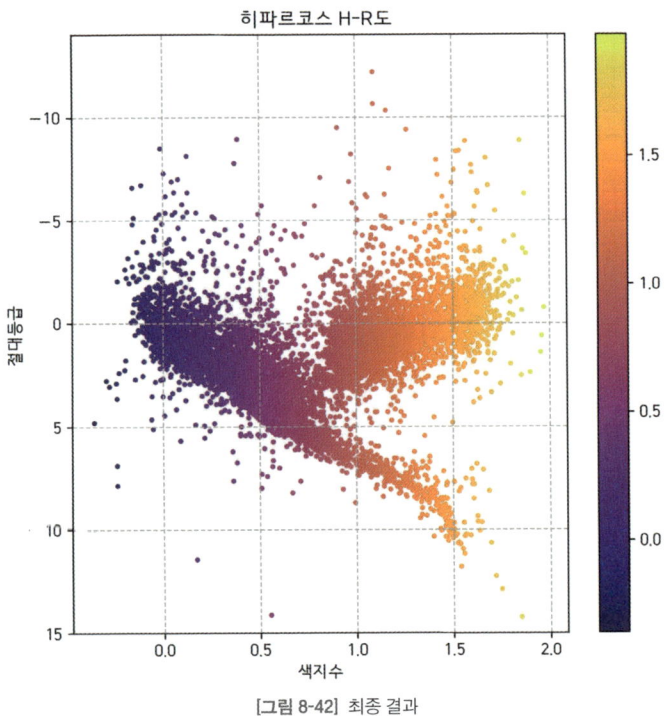

[그림 8-42] 최종 결과

❶ H-R도의 구조와 별의 종류

H-R도는 처음으로 이 그래프를 그린 헤르츠스프룽Hertzsrung, E.과 러셀Russell, H. N.의 이름 앞 글자를 따서 지은 명칭이다. 두 사람은 별의 밝기와 표면 온도(또는 분광형) 사이의 관계에 대해 주목하였고, 비슷한 시기에 H-R도를 제작하여 연구 결과를 발표하였다. 1913년 영국 왕립천문학회에서 만난 두 사람은 서로의 연구 내용이 동일하다는 사실에 매우 놀랐다고 알려져 있지만, 달리 생각하면 두 사람이 거의 동일한 시기에 유사한 연구를 수행한 것은 우연이 아니라 관측 기술의 발달과 누적된 연구 결과에 의한 필연이라고도 할 수 있을 것이다.

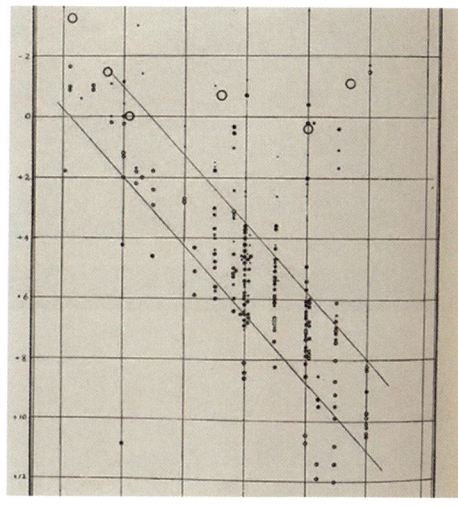

[그림 8-43] 최초의 H-R도[35]

---

35 "The first Hertzsprung-Russell (H-R) diagram in print, from Nature, 1914", LINDA HALL LIBRARY, https://www.lindahall.org/about/news/scientist-of-the-day/ejnar-hertzsprung/

H-R도는 x축에 분광형 또는 표면 온도 등을 배치하고 y축에 절대등급 또는 광도 등을 배치한 그래프이다. 특이한 점은 가로축이 온도가 높은 쪽에서 낮은 쪽으로 표시된다는 점이다. 이는 온도를 축 값으로 하는 일반적인 다른 그래프와 H-R도의 큰 차이점이라 할 수 있다. [그림 8-44]는 H-R도의 기본적인 구조를 보여준다. x축과 y축에 표시된 물리량을 확인해보자. 별의 스펙트럼형은 관측으로 비교적 쉽게 알 수 있지만 별의 절대등급은 관측을 통해 직접 알 수는 없다. 이를 해결하기 위해 별의 거리를 측정하는 방법이 중요하며, 헤르츠스프룽은 세페이드 변광성의 주기를 이용하여 거리를 구하는 방법을 개발하였다.

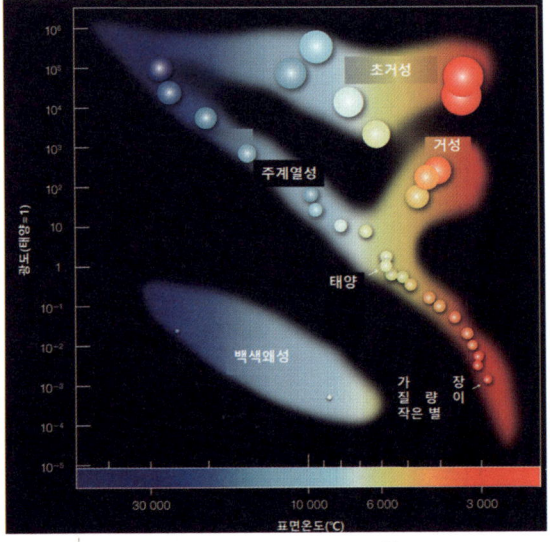

[그림 8-44] H-R도와 별의 진화[36]

그럼 본 활동에서 제작한 H-R도를 잠시 살펴보자. Hipparcos and Tycho Catalogue를 이용해 제작한 H-R도에서 항성은 고르게 분포하지 않는다. 오히려 특정 구역에 아주 많은 별이 집중되어 있음을 알 수 있다. 이러한 분포를 활용하여 H R도 상에서 항성을 분류할 수 있다. 그림에서 가장 많은 별이 집중된 A 구역에 위치하는 항성은

---

[36] "Hertzsprung-Russell Diagram"(번역), European Southern Observatory, https://www.eso.org/public/images/eso0728c/

주계열성main sequence이라고 하며, 다음으로 많은 별이 분포하는 B 구역은 적색 거성 Red Giant 또는 거성이라고 한다. 이외에도 거성보다 훨씬 크고 밝아 C 구역에 위치하는 별은 초거성super giant, 온도는 매우 높지만 광도가 작아 D 구역에 위치하는 항성은 백색왜성white dwarf이라고 한다.

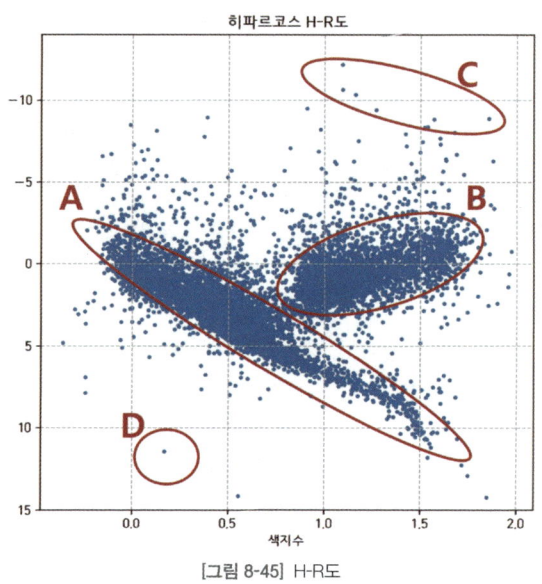

[그림 8-45] H-R도

별의 실제 밝기를 나타내는 척도인 광도는 별의 표면 온도의 네제곱과 반지름의 제곱에 비례한다. 쉽게 말해, 크고 뜨거울수록 밝기가 밝다는 의미이다. H-R도에서 오른쪽에 있을수록 색지수는 높고 표면 온도는 낮아지며, 위쪽으로 갈수록 반지름이 증가한다. 즉, H-R도 상에서 우측 상단에 위치한다는 것은 별의 표면 온도가 낮음에도 광도가 아주 크다는 의미가 된다. 표면 온도가 낮으면서도 밝으려면 별의 반지름이 엄청나게 커야 한다는 것을 알 수 있다. 같은 맥락에서 백색왜성은 표면 온도가 아주 높음에도 낮은 광도를 보이므로 별의 반지름이 아주 작음을 알 수 있다. [그림 8-46]은 별의 종류에 따른 별의 크기를 비교한 그림이다. 실제로 백색왜성의 표면 온도는 수만 도가 넘는데 크기는 겨우 지구 정도이다. 태양은 주계열성이 끝나고 나면 지구의 공전궤도 인근까지 팽창하며 적색거성이 된다. 그리고 진화의 마지막에 백색왜성이 되는데, 지구 정도의 작은 크기로 진화를 마치게 된다. 반대로 베텔게우스와 같은 적색 초거성은 표면 온도가 3500K 정도이지만 크기는 거의 목성의 공전궤도와 비슷하다.

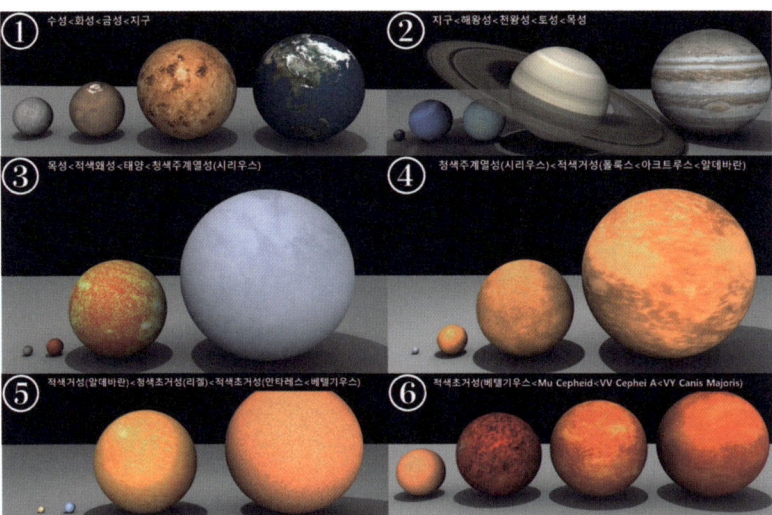

[그림 8-46] 항성의 크기 비교[37], Red Dwarf는 적색왜성, Red Giant는 적색 거성, Our Sun은 태양, Blue-white supergiant는 청색 초거성이다.

❷ H-R도에 사용되는 물리량

1) 색지수

H-R도는 별의 표면 온도 또는 스펙트럼형과 광도와의 관계를 직관적으로 표현하기 위한 그래프라고 하였음에도 본 활동에서는 색지수를 이용하여 H-R도를 작성하였다. 이는 색지수가 표면 온도와 밀접한 관련이 있기 때문이다. 이를 설명하기 앞서

---

[37] "File:Star-sizes.jpg", Wikipedia, https://en.wikipedia.org/wiki/File:Star-sizes.jpg

별의 표면 온도와 관련된 기본적인 이론인 플랑크 곡선에 대해 알아야 한다. 플랑크 곡선이란 흑체가 방출하는 파장에 따른 에너지양을 그래프로 그린 것이다. 여기서 흑체는 방출하는 에너지와 흡수하는 에너지가 같은 이상적인 물질이다.

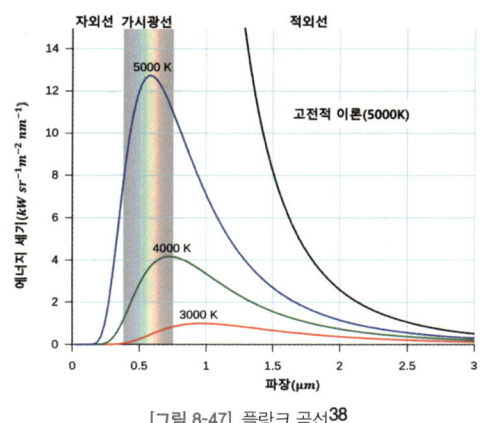

[그림 8-47] 플랑크 곡선[38]

플랑크 곡선을 보면 온도가 높은 물질일수록 그래프가 그리는 면적이 증가한다. 이는 온도가 높은 물질일수록 방출하는 에너지가 증가한다는 의미를 가진다. 또한 온도에 따라 최대 에너지를 내는 파장이 다른데, 온도가 높을수록 최대 에너지를 내는 파장이 짧아진다. 예를 들어 3000K인 흑체의 최대 에너지는 약 $1\mu m$ 부근에서 나타나며, 5000K인 물질은 약 $0.5\mu m$에서 최대 에너지를 나타낸다.

[그림 8-48]을 보자. 표면 온도가 2500K인 별은 가시광선 중 빨간색에서 에너지가 가장 강하다. 그렇다면 당연히 빨간색으로 보일 것이다. 표면 온도가 18000K인 별은 보라색과 파란색에서 가장 강한 에너지를 보이고, 별은 보라색이 합쳐진 파란색으로 보이게 된다. 표면 온도가 5800K인 별을 보면 초록색 인근에서 가장 강한데, 이 경우 빛이 어느 정도 골고루 강해 초록색 주변 색이 합쳐진 노란색으로 보이게 된다. 결국

---

38 "Black body", Wikipedia, https://en.wikipedia.org/wiki/Black_body

별의 색깔은 별의 표면 온도와 밀접한 관련이 있다.

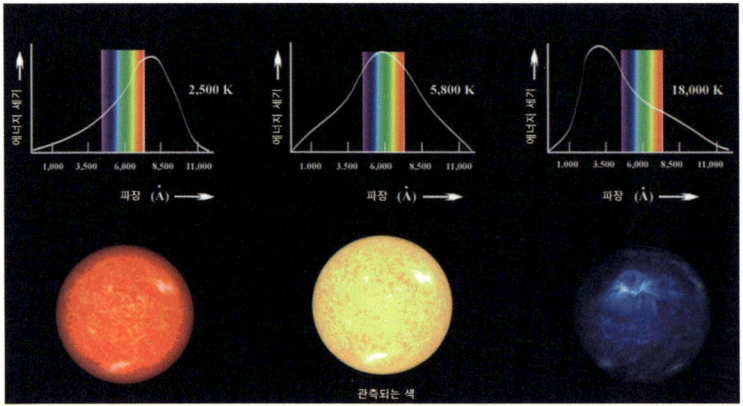

[그림 8-48] 표면 온도에 따라 색이 다르게 보이는 원리[39]

이런 원리를 활용하여 별의 색지수는 파란색 파장에서 관측한 별의 밝기와 초록색 파장에서 관측한 별의 밝기 차이로 정의한다. 이를 식으로 표현하면 다음과 같다.

$$CI = m_B - m_v$$

이렇게 하여 별이 가지는 색을 수학적으로 표현할 수 있게 된다. 사실 색까지도 숫자로 표현하니 좀 거북하지만, 별까지 가서 온도를 측정할 수 없으니 과학자들이 선택한 어쩔 수 없는 방법이다. 보통 파란색 별은 표면 온도가 25000K, 흰색 별은 10000K, 태양과 같은 노란색 별은 6000K, 이보다 온도가 낮은 별은 붉은색으로 관측된다. 천문학자들은 흰색 별의 색지수를 0이 되게끔 관측 기기의 영점을 잡는데, 이때 기준이 되는 별이 유명한 베가이다.

---

39 Danula Godagama, "Shape of blackbody curves of stars with different visual colors", ResearchGate, https://www.researchgate.net/figure/Shape-of-blackbody-curves-of-stars-withdifferent-visual-colors-30_fig11_336532866

2) 겉보기등급과 절대등급

아주 밝은 물체라도 관측자로부터 거리가 멀면 어둡게 보이고, 아주 어두운 물체라도 관측자로부터 가까이 있으면 밝게 보일 것이다. 이는 일상생활의 경험으로 쉽게 알 수 있는 직관적인 사실이며, 별 또한 다르지 않다. 겉보기등급과 절대등급은 모두 별의 밝기를 나타내지만 겉보기등급은 별까지의 거리를 고려하지 않은, 말 그대로 직접 관측한 겉보기 밝기를 의미하고, 절대등급은 별까지의 거리를 보정한 실제 별의 밝기를 의미한다. 겉보기등급은 관측값, 절대등급은 이론값이라고 할 수 있다. 별의 실제 밝기와 표면 온도의 관계를 표현하는 H-R도에서는 별의 거리에 따른 밝기 감소가 영향을 주지 않아야 하므로 절대등급을 사용해야 한다. 다만 거리가 모두 같은 하나의 별의 집단(성단)의 별을 H-R도로 나타낸다면 거리가 모두 같기 때문에 겉보기등급을 써도 상관은 없다. 앞서 H-R도를 작성하기 위해 Hipparcos and Tycho Catalogue에서 Vmag으로 표시된 겉보기등급을 수집하였으나 이를 바로 H-R도에 적용하지 못하고 절대등급으로 환산하는 작업을 수행한 이유도 여기에 있다.

그럼 겉보기등급을 절대등급으로 바꾸는 방법은 무엇일까? 이를 위해 우리는 두 가지 작업을 진행하였다. 이제부터 그 의미를 다시 되새겨보자.

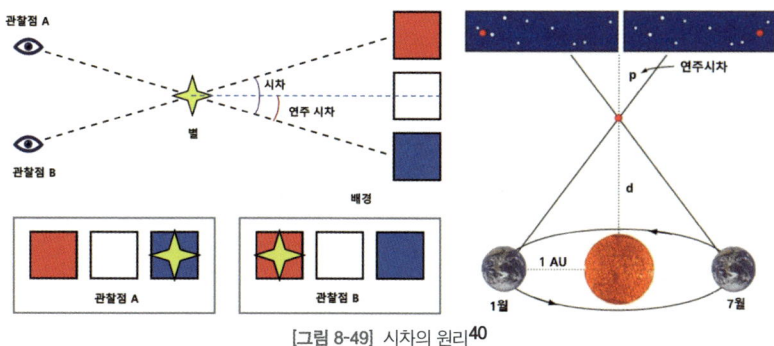

[그림 8-49] 시차의 원리[40]

---

40 (좌) "시차 (천문학)"(번역), 위키백과, https://ko.wikipedia.org/wiki/%EC%8B%9C%EC%B0%A8_(%EC%B2%9C%EB%AC%B8%ED%95%99)

겉보기등급을 절대등급으로 바꾸기 위한 첫 번째 작업은 별까지의 거리를 구하는 것이다. 별까지의 거리를 구하는 것이 쉬운 일은 아니지만 가장 간단하며 직접적인 방법이 시차를 이용하는 것이다. 이마 앞에 손가락을 세워놓고 양쪽 눈을 번갈아 깜박여보자. 아마도 손가락의 위치가 다르게 보일 것이다. 이는 가까이 위치한 손가락을 한 쪽 눈으로만 볼 때 생기는 각도의 차이 때문이며, 이러한 시차의 원리는 별에도 적용할 수 있다. 지구는 1년 동안 한 바퀴 공전하므로 6개월 간격일 때 서로 가장 먼 위치가 된다. 이때, 각각 같은 별을 관측하면 6개월 전과 후에 관측한 별의 위치가 미세하게 차이가 나는데, 이때 발생한 각도의 절반을 연주 시차(p)라고 한다(그림 8-49).

연주 시차는 간단한 삼각법에 의해 거리로 환산할 수 있다. 별까지의 거리(d)를 pc 단위, 연주 시차(π) 단위를 초(")로 할 경우, $d = \frac{1}{\pi}$로 연주 시차와 거리 간의 관계를 표현할 수 있다. 본 활동에서는 연주 시차 Plx를 이용하여 이 과정을 탐구하였다.

두 번째 작업은 거리 지수 공식을 이용하여 절대등급을 구하는 과정이다. 앞에서는 절대등급을 간단히 별의 실제 밝기라고 하였으나 절대등급의 엄격한 정의는 별이 10pc 거리에 있을 때 별의 밝기이다. 즉, 모든 별이 같은 거리(10pc)에 있을 때의 밝기이므로 실제 밝기를 비교할 수 있는 것이다. 겉보기등급(m)과 절대등급(M), 별까지의 거리(r)를 연결하는 공식을 거리지수라고 하며 다음과 같이 나타낸다.

$$m - M = 5 \log r - 5$$

본 활동에서는 거리(r)를 연주 시차로 표현하고, 절대등급에 관해 정리한 아래의 식을 활용하여 절대등급을 구하였다.

$$M = m - 5 \log \frac{1}{\pi} + 5$$

❸ H-R도와 별의 진화

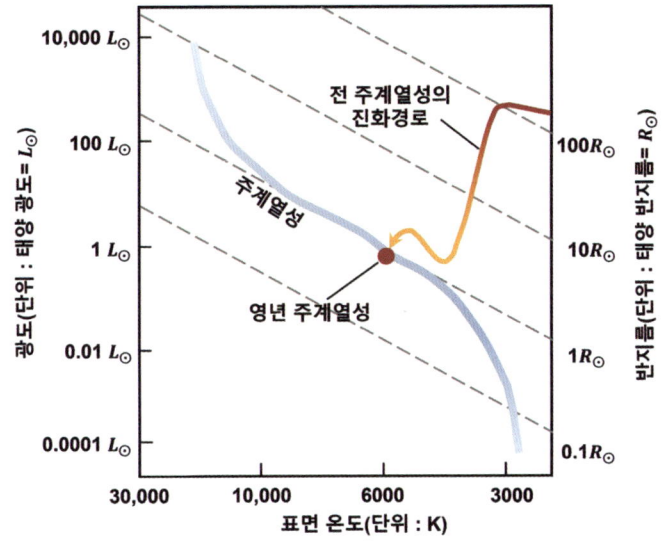

[그림 8-50] 원시별의 진화 경로

세상 모든 것이 다 그렇듯 별 또한 시간이 흐르며 변해간다. 생명체와는 의미가 다르지만 별이 탄생한 이후 죽음에 이르기까지의 과정을 별의 진화라고 하며, 천문학에서 중요한 연구 분야이다. 원시별에서 주계열성을 거쳐 적색거성이 되고 최종적으로 백색왜성이 되기까지 각 단계에서 별은 특징적인 물리량을 가지며, H-R도에 표현할 수 있다. 즉, H-R도를 이용하면 별의 진화 과정을 쉽게 이미지화할 수 있다.

별의 진화에 대한 내용은 본 책의 범위를 벗어나기 때문에 간단하게만 알아보자. 태양 정도의 질량을 만드는 원시별 단계는 성운이 뭉쳐 원반을 형성하고, 중심부의 온도와 압력이 상승하는 시기이다. 이 과정에서 원시별의 표면 온도는 증가하고, 빠른 수축에 의해 광도는 감소하는 과정을 거치는 데 이러한 변화를 H-R도에 표현하면 좌측 하단으로 이동하는 경로를 그릴 수 있다. 즉, H-R도상에 별이 탄생하는 과정을 표현할 수 있는 것이다. 같은 맥락으로 주계열성에서 적색거성으로 진화하는 과정과 그 이후의 과정도 모두 H-R도에 표현 가능하다.

이를 이용하면 H-R도를 이용한 별의 분류는 사실 전혀 별개의 별이 아니라 별의 진화에 따라 달라진 별의 특성에 기인한 것임을 알 수 있다. 특히 우리는 별의 전체 생애를 모두 관측할 수 없다. 무수히 많은 별 중 어떤 별은 원시별 단계, 어떤 별은 주계열성, 어떤 별은 초거성 등으로 어느 하나의 별이 어느 특정 일생에 머무는 순간만 볼 수 있다. 이러한 특징으로 인해 별의 일생 중 오래 머무는 기간일수록 H-R도에 많이 나타날 수밖에 없으므로 H-R도상에 표현한 별의 개수를 이용해 진화 단계별 지속 시간을 예측할 수 있다.

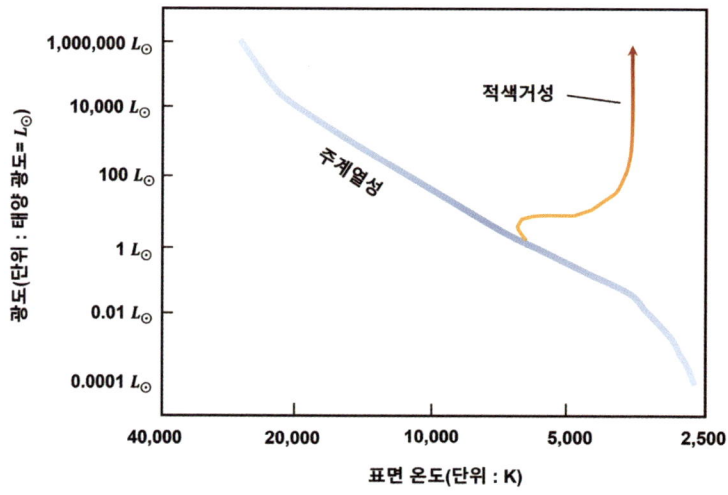

[그림 8-51] 저질량 별의 진화과정

8.4 수온-염분도로 한반도 주변 해수의 특징 알아보기

> **한걸음 다가서기**
>
> 우리가 바라보는 바다는 모두 같은 바닷물인 것처럼 보이지만, 사실 조금씩 다르다. 어디에서 온 바닷물인지에 따라 수온이 다르고 녹아있는 염분의 양도 다르다. 이런 차이가 해수의 밀도를 다르게 하고, 해수가 흐르는 원인이 되기도 한다. 이에 바다의 특성을 구분하는 것은 해수를 연구하는 첫 단계이다. 과학자들은 바다를 어떻게 구분 지을까?

> **지구과학 미리보기**
>
> 바닷물은 수온과 염분, 수압에 따라 밀도가 결정된다. 물과 기름이 서로 밀도가 달라 섞이지 않는 것처럼 밀도가 다른 바다는 서로 잘 섞이지 못한다. 때문에 바다를 연구할 때 수온과 염분, 수압 등을 측정하고 이를 기반으로 밀도를 계산하여 해수를 구분한다. 이때 과학자들이 사용하는 그래프로 수온-염분도라는 것이 있다. 수온-염분도 T-S Diagram를 이용하여 바닷물을 구분 지어 보자.

Step 1 › 데이터 다운로드

데이터는 **4.3 해수의 깊이에 따른 수온 변화 알아보기**에서 다루었던 동해의 104 정선, 11 정점에서 관측한 데이터와 함께 서해의 307 정선, 10 정점에서 관측한 데이터를 함께 이용하여 동해와 서해 바다의 차이점에 대하여 알아보고자 한다. 아래의 방법으로 데이터를 다운로드해 보자.

1. 국립수산과학원 한국해양자료센터 홈페이지 https://www.nifs.go.kr/kodc 에 접속한다.

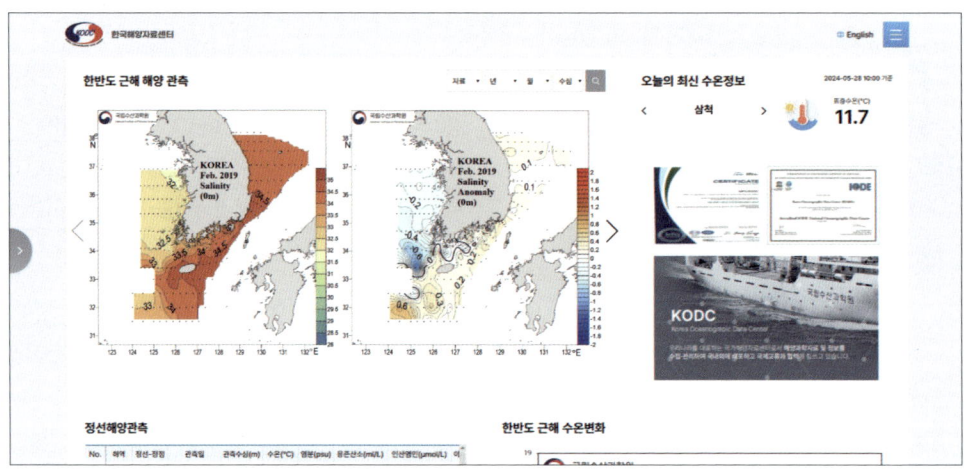

[그림 8-52] 국립수산과학원 한국해양자료센터 홈페이지[41]

2. 메인 화면에서 스크롤을 조금 내리면 보이는 [정선해양 관측자료]를 클릭한다.

3. 아래 표를 참고하여 2개 데이터를 다운로드하자.

관측일시	관측해역	정선	정점	수심
2022.01.01.~2022.12.31.	동해	104	11	전체
2022.01.01.~2022.12.31.	서해	307	10	전체

---

41 한국해양자료센터, https://www.nifs.go.kr/kodc/index.kodc

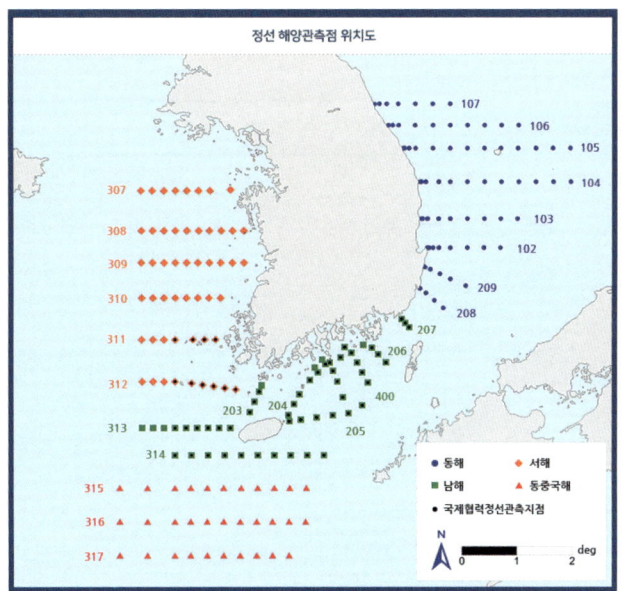

[그림 8-53] 정선 해양관측점 위치도[42]

4. 다운로드한 2개의 엑셀 파일을 파이썬으로 분석하기 편리한 폴더로 옮기고 파일 이름도 분석에 편리하게 바꿔준다. 여기서는 각각 동해와 서해로 바꾼다.

Step 2 그래프로 표현하기

4.3 해수의 깊이에 따른 수온 변화 알아보기에서 다루었던 것과 같이 pandas 라이브러리를 이용해 그래프를 그려보고자 한다. 먼저 수온-염분도를 그려야 한다. 수온-염분도를 그릴 때에는 해수의 밀도 계산이 필수이다. 해수의 밀도는 매우 복잡한 관계식을 통해 계산되지만, seawater 라이브러리를 이용하면 간단하게 해결할 수 있다. 단, seawater 라이브러리는 별도로 설치해 주어야 한다. 따라서 Anaconda Prompt를 실행한 뒤 아래 명령어를 입력하여 seawater 라이브러리를 설치해 주자. 참고로 윈도우 시작 버튼을 누르면 시작 메뉴가 나온다. 거기서 오른쪽 상단의 모든 앱을 클릭하면 Anaconda3(64-bit)의 폴더 아래에 Anaconda

---

[42] "정선해양조사", 한국해양자료센터, https://www.nifs.go.kr/kodc/soo_summary.kodc

Prompt가 설치되어 있는 것을 볼 수 있다.

```
pip install seawater
```

설치가 완료되면 Anaconda Prompt를 종료하고, 분석에 필요한 라이브러리를 모두 불러오자.

```
import numpy as np
import seawater
import matplotlib.pyplot as plt
import pandas as pd
from matplotlib import font_manager, rc
rc("font", family="HCR Dotum")
```

seawater와 pandas, numpy, matplotlib.pyplot 등의 라이브러리를 모두 호출하였다.

수온-염분도가 어떻게 생긴 것인지를 먼저 보면 이해가 쉬워진다.

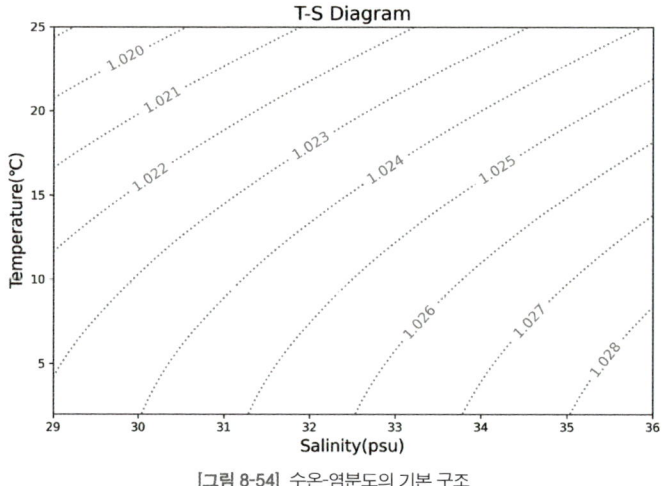

[그림 8-54] 수온-염분도의 기본 구조

수온-염분도는 [그림 8-54]처럼 x축은 psu 단위의 염분salinity, y축은 ℃ 단위의 수온temperature
으로 이루어져 있고, 측정된 수온과 염분으로 계산한 등밀도선이 그려져 있다. 그래프에서
1.025, 1.026 등이 표시된 회색 점선이 등밀도선이다. 여기서 등밀도선을 그릴 때 사용한 밀
도의 단위는 g/cm^3이다. 밀도는 수온과 염분, 수압 등을 이용하여 계산한다. 등밀도선을 그
리려면 먼저 밀도를 계산해야 하기 때문에 가장 먼저 밀도를 계산할 때 사용할 수온과 염분
의 범위를 지정해야 한다. 따라서 다음과 같이 코드를 입력하자.

```
sal = np.linspace(29, 36, 100)
temp = np.linspace(0, 25, 100)
```

여기서 numpy의 linspace를 이용하여 변수 sal에는 밀도를 계산할 때 필요한 염분값의 범위
를, 변수 temp에는 수온값의 범위를 지정해 주었다. 여기서 사용한 linspace는 기본적으로
linspace(0,10,2)과 같은 형식으로 쓰인다. 다음과 같이 코드를 입력하고 실행해보자.

```
x = np.linspace(0, 10, 2)
x
```

실행 결과 0과 10이 출력된다. 첫 번째와 두 번째 숫자는 1차원 배열을 만들 수의 범위를 지
정하는 것이고, 세 번째 숫자 2는 같은 간격으로 출력할 숫자의 개수를 의미한다. 따라서
np.linspace(0,10,2)는 0에서 10 사이의 수 중 2개의 수를 같은 간격으로 출력하라는 의미이며,
0과 10이 출력된다. 반대로 np.linspace(0,10,5)를 실행하면 0, 2.5, 5, 7.5, 10이 출력된다.

앞에서 변수 sal에 29~36사이의 수 100개를 대입하고 출력하였으며, 변수 temp에 0~25사이
의 수 100개를 대입하고 출력하였다. 즉 밀도 계산에 사용할 염분은 29~36사이의 수 100개,
수온은 0~25 사이의 수 100개를 사용하는 것으로 지정한 것이다.

밀도 계산을 완료하면 이를 그래프에 바둑판 형식으로 배열해야 한다. 이것이 무슨 말인지
[그림 8-55]를 통해 알아보자.

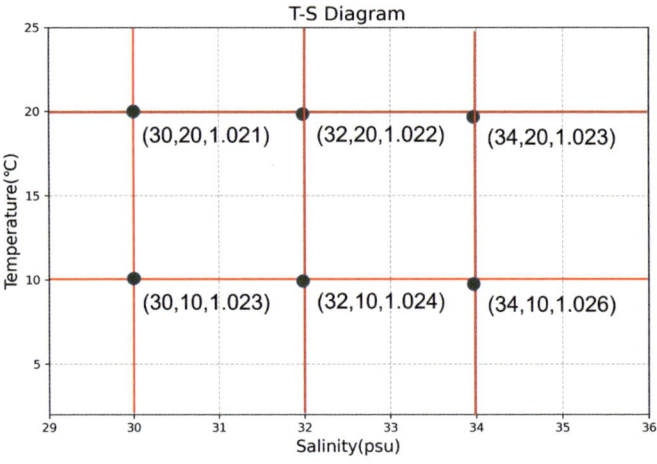

[그림 8-55] 염분과 수온 자료에 밀도 값을 배열하는 원리

[그림 8-55]를 보면 염분 30psu, 수온 10℃인 해수의 밀도는 1.023이고, 이는 그래프의 염분 30, 수온 10인 좌표에 밀도 1.023을 가지는 점으로 표시된다. 마찬가지로 (32, 10)에는 1.024, (34, 10)에는 1.026이 위치해야 한다. 이를 파이썬이 이해할 수 있도록 가상의 바둑판을 만들어줘야 하는데, 이때 2차원 배열 또는 행렬이 필요한 것이다. [그림 8-55]처럼 6개의 점에 밀도를 찍으려면 2개의 행과 3개의 열로 구성된 행렬이 필요하다. 여기서는 sal과 temp에 각각 100개의 수를 지정해 주었기 때문에 각각 100행 100열로 이루어진 행렬을 만들어야 한다. 따라서 먼저 값이 0인 100행, 100열의 행렬을 만들자. 그리고 밀도를 계산한 뒤에 배열한 0을 모두 계산한 밀도로 바꾸는 과정을 거치도록 할 것이다. 다음과 같이 코드를 구성해보자.

```
sal = np.linspace(29, 36, 100)
temp = np.linspace(0, 25, 100)
dens = np.zeros((len(sal), len(temp)))
for i in range(len(sal)):
    for j in range(len(temp)):
        dens[i, j]  = seawater.dens0(sal[i], temp[j]) / 1000
print(dens)
```

변수 dens를 만들고 len으로 sal과 temp의 자료 개수를 세어 각각 행과 열의 개수로 사용하도록 하였다. 그리고 np.zeros를 이용하여 sal과 temp에 있는 데이터의 개수만큼을 0행렬로 만들도록 하였다.

다음으로 for 문에서 변수 sal에 있는 29에서 36까지 100개의 숫자가 차례대로 돌아가는 동안 변수 temp에서 지정한 0에서 25까지 100개의 숫자가 차례대로 돌아가도록 하였다. 다시 말해 for 문에서 sal의 첫 번째 데이터인 29를 뽑아내면 temp의 첫 데이터 0이 나오고 dens[i, j]에 dens[29, 0]의 형태로 들어가게 된다. 그리고 dens0에서 29와 0에 해당하는 밀도를 계산한다. 이 작업이 끝나면 다시 temp의 다음 숫자, 예를 들어 1을 뽑아내고 dens[i, j]는 dens[29, 1]이 되며, dens0에서 밀도를 계산하게 된다. 이 작업은 temp의 마지막 데이터 25가 나올 때까지 반복된다. temp의 마지막 데이터인 25까지 계산이 끝나면 sal의 29 다음 데이터, 예를 들어 30이 나오게 되고, 다시 temp의 0에서 25까지의 데이터를 똑같이 돌리며 dens[i, j]에 넣은 뒤 밀도를 계산하게 된다. 이 과정은 sal의 마지막 데이터 36과 temp의 마지막 데이터 25가 나올 때까지 반복된다.

여기서 seawater.dens0는 밀도를 계산하기 위한 메서드이다. seawater.dens0에서 계산해 주는 밀도의 단위는 kg/m^3이다. 이를 g/cm^3로 바꿔주기 위해 1000을 나누었다. 마지막으로 print(dens)는 단순히 계산이 잘 되었는지 출력하여 확인하기 위한 코드이다. 다시 [그림 8-55]로 돌아가자.

이제 계산한 밀도를 [그림 8-56]처럼 크기가 같은 것끼리 연결하면 등밀도선이 완성된다.

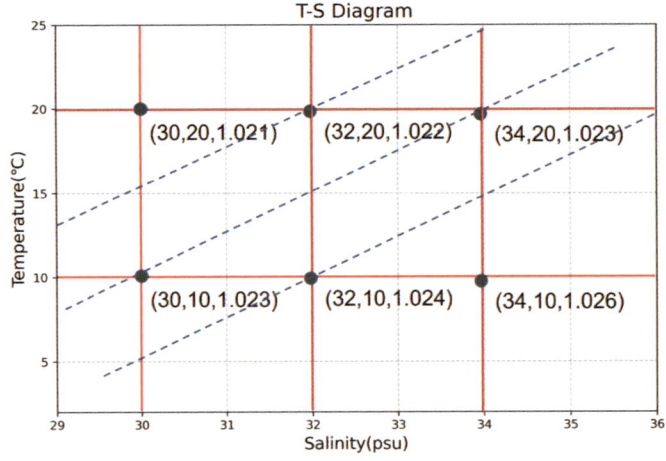

[그림 8-56] 밀도가 같은 값끼리 선으로 연결한 결과

science tip 해수의 밀도에 영향을 주는 물리량

[그림 8-57] 소금이 녹은 물은 아무것도 녹이지 않은 물보다 더 무겁다.

순수한 물과 소금을 섞은 물 중 더 무거운 것은 무엇일지 생각해보면 당연히 소금물이 더 무겁다. 물과 소금물의 온도가 같다면 소금물의 밀도가 더 크다는 것을 의미한다. 다시 말해 염분이 높을수록 해수의 밀도는 증가한다.

일반적으로 물은 온도가 감소하면서 부피가 감소한다. 부피가 감소할수록 밀도는 증가하기 때문에 수온이 낮을수록 밀도가 높아지게 된다. 단, 순수한 물은 수온이 감소하며 4℃에서 최대 밀도를 보이고 수소결합에 의해 4℃ 이하부터는 조금씩 밀도가 감소한다. 하지만 염분이 녹아있는 물은 순수한 물과는 다른 형태를 보인다. 물이 완전히 얼기 전 4℃에서 최대 밀도를 보이고 다시 밀도가 감소하는 반면, 소금이 녹은 물은 완전히 얼기 전까지 계속 밀도가 증가한다. 따라서 해수는 염분이 높고 수온이 낮을수록 밀도가 증가한다.

등밀도선을 그리기 위해 for 문 다음에 아래의 코드를 넣어주자.

```
plt.figure(figsize=(9,6))
CS=plt.contour(sal, temp, dens, linestyles="dotted", colors="gray",
levels=np.arange(0,1.030,0.001))
plt.clabel(CS)
plt.show()
```

contour는 값이 같은 것끼리 선으로 연결하는 메서드이다. 그리고 이 코드를 변수 CS에 넣어 주었다. contour의 문법 구조는 간단하다. 첫 번째로 쓰는 sal은 x축 좌표를 의미하고, temp는 y축 좌표이다. 그리고 dens는 (x, y) 좌표에 위치할 데이터로, 여기서는 밀도이다. linestyles는 선의 종류이며 여기서는 점선(dotted)으로 그리도록 하였다. colors는 선의 색깔을 의미한 다. levels에서 선을 그리는 범위를 np.arange로 지정해 주었다. arange는 numpy에서 매우 빈번히 사용하는 기능 중 하나이다. range와 거의 유사한데 위와 같이 코드를 구성한 경우 0 에서 1.030까지의 수를 0.001 간격으로 출력하라는 의미를 가진다.

그리고 plt.clabel(CS)는 CS에서 그린 각각의 등밀도선의 값이 얼마인지 넣어주는 코드이다. plt.clabel(CS)를 쓰지 않으면 등밀도선에 1.020, 1,021, 1.022 같은 데이터가 나오지 않는다. [그림 8-58]은 코드의 실행 결과이다.

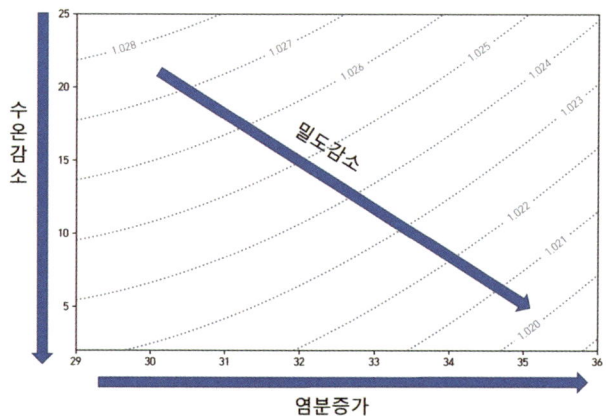

[그림 8-58] 밀도가 잘못 계산된 수온-염분도

그래프가 정상적으로 잘 나왔지만 한 가지 이상한 점이 보인다. x축은 염분이고 y축은 수온인데 해수의 밀도는 염분이 증가하고 수온이 감소할수록 증가하지만 [그림 8-57]에서는 그 반대의 경향을 보이고 있다. 코드를 다시 살펴보자.

```
sal = np.linspace(29, 36, 100)
temp = np.linspace(2, 25, 100)
dens = np.zeros((len(sal), len(temp)))
for i in range(len(sal)):
    for j in range(len(temp)):
        dens[i, j]  = seawater.dens0(sal[i], temp[j]) / 1000
print(dens)
```

for 문에서 지정한 변수 i는 염분으로, 행렬 dens의 행에 해당하는 변수이고 이는 그래프에서 y축의 진행 방향에 해당한다. 그런데 y축은 염분이 아니라 수온이다. 반대로 j는 수온이고 행렬 dens의 열에 해당하는 변수인데 그래프에서 x축의 진행 방향에 해당한다. 그런데 x축 값은 염분이다. 열의 진행 방향에는 염분이 들어가야 하는데 거꾸로 수온이 들어갔고, 행의 진행 방향에는 수온이 들어가야 하는데 염분이 들어간 것이다. 따라서 dens[i, j]에서 i와 j의 위치를 바꾸어 dens[j, i]로 수정해야 한다. 이렇게 수정하여 코드를 다시 실행하면 정상적으로 출력되는 것을 확인할 수 있다.

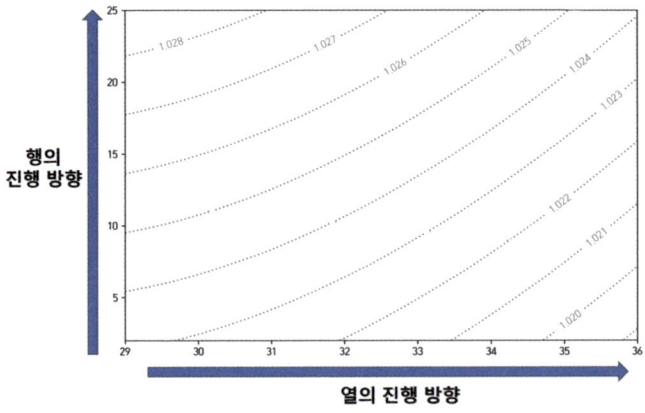

[그림 8-59] 잘못 출력된 그래프의 행과 열의 진행 방향

다음은 이렇게 i와 j만을 수정한 코드와 실행 결과이다.

```
for i in range(len(sal)):
    for j in range(len(temp)):
        dens[j, i] = seawater.dens0(sal[i], temp[j]) / 1000
print(dens)
```

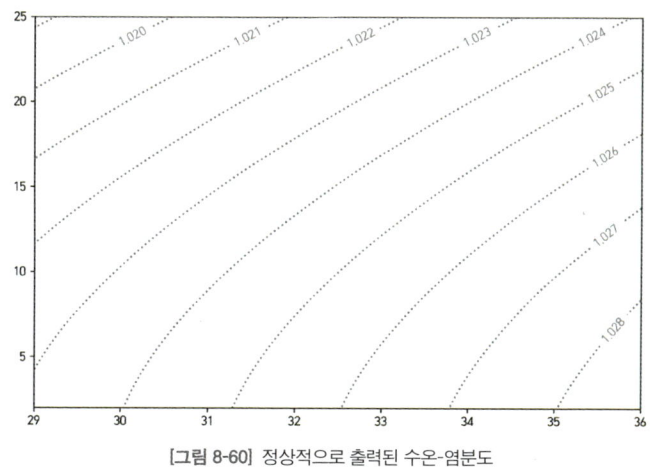

[그림 8-60] 정상적으로 출력된 수온-염분도

수온-염분도는 모두 그렸다. 이제 여기에 동해와 서해에서 관측한 수온과 염분값을 산점도로 나타낼 차례이다. 먼저 동해와 서해에서 봄철에 관측한 수온과 염분을 나타내보자. 엑셀을 이용해 파일을 확인해보면 서해와 동해에서 3월부터 12월까지 서로 다른 날짜에 관측을 시행하였다. 여기서는 이 데이터를 모두 사용하지 않고 서해는 4월 7일에, 동해는 4월 11일에 관측한 데이터를 사용하여 그래프를 그려 볼 계획이다. 이 부분을 참고하여 pandas를 이용해 다운로드한 파일을 불러오자.

해역	정선	정점	정선-정점	관측일시(KST)	연직변화차트	관측수심(m)
서해	307	10	307-10	2022-03-07 23:10	차트보기	0
서해	307	10	307-10	2022-03-07 23:10	차트보기	10
서해	307	10	307-10	2022-03-07 23:10	차트보기	20
서해	307	10	307-10	2022-03-07 23:10	차트보기	30
서해	307	10	307-10	2022-03-07 23:10	차트보기	50
서해	307	10	307-10	2022-03-07 23:10	차트보기	75
서해	307	10	307-10	2022-04-07 01:15	차트보기	0
서해	307	10	307-10	2022-04-07 01:15	차트보기	10
서해	307	10	307-10	2022-04-07 01:15	차트보기	20
서해	307	10	307-10	2022-04-07 01:15	차트보기	30
서해	307	10	307-10	2022-04-07 01:15	차트보기	50
서해	307	10	307-10	2022-04-07 01:15	차트보기	75
서해	307	10	307-10	2022-06-03 20:10	차트보기	0
서해	307	10	307-10	2022-06-03 20:10	차트보기	10
서해	307	10	307-10	2022-06-03 20:10	차트보기	20
서해	307	10	307-10	2022-06-03 20:10	차트보기	30
서해	307	10	307-10	2022-06-03 20:10	차트보기	50
서해	307	10	307-10	2022-06-03 20:10	차트보기	75
서해	307	10	307-10	2022-08-06 01:38	차트보기	0
서해	307	10	307-10	2022-08-06 01:38	차트보기	10
서해	307	10	307-10	2022-08-06 01:38	차트보기	20
서해	307	10	307-10	2022-08-06 01:38	차트보기	30
서해	307	10	307-10	2022-08-06 01:38	차트보기	50
서해	307	10	307-10	2022-08-06 01:38	차트보기	75
서해	307	10	307-10	2022-10-13 00:55	차트보기	0
서해	307	10	307-10	2022-10-13 00:55	차트보기	10
서해	307	10	307-10	2022-10-13 00:55	차트보기	20
서해	307	10	307-10	2022-10-13 00:55	차트보기	30

해역	정선	정점	정선-정점	관측일시(KST)	연직변화차트	관측수심(m)
동해	104	11	104-11	2022-02-11 13:59	차트보기	0
동해	104	11	104-11	2022-02-11 13:59	차트보기	10
동해	104	11	104-11	2022-02-11 13:59	차트보기	20
동해	104	11	104-11	2022-02-11 13:59	차트보기	30
동해	104	11	104-11	2022-02-11 13:59	차트보기	50
동해	104	11	104-11	2022-02-11 13:59	차트보기	75
동해	104	11	104-11	2022-02-11 13:59	차트보기	100
동해	104	11	104-11	2022-02-11 13:59	차트보기	125
동해	104	11	104-11	2022-02-11 13:59	차트보기	150
동해	104	11	104-11	2022-02-11 13:59	차트보기	200
동해	104	11	104-11	2022-02-11 13:59	차트보기	250
동해	104	11	104-11	2022-02-11 13:59	차트보기	300
동해	104	11	104-11	2022-02-11 13:59	차트보기	400
동해	104	11	104-11	2022-02-11 13:59	차트보기	500
동해	104	11	104-11	2022-04-11 15:18	차트보기	0
동해	104	11	104-11	2022-04-11 15:18	차트보기	10
동해	104	11	104-11	2022-04-11 15:18	차트보기	20
동해	104	11	104-11	2022-04-11 15:18	차트보기	30
동해	104	11	104-11	2022-04-11 15:18	차트보기	50
동해	104	11	104-11	2022-04-11 15:18	차트보기	75
동해	104	11	104-11	2022-04-11 15:18	차트보기	100
동해	104	11	104-11	2022-04-11 15:18	차트보기	125
동해	104	11	104-11	2022-04-11 15:18	차트보기	150
동해	104	11	104-11	2022-04-11 15:18	차트보기	200
동해	104	11	104-11	2022-04-11 15:18	차트보기	250
동해	104	11	104-11	2022-04-11 15:18	차트보기	300
동해	104	11	104-11	2022-04-11 15:18	차트보기	400
동해	104	11	104-11	2022-04-11 15:18	차트보기	500

[그림 8-61] 서해(좌)와 동해(우)의 데이터

```
def scatt(a,b):
    data=pd.read_excel("C:\\111\\"+a+".xlsx")
    df=pd.DataFrame(data)
```

plt.show() 바로 전 줄에 함수 scatt와 이 함수에 사용할 변수 a, b를 만들어주었다. 변수 a는 파일 이름에 사용할 변수이다. 다음으로 관측 데이터 중에서 동해의 경우 04월 11일, 서해의 경우 04월 07일에 관측한 데이터만 추려내야 한다. 여기서 **4.3 해수의 깊이에 따른 수온 변화 알아보기**에서 사용했던 방법을 한 번 더 사용하려고 한다. 관측일시(KST) 열의 데이터를 날짜와 시간 사이 공백을 기준으로 쪼개는 것이다. 다음과 같은 코드를 만들어보자.

```
def scatt(a,b):
    data=pd.read_excel("C:\\111\\"+a+".xlsx")
    df=pd.DataFrame(data)
    df["관측일시(KST)"]=df["관측일시(KST)"].str.split(" ",expand=True)[0]
    filtering=df[df["관측일시(KST)"]==b][["수온(℃)","염분(psu)"]]
    x=filtering["염분(psu)"]
    y=filtering["수온(℃)"]
```

함수 scatt의 변수 b는 관측 날짜이다. 동해의 경우 날짜를 2022-04-11로 입력하면, 2022년 4

월 11일에 관측한 수온과 염분만 추려낸다. 그리고 추려낸 염분과 수온을 각각 변수 x와 y에 적용하도록 하였다.

이제 x축의 염분과 y축의 수온에 들어갈 데이터는 모두 모았다. 이제 scatter를 이용해 산점도를 그리는 코드를 구성하면 된다. 여기서 동해와 서해 두 지역의 데이터를 산점도로 그려야하기 때문에 scatter를 포함해 몇 가지 코드가 반복적으로 쓰이게 된다. 따라서 반복되는 코드를 모두 def 함수 안에서 구현되도록 구성하면 코드의 양을 줄여줄 수 있다. 또한 동해와 서해 두 개의 데이터를 사용해야 하기 때문에 범례도 함께 만들어보자.

> **coding tip** for 루프로는 위와 같은 작업을 할 수 없을까?
>
> 파이썬 코드에 정답은 없다. 익숙한 for 문을 사용해서도 충분히 데이터를 추출할 수 있다.
>
> ```
> def scatt(a,b):
>     result=[ ]
>     data=pd.read_excel("C:\\111\\"+a+".xlsx")
>     df=pd.DataFrame(data)
>     for index, row in df.iterrows():
>         if df["관측일시(KST)"].split(" ")[0]==b:
>             result.append([row["수온(℃)"],row["염분(psu)"]])
>     x=[i[1] for i in result]
>     y=[i[0] for i in result]
> ```

여기서 for 문에 df.iterrows()를 사용하였다. iterrows는 pandas 라이브러리를 사용하는 상황에서 for 문을 사용하고자 할 때 유용하게 사용한다. iterrows를 사용함으로써 행별로 index와 row를 반복하여 출력하게 된다. 위에서도 index와 row를 반복하여 출력하며 주어진 조건에 맞는 "관측일시(KST)"의 날짜를 찾아, result에 수온과 염분 자료를 추가하도록 하였다.

마지막으로 리스트 컴프리헨션 형태로 for 문을 이용하여 x와 y에 각각 염분(i[1])과 수온(i[0])을 차례로 넣었다.

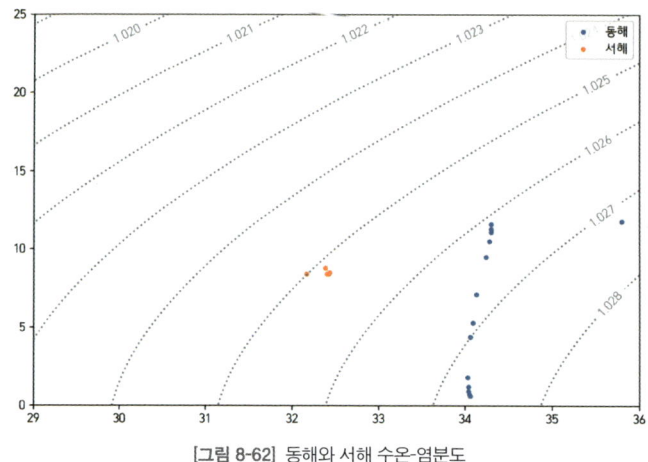

[그림 8-62] 동해와 서해 수온-염분도

정상적으로 잘 출력되었다. 단, 자료의 범위에 비해 x축과 y축의 범위가 너무 넓기 때문에 xlim과 ylim을 이용해 잘라주자. 또한 x축과 y축의 축 제목, 그래프 제목까지 함께 넣어주자.

```python
def scatt(a,b):
    data=pd.read_excel("C:\\111\\"+a+".xlsx")
    df=pd.DataFrame(data)
    df["관측일시(KST)"]=df["관측일시(KST)"].str.split(" ",expand=True)[0]
    filtering=df[df["관측일시(KST)"]==b][["수온(℃)","염분(psu)"]]
    x=filtering["염분(psu)"]
    y=filtering["수온(℃)"]
    plt.scatter(x,y, label=a)
    plt.legend()
plt.xlim(32,36)
plt.ylim(0,15)
plt.xlabel("염분(psu)")
plt.ylabel("수온(℃)")
plt.title("동해와 서해의 봄철 수온 - 염분도")
scatt("동해", "2022-04-11")
scatt("서해", "2022-04-07")
plt.show()
```

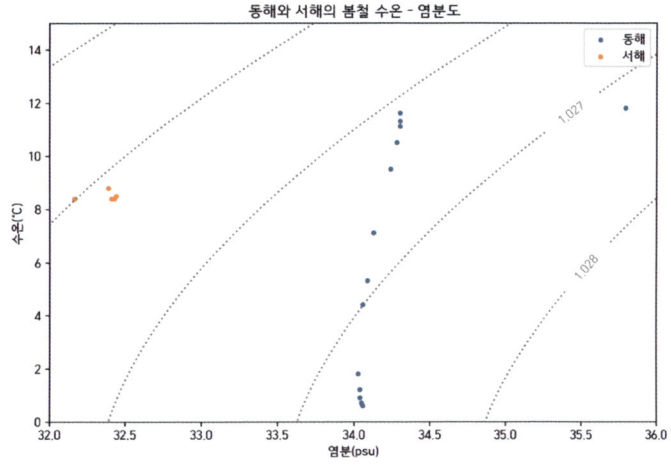

[그림 8-63] 동해와 서해의 봄철 수온-염분도의 최종 결과

[그림 8-63]은 완성된 동해와 서해의 4월 수온-염분도이다. 여기까지의 내용은 주어진 수온과 염분으로 밀도를 계산한 뒤 등밀도선을 그리는 과정 하나와 자료에서 간단히 수온과 염분을 산점도로 찍는 코드 두 가지로 이루어진 그래프였다. 산점도를 찍는 과정은 앞에서 충분히 연습하였기 때문에 크게 어렵지는 않다. 그렇지만, 밀도를 계산하고 등밀도선을 그리는 과정은 처음 해보는 만큼 다소 어려운 내용이었을 것이다. 하지만 충분히 연습하며 익숙해지면 어렵지 않게 코드를 구성할 수 있다. 특히 등밀도선과 같은 등치선은 **PART 6**에서 다시 자세히 다룰 예정이다. 여기까지의 전체 코드는 다음과 같다.

```python
import numpy as np
import seawater
import matplotlib.pyplot as plt
import pandas as pd
from matplotlib import font_manager, rc
rc("font", family="HCR Dotum")
sal = np.linspace(29, 36, 100)
temp = np.linspace(0, 25, 100)
dens = np.zeros((len(sal), len(temp)))
for i in range(len(sal)):
    for j in range(len(temp)):
        dens[j, i]  = seawater.dens0(sal[i], temp[j]) / 1000
```

```python
plt.figure(figsize=(9, 6))
CS=plt.contour(sal, temp, dens, linestyles="dotted", colors="gray",
levels=np.arange(0, 1.030, 0.001))
plt.clabel(CS)
##자료 호출
def scatt(a,b):
    data=pd.read_excel("C:\\111\\"+a+".xlsx")
    df=pd.DataFrame(data)
    df["관측일시(KST)"]=df["관측일시(KST)"].str.split(" ", expand=True)[0]
    filtering=df[df["관측일시(KST)"]==b][["수온(℃)","염분(psu)"]]
    x=filtering["염분(psu)"]
    y=filtering["수온(℃)"]
    plt.scatter(x,y,label=a,s=10)
    plt.legend()
plt.xlim(32,36)
plt.ylim(0,15)
plt.xlabel("염분(psu)")
plt.ylabel("수온(℃)")
plt.title("동해와 서해의 봄철 수온 - 염분도")
scatt("동해", "2022-04-11")
scatt("서해", "2022-04-07")
plt.savefig("C:\\111\\동해서해최종.jpg",dpi=300)
plt.show()
```

그래프는 아무 문제없이 잘 나왔지만 그래프만 보아서는 그래프의 점 하나하나가 어느 수심에서 관측한 값인지는 알 방법이 없다. 따라서 그래프의 점 하나하나에 관측 수심을 함께 표시하면 그래프에 더 많은 정보를 나타낼 수 있다. 따라서 지금까지는 수온과 염분 데이터만 사용하였지만 수심 데이터까지 사용하여 그래프의 완성도를 높여보고자 한다. 완성한 코드에서 def 함수 부분을 자세히 보자.

```python
def scatt(a,b):
    data=pd.read_excel("C:\\111\\"+a+".xlsx")
    df=pd.DataFrame(data)
    df["관측일시(KST)"]=df["관측일시(KST)"].str.split(" ", expand=True)[0]
    filtering=df[df["관측일시(KST)"]==b][["수온(℃)","염분(psu)"]]
    x=filtering["염분(psu)"]
```

```
    y=filtering["수온(℃)"]
    plt.scatter(x,y,label=a,s=10)
    plt.legend()
```

filtering=df[df["관측일시(KST)"]==b][["수온(℃)","염분(psu)"]] 부분에서 수온과 염분 데이터만 추출하였고, 추출한 염분과 수온을 변수 x와 y로 받아주었다. 하지만 그래프의 각 점에 수심도 함께 표시해야 하기 때문에 수심에 대한 데이터도 필요하다. 따라서 변수 filtering을 다음과 같이 수정하고 변수 z를 추가로 만들어 수심값을 받아주자.

```
def scatt(a,b):
    data=pd.read_excel("C:\\111\\"+a+".xlsx")
    df=pd.DataFrame(data)
    df["관측일시(KST)"]=df["관측일시(KST)"].str.split(" ", expand=True)[0]
    filtering=df[df["관측일시(KST)"]==b][["수온(℃)","염분(psu)","관측수심(m)"]]
    x=filtering["염분(psu)"]
    y=filtering["수온(℃)"]
    z=filtering["관측수심(m)"]
    plt.scatter(x,y,label=a,s=10)
    plt.legend()
```

이렇게 하여 수심 데이터를 불러왔다. 그래프에 글자를 표시하는 건 matplotlib.pyplot의 메서드 text를 활용하면 간단하게 해결할 수 있다. 문제는 그래프에 점이 너무 많다는 것이다. 이 점에 모두 plt.text를 쓰려면 plt.text가 너무 자주 사용돼야 한다. 이럴 때에는 for 문을 사용하여 글자가 위치할 x, y축 좌표에 염분과 수온 데이터가 차례대로 들어가도록 하면 되고 해당 위치에 깊이가 자동으로 표시되도록 코드를 구성하면 된다.

coding tip | 그래프에 글자 집어넣기

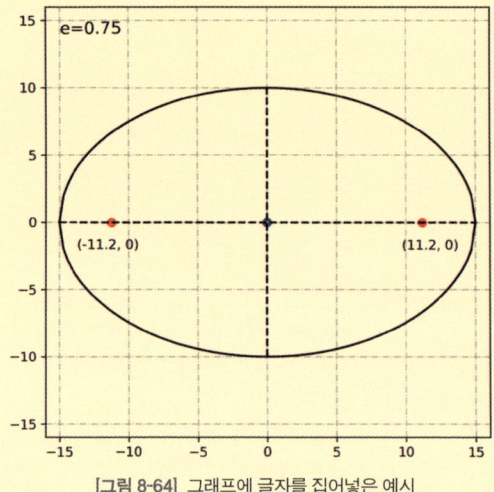

[그림 8-64] 그래프에 글자를 집어넣은 예시

[그림 8-64]는 타원 그래프에 (-11.2, 0), (11.2, 0), e=0.75와 같은 글자를 넣은 예시이다. 범례나 등치선의 수치 등은 코드를 이용해 자동적으로 글자가 들어가도록 하면 되지만, 위 그림처럼 범례나 등치선의 수치 같은 것이 아닌 글자는 별도의 명령어로 글자를 넣어주어야 한다. matplotlib.pyplot에는 글자를 넣어주는 메서드가 있는데 바로 text이다. plt.text라는 명령어를 사용하면 어렵지 않게 그래프에 글자를 넣을 수 있다. 간단한 예시를 만들어보자.

```python
import matplotlob.pyplot as plt
import numpy as np
x=np.arange(0,10,0.1)
y=np.arange(0,10,0.1)

plt.plot(x,y)
plt.grid(ls="--")
plt.text(2, 8, "즐거운 파이썬")
plt.show()
```

위 코드를 실행하면 아래와 같은 결과가 출력된다.

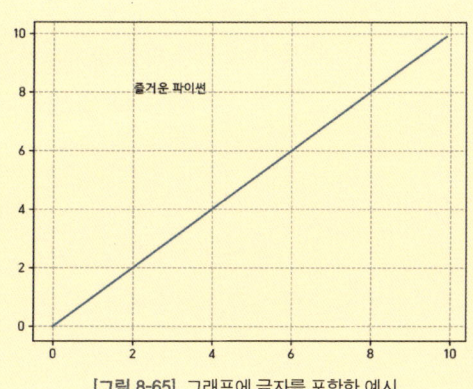

[그림 8-65] 그래프에 글자를 포함한 예시

위 그래프에 표시된 "즐거운 파이썬"은 plt.text(2, 8, "즐거운 파이썬")을 실행한 결과이다. 코드의 구조는 어렵지 않다. 가장 처음에 나오는 2와 8은 글자가 들어갈 그래프의 좌표이다. 좌표를 지정한 다음에 들어갈 글자의 내용을 적어주면 된다. 글자의 크기, 색상 등도 바꾸어 줄 수 있다. 크기를 바꾸려면 "즐거운 파이썬" 뒤에 쉼표를 넣고 size=20와 같은 형식으로 숫자를 넣어주면 된다. 색상은 color="red"와 같이 바꿀 수 있다. 글자를 회전시킬 수도 있다. 이때는 rotation=45와 같이 회전 각도를 입력하면 된다.

def 내에 다음과 같은 for 문을 추가하여 그래프의 모든 점에 수심이 자동으로 찍힐 수 있게 코드를 구성해보자.

```
def scatt(a,b):
    data=pd.read_excel("C:\\111\\"+a+".xlsx")
    df=pd.DataFrame(data)
    df["관측일시(KST)"]=df["관측일시(KST)"].str.split(" ", expand=True)[0]
    filtering=df[df["관측일시(KST)"]==b][["수온(℃)","염분(psu)","관측수심(m)"]]
    x=filtering["염분(psu)"]
    y=filtering["수온(℃)"]
    z=filtering["관측수심(m)"]
    plt.scatter(x,y,label=a,s=10)
    plt.legend()
    for index, row in filtering.iterrows():
        plt.text(row["염분(psu)"],row["수온(℃)"], str(round(row["관측수심(m)"]))+"m")
```

plt.text에서 그래프의 x축 값 좌표로 row["염분(psu)"]에 해당하는 값을, y축 값 좌표로 row["수온(℃)"]에 해당하는 값을 사용하기 위해 위와 같이 코드를 구성했다. 특히 앞에서 다루었던 pandas의 iterrows()를 이용하여 행과 열이 자동적으로 반복되도록 했다.

또한 관측 수심은 정수 데이터이기 때문에 str을 이용하여 텍스트 데이터로 변환하여 그래프에 넣었다. 이 과정에서 내장 함수 round를 사용하였다. round는 소수점을 반올림하는 명령어이다. 그리고 "＋"를 사용하여 수심의 마지막에 단위 m(미터)가 함께 출력될 수 있도록 하였다.

위와 같이 코드를 구성하고 실행하면 다음과 같은 결과가 나온다.

> **coding tip** **소수점 반올림하기**
>
> 소수점은 반올림하여 사용해야 하는 경우가 많다. 유효숫자를 맞춰야 할 때 반올림해야 하며 2진법으로 계산하는 컴퓨터의 특성상 부동소수점 계산에서 경우에 따라 불필요하게 너무 많은 소수점까지 출력된다. 때문에 소수점 반올림 방법을 알아 두면 좋다. 방법은 그렇게 어렵지 않다. 아래와 같이 코드를 구성하고 실행해보자.
>
> ```
> round(1.4)
> ```
>
> 결과는 1이 출력될 것이다. 위의 예시처럼 round의 ( ) 안에 반올림하고자 하는 숫자만 집어넣으면 정수로 바꾸어 출력된다. 이번에는 아래와 같이 입력해보자.
>
> ```
> round(1.552, 1)
> ```
>
> 결과로 1.6이 출력된다. 반올림하고자 하는 숫자 뒤는 출력하고자 하는 소수점 자리 수이다. 1을 입력하였으므로 소수점 첫째 자리까지만 출력하라는 의미를 가지고, 두 번째 소수점자리의 숫자인 5에서 반올림하여 1.6이 출력된 것이다.

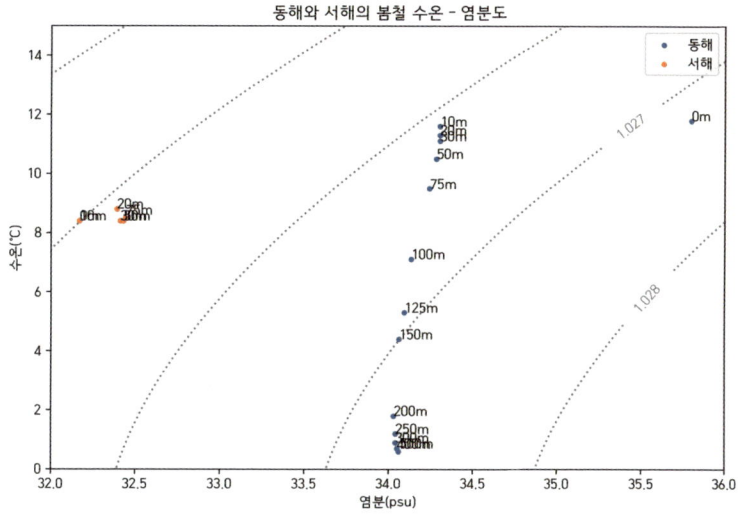

[그림 8-66] 그래프의 출력 결과 글자가 겹쳐있다.

정상적으로 그래프가 잘 출력된 것이 보이지만 점과 점이 너무 가깝다 보니 일부 텍스트는 겹쳐서 보이지 않는다. 텍스트가 겹치는 문제는 여러 가지 방법으로 해결할 수 있다. 여기서는 adjustText라는 라이브러리를 활용하여 글자가 겹치는 문제를 해결하고자 한다. adjustText는 아나콘다를 설치해도 함께 설치되는 라이브러리가 아니기 때문에 별도로 설치해야 한다. Anaconda prompt를 실행하여 나오는 명령 프롬프트 창에서 다음과 같은 명령어를 실행하고 라이브러리를 설치해보자.

```
pip install adjustText
```

pip install은 라이브러리를 다운로드하고 설치할 때 사용하는 명령어이고, 그 뒤의 adjustText는 설치할 라이브러리의 이름이다.

설치가 완료되면 adjustText 라이브러리를 불러오는 코드를 포함하여 plt.legend() 다음 줄의 코드를 다음과 같이 수정하자.

```
from adjustText import adjust_text
def scatt(a,b):
    data=pd.read_excel("C:\\111\\"+a+".xlsx")
    df=pd.DataFrame(data)
    df["관측일시(KST)"]=df["관측일시(KST)"].str.split(" ", expand=True)[0]
    filtering=df[df["관측일시(KST)"]==b][["수온(℃)","염분(psu)","관측수심(m)"]]
    x=filtering["염분(psu)"]
    y=filtering["수온(℃)"]
    z=filtering["관측수심(m)"]
    plt.scatter(x,y,label=a,s=10)
    plt.legend()
    texts=[ ]
    for index, row in filtering.iterrows():
        depth=plt.text(row["염분(psu)"],row["수온(℃)"], str(round(row["관측수심(m)"]))+"m")
        texts.append(depth)
    adjust_text(texts)
```

위와 같이 코드를 수정하고 실행하면 글자가 겹치는 것을 해결할 수 있다.

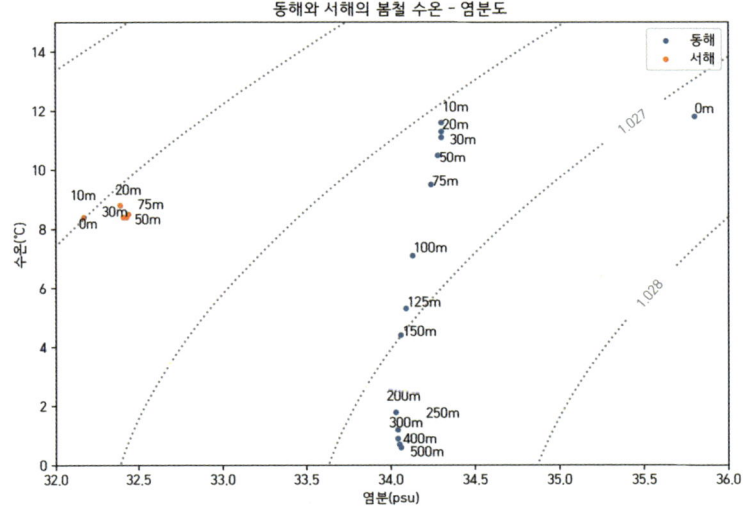

[그림 8-67] 글자가 겹치는 문제를 해결한 결과 화면

여기까지의 전체 코드는 다음과 같다.

```python
import numpy as np
import seawater
import matplotlib.pyplot as plt
import pandas as pd
from matplotlib import font_manager, rc
rc("font", family="HCR Dotum")
sal = np.linspace(29, 36, 100)
temp = np.linspace(0, 25, 100)
dens = np.zeros((len(sal), len(temp)))
for i in range(len(sal)):
    for j in range(len(temp)):
        dens[j, i]  = seawater.dens0(sal[i], temp[j]) / 1000
plt.figure(figsize=(9, 6))
CS=plt.contour(sal, temp, dens, linestyles="dotted", colors="gray",
levels=np.arange(0, 1.030, 0.001))
plt.clabel(CS)
from adjustText import adjust_text
##자료 호출
def scatt(a,b):
    data=pd.read_excel("C:\\111\\"+a+".xlsx")
    df=pd.DataFrame(data)
    df["관측일시(KST)"]=df["관측일시(KST)"].str.split(" ", expand=True)[0]
    filtering=df[df["관측일시(KST)"]==b][["수온(℃)","염분(psu)"]]
    x=filtering["염분(psu)"]
    y=filtering["수온(℃)"]
    z=filtering["관측수심(m)"]
    plt.scatter(x,y,label=a,s=10)
    plt.legend()
    texts=[ ]
    for index,row in filtering.iterrows():
        depth=plt.text(row["염분(psu)"],row["수온(℃)"],str(round(row["관측수심(m)"]))+"m")
        text.append(depth)
    adjust_text(texts)
plt.xlim(32,36)
plt.ylim(0,15)
plt.xlabel("염분(psu)")
plt.ylabel("수온(℃)")
plt.title("동해와 서해의 봄철 수온 - 염분도")
scatt("동해", "2022-04-11")
scatt("서해", "2022-04-07")
plt.savefig("C:\\111\\동해서해최종.jpg",dpi=300)
plt.show()
```

❶ 해수의 물리·화학적 성질

1) 수온

해양에서 수온은 염분과 함께 해수의 특성을 나타내는 가장 기본적인 물리적 성질 중 하나로, 해양 생태계뿐 아니라 해수의 흐름에도 영향을 주는 중요한 물리량이다. 최근 지구온난화에 의한 해수 온도 상승, 해양 열파와 같은 현상이 이슈가 되는 것도 해양 생태계와 어장 등에 수온이 많은 영향을 주기 때문이다.

태양복사에너지의 위도별 불균형은 해수에서도 똑같이 작용하므로 표층 수온의 분포는 [그림 8-68]과 같이 대체로 위도에 나란한 형태를 보인다. 하지만 대륙과 해양의 분포 및 해류의 영향으로 인해 위도와 나란하지 않은 해역도 부분적으로 나타난다.

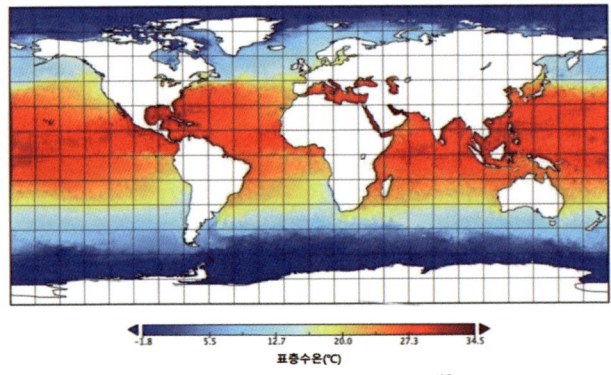

[그림 8-68] 전세계의 표층 수온 분포[43]

---

[43] "Sea Surface Temperature - Optimum Interpolation CDR", National Oceanic and Atmospheric Administration, https://www.ncei.noaa.gov/products/climate-data-records/sea-surface-temperatureoptimum-interpolation

한편 표층 수온이 위도에 따라 다양하게 나타나는 것과는 달리 심층 수온은 대체로 전세계에서 비슷하게 나타난다. 앞선 **4.3 해수의 깊이에 따른 수온 변화 알아보기**에서도 잠시 언급했듯 태양복사에너지는 표층 수온에 많은 영향을 주지만 심해층까지는 도달하지 못하므로 심층 수온에 영향을 주는 주요한 변수가 되지 못한다. 즉, 심해층의 해수온은 표층 해수의 특성과는 무관하며 해수의 심층 순환에 의해 이동한 수괴의 특성에 따라 결정된다고 할 수 있다.

2) 염분

해수가 담수와 구별되는 중요한 특징은 짠맛이 난다는 것이다. 해수가 짠 이유는 해수 중에 녹아있는 소금(NaCl) 때문이다. 소금 이외에도 다양한 물질이 해수에 녹아 있는데 해수에 녹아있는 이러한 물질을 염류라고 하며, 해수 1kg 속에 녹아있는 염류의 총량을 g으로 표시한 것이 염분이다. 염분은 해수를 구분하는 중요한 특성으로 수온과 함께 해수의 밀도에 영향을 주는 중요한 변수이며, psu를 표준 단위로 사용하고 있다.

염분이 염류의 변화량에 많은 영향을 받을 것 같지만 실제 표층 염분은 증발량 및 강수량을 포함한 담수의 변화가 훨씬 더 큰 영향을 미친다. 해수에 포함되는 담수의 양은 증발량과 강수량, 하천수의 유입, 빙하의 해빙과 결빙 등에 의해 달라질 수 있으며, 이러한 변화는 위도에 따른 증발량 및 강수량 조건과 대륙의 분포 등과 밀접하게 연관된다. 예를 들어 위도 30° 부근은 아열대 고압대로 증발량에 비해 강수량이 훨씬 적기 때문에 다른 위도보다 염분이 높고, 대양의 주변부는 대양 중심보다 하천수의 유입이 많아 염분이 낮게 나타난다.

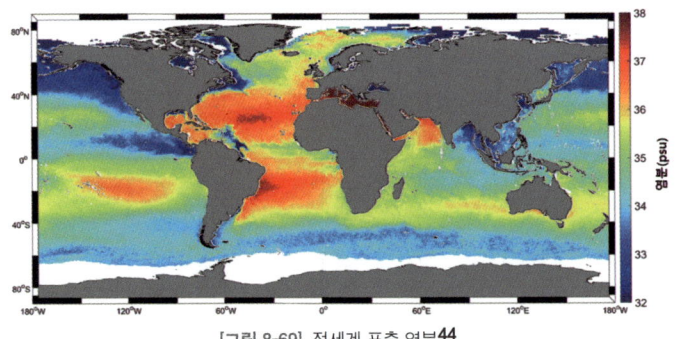

[그림 8-69] 전세계 표층 염분[44]

3) 밀도

밀도는 단위 부피당 질량으로 중력이 작용하는 지구시스템 내에서 어떤 물질이 뜨거나 가라앉음을 결정하는 물리량이다. 대기와 해양 같은 유체에서는 밀도 차이에 의해 대류가 발생하고, 대기와 해양의 대류는 에너지 순환이나 생명체의 생명유지 활동 등에 큰 영향을 주기 때문에 해수의 운동을 이해하려면 해수의 밀도 분포를 이해하는 것이 중요하다.

해수는 대체로 1.024~1.030g/㎤의 밀도 범위를 가지는데 4℃인 순수한 증류수의 밀도가 1g/㎤임을 생각해보면 해수가 담수에 비해 대체로 무겁다는 것을 알 수 있다. 해양에서는 해수의 밀도 차이로 전 세계 해수가 느리게 운동하는 순환이 생기는데 이를 심층 순환이라고 하며, 바람에 의해 발생하는 해수의 표층 순환과 연결되어 컨베이어 벨트라고 부른다. 심층 순환의 주기는 대략 수천 년 수준으로 매우 길다. 하지만 46억 년 지구의 역사를 생각해보면 충분히 많은 순환을 거쳤을 것으로 보인다.

해수의 밀도에 영향을 주는 변수는 앞서 설명한 수온과 염분, 압력이 있다. 압력은 수심에 따라 증가하므로 같은 수심에서는 수온과 염분이 중요한 변수가 된다. 수온은 낮을

---

[44] "Global sea-surface salinity", European Space Agency, https://www.esa.int/ESA_Multimedia/Images/2019/05/Global_sea-surface_salinity

수록, 염분은 높을수록 밀도가 커지며, 일반적으로 온도가 높은 고온의 해수에서는 수온이 중요한 변수로 작용하지만 저온의 해수에서는 염분의 영향이 더 크게 작용한다.

❷ 수온-염분도와 수괴

수온-염분도는 세로축에 수온, 가로축에 염분을 배치하고 밀도를 등밀도선으로 나타내는 3차원 그래프이다. 특정 해수의 수온과 염분은 수온-염분도에서 하나의 점으로 표시되며, 등밀도선을 통해 밀도를 추정할 수 있다. 본 탐구에서 수행한 과제처럼 수심에 따른 해수의 변화를 표시하면 연속된 직선 또는 곡선으로 나타나며, 이를 통해 해수층의 안정성을 판단할 수 있다. 수심이 깊어질수록 밀도가 증가하는 경향을 보이면 수층이 안정하다고 할 수 있다.

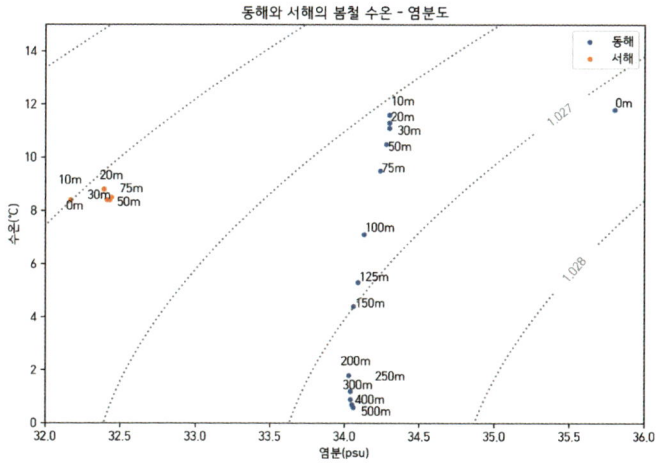

[그림 8-70] 동해와 서해의 봄철 수온-염분도

앞서 수심에 따라 나타난 해수의 특성은 표층의 경우 그 지역의 특성을 반영한 결과이다. 조사한 데이터를 분석해보면 서해는 동해에 비해 염분이 약 2psu 정도 낮다. 반대로 동해는 거의 대부분의 깊이에서 서해보다 염분이 높다. 서해가 동해보다 염분이 낮은 이유는 무엇일까? 앞에서 배운 것처럼 해수의 염분은 증발량-강수량과 같은 담수의 영향을 크게 받는다. 그런데 동해나 서해는 거의 같은 위도대에 있고 환경도 비슷하기 때문에 증발량-강수량의 영향은 아니다. 서해의 염분이 낮은 이유는 바로 강물의 유입과 해수 자체의 총량 때문이다. 서해는 깊이도 얕고 주변이 모두 대륙으로 둘러싸여 있다. 이로 인해 해수의 양이 매우 적다. 그런데 우리나라의 대부분의 강은 서해로 흘러 들어가고 있다. 특히 중국의 큰 강 역시 모두 서해로 흘러 들어간다. 이렇게 염분이 거의 없는 강물이 서해로 많이 흘러 들어가기 때문에 서해의 염분이 낮게 나타나는 것이다. 실제로 비가 많이 내려서 육지의 담수가 바다로 많이 흘러 들어가는 여름에 서해의 염분이 크게 낮아진다.

관측을 실시한 시기에 서해의 깊이별 수온은 8℃ 정도로 일정하게 유지되고 있다. 수온이 일정하게 유지되는 것은 수온과 염분을 관측한 날짜에 바람이 비교적 강하게 불었음을 암시한다. 관측을 실시한 날 동해의 표층 수온은 약 12℃ 정도이고, 20m 이하 깊이에서 수온이 급격하게 낮아진다. 다시 말해 혼합층의 두께가 매우 얇고, 이날 관측 지점에는 바람이 약했음을 추측할 수 있다. 그런데 왜 동해의 표층 수온이 서해보다 높은 것일까? 두 해역 모두 4월에 관측한 데이터임에도 온도가 4℃나 다른 것은 어떤 이유가 있는데 이는 동해에 흐르는 동한 난류 때문이다. 동한 난류는 남쪽에서 우리나라로 흘러오는 쿠로시오 해류를 지류로 하는 따뜻한 바닷물이다. 특히 관측을 실시한 104 정점은 봄철 동한 난류의 영향을 받는 지역이기 때문에 서해보다 해수온이 다소 높게 관측되는 것이다.

[그림 8-70]처럼 서해는 수심이 워낙 얕아서 수온-염분도에 심층수를 나타내기 어렵다. 하지만 동해는 충분히 깊어 심해층이 존재한다. 심해층은 표층의 영향을 받지 않기 때문에 바닷물이 있는 지역의 환경 영향을 거의 받지 않는다. 그렇다면 심해층은 어떤 영향에 의해 수온과 염분이 결정될까? 이 질문에 대한 답이 수괴와 심층 순환의 개념이다. 넓은 지역에 걸쳐 표층 해수의 수온-염분도를 작성하면 일정한 범위에 모인 점이 나타난다. 이들은 유사한 기후 조건에 오랜 시간 노출되며 비교적 일정한 범위의

수온과 염분 값을 가지게 된 것이다. 즉, 오랜 시간 같은 환경에 노출되며 다른 지역의 표층 해수와 구별되는 하나의 특성을 가지게 되었다고 할 수 있다. 이처럼 수평적으로 수천 km, 수직적으로 수백 m 이상의 규모를 가지는 해수 덩어리를 "수괴water mass"라고 하는데 대기 과학에서 다루는 기단과 유사한 개념이다. [그림 8-71]의 AAIW남극 중층수, AABW남극 저층수, NADW북대서양 심층수 등은 서로 종류가 다른 수괴의 이름이다.

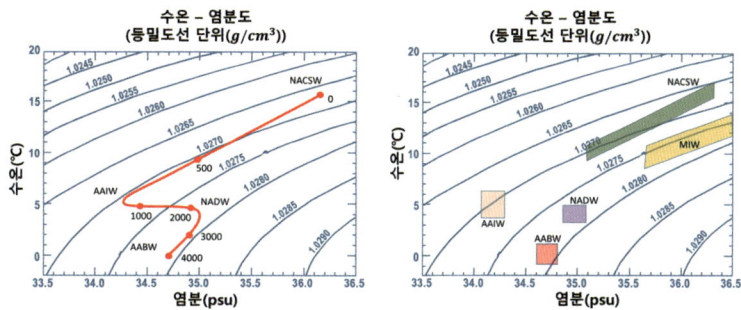

[그림 8-71] 해수의 깊이에 따른 수온-염분도(좌)[45]와 여러 수괴를 수온-염분도에 나타낸 결과(우)[46]

[그림 8-71]의 왼쪽 그래프는 수심에 따른 해수의 특성을 수온-염분도에 나타낸 것이다. 표층 0m부터 4000m까지 해수의 수온과 염분 변화가 곡선으로 나타나고 있다. 이 곡선을 곰곰이 생각보면 자연스럽지 않음을 알 수 있는데 왜냐하면 자연계에서 이런 갑작스러운 변화는 잘 나타나지 않기 때문이다. 수온과 염분은 충분히 혼합하여 중간값을 가질 수 있는 물리량이므로 기압과 같이 점진적인 변화를 나타내는 것이 보다 자연스럽게 느껴진다. 그럼에도 1000m와 3000m 등에서 갑작스러운 변화가 나타나는 것은 그럴만한 이유가 있기 때문이라고 유추할 수 있다. 이를 수괴에 적용하기 위해 [그림 8-71]의 오른쪽 그림과 비교해서 보자. 하나의 해역에서 수직으로 수심을 깊게 하며 수온과 염분을 측정했지만 하나의 수괴가 아니라 여러 수괴의 특성을 측정했음을 알 수 있다. 1000m 부근에서는 AAIW, 2000~3000m 사이에서는

---

45 "TS diagram plotting the data from one single CTD cast."(번역), Daily Kos, https://www.dailykos.com/stories/2053318

46 "TS Diagram showing some major Atlantic water types."(번역), Daily Kos, https://www.dailykos.com/stories/2053318

NADW, 4000m에 이르러서는 AABW를 만난 것이다. 이와 같은 결과는 수괴는 흐르는 물이지만 밀도가 달라 다른 수괴와 쉽게 섞이지 않고 고유의 특성을 오랜 시간 유지한다는 점을 보여준다. 이러한 특성을 수온-염분도에 적용하면 수괴의 특성을 쉽게 표시할 수 있고, 이미 알고 있는 수괴를 여러 해양에서 쉽게 찾을 수 있다.

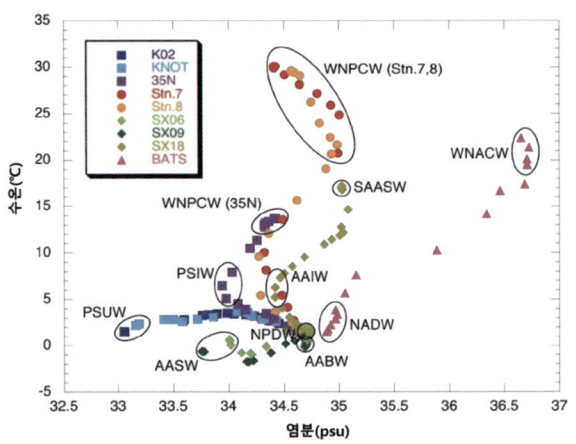

[그림 8-72] 몇 가지 수괴를 수온-염분도에 나타낸 결과[47]

모든 수괴는 그 발원지의 표층에서 형성되어 수평 및 수직 방향으로 확산하고, 이 과정에서 밀도가 비슷한 다른 수괴와 혼합 작용을 일으킨다. 그러므로 수괴의 발원지는 수괴의 특성을 이해하기에 중요한 정보가 되며, 수괴의 명칭을 붙일 때 반영된다. 또한 수괴가 일반적으로 위치하는 수심은 수괴의 밀도에 의해 결정되므로 수괴의 수심 또한 수괴의 명칭에 반영된다. 대표적인 예로 북대서양 심층수는 발원지인 북대서양과 수괴의 수심을 의미하는 심층수가 합쳐진 이름이다. [그림 8-72]는 수온-염분도에 표시된 여러 수괴의 모습을 나타낸 것이다. 해수면의 가열과 냉각, 증발과 강수, 결빙과 해빙 같은 요인이 수괴의 성질을 결정하므로 수괴의 성질 변화를 연구하면 지구의 기후 변화에 대한 열쇠가 될 수 있다.

---

[47] M. Lutfi Firdaus, "T-S diagram"(번역), ResearchGate, https://www.researchgate.net/figure/T-Sdiagram-Identified-water-masses-and-the-number-of-seawater-samples-are-asfollows_fig2_267827685

8.5 태양이 은하의 중심에 있지 않다는 것은 어떻게 알아냈을까?

한걸음 다가서기

태양계는 우리 은하의 중심에 있지 않고 변두리인 나선팔에 위치한다. 그렇다면, 이를 확인하고 증명할 수 있는 가장 간단한 방법은 무엇이 있으며, 과거 천문학자들은 이를 어떻게 증명했을까?

지구과학 미리보기

오래전에는 많은 사람이 태양이 은하 중심에 위치해 있다고 믿었으며, 천문학자들조차도 그렇게 생각해왔다. 1910년대에 와서 할로 섀플리Harlow Shapley가 처음으로 태양이 은하의 중심에 있지 않다는 새로운 은하 모형을 제안하였다. 당시 섀플리의 주장은 파격적인 것이었으며, 이에 적지 않은 사람들이 섀플리의 주장을 쉽게 받아들이지 못하였다. 그렇다면 섀플리는 무엇을 근거로 태양이 은하의 중심에 있지 않다고 생각했을까? 지구에서 관측되는 구상성단의 분포가 그 증거였다.

[그림 8-73] 구상성단 NGC6093[48]

구상성단은 수만에서 수십만 개의 별이 상호 간의 중력으로 묶여 구형으로 분포하고 있는 별의 집단이다. 대부분 늙은 별(적색거성 이상 진화한 별)로 이루어져 있어 붉은색을 띠며, 주로 우리 은하 주변

---

[48] "구상성단", 한국천문연구원 천문우주지식정보, https://astro.kasi.re.kr/learning/pageView/5200

> (헤일로)과 은하 중심에 분포한다. 구상성단은 산개성단에 비해 규모가 워낙 크다 보니 생성 과정에 대하여 아직 정확하게 알려진 것이 없다. 심지어 지금까지 알려진 바와는 달리 나이가 젊을 것으로 추정되는 구상성단이 발견되기도 하여 구상성단이 우주 탄생 초기에 은하와 함께 형성되었을 것이라는 구상성단 형성 이론도 수정되어야 할지 모른다.

Step 1) 데이터 다운로드

우리 은하 주변에는 현재까지 약 150여 개의 구상성단이 발견되었다. 하지만 더 많은 구상성단이 있을 것으로 추정하고 있다. 또한 현대에는 첨단 관측 장비를 활용하여 외부 은하에 있는 구상성단도 발견하고 있다.

앞에서 이야기한 것처럼 구상성단은 은하 중심과 그 주변 헤일로에 분포하고 있다. 만약 태양이 은하의 중심에 있다면, 구상성단은 태양을 중심으로 고르게 분포하고 있어야 하고, 그렇지 않다면 태양이 은하 중심에 위치하고 있지 않다는 증거가 될 수 있다. 여기서는 태양계 주변에서 관측되는 구상성단의 분포를 통해 우리 태양계가 은하의 어디에 위치하고 있는지 알아보고자 한다.

구상성단의 분포를 나타내기 위해서는 지구에서 관측한 구상성단의 좌표가 필요하다. 별의 좌표를 나타내는 방법에는 여러 가지가 있는데 여기서는 우리 은하와 태양에 대한 구상성단의 위치를 알아보는 것이 목적이기 때문에, 은하 좌표계를 사용하여 구상성단의 위치를 나타내고자 한다. SIMBAD에서 데이터를 다운받을 수도 있지만, SIMBAD에서 구상성단의 좌표를 찾아내는 것이 쉽지는 않다. 하지만 감사하게도 맥마스터 대학교(McMaster University) 윌리엄 E. 해리스(William E. Harris)가 태양 주변 구상성단의 좌표를 모두 정리했다. 여기서 우리는 이것을 활용하여 구상성단의 분포를 그려 볼 것이다.

1. https://physics.mcmaster.ca/~harris/mwgc.dat에 접속한다. 또는 구글에서 William E. Harris McMaster Physics를 검색하면 나오는 검색 결과의 가장 상단의 홈페이지에 접속한 뒤 [Catalogs and Manuals]를 클릭하고, [Milky Way GC Catalog Data File(2010)]을 클릭한다.

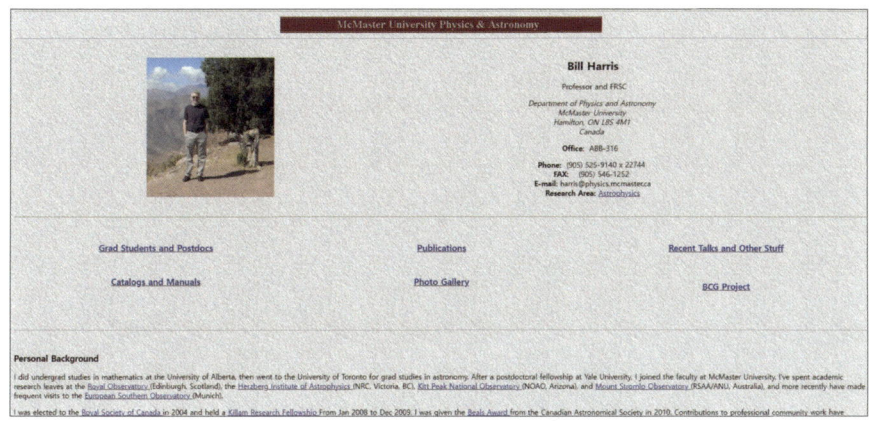

[그림 8-74] 맥마스터 대학교의 물리천문학부 홈페이지[49]

2. [Part I: Identifications and Positional Data]에 있는 목록을 드래그하여 복사한다.

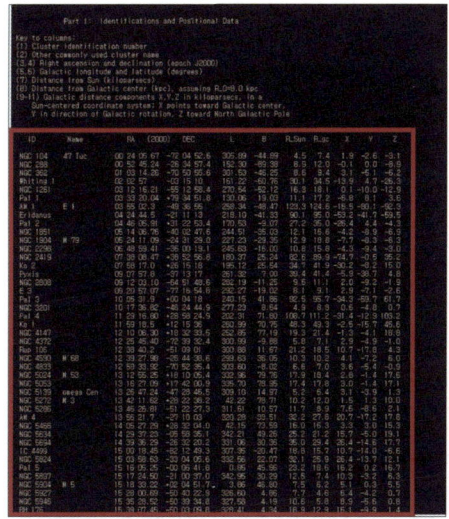

[그림 8-75] 맥마스터 대학교에서 제공하는 구상성단 목록과 복사해야 하는 영역의 일부

---

[49] McMaster University Physics & Astronomy, https://physics.mcmaster.ca/~harris/WEHarris.html

3. 메모장에 붙여넣기한 뒤 적당한 파일명으로 저장한다. 이때 파일 형식은 텍스트(txt)로 저장한다.

[그림 8-76] 메모장에 데이터를 정리한 화면

4. 메모장을 닫고 엑셀을 이용해 파일을 연다. 이때 불러오는 파일의 형식을 바꿔주는 탭에서 [모든 Excel 파일](기본값)을 [모든 파일]로 바꿔야 텍스트 파일을 볼 수 있다.

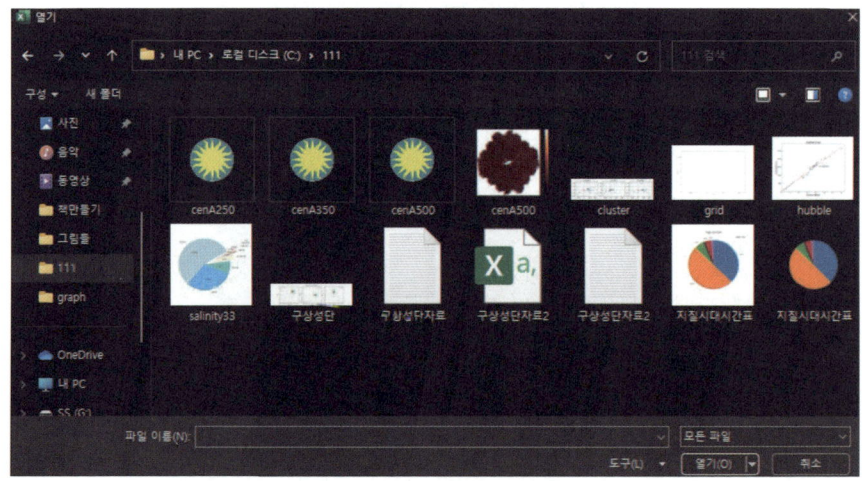

[그림 8-77] 엑셀에서 문서를 열기 위해 파일 형식을 모든 파일로 바꾼 상태

5. 메모장에서 저장한 파일을 열면 다음과 같은 화면이 나온다. 여기서 [너비가 일정함]을 선택하고 다음을 클릭한다.

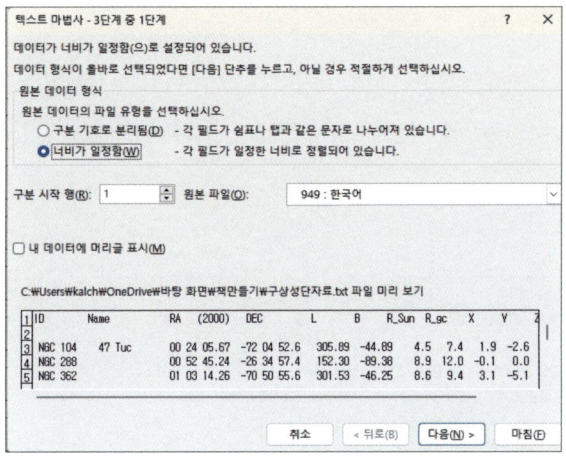

[그림 8-78] 엑셀에서 텍스트 파일 형식을 인식하고 불러오기 하는 과정

6. 열 구분선을 지정하는 화면이 나온다. 대부분의 값이 구분선으로 잘 구분되었지만 RA(2000)선과 DEC의 구분선은 일부가 잘못되었다. [그림 8-79]처럼 잘못된 4개의 구분선을 더블 클릭하여 삭제하자.

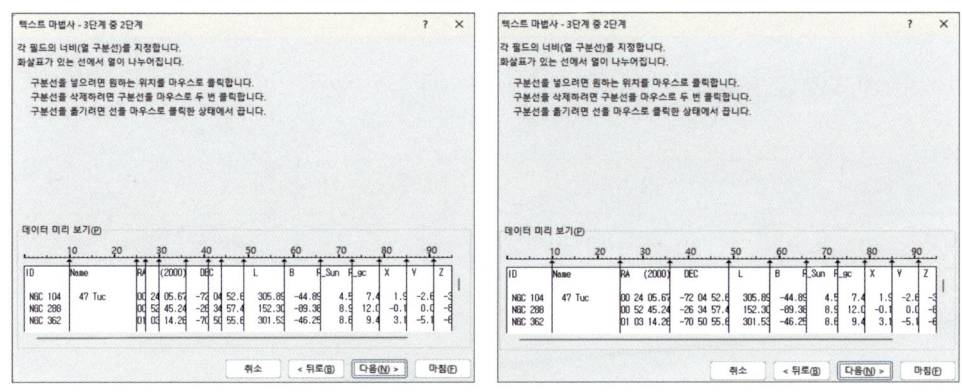

[그림 8-79] 구분선 수정 전(좌)과 수정 후(우)

7. 다음 화면에서는 크게 수정할 것이 없으므로 [마침]을 클릭한다.

8. [마침]을 클릭하면 정상적으로 파일이 열린 것을 확인할 수 있다.

9. 구분선으로 값을 구분하며 일부 헤더 데이터가 잘려 나갔다. 잘려 나간 헤더 데이터는 파이썬에서도 데이터 프레임을 이용해 수정할 수는 있지만 엑셀을 열었으니 여기서 수정해 보자.

	A	B	C	D	E	F	G	H	I	J	K
1	ID	Name	RA (2000	DEC	L	B	R	_Sun R	_gc	X	Y	Z
2											
3	NGC 104	47 Tuc	00 24 05.6	-72 04 52.(	305.89	-44.89	4.5	7.4	1.9	-2.6	-3.1
4	NGC 288		00 52 45.2	-26 34 57.	152.3	-89.38	8.9	12	-0.1	0	-8.9
5	NGC 362		01 03 14.2	-70 50 55.(	301.53	-46.25	8.6	9.4	3.1	-5.1	-6.2
6	Whiting 1		02 02 57	-03 15 10	161.22	-60.76	30.1	34.5	-13.9	4.7	-26.3
7	NGC 1261		03 12 16.2	-55 12 58.	270.54	-52.12	16.3	18.1	0.1	-10	-12.9
8	Pal 1		03 33 20.0	+79 34 51	130.06	19.03	11.1	17.2	-6.8	8.1	3.6
9	AM 1	E 1	03 55 02.3	-49 36 55	258.34	-48.47	123.3	124.6	-16.5	-80.1	-92.3
10	Eridanus		04 24 44.5	-21 11 13	218.1	-41.33	90.1	95	-53.2	-41.7	-59.5
11	Pal 2		04 46 05.9	+31 22 53	170.53	-9.07	27.2	35	-26.4	4.4	-4.3
12	NGC 1851		05 14 06.7	-40 02 47.(	244.51	-35.03	12.1	16.6	-4.2	-8.9	-6.9
13	NGC 1904	M 79	05 24 11.0	-24 31 29.(	227.23	-29.35	12.9	18.8	-7.7	-8.3	-6.3
14	NGC 2298		06 48 59.4	-36 00 19.	245.63	-16	10.8	15.8	-4.3	-9.4	-3
15	NGC 2419		07 38 08.4	+38 52 56	180.37	25.24	82.6	89.9	-74.7	-0.5	35.2
16	Ko 2		07 58 17.0	+26 15 18	195.12	25.54	34.7	41.9	-30.2	-8.2	15

[그림 8-80] 헤더 데이터 수정 전 화면

10. 위에서 잘못된 부분(B R, _Sun R, _gc)을 다음과 같이 수정하자.

ID	Name	RA (2000)	DEC	L	B	R_Sun	R_gc	X	Y	Z

11. 헤더 데이터 다음 행이 공백이다. 공백인 2번 행을 삭제하자.

	A	B	C	D	E	F	G	H	I	J	K
1	ID	Name	RA	(2000 DEC	L	B	R_Sun	R_gc	X	Y	Z
2	NGC 104	47 Tuc	00 24 05.6	-72 04 52.(	305.89	-44.89	4.5	7.4	1.9	-2.6	-3.1
3	NGC 288		00 52 45.2	-26 34 57.4	152.3	-89.38	8.9	12	-0.1	0	-8.9
4	NGC 362		01 03 14.2	-70 50 55.(	301.53	-46.25	8.6	9.4	3.1	-5.1	-6.2
5	Whiting 1		02 02 57	-03 15 10	161.22	-60.76	30.1	34.5	-13.9	4.7	-26.3
6	NGC 1261		03 12 16.2	-55 12 58.4	270.54	-52.12	16.3	18.1	0.1	-10	-12.9
7	Pal 1		03 33 20.0	+79 34 51	130.06	19.03	11.1	17.2	-6.8	8.1	3.6
8	AM 1	E 1	03 55 02.3	-49 36 55	258.34	-48.47	123.3	124.6	-16.5	-80.1	-92.3
9	Eridanus		04 24 44.5	-21 11 13	218.1	-41.33	90.1	95	-53.2	-41.7	-59.5
10	Pal 2		04 46 05.9	+31 22 53	170.53	-9.07	27.2	35	-26.4	4.4	-4.3
11	NGC 1851		05 14 06.7	-40 02 47.(	244.51	-35.03	12.1	16.6	-4.2	-8.9	-6.9
12	NGC 1904	M 79	05 24 11.0	-24 31 29.(	227.23	-29.35	12.9	18.8	-7.7	-8.3	-6.3
13	NGC 2298		06 48 59.4	-36 00 19.	245.63	-16	10.8	15.8	-4.3	-9.4	-3
14	NGC 2419		07 38 08.4	+38 52 56	180.37	25.24	82.6	89.9	-74.7	-0.5	35.2

[그림 8-81] 헤더 데이터 수정과 값이 없는 2번 행의 삭제 결과

12. 수정을 완료했으면 다른 이름으로 저장하기를 클릭하여 파이썬으로 분석하기 편리한 폴더에 수정한 파일을 저장한다. 이때 파일 형식을 [CSV (쉼표로 분리)]로 저장하자.

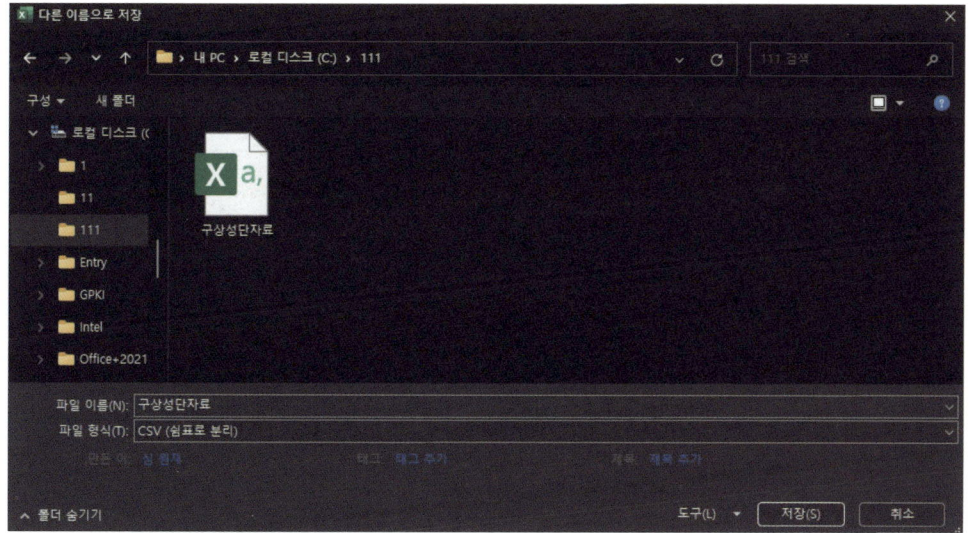

[그림 8-82] 파일 형식을 CSV(쉼표로 분리)로 바꾸어 저장하는 과정

| Step 2 | **그래프로 표현하기**

먼저 각 헤더 데이터가 무엇을 의미하는지 알아보자.

- ❶ ID: 구상성단의 식별명, 여기서는 주로 NGC^{New General Catalogue}(성운, 성단, 은하 등을 숫자로 목록화한 것) 목록을 ID로 사용했다.
- ❷ Name: ID에서 제시한 이름 이외의 다른 이름, 주로 메시에^{M, Messier} 목록으로 되어있다.
- ❸ RA(2000): 적경, 적도 좌표계에서 별의 위치를 나타내는 방법, 일종의 x값, 춘분점에서부터 천구의 적도를 따라 반시계 방향으로 측정한 별의 좌표
- ❹ DEC: 적위, 적도 좌표계에서 별의 위치를 나타내는 방법, 일종의 y값, 천구의 적도에서부터 시간권을 따라 천체까지 측정한 별의 좌표
- ❺ L: 은경, 은하 좌표계에서 별의 위치를 나타내는 방법, 일종의 x값
- ❻ B: 은위, 은하 좌표계에서 별의 위치를 나타내는 방법, 일종의 y값
- ❼ R-Sun: 태양에서부터의 거리, Kpc(킬로파섹) 단위로 나타냄
- ❽ R-gc: 은하 중심에서부터의 거리, Kpc(킬로파섹) 단위로 나타냄
- ❾ X, Y, Z: 태양을 기준으로 공간상에서의 구상성단의 3차원 좌표, 은경, 은위, 태양에서부터 거리를 바탕으로 계산된 값

X, Y, Z의 값이 없었더라면 은경과 은위, 태양에서부터의 거리로 모두 X, Y, Z를 계산해야 했다. 하지만 다행히도 값이 있다. 이제 태양을 원점으로 하여 구상성단의 위치를 점으로 표시하기만 하면 된다.

먼저 csv 파일을 읽어 올 때 필요한 라이브러리 pandas와 그래프를 그릴 때 필요한 라이브러리인 matplotlib.pyplot을 먼저 호출하자. 그리고 엑셀에서 편집한 파일을 함께 불러오자.

```
import pandas as pd
import matplotlib.pyplot as plt
data=pd.read_csv("C:\\111\\구상성단자료.csv")
```

다음으로 x-y축, x-z축, y-z축에서 구상성단의 위치를 표현하고자 한다. 따라서 3개의 그래프를 그려 볼 건데, 모두 하나씩 개별적으로 그리지 않고 3개의 그래프를 1줄에 나타내고자 한다. subplot을 이용해 다음과 같이 코드를 구성해보자.

```python
import pandas as pd
import matplotlib.pyplot as plt
data=pd.read_csv("C:\\111\\구상성단자료.csv")
x=data["X"]
y=data["Y"]
z=data["Z"]
plt.figure(figsize=(15,4))
def subplot(a,b,c):
    plt.subplot(1,3,a)
    plt.scatter(b,c)
    plt.grid(linestyle="--")
subplot(1,x,y)
subplot(2,y,z)
subplot(3,x,z)
plt.show()
```

subplot을 작성한 것을 제외하고 기존의 산점도를 그리는 과정과 크게 다르지 않다. 다만 3개의 서로 다른 산점도를 그려야하기 때문에 불필요하게 코드가 반복되므로 def를 이용해 함수를 만들어 그래프를 그렸다. [그림 8-83]은 코드를 실행한 결과이다.

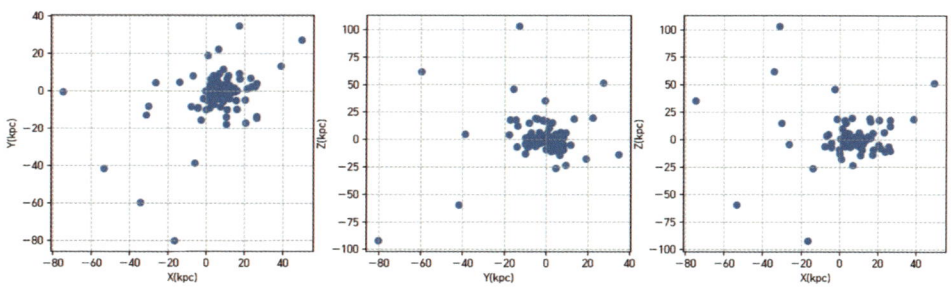

[그림 8-83] subplot을 이용한 그래프 출력

구상성단의 위치는 잘 표시되었지만 태양의 위치가 없어 태양을 기준으로 어떻게 분포하고 있는지 알기 어렵다. 위 데이터의 X, Y, Z값은 태양을 기준으로 한 값이기 때문에 태양의 좌표는 x, y, z에서 (0,0,0)이 된다. 따라서 def 구문에 아래의 한 줄을 추가하여 그래프에 태양도 함께 표현하자.

```python
def subplot(a,b,c):
plt. subplot(1,3,a)
    plt.scatter(b,c)
    plt.grid(linestyle="--")
    plt.scatter(0,0)
subplot(1,x,y)
subplot(2,y,z)
subplot(3,x,z)
plt.show()
```

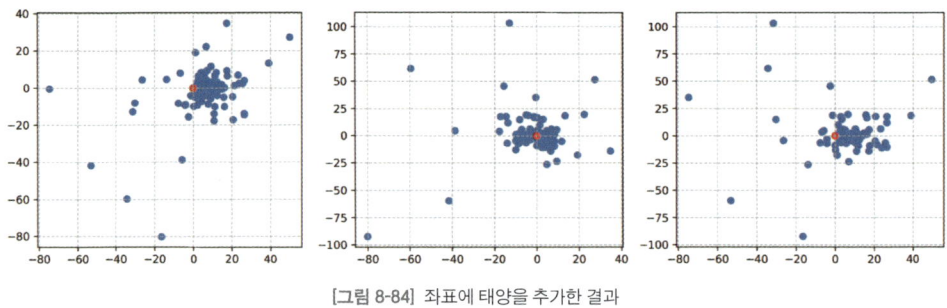

[그림 8-84] 좌표에 태양을 추가한 결과

마지막으로 3개의 그래프에 모두 축 제목과 그래프의 제목, 그리고 범례를 표시하기 위해 함수 subplot(a,b,c)에 아래의 내용을 추가하자.

```python
def subplot(a,b,c):
    plt.subplot(1,3,a)
    plt.scatter(b,c, label="구상성단")
    plt.grid(linestyle="--")
    plt.scatter(0,0, label="태양")
```

```
    plt.xlabel(b.name)
    plt.ylabel(c.name)
    plt.title(b.name+"-"+c.name+"좌표 구상성단의 위치")
    plt.legend()
subplot(1,x,y)
subplot(2,y,z)
subplot(3,x,z)
plt.show()
```

여기서 함수 subplot에 사용하는 변수 b와 c에 b.name, c.name과 같은 형태를 사용했다. subplot 함수를 호출할 때 사용한 b와 c는 각각 변수 x, y, z인데 이들은 각각 위에서 정의한 data["X"], data["Y"], data["Z"]에 대응하는 변수이다. pandas에서 해당 열의 제목을 출력할 때 메서드 name을 사용한다. b.name, c.name을 사용하여 X, Y, Z라는 열의 이름을 사용할 수 있게 된다. [그림 8-85]는 그래프 출력 결과이다.

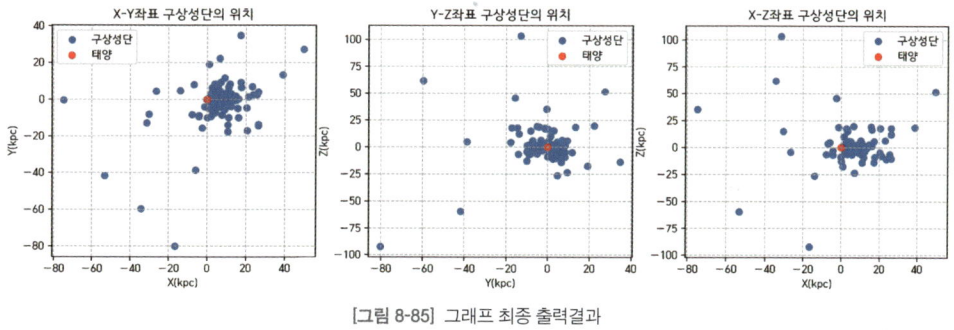

[그림 8-85] 그래프 최종 출력결과

x, y, z 좌표를 이용하여 구상성단의 위치를 표현할 수도 있지만 정확한 분포를 한눈에 알아보기는 어렵다. 이런 경우에는 그래프를 3차원으로 표현하면 더욱 알아보기 쉽다. 3차원으로 표현할 경우 하나의 그래프만 있으면 되기 때문에 def 함수를 쓸 필요가 없다. 3차원 표현은 매우 간단하며 몇 줄의 코드만 수정하면 된다. 아래 코드를 작성하고 실행해보자.

```
import pandas as pd
import matplotlib.pyplot as plt
data=pd.read_csv("C:\\111\\구상성단자료.csv")
x=data["X"]
y=data["Y"]
z=data["Z"]
fig=plt.figure(figsize=(10,10))
ax=fig.add_subplot(projection="3d")
ax.view_init(30,0)
ax.scatter(x,y,z, marker="o", s=15, c="darkgreen")
ax.scatter(0,0,0, marker="o", s=100, c="red")
plt.xlabel("X(kpc)")
plt.ylabel("Y(kpc)")
ax.set_zlabel("Z(kpc)")
plt.show()
```

3차원 그래프라 하더라도 scatter를 사용하는 방법은 같다. 다만 산점도를 그리는 명령을 수행하기 전, fig.add_subplot에서 projection="3d"를 활용해 3d 그래프로 그리라고 파이썬에게 지시하는 것이 추가되었다.

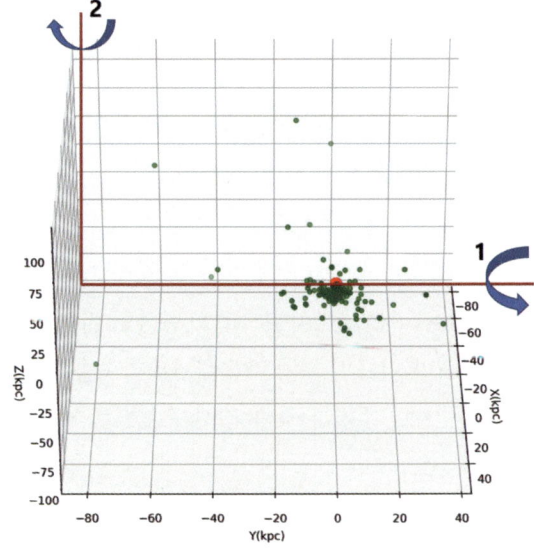

[그림 8-86] 3D 그래프 출력 결과와 회전 방향

> **coding tip** 알 수 없는 오류가 발생하는 경우
>
> matplotlib 라이브러리와 주피터 노트북의 버전 호환 문제로 일부 컴퓨터에서 다음과 같은 오류가 발생하는 경우가 있다.
>
> ```
> IPython is not Defined
> ```
>
> 이런 오류 메시지가 뜨는 경우 코드의 맨 처음에 다음과 같은 코드 한 줄을 추가하면 해결된다.
>
> ```
> %matplotlib inline
> ```

또한 3차원 그래프의 회전 각도를 조절할 수 있다. 이는 ax.view_int(30,0)에서 수정할 수 있다. 첫 번째의 30은 1번 축을 기준으로 회전하는 각도를, 두 번째의 0은 2번 축을 기준으로 회전하는 각도를 나타낸다. 위의 숫자를 하나씩 바꾸며 회전시켜보면 충분히 이해할 수 있다.

그래프의 축 제목을 기입하는 방법은 지금까지 본 방법과 다르지 않다. 다만, z축 제목은 2차원 그래프를 그리는 plt.scatter에서는 지원되지 않는다. 따라서 3D 그래프를 그리는 코드에서 z축 제목을 입력해야 하는데 파이썬에게 3D 그래프를 그리라고 지시한 코드는 ax=fig.add_subplot(projection="3d")이다. 또한 메서드 set_zlabel를 사용해야만 z축 제목을 넣을 수 있다. 따라서 ax.set_zlabel을 이용해 z축에 대한 축 제목을 그려야 한다.

태양의 위치를 기준으로 한 구상성단의 분포의 출력 결과를 해석하는 과정은 뒤에서 다루고, 여기에 원을 이용하여 우리 은하의 원반을 함께 표시해보자. 이렇게 하면 태양을 기준으로 구상성단의 구성을 표현할 수 있을 뿐 아니라 우리 은하 원반을 기준으로 한 구상성단의 분포도 함께 볼 수 있어 더욱 유용하다. 이를 위해서는 우리 은하 원반의 반지름과 은하 중심에서 태양까지의 거리를 알아야 한다.

> **coding tip** matplotlib의 버전에 따른 3D 표현 방법
>
> matplotlib의 최신 버전에서는 앞에서 한 방법으로 3D 그래프를 나타내면 되지만, 이전 버전에서는 방법이 조금 다르다. 이전 버전에서 3D 그래프 표현은 아래와 같이 수행한다.
>
> ```
> ax=fig.gca(projection="3d")
> ```

science tip 은하와 우리 은하

[그림 8-87] 대표적 정상 나선은하인 안드로메다 은하[50]

은하란 별과 성간 물질, 암흑물질 등이 강한 중력에 의해 묶여 있는 천체들의 거대한 집단이다. 특히 우리 태양계가 소속된 은하를 우리 은하 milky way라고 하는데, 우리 은하에만 1000억 개에서 4000억 개 정도의 별이 있을 것으로 추정하고 있다. 은하의 중심에는 초 거대질량 블랙홀 super massive blackhole이 있는데 2019년 EHT Event Horizontal telescope 프로젝트에서 M87 타원 은하의 블랙홀을 전파 관측하는네 최초로 성공하였고, 2022년에는 궁수자리 A*에서 우리 은하의 블랙홀을 최초로 관측하는데 성공하였다. 밤하늘에 보이는 은하수가 바로 궁수자리 A 방향으로, 우리 은하의 중심 방향을 보고 있는 것이다.

---

50 "The Andromeda Galaxy", Universe Today, https://www.universetoday.com/36528/beyond-thesolar-system/

우리 은하는 허블 은하 분류 기준으로 막대나선은하이다. 막대나선은하는 중심에 막대 구조와 나선 팔을 가지고 있는 구조이다. 옆에서 보면 [그림 8-88]과 같이 얇은 원반과 원반 주변을 둘러싸고 있는 보이지 않는 헤일로halo가 자리 잡고 있다. 헤일로는 대부분 암흑물질로 되어있으며 드물게 구상성단이 위치한다. 또한 은하 중심에는 매우 많은 별이 밀집해있는데, 여기를 팽대부bulge라고 한다.

태양은 은하 중심으로부터 약 28,000광년 떨어져 있고, 은하 원반의 반지름은 약 50,000광년으로 알려져 있다. 여기서 광년은 빛이 1년 동안 갈 수 있는 거리로, 1pc(파섹)=3.26광년과 같다.

앞서 다룬 것처럼 우리 은하의 중심에서 태양까지의 거리는 약 28,000광년이다. 지금까지 그래프로 표현한 구상성단과 태양까지의 거리 단위는 모두 kpc이므로, 광년을 kpc으로 단위 변환을 해야 한다. 1pc=3.26광년이므로, 28,000광년을 pc으로 바꾸면 약 8589pc이다. 이를 다시 kpc으로 바꾸면 약 8.6kpc이다. 은하의 반지름은 50,000광년이므로, 마찬가지로 이를 kpc으로 바꾸면 15.3kpc이다.

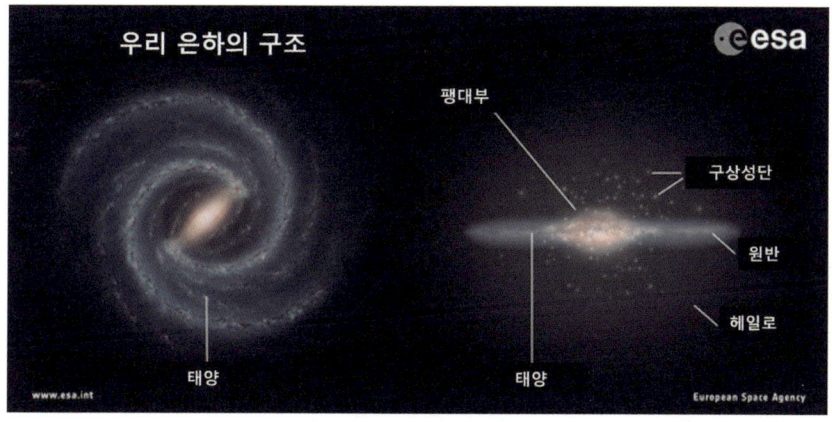

[그림 8-88] 우리 은하의 구조[51]

---

[51] "ANATOMY OF THE MILKY WAY", European Space Agency, https://sci.esa.int/web/gaia/-/58206-anatomy-of-the-milky-way

이제 우리 은하의 얇은 원반을 원의 방정식을 이용하여 파이썬으로 표현해보자.

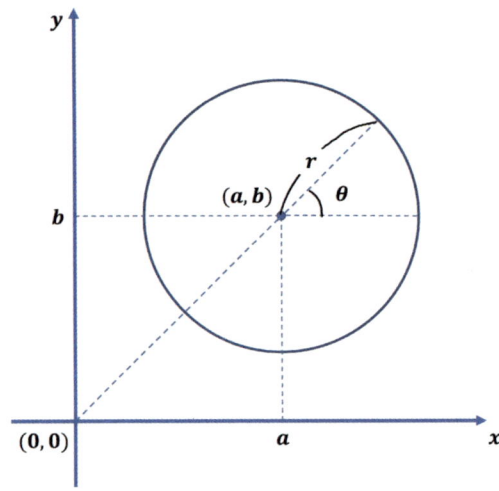

[그림 8-89] 원점이 (a,b)이고 반지름이 r인 원

원점이 (a, b)이고 반지름이 r인 원은 다음과 같은 방법으로 표현할 수 있다.

$$(x - a)^2 + (y - b)^2 = r^2$$

파이썬에서도 이를 활용하여 표현할 수 있지만, 이보다 삼각함수를 이용하면 좀 더 간결하게 표현할 수 있다. 삼각함수를 이용해 원의 방정식을 나타내면 다음과 같다.

$$x = a + r \times \cos\theta$$
$$y = b + r \times \sin\theta$$

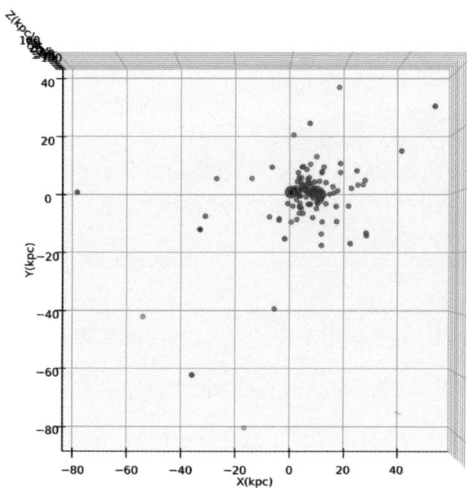

[그림 8-90] X-Y 평면에서 바라본 태양과 구상성단의 분포

다시 구상성단의 분포를 보자. 태양을 중심으로 구상성단이 x축에 대하여 +방향 쪽으로 몰려있는 것을 알 수 있다. 이 방향이 우리 은하의 중심 방향이다. 태양과 은하 중심까지의 거리는 약 8.6kpc이고 은하의 반지름은 약 15.3kpc이므로, 이 좌표에서 은하 중심의 위치는 (8.6,0)이라고 나타낼 수 있다. 따라서 X-Y 평면에서 보았을 때 중심은 (8.6,0), 반지름은 15.3인 원을 그리면 된다. 이는 식으로 다음과 같이 쓸 수 있다.

$$x = 8.6 + 15.3 \times \cos\theta$$

$$y = 15.3 \times \sin\theta$$

이제 이 내용을 파이썬으로 나타내보자. 위 수식의 삼각함수와 θ는 라이브러리 math를 활용하여 계산하고자 한다. 또한 θ는 0°~360° 사이의 값인데, θ에 대입할 때에는 라디안으로 바꾸어 넣어야 한다. 다시 말해 도(°) 단위를 라디안으로 바꾸기 위해 0°~360° 사이의 모든 값에 $\frac{\pi}{180°}$를 곱해야 한다. 다행히 라이브러리 math에서 라디안 변환을 해주기 때문에 몇 글자의 코드만 입력하면 된다. 다음과 같이 코드를 구성하여 원을 나타내보자.

```
import math
u=[]
v=[]
for theta in np.arange(0,360,0.1):
    u.append(8.6+15.3*math.cos(math.radians(theta)))
    v.append(15.3*math.sin(math.radians(theta)))
plt.plot(u,v,c="red")
```

빈 리스트 자료형 u와 v를 만든 뒤 for 문과 np.arange를 활용하여 0에서 360까지의 수를 0.1 간격으로 생성하였다. 그다음 math.radians(theta)를 이용해 0~360까지의 수를 모두 라디안으로 바꾸어 주었다. 마지막으로 math.cos(math.radians(theta))과 math.sin(math.radians(theta))에서 cos과 sin값을 계산하여 u와 v 리스트에 추가한 뒤 plt.plot(u,v,c="red")에서 그래프로 그려주었다. 또한 ax.view_init(30,0)을 ax.view_init(27,240)로 회전 하였다. [그림 8-91]은 코드의 실행 결과이다.

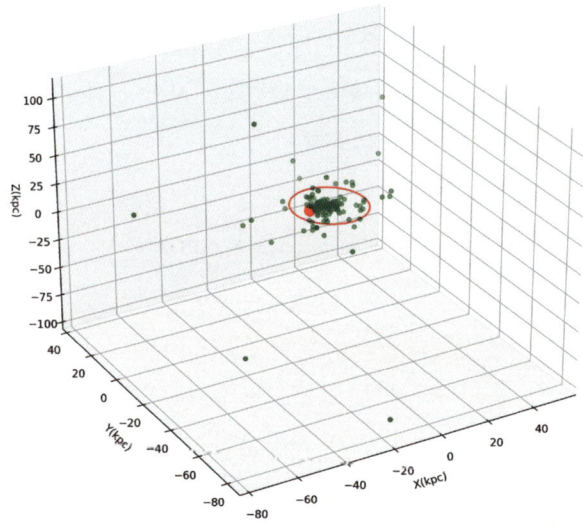

[그림 8-91] 은하 원반까지 표현한 결과

태양이 은하의 변두리에, 구상성단은 은하의 팽대부를 중심으로 산발적으로 퍼져있음이 잘 나타나고 있다. 아래는 여기까지의 전체 코드이다. 다음 장에서 이 결과가 무엇을 의미하는지 살펴볼 것이다.

```python
import matplotlib.pyplot as plt
import pandas as pd
import numpy as np
import math
data=pd.read_csv("C:\\111\\구상성단자료.csv")
x=data["X"]
y=data["Y"]
z=data["Z"]

fig = plt.figure(figsize=(10, 10))

ax = fig.add_subplot(projection="3d")
ax.view_init(27,240)
ax.scatter(x,y,z, marker="o", s=15, c="darkgreen")
ax.scatter(0,0,0, marker="o", s=100, c="red")
u=[]
v=[]
for theta in np.arange(0,360,0.1):
    u.append(8.6+15.3*math.cos(math.radians(theta)))
    v.append(15.3*math.sin(math.radians(theta)))
plt.plot(u,v,c="red")
plt.xlabel("X(kpc)")
plt.ylabel("Y(kpc)")
ax.set_zlabel("Z(kpc)")

plt.savefig("C:\\111\\3D분포.jpg", dpi=300)
plt.show()
```

❶ 우리 은하 주변의 구상성단 분포

[그림 8-92] 태기산에서 촬영한 은하수, 은하수는 우리 은하의 단면이다.

구상성단은 우리 은하 주변에 산발적으로 분포해있다. 대부분의 구상성단이 은하 중심 부근의 팽대부에 집중되어 있지만 무시하지 못할 만큼의 구상성단이 원반에서 먼 곳까지도 분포하고 있다. 특히 우리 은하를 위에서 바라본 모습인 X-Y 평면에서 살펴보면 구상성단의 분포가 태양을 중심으로 분포하고 있지 않다는 것이 너무나도 확연하게 보인다. 실제로 구상성단이 가장 많이 분포하는 곳은 은하 중심이다. 또한 우리 은하 원반의 옆모습을 볼 수 있는 Y-Z 평면과 X-Z 평면을 보면 대부분의 구상성단이 원반에 집중적으로 분포해 있는 것을 확인할 수 있다. 하지만 역시 적지 않은 수의 구상성단이 원반에서 멀리 떨어진 곳까지 분포하고 있음을 알 수 있다.

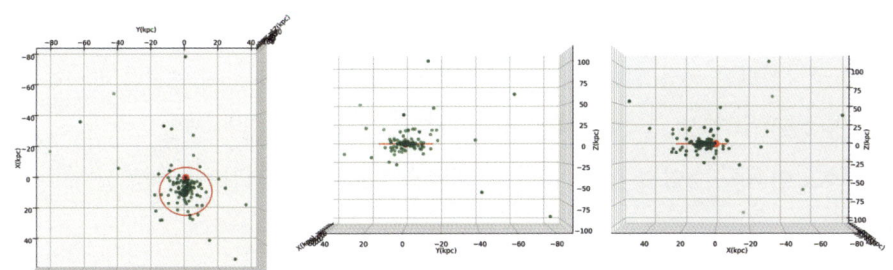

[그림 8-93] 은하 주변 구상성단 분포 X-Y평면(좌), Y-Z평면(중앙), X-Z평면(우)

❷ 구상성단의 분포가 시사하는 바는 무엇일까?

지금은 우리 은하의 구조나 태양의 위치 등이 명확히 밝혀져있지만, 지금에 비해 관측기술이 현저히 떨어지던 1900년대 초반에 태양이 은하의 중심에 위치하지 않다는 사실을 증명하기에는 매우 어려움이 따랐을 것이다. 하지만 섀플리는 밤하늘에 보이는 구상성단이 어느 한쪽 방향에서만 유달리 많이 관측된다는 사실을 이용하여 태양이 은하의 변두리에 있을 것이라고 생각하였고, 이를 기반으로 새로운 은하의 모형을 제시했다.

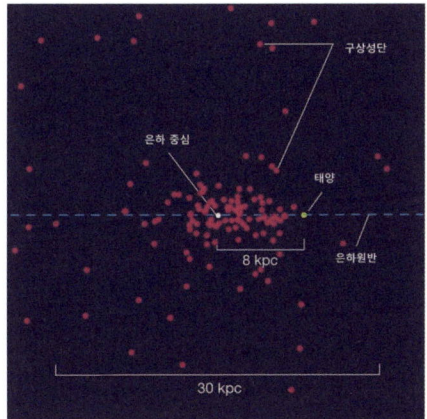

[그림 8-94] 섀플리가 생각한 우리 은하의 모형[52]

---

52 "Shapley's diagram of the Milky Way"(번역), Brian Koberlein, https://briankoberlein.com/post/shapley-galaxy/

앞서 본 것처럼 실제로 구상성단은 은하의 중심과 원반에 집중적으로 분포하며, 그 외의 구상성단은 은하 원반 주변의 헤일로에 분포한다. 헤일로에 분포하고 있는 구상성단은 우주 형성 초기에 만들어진 성단으로 추정하고 있다. 헤일로에 분포하는 구상성단이 우주 형성 초기에 만들어진 성단으로 추정하는 까닭은 무엇일까?

구상성단은 산개성단과는 비교조차 되지 않을 만큼 엄청나게 많은 별이 모여 있다. 태양 정도 질량의 별 하나가 만들어지려면 지구와 태양 사이의 거리의 26만 배가 넘는 반지름의 수소가스가 필요한데, 구상성단에는 태양보다도 훨씬 큰 별도 무수하게 많이 있다. 이 말은 이미 많이 진화한 현재 우주에는 더이상 구상성단과 같은 큰 규모의 별 무리를 만들만한 가스가 남아있지 않을 수 있다는 이야기다. (하지만 젊은 구상성단이 발견되어 이 이론은 수정되어야 할지 모른다.)

우리 은하의 원반 주변 헤일로에는 어떠한 물질도 관측되지 않는다. 이론상 암흑 물질과 같이 보이지 않는 무언가가 반드시 존재해야 할 것으로 추정하고는 있지만, 구체적으로 그게 무엇인지는 모른다. 하지만 분명한 것은 헤일로에 구상성단이 분포하고 있다는 것이다. 특히 이 구상성단에 있는 별의 나이를 연구한 결과 매우 늙은 별로 구성되어 있음이 밝혀졌다. 아무런 물질도 보이지 않는데 오로지 이 자리에 늙은 구상성단만이 있다는 것은 현재 별을 만들만한 재료가 없어 새로운 별이 탄생하지 못하고 있으며 이 구상성단이 우주 형성 초기에 우리 은하와 함께 만들어진 성단일 가능성이 높다는 이야기이다.

[그림 8-95] 2MASS 적외선 망원경으로 촬영한 은하 중심부 주변(왼쪽 하단 밝은 곳이 은하 중심이다)[53]

반면에 은하의 원반부와 은하 중심 주변에도 많은 구상성단이 모여 있다. 우리 은하 중심에는 질량이 매우 큰 블랙홀이 있음이 밝혀졌고, 그 주변으로 수많은 늙은 별이 관측되었다. 구상성단 역시 이 주변에 적지 않은 양이 분포하고 있다. 대부분 은하 형성 초기에 함께 만들어진 별과 성단이다. 그동안 은하 중심 주변에는 블랙홀의 강한 기조력 때문에 젊은 별이 활발하게 태어나지 못할 것으로 생각하였다. 하지만 최근 이 지역에서 젊은 별이 발견되고 있어 또다른 호기심을 자아내고 있다.

---

53 "The Galactic Center in Infrared from 2MASS", Astronet, http://www.astronet.ru/db/xware/msg/apod/2010-05-30

Part

V

추세선으로
스마트하게
데이터 분석하기

9장   추세선 그리는 방법
10장 추세선으로 그려보는 지구별 자연법칙

9장 추세선 그리는 방법

9.1 추세선이란?

과학에서 추세선trend line 또는 fitting line은 자주 사용되는 그래프 중 하나이다. 두 변수 간의 상관관계 및 변화 경향을 예측함에 있어 오차를 최소화할 수 있는 그래프를 그려 두 변수의 변화 경향을 예측하는 데에 사용한다. 수학적으로는 최소 자승법을 사용해 관측한 값과 예측값 사이의 편차를 최소화하는 그래프를 그리는 것이다.

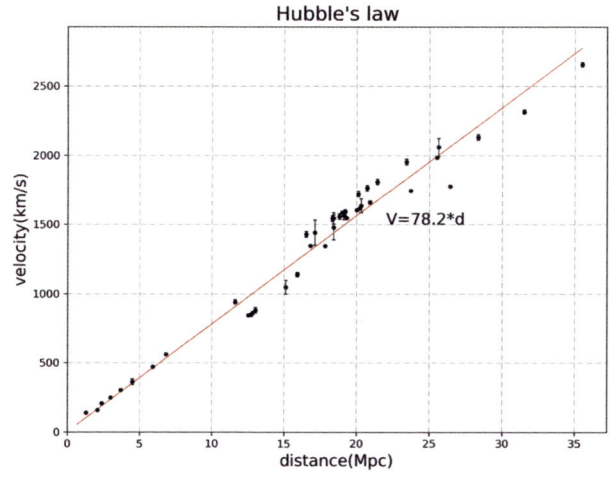

[그림 9-1] 추세선으로 관측 데이터의 변화 경향을 나타낸 사례

기술적인 방법은 모르더라도 프로그램에서 얼마든지 구현이 가능하며, 파이썬에서도 정량적으로 표현할 수 있다. [그림 9-1]과 같이 점으로 찍어 나타낸 관측값이 변화하는 경향의 오차를 최소화하는 선을 그린다고 생각하면 된다. 직선, 곡선 등 수학적으로 표현 가능한 어떤 그래프든 그릴 수 있다.

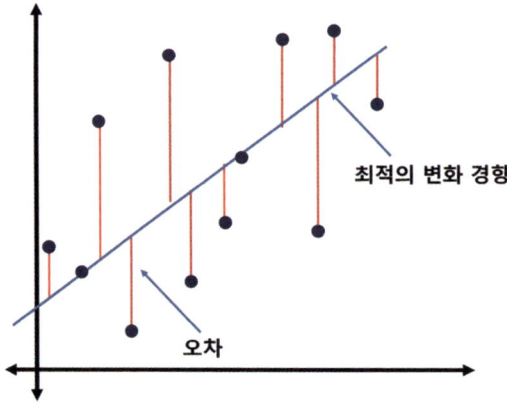

[그림 9-2] 추세선 작성의 정의

9.2 추세선 그려보기

추세선은 scipy 라이브러리를 사용하면 그릴 수 있다. 그래프를 그리는 코드를 이해하는 것이 다소 어렵기는 하지만 몇 번의 연습을 한다면 충분히 능숙하게 할 수 있다.

우선 필요한 라이브러리를 호출해보자. 그래프를 그려야 하기 때문에 matplotlib와 scipy가 필수이다. 따라서 다음과 같이 라이브러리를 호출하자. 또한 예시로 사용할 자료형을 만들기 위해 numpy도 함께 호출하자.

```
import matplotlib.pyplot as plt
from scipy.optimize import curve_fit
import numpy as np
```

이제 변수 x와 y에 임의의 1차원 배열을 만들어주자.

```
x=np.array([1,3,7,9,10,17,18,21,25,27,36,41,45])
y=np.array([2,4,6,8,9,11,15,17,20,21,29,33,51])
```

curve_fit은 사용자가 정의한 수학적 함수를 기반으로 가장 최적화된 추정치를 예측한다. 따라서 curve_fit을 사용하려면 반드시 def로 함수를 만들어 주어야 한다. 우선 plt.scatter를 이용해 앞의 점이 대략 어떠한 형태를 띠는지 확인해보자.

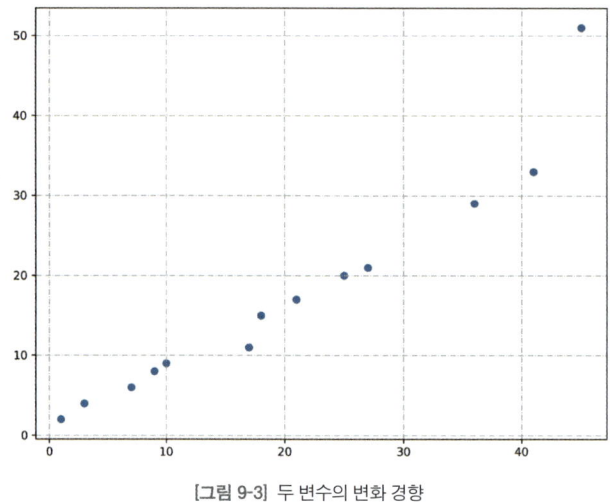

[그림 9-3] 두 변수의 변화 경향

확인 결과 대략 1차 함수 형태를 띠고 있는 것으로 예측된다. 따라서 def를 사용하여 1차 함수를 정의하자.

```
x=np.array([1,3,7,9,10,17,18,21,25,27,36,41,45])
y=np.array([2,4,6,8,9,11,15,17,20,21,29,33,51])
def objective(x,a,b):
    return a*x+b
```

이제 curve_fit을 사용하여 추정치를 계산할 준비가 모두 완료되었다. 먼저 다음과 같은 코드를 입력해보자.

```
x=np.array([1,3,7,9,10,17,18,21,25,27,36,41,45])
y=np.array([2,4,6,8,9,11,15,17,20,21,29,33,51])
def objective(x,a,b):
    return a*x+b
popt,pcov=curve_fit(objective, x, y, method="lm", p0=[1,1])
plt.scatter(x,y)
plt.plot(x, objective(x,*popt), color="red")
plt.show()
```

curve_fit을 사용하려면 기본적으로 3가지의 값이 필요하다.

첫 번째로 objective는 추정치를 계산하는 함수이며, def에서 정의하였다. x와 y는 상관관계가 있을 것으로 추정되는 두 변인이다.

다음으로 method는 최적화된 변수 a와 b를 어떤 방법으로 찾을지 지정하는 파라미터이다. 여기서는 lm으로 지정하였는데, lm 외에도 trf나 dogbox가 있다. 일반적으로 많이 사용되는 것은 lm인데, lm은 최솟값, 최댓값이 없을 때 사용할 수 있다. trf는 제한 조건이 있는 경우에 사용한다. dogbox 역시 제한 조건이 있을 때 사용하는데, 데이터값의 범위가 작을 때 더 정확하게 추정치를 찾아낸다. dogbox나 trf를 사용하는 경우 curve_fit 안에 파라미터 bounds를 이용하여 제한 범위를 설정해야 한다. bounds는 다음과 같이 사용할 수 있다.

```
bounds=([5,0],[10,3])
```

[5,0]은 a와 b에 들어가는 최솟값, [10,3]은 a와 b에 들어가는 최댓값이다. bounds로 제한 범위를 설정하려면 반드시 trf나 dogbox를 사용해야 하며, lm에서는 작동하지 않는다. 여기서 다루는 대부분의 내용은 lm을 사용하여 최적화한다.

p0는 초기 추정값을 지정해 주는 curve_fit의 파라미터이다. 초기 추정값이 잘못 지정되면 최적화를 하지 못하고 오류가 발생할 수 있다. 이 경우에는 추정값을 바꾸어 다시 코드를 실행하면 된다. 이렇게 curve_fit으로 추정값을 계산하는 과정에서 추정값 뿐만 아니라 공분산도 함께 계산한다. 여기서 계산되는 공분산은 추정 함수가 x와 y값의 관계를 얼마나 정확하게 추정하고 있는지를 나타내는데, 분산과 공분산 두 가지 값을 이용해 나타낸다. 분산이 작을수록 정확하게 추정하고 있음을 나타낸다.

위의 코드를 실행하면 curve_fit으로 추정한 함수 objective의 a와 b가 계산된다. 이제 그래프를 그릴 차례인데, plt.scatter는 두 변수 x와 y를 산점도 형태로 그리는 것이고 plt.plot는 objective의 함수를 선형그래프로 그리는 것이다. 다시 코드의 구조를 잘 살펴보자.

```
plt.plot(x, objective(x,*popt), color="red")
```

일반적인 그래프를 그리는 구조와 거의 비슷하다. 차이점은 그래프를 그릴 때 y값을 쓰지 않고 objective(x,*popt)를 썼다는 점이다. 이는 x값으로 추정한 최적의 y값으로 그래프를 그리기 위함이며, objective(x,*popt)가 y에 대응하는 값이다.

추정치를 그리기 위해 def에서 만든 함수 objective에서 3가지 변수를 지정해 주었다. 첫 번째 변수가 x이고 두 번째 변수는 a와 b인데, 파이썬이 여러 가지 추정값을 적용하여 최적의 함수를 찾아내기 위해 다양한 a와 b의 값을 적용해보기 때문에 단순히 a와 b로 지정할 수 없다. 따라서 *popt로 a와 b의 값을 대체한 것이다.

> **coding tip** **파이썬에서 *의 활용**
>
> 파이썬에서 여러 목적으로 변수의 앞에 *을 붙여 사용하는 경우가 종종 있다. 여기에서는 변수가 여러 데이터를 가지고 있을 경우, 개별 데이터를 별도로 불러오지 않더라도 모두 데이터에 할당할 수 있다. 아래와 같은 코드를 만들어 실행해보자.
>
> ```
> a=[1,2,3]
> b=[4,5,6]
> combined=[*a,*b]
> print(combined)
> ```
>
> 변수 a에는 1, 2, 3이 리스트 자료형으로 들어가 있고, 변수 b에는 4, 5, 6이 리스트 자료형으로 들어가 있다. combined에서 두 개의 자료를 하나로 합쳤는데 *을 사용하여 개별 요소를 일일이 추출하지 않더라도 간편하게 불러올 수 있다.

[그림 9-4]는 코드를 실행한 결과이다.

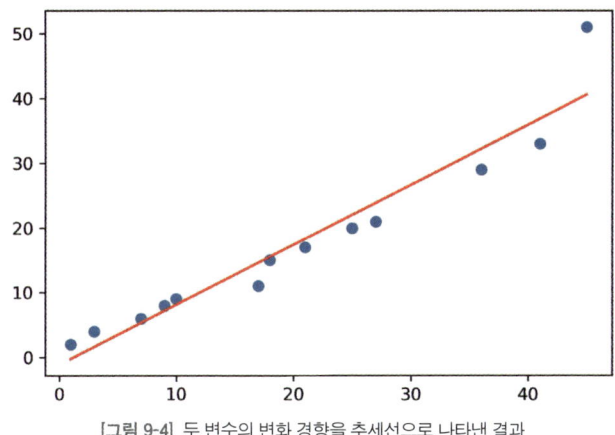

[그림 9-4] 두 변수의 변화 경향을 추세선으로 나타낸 결과

이 경우 두 변수 x와 y의 데이터는 강한 양의 상관관계가 있다고 해석할 수 있다. 추세선을 그린 함수에 사용된 a와 b값이 무엇인지 보려면 popt에 들어가는 a값과 b값을 확인하면 된다. 다음 코드를 실행해보자.

```
print(popt)
```

위 코드를 실행하면 popt에 들어간 a와 b의 추정값이 출력된다. 다음은 출력 결과이다.

```
[ 0.92693878 -1.15416013]
```

따라서 x와 y 변수 간의 상관관계를 추정하기 위해 사용한 함수는

$$y=0.927x-1.154$$

임을 알 수 있다.

추정값을 얼마나 신뢰할 수 있는지는 pcov값을 통해 확인할 수 있다. 아래 코드를 실행해 보자.

```
perr=np.sqrt(np.diag(pcov))
print(perr)
```

위 코드를 실행했을 때 산출되는 값이 작을수록 정확하게 추정되고 있음을 의미한다. 이제 몇 가지 실제 데이터를 활용하여 추세선을 그려보고 의미를 해석해보자.

10장
추세선으로 그려보는 지구별 자연법칙

10.1 우리 고장의 기온 변화 알아보기

> **한걸음 다가서기**
>
> 인간의 인위적인 활동으로 인한 지구온난화로 산업혁명 이후 지구의 평균 기온은 지속적으로 상승해 오고 있다. 대한민국도 예외는 아니다. 예전에는 에어컨 없이 사는 것이 큰 문제가 없었지만 요즘은 에어컨 없이 여름을 나기 어려워졌다. 그렇다면 우리 고장의 평균 기온은 과거에 비해 얼마나 상승했을까?

> **지구과학 미리보기**
>
> 지구온난화란 인위적인 원인으로 온실기체가 증가하여 지구의 평균 기온이 상승하는 현상을 말한다. 실제로 지구의 평균 기온은 장기적으로 100년마다 약 0.73℃ 수준의 상승 추세를 보이고 있다. 특히 2023년을 기준으로 지구의 평균 기온은 1850~1900년대에 비해 약 1.1℃정도 상승하였다고 한다. 한반도 역시 과거에 비해 훨씬 더워졌는데 기온 변화 데이터를 활용하면 얼마나 더워졌는지를 정확한 수치로 확인할 수 있다. 여기서는 서울에서 관측한 기온 데이터를 활용해 기온이 얼마나 상승하였는지를 알아보고자 한다.

Step 1 ▷ 데이터 다운로드

'기상자료개방포털'에서는 각 지역에서 관측한 과거 기온 데이터가 모두 저장되어 있다. 여기서 각 지역의 데이터를 다운로드하여 분석해보자.

1. 기상자료개방포털 홈페이지 https://data.kma.go.kr/cmmn/main.do 에 접속한다.

[그림 10-1] 기상자료개방포털 홈페이지[54]

2. 메인 화면의 메뉴에서 [기후통계분석]→[통계분석]→[기온분석]을 클릭한다.

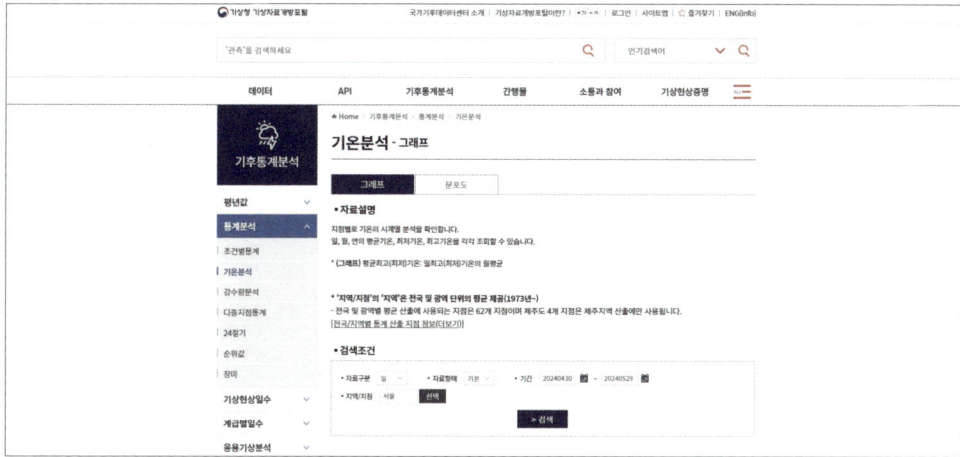

[그림 10-2] 기온분석 데이터 다운로드 화면[55]

---

54 기상청 기상자료개방포털, https://data.kma.go.kr/cmmn/main.do
55 "기온분석", 기상청 기상자료개방포털, https://data.kma.go.kr/stcs/grnd/grndTaList.do?pgmNo=70

3. **[자료구분]**은 **[년]**으로, **[자료형태]**는 **[기본]**, **[기간]**은 **[1904년 ~ 가장 최근 년도]**로 설정하고 **[지역/지점]**을 **[서울]**로 선택한다. 자신이 살고 있는 지역으로 해도 관계없지만, 지역에 따라 연도별 기온을 측정하기 시작한 시기가 다르니 주의하자. 조건을 위와 같이 바꾼 뒤 **[검색]**을 클릭하자.

4. 검색 결과가 나오면 **[CSV]**를 클릭하여 자료를 다운로드한다.

5. 다운로드한 파일은 분석이 편리한 폴더로 옮기고 파일명이 너무 복잡하기 때문에 분석하기 편리한 파일명으로 바꾼다. 여기서는 서울.csv로 바꾸고 C 드라이브의 111 폴더로 옮겼다.

Step 2 데이터 정리하기

다운로드한 파일을 엑셀에서 열어보면 다음과 같은 화면이 보인다.

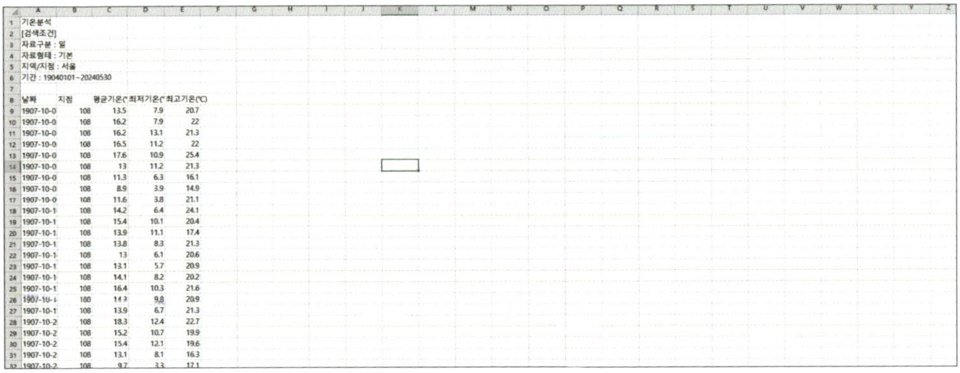

	A	B	C	D	E
1	기온분석				
2	[검색조건]				
3	자료구분 : 일				
4	자료형태 : 기본				
5	지역/지점 : 서울				
6	기간 : 19040101~20240530				
7					
8	날짜	지점	평균기온(°	최저기온(°	최고기온(°C)
9	1907-10-0	108	13.5	7.9	20.7
10	1907-10-0	108	16.2	7.9	22
11	1907-10-0	108	16.2	13.1	21.3
12	1907-10-0	108	16.5	11.2	22
13	1907-10-0	108	17.6	10.9	25.4
14	1907-10-0	108	13	11.2	21.3
15	1907-10-0	108	11.3	6.3	16.1
16	1907-10-0	108	8.9	3.9	14.9
17	1907-10-0	108	11.6	3.8	21.1
18	1907-10-1	108	14.2	6.4	24.1
19	1907-10-1	108	15.4	10.1	20.4
20	1907-10-1	108	13.9	11.1	17.4
21	1907-10-1	108	13.8	8.3	21.3
22	1907-10-1	108	13	6.1	20.6
23	1907-10-1	108	13.1	5.7	20.9
24	1907-10-1	108	14.1	8.2	20.2
25	1907-10-1	108	16.4	10.3	21.6
26	1907-10-1	108	14.3	9.8	20.9
27	1907-10-1	108	13.9	6.7	21.3
28	1907-10-2	108	18.3	12.4	22.7
29	1907-10-2	108	15.2	10.7	19.9
30	1907-10-2	108	15.4	12.1	19.6
31	1907-10-2	108	13.1	8.1	16.3
32	1907-10-2	108	9.7	3.3	17.1

[그림 10-3] 엑셀을 이용해 파일을 연 화면

상단의 기온분석, 검색조건 등 1 ~ 7번 행은 불필요한 헤더 데이터이기 때문에 삭제하자. 만약 해당 데이터를 삭제하지 않고 파이썬에서 불러오면 행과 열의 데이터가 일치하지 않아 오류가 발생한다. 또한 기상자료개방포털에서 제공하는 자료의 한글 인코딩 방식은 cp949

이다. 이로 인해 한글을 읽어오지 못해 오류가 발생한다. 따라서 년, 지점, 평균기온 등 한글로 되어있는 헤더 데이터를 모두 영어로 바꿔줘야 한다. 여기서는 다음과 같이 변경하였다.

❶ 년 - year
❷ 지점 - pos
❸ 평균기온(℃) - meantemp
❹ 평균최저기온(℃) - meanlow
❺ 평균최고기온(℃) - meanhigh

헤더 데이터를 영어로 바꾸지 않더라도 인코딩 방식을 변경하여 데이터를 처리할 수도 있지만 여기서는 헤더 데이터를 영어로 바꾸어 처리하고자 한다.

> **coding tip** 인코딩 방식 바꾸어 주기
>
> 문자 형태의 데이터를 표현하는 방식으로 널리 사용되는 것 중 utf-8과 cp949가 있다. cp949는 주로 한글 형태의 문자를 표현할 때 사용하는 규칙이다. utf-8은 한글을 포함한 대부분의 문자열을 표현하는 데에 널리 사용된다. 파이썬에서는 기본적으로 utf-8로 문자열을 처리한다. 때문에 cp949로 문자열을 처리한 데이터 파일을 열면 오류가 발생하게 된다. 이런 경우에는 cp949 방식으로 문자열을 처리할 수 있도록 별도로 문자열 처리 방식을 지정해야 한다. 따라서 코드를 아래와 같이 수정하면 된다.
>
> ```
> pd.read_csv("C:\\111\\서울.csv, encoding="cp949")
> ```

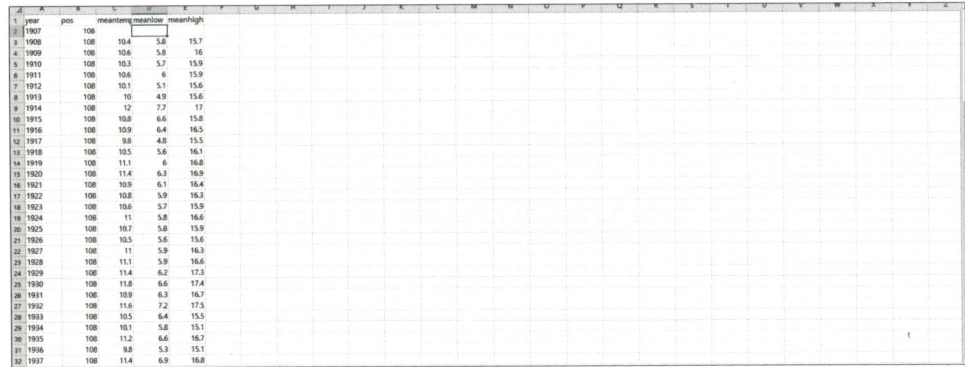

[그림 10-4] 불필요한 정보와 헤더 데이터를 수정한 결과

이제 기본적으로 파이썬에서 데이터를 불러올 준비가 되었다. 파이썬에서 데이터를 불러오기 위해 다음과 같이 코드를 입력하고 출력 결과를 확인해보자.

```
import pandas as pd
import matplotlib.pyplot as plt
data=pd.read_csv("C:\\111\\서울.csv")
df=pd.DataFrame(data)
df
```

	year	pos	meantemp	lowmean	highmean
0	₩t₩t₩t1907	108.0	NaN	NaN	NaN
1	₩t₩t₩t1908	108.0	10.4	5.8	15.7
2	₩t₩t₩t1909	108.0	10.6	5.8	16.0
3	₩t₩t₩t1910	108.0	10.3	5.7	15.9
4	₩t₩t₩t1911	108.0	10.6	6.0	15.9
...	...	...	...	...	...
113	₩t₩t₩t2020	108.0	13.2	9.4	17.9
114	₩t₩t₩t2021	108.0	13.7	9.6	18.5
115	₩t₩t₩t2022	108.0	13.2	9.2	18.0
116	₩t₩t₩t2023	108.0	14.1	10.0	18.7
117	₩t₩t₩t	NaN	NaN	NaN	NaN

118 rows × 5 columns

[그림 10-5] 데이터의 구성

정상적으로 잘 출력된 것이 확인되지만 몇 가지 이상한 점이 보인다.

먼저 연도 데이터 앞에 ₩t₩t₩t와 같은 표기가 있는데, 이는 키보드의 <tap>키를 3번 눌렀을 때와 같은 공백이 있음을 의미한다. 또한 1907년에는 관측 데이터가 없어 NaN으로 표기되었다. 특히 전체 데이터를 잘 살펴보면 1950년에서 1953년까지는 데이터가 없다. 이때 관측 데이터가 없는 이유는 당시 우리나라가 전쟁 중이었기 때문인 것으로 생각된다. 관측 데이터가 없는 행은 제거해야 하고, ₩t₩t₩t 역시 제거해야 한다. 특히 ₩t₩t₩t와 연도 데이터가 함께 있는 것으로 보아 파이썬이 이를 문자로 인식할 가능성이 매우 높다. 단순히 그래프만 그린다면 문제가 되지 않지만 우리는 여기서 연도 데이터와 기온 데이터를 이용해 함수를 계산하고 추세선을 그려야 하기 때문에 반드시 숫자로 바꿔야 한다.

가장 먼저 결측값을 제거하자. 결측값을 제거하는 방법은 앞의 H-R도 그리기에서 이미 다루었다. 다음과 같이 코드를 입력하여 결측값을 제거하자.

```
df=df.dropna()
```

위 코드를 맨 아랫줄에 입력하고 df를 출력하면 정상적으로 결측값을 가진 행이 모두 제거된 것을 확인할 수 있다. 이제 두 번째로 연도 데이터의 공백을 제거할 차례이다. pandas를 사용하지 않고 for 문과 if 문을 활용하여 공백을 제거할 수도 있지만 pandas를 사용하면 훨씬 간편하게 공백을 제거할 수 있다. PART 2에서 배운 replace를 이용하자.

replace를 활용해 맨 아랫줄에 다음과 같은 코드를 추가하자.

```
df["year"]=df["year"].str.replace("\t\t\t" , "")
```

이렇게 코드를 입력하고 실행하면 year 열에 있는 모든 공백이 제거된 것을 확인할 수 있다.

	year	pos	meantemp	lowmean	highmean
1	1908	108.0	10.4	5.8	15.7
2	1909	108.0	10.6	5.8	16.0
3	1910	108.0	10.3	5.7	15.9
4	1911	108.0	10.6	6.0	15.9
5	1912	108.0	10.1	5.1	15.6
...	...	...	...	...	...
112	2019	108.0	13.5	9.3	18.5
113	2020	108.0	13.2	9.4	17.9
114	2021	108.0	13.7	9.6	18.5
115	2022	108.0	13.2	9.2	18.0
116	2023	108.0	14.1	10.0	18.7

112 rows × 5 columns

[그림 10-6] 데이터를 모두 정리한 결과

마지막으로 year의 연도 데이터를 문자가 아닌 숫자로 인식할 수 있도록 하는 차례가 남았다. 숫자 데이터를 숫자로 인식하도록 하는 것 역시 H-R도 그리기에서 다루었다. 다음과 같은 코드를 맨 아랫줄에 추가하자.

```python
df["year"] = pd.to_numeric(df["year"], errors="coerce")
```

이제 그래프를 그릴 모든 준비가 다 되었다.

> **coding tip** 전체 데이터 확인하기
>
> pandas로 데이터를 불러오면 모든 데이터가 다 보이지 않고 일부만 보인다. 모든 데이터를 다 보려면 아래와 같은 코드를 추가해야 한다. 단, 컴퓨터 성능과 자료의 양에 따라 속도가 느려질 수 있다.
>
> ```python
> pd.set_option("display.max_rows", None) # 모든 행을 출력
> pd.set_option("display.max_columns", None) # 모든 열을 출력
> ```

Step 3 │ 그래프로 표현하기

먼저 x축을 year, y축을 meantemp로 하는 산점도를 그려 두 변인 간의 관계가 어떻게 되는지 확인해야 한다. 앞에서 배운 대로 산점도를 그리는 코드를 입력해보자.

```
x=df["year"]
y=df["meantemp"]
plt.scatter(x,y)
plt.show()
```

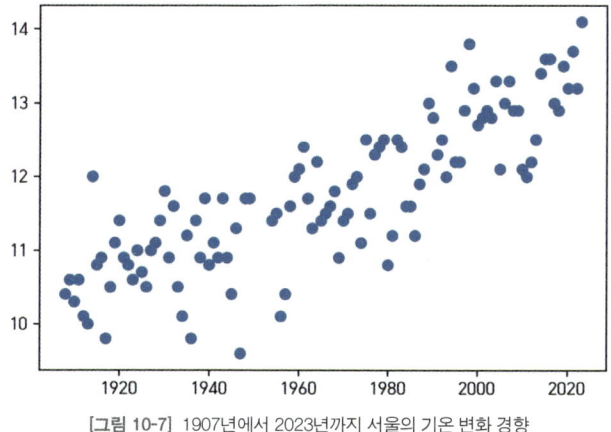

[그림 10-7] 1907년에서 2023년까지 서울의 기온 변화 경향

대체로 1차 함수 형태로 기온이 증가하는 것을 확인할 수 있다. 이제 추세선을 그려 더욱 정확히 나타내보자. 앞서 배운 것처럼 추세선을 그리기 위해서는 다음과 같은 준비를 해야 한다.

- ❶ 추세선을 그리기 위한 라이브러리 호출
- ❷ 변화 경향을 추정하기 위한 함수 정의
- ❸ curve_fit을 이용한 예측값 계산과 추세선 그리기

다음과 같이 코드를 입력해보자.

```
from scipy.optimize import curve_fit
def objective(x,a,b):
    return a*x+b
popt,pcov=curve_fit(objective, x, y, method="lm")
plt.plot(x,objective(x,*popt),color="red")
plt.show()
```

[그림 10-8]은 코드의 실행 결과이다.

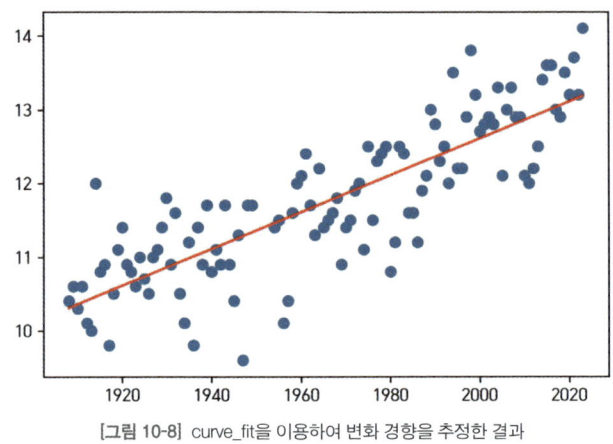

[그림 10-8] curve_fit을 이용하여 변화 경향을 추정한 결과

비교적 잘 추정한 것으로 보인다. 더욱 정확한 결과를 위해서는 p0을 이용해 초기 추정값을 바꾸어 가면서 perr=np.sqrt(np.diag(pcov))를 실행했을 때 나타나는 수치가 가장 작아지도록 하면 된다. 하지만 이 경우에는 변화 경향이 뚜렷하여 초기 추정값을 바꾸더라도 크게 달라지지는 않는다.

그렇다면 파이썬이 추정한 함수의 a값과 b값이 얼마인지 확인하기 위해 다음과 같이 코드를 입력하고 실행해보자.

```
print(popt)
```

다음 숫자는 코드의 실행 결과이다.

```
[ 2.49953578e-02 -3.73828377e+01]
```

의미하는 바는 어렵지 않다. 기온 변화 경향을 추정하기 위해 만든 함수 $ax + b$의 a와 b의 값이 각각 0.025와 -37이라는 의미이다. (e^{-2}와 e^{+01}은 각각 10^{-2}와 10^1을 뜻한다.)

그런데 여기서 주의해야 할 부분이 있다. -37은 함수의 y절편이고 0.025는 기울기다. x값은 연도이고 y값은 연평균 기온인데, 이대로 그래프를 해석하면 연도가 0년일 때 서울의 평균 기온이 -37℃였다는 완전히 잘못된 예측을 하게 된다.

우선 연도는 계산 가능한 데이터로서 의미를 갖지는 않는다. 예를 들어 2023년은 단지 올해 연도의 이름일 뿐이지 2023개를 의미하는 것이 아니다. 때문에 연도와 기온을 함수 관계로 표현하는 것은 주의를 기울여야 한다. 그럼에도 여기서 함수 관계로 나타낸 것은 추세의 변화 경향을 파악하는 목적이었을 뿐이다. 이런 경우에는 파이썬이 예측한 값을 활용하는 데 주의를 기울여야 한다. 그래프의 x축과 y축 제목, 그래프 제목, 보조선 등을 추가하여 그래프를 완성하고 해석해보자.

그래프를 저장하는 과정까지 포함한 전체 코드와 결과는 다음과 같다.

```python
import pandas as pd
import matplotlib.pyplot as plt
from scipy.optimize import curve_fit
from matplotlib import font_manager, rc
rc("font", family="HCR Dotum")
data=pd.read_csv("C:\\111\\서울.csv")
df=pd.DataFrame(data)
df=df.dropna()
df["year"]=df["year"].str.replace("\t\t\t" , "")
df["year"]   = pd.to_numeric(df["year"], errors="coerce")
```

```python
x=df["year"]
y=df["meantemp"]
plt.scatter(x,y)
from scipy.optimize import curve_fit
def objective(x,a,b):
    return a*x+b
popt,pcov=curve_fit(objective, x, y, method="lm")
plt.plot(x,objective(x,*popt),color="red")
plt.xlabel("년도")
plt.ylabel("연 평균 기온(℃)")
plt.title("서울의 연 평균 기온 변화")
plt.grid(ls="--")
plt.savefig("C:\\111\\서울연평균기온변화.jpg", dpi=300)
plt.show()
```

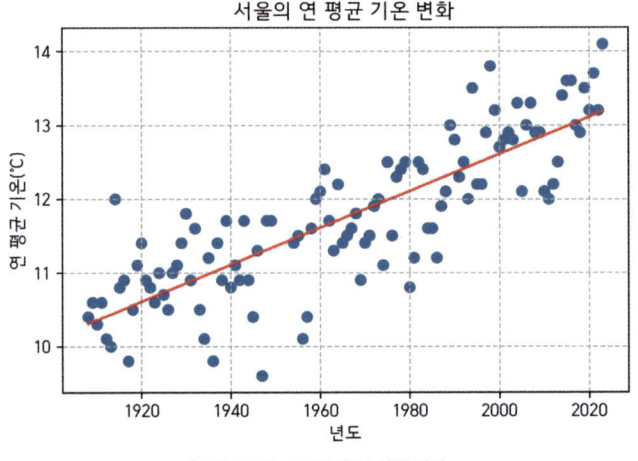

[그림 10-9] 그래프 출력 최종 결과

위 데이터는 편차를 이용하여 나타낼 수도 있다. 편차는 관측값에서 평균값이나 중앙값을 뺀 것을 말하는데, 지구과학에서는 해수온이나 기온 변화, 기압 변화 등의 여러 가지 요소에 편차를 사용한다.

편차와 막대그래프를 이용해 데이터를 다시 나타내려면 먼저 1907년에서 2023년까지 기온의 평균값을 계산해야 한다. 평균값을 계산하려면 데이터를 모두 더한 뒤 전체 데이터의 개수로 나누어줘야 하는데, 다행히 pandas에서는 이러한 과정을 쉽게 할 수 있는 기능이 있다. mean()을 사용하면 된다. 평균을 계산할 데이터는 df["meantemp"] 열에 있다. 따라서 다음과 같이 코드를 입력하고 계산 결과를 확인해보자.

```
mt=df["meantemp"].mean()
print(mt)
```

계산 결과는 약 11.76℃이다. 이제 df["meantemp"]에 있는 모든 관측 데이터와 평균 기온을 빼면 된다. 이렇게 계산한 결과를 새로운 열 dev를 만들어서 저장하기 위해 다음과 같이 코드를 입력해보자.

```
df["dev"]=df["meantemp"]-df["meantemp"].mean()
```

이제 맨 아랫줄에 df라고 입력하고 코드를 실행하면 정상적으로 편차를 계산한 dev 열이 추가된 것을 확인할 수 있다.

	year	pos	meantemp	lowmean	highmean	dev
1	1908	108.0	10.4	5.8	15.7	-1.358036
2	1909	108.0	10.6	5.8	16.0	-1.158036
3	1910	108.0	10.3	5.7	15.9	-1.458036
4	1911	108.0	10.6	6.0	15.9	-1.158036
5	1912	108.0	10.1	5.1	15.6	-1.658036
...	...	...	...	...	...	...
112	2019	108.0	13.5	9.3	18.5	1.741964
113	2020	108.0	13.2	9.4	17.9	1.441964
114	2021	108.0	13.7	9.6	18.5	1.941964
115	2022	108.0	13.2	9.2	18.0	1.441964
116	2023	108.0	14.1	10.0	18.7	2.341964

112 rows × 6 columns

[그림 10-10] dev 열이 추가된 결과

이제 x축을 year, y축을 dev로 하는 막대그래프로 연평균 기온 편차 변화 경향을 나타내고자 한다. 막대그래프를 그리는 방법은 전혀 어렵지 않다. plot이나 scatter가 들어갈 자리에 bar를 입력하기만 하면 된다. 다음과 같이 코드를 입력해보자.

```
x=df["year"]
y=df["dev"]
plt.bar(x,y)
```

[그림 10-11]은 코드의 실행 결과이다.

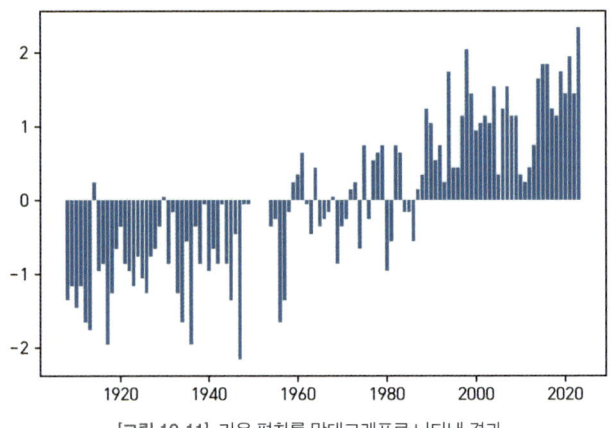

[그림 10-11] 기온 편차를 막대그래프로 나타낸 결과

자세한 그래프 해석은 뒤에서 하겠지만, 간단히 그래프를 보면 1970년대 이후에는 지난 100년간의 평균 기온보다 기온이 높은 날이 더 많은 것을 알 수 있다. 특히 최근에는 1920년보다 월등히 기온이 높은 것을 확인할 수 있다.

보통 이러한 그래프는 평균보다 기온이 낮을 때에는 파란색, 높을 때에는 빨간색으로 표현하여 가독성을 높이기도 한다. 여기서는 편차가 음수일 때 파란색, 양수일 때 빨간색이 되도록 하면 된다. 이런 경우 if 문을 활용하면 간결하고 쉽게 나타낼 수 있다. 또한 그래프의 x축과 y축 제목, 그래프의 제목, 보조선 등을 추가하고, 그래프의 x축 값의 범위를 1907에서 2024로 제한하는 내용도 넣어주자. 다음과 같이 코드를 입력하고 실행해보자.

```
for index, row in df.iterrows():
    if row["dev"]<0:
        color="blue"
    else:
        color="red"
    plt.bar(row["year"], row["dev"],color=color)
plt.grid(ls="--")
plt.xlabel("년도")
plt.ylabel("기온편차(℃)")
plt.title("서울의 연도별 평균 기온 편차 변화")
plt.xlim(1907,2024)
plt.show()
```

df.iterrows()는 앞에서 배운 것처럼 데이터 프레임의 모든 행과 열을 순차적으로 읽어오는 명령어이다. 가장 먼저 1행을 읽으면 1행에 있는 모든 열을 하나씩 읽어온다. 따라서 두 개의 변수 index와 row를 사용한 for 문을 구성하였다. 다음으로 if 문에서 row["dev"]가 0보다 작을 때의 조건을 달았고, 이 때 변수 color의 값은 "blue"가 되도록 하였다. row["dev"]가 0과 같거나 0보다 클 때에는 "red"가 되도록 하였다. 이후에 막대그래프를 출력하는 명령어 plt.bar를 사용하여 그래프를 출력하고 색을 지정하였다. 나머지는 보조선 작성, 축 제목 및 그래프 제목 기입, x축 범위 제한 등의 간단한 명령어이다. 위 코드를 실행하면 다음과 같은 그래프가 출력된다.

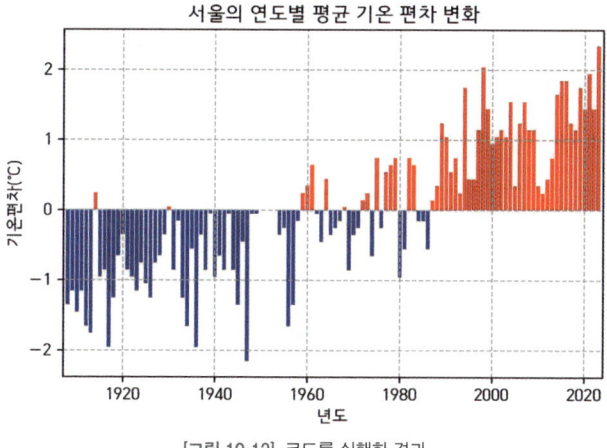

[그림 10-12] 코드를 실행한 결과

여기까지의 전체 코드는 다음과 같다.

```python
import pandas as pd
import matplotlib.pyplot as plt
from matplotlib import font_manager, rc
rc("font", family="HCR Dotum")
data = pd.read_csv("C:\\111\\서울.csv")
df = pd.DataFrame(data)
df["year"]=df["year"].str.replace("\t\t\t" , "")
df = df.dropna()
df["year"]  = pd.to_numeric(df["year"], errors="coerce")
df["dev"]  = df["meantemp"]  - df["meantemp"].mean()
for index, row in df.iterrows():
    if row["dev"]  < 0:
        color = "blue"
    else:
        color = "red"
    plt.bar(row["year"], row["dev"], color=color)
plt.grid(ls="--")
plt.xlabel("년도")
plt.ylabel("기온편차(℃)")
plt.title("서울의 연도별 평균 기온 편차 변화")
plt.xlim(1907, 2024)
plt.savefig("C:\\111\\기온편차막대2.jpg",dpi=300)
plt.show()
```

coding tip | 재미있는 if 문 사용

if는 for와 함께 파이썬에서 자주 사용되는 키워드 중 하나이다. if의 우리말 뜻이 "만약"이라는 것을 생각해보면 if가 어떤 목적으로 사용되는지 추측할 수 있다. 말 그대로 if는 조건문이다. 아래와 같은 코드를 써서 실행해보자.

```
ans=input("원숭이를 영어로 하면?\n1. Monkey\n2.dog\n")
if ans=="1":
    print("정답입니다")
else:
    print("틀렸습니다")
```

for나 def와 프로그래밍 문법의 구조가 비슷하다. if 다음에는 조건을 생각할 문장이 나오고 그다음에 콜론을 사용하여 조건을 만족할 때 수행할 작업을 쓴다. 만약 1을 입력하면 "정답입니다"라는 문장을 출력한다. 1이 아닌 2를 입력했을 때 수행할 내용은 else에서 지정해 주었는데, 2를 입력하게 되면 "틀렸습니다"라는 결과를 출력한다.

위의 예시는 1이나 2 이외에는 선택지가 없다. 3이라고 답하면 당연히 틀린 답이지만, 3이라고 했을 때 다른 결과를 출력하려면 어떻게 해야 할까? 그럴 때는 elif라는 명령어를 사용하면 된다. 다음의 코드를 생각해보자.

```
ans=input("아래의 암석 중 하나를 입력해 보세요\n화강암, 사암, 편마암\n")
if ans=="화강암":
    print("마그마가 굳어서 만들어진 암석입니다")
elif ans=="사암":
    print("모래가 쌓여 만들어진 암석입니다")
elif ans=="편마암":
    print("다른 암석이 열과 압력에 의해 변하여 만들어진 암석입니다")
else:
    print("화강암, 사암, 편마암 중에 답하세요")
```

코드를 실행하였을 때 화강암을 입력하면 "마그마가 굳어서 만들어진 암석입니다"라는 결과가 출력되고, 사암을 입력하면 "모래가 쌓여 만들어진 암석입니다"라는 결과가 출력되며, 편마암을 입력하면 "다른 암석이 열과 압력에 의해 변하여 만들어진 암석입니다"라는 결과가 출력된다. 기타 다른 단어를 입력하면 "화강암, 사암, 편마암 중에 답하세요"라는 결과가 나온다.

❶ 서울은 얼마나 더워졌을까?

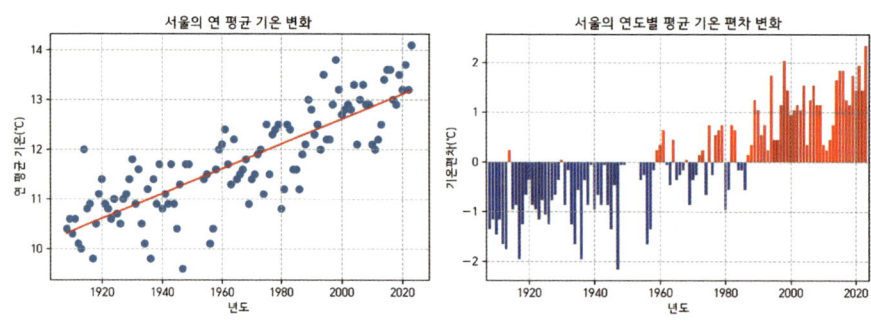

[그림 10-13] 서울의 연평균 기온 변화와 기온 편차 변화

관측 기간 중 서울의 평균 기온은 11.76℃였다. 왼쪽 그래프를 보면 서울에서 기온 관측을 시작한 이후 지속적으로 기온이 증가하였다. 앞에서 추세선을 그리기 위해 사용한 함수를 보면 기온은 연간 0.025℃씩 상승하고 있는 것으로 보인다. 관측을 시작한 1907년의 연평균 기온은 10.4℃인데 가장 마지막 연도인 2023년의 평균 기온은 대략 14℃ 정도이다. 단순히 생각하면 대략 3.5℃ 정도 상승한 것으로 계산할 수 있다. 하지만 이것은 평균 기온 비교 연도를 어떻게 잡는지에 따라 다른 것이기 때문에 지나치게 단순하게 접근하면 안 된다. 예를 들어 1920년 이전에 평균 기온이 12℃인 적이 있었고 2000년 중반에도 12℃인 적이 있었다. 이 두 연도만 비교하면 지구 평균 기온은 전혀 오르지 않은 것이 되어버린다.

하지만 추세선의 변화 경향을 보면 지구의 평균 기온이 상승하고 있다는 것은 명백한 사실이다. 특히 평균적으로 연간 0.025℃씩 상승하고 있는데, 이런 수치대로라면 100년 동안 2.5℃ 상승했다는 소리가 된다. 세계적인 변화 경향을 보면 100년간 평균적으로 약 0.73℃ 정도 상승한 것으로 보고 있다. 전세계적 상승 경향과 서울의 변화 경향을 비교하면 서울의 기온 상승률이 훨씬 높은 것처럼 보인다. 하지만 이 통계도 주의할 점이 있는데, 여기서는 1907년부터 2023년까지의 데이터를 기준으로 변화 경향을 본 것이고, 전 세계 평균 기온 상승률은 1890년을 기준으로 계산한 값이기 때문에 상승률에 차이가 있다.

분명한 사실은 서울은 더워졌다는 것이다. 오른쪽 그래프를 보면 이 사실이 더욱 잘 확인된다. 특히 1986년 이후 서울의 평균 기온은 단 한 번도 11.76℃보다 낮아진 적이 없었다. 지속적으로 상승해 온 것이다. 지구의 평균 기온이 2℃ 이상 상승하면 다시는 회복되지 못한다고 한다. 그렇다면 앞으로는 어떻게 될까? 자연환경 변화, 세계적 온실기체 변화 등을 무시한 단순 계산이기 때문에 정확하지 않지만, 왼쪽 그래프의 추세선이 보이는 경향을 보면 앞으로도 지속적으로 상승할 가능성이 높다. 원인은 무엇일까?

❷ 기온 상승과 지구온난화의 원인

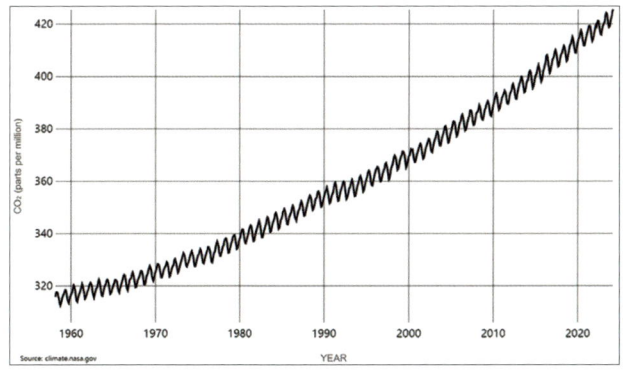

[그림 10-14] 1960년 이후 이산화탄소 변화[56]

[그림 10-14]는 1960년 이후 이산화탄소의 증가를 나타낸 것이다. 이산화탄소는 1960년 이후 지속적으로 상승하는 모습을 보이고 있다. 상승하는 것은 이산화탄소

---

56 "Carbon Dioxide", NASA Climate Science, https://climate.nasa.gov/vital-signs/carbondioxide/?intent=121

뿐만이 아니다. 메테인의 변화 경향도 함께 보자.

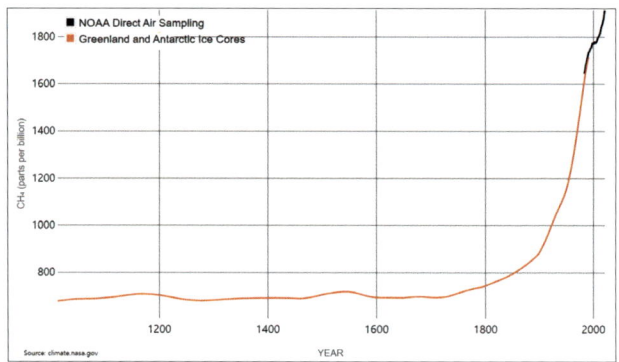

[그림 10-15] 메테인의 변화 경향[57]

대기 중 메테인의 함량은 1800년 이전까지는 일정한 양을 유지하고 있었지만, 1800년 이후 매우 가파르게 증가하고 있다. 메테인이나 이산화탄소 모두 인위적으로 증가하고 있는 온실기체이다. 메테인과 이산화탄소의 변화 경향은 서울의 평균 기온 변화 경향과 정확히 맞는다. 두 온실 기체와 서울의 평균기온 모두 증가하고 있는 것을 알 수 있다.

❸ 고마운 온실 기체와 온실 효과, 하지만 불편한 진실

그렇다면 온실 기체는 무엇일까? 온실 기체가 무엇인지 알기 위해서는 온실 효과가 무엇인지 먼저 알아야 한다. 지구에 도달하는 태양복사에너지 중 약 30%는 대기나 지표면이 반사해버리고, 20%는 대기가 흡수하며, 50%는 지표면이 흡수한다. 여기서 지표면은 태양복사에너지를 흡수한 뒤 다시 적외선의 형태로 재방출하게 되는데, 이 적외선 형태 에너지의 대부분을 대기가 다시 흡수한다.

대기 역시 태양복사에너지와 지표면이 방출한 적외선 형태의 에너지를 흡수한 뒤 지

---

[57] "Methane", NASA Climate Science, https://climate.nasa.gov/vital-signs/methane/?intent=121

표면과 우주 공간으로 재방출한다. 즉, 지표면의 입장에서는 태양이 주는 에너지와 대기가 주는 에너지를 모두 받게 되는 셈이다. 만약 대기가 없다면 지표면의 입장에서는 대기가 주는 에너지는 없을 것이고, 태양이 없는 밤이 되면 지표면은 그 어떠한 에너지도 얻을 수 없어 기온이 엄청나게 떨어지게 된다. 하지만 지구에는 대기가 있기 때문에 밤이 되더라도 대기가 지표면으로 적외복사에너지를 주어 지표면의 기온이 어느 정도 따뜻하게 유지된다. 다시 말해 대기는 지표면을 따뜻하게 해주는 담요 역할을 하고 있는 것이다. 이 효과를 온실 효과라고 한다. 만약 온실 효과가 없다면 낮과 밤의 큰 기온차로 인해 지구는 생명체가 살 수 없는 행성이 되고 만다.

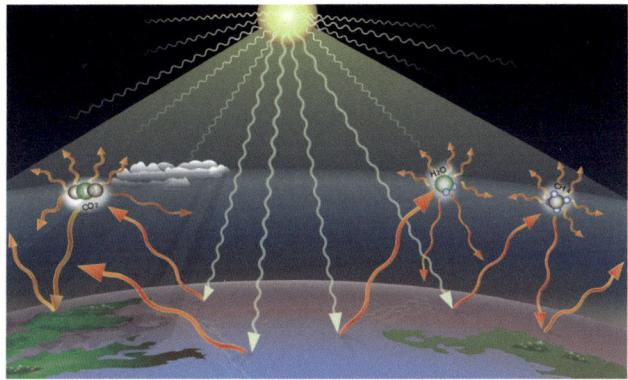

[그림 10-16] 온실효과의 원리[58]

이때 대기 중 지표면이 방출하는 에너지를 주로 흡수하는 기체로 수증기, 이산화탄소, 메테인 등이 있는데 이런 기체를 온실 기체라고 한다. 즉, 온실효과와 온실기체는 생명체가 살아가는데에 반드시 있어야 하는 매우 고마운 존재이다.

문제는 인간의 활동, 특히 화석 연료의 사용으로 인해 이산화탄소나 메테인이 인위적으로 증가하고 있다는 것이다. 메테인이나 이산화탄소의 화학식을 보면 메테인은 CH_4, 이산화탄소는 CO_2로 모두 탄소를 포함하고 있다. 우리가 살아가는 데에 거의 필수로 사용되고 있는 석유나 석탄은 모두 탄소를 가지고 있는데 자연 상태에서 모

---

[58] "Greenhouse gas", Wikipedia, https://en.wikipedia.org/wiki/Greenhouse_gas

두 지하에 매장되어 있다. 그런데 인간은 석유나 석탄을 에너지원으로 사용하기 위해 지하에 매장되어 있는 탄소를 끄집어내 쓰고 이 과정에서 대기중으로 이산화탄소나 메테인이 방출되어 온실기체가 늘어나는 것이다. 쉽게 말해 땅속에 묻혀 있어야 할 탄소가 공기 중으로 배출되고 있는 셈이다.

그밖에 공기 중의 메테인이나 이산화탄소가 증가하는 이유는 여러 가지이다. 과도한 산림 벌채로 인해 광합성이 이루어지지 못하고, 이로 인한 식물의 이산화탄소 소비가 줄어들고 있다. 이산화탄소는 자연적으로 해수로 녹아들어 가기도 하는데, 해수온이 증가하며 기체의 용해도가 감소해 해수로 녹아들어 가는 이산화탄소의 양 역시 줄어들고 있다.

❹ 앞으로의 노력

1907년부터 지금까지 서울은 온도가 약 3.5℃ 정도 상승하였다. IPCC에서는 지구의 평균 기온을 산업화 이전에 비해 2℃ 이상 상승하지 않도록 해야 하고, 1.5℃로 제한하는 노력을 해야 한다고 했다. 하지만 2024년을 기준으로 이미 지구의 평균 기온은 1.5℃ 이상 높아졌다. 지구의 평균 기온이 2℃ 이상으로 상승하면 인류는 그동안 겪어보지 못한 고통을 감내해야 한다고 한다. 8억 명 내지 30억 명이 물 부족을 겪게 되고, 이는 곧 식량문제로 연결된다. 자연 생태계 파괴도 걷잡을 수 없이 진행된다. 단적인 예로 지구 평균기온이 2℃ 상승하면 전 세계 산호의 99%가 절멸할 수 있다고 한다. 폭염은 8배 이상 증가하고, 집중호우나 가뭄은 최대 2배 증가한다. 그래서 IPCC에서는 2℃ 이상으로 지구 평균기온이 상승하면 극도로 위험해질 가능성이 높을 것으로 보았으며, 지구환경 회복의 마지노선을 1.5℃로 본 것이다.

개개인의 노력은 5천만 국민의 노력이 되고, 각 국가 간의 노력은 전 세계의 노력이 된다. 개인과 국가의 노력, 그리고 끊임없이 발전하는 과학기술의 도움으로 탄소 배출을 최소화하고 친환경적인 경제와 사회 발전을 위해 노력하지 않으면 지구환경은 돌이키지 못하게 망가져 버릴 수 있다.

10.2 허블의 법칙

한걸음 다가서기

우주가 한 점에서부터 팽창하여 지금의 크기에 이르렀다는 것은 잘 알려진 사실이다. 그런데 우주가 팽창하고 있다면 밤하늘에 보이는 별들은 모두 지구에서 멀어지면서 조금씩 어두워져야 하고, 나중에는 어떠한 별도 보여서는 안 된다. 하지만 그런 일은 없다. 우주 공간은 넓어지고 있음에도 태양계 행성들은 언제나 그렇듯 태양 주변을 돌고 있다. 우주가 팽창한다고는 하지만 우리 일상에서는 전혀 느껴지지 않는다. 그렇다면 우주가 팽창한다는 것은 어떻게 증명할 수 있을까?

지구과학 미리보기

프리드만이라는 천문학자가 최초로 우주 팽창의 가능성을 주장한 이후 르메트르, 가모 등에 의해 조금씩 발전해 왔다. 하지만 프리드만이나 르메트르가 우주 팽창의 가능성을 처음 주장했을 때만 해도 사람들의 지지를 받지 못했다. 심지어 프리드만과 르메트르는 아인슈타인이 발표한 일반상대성이론을 꼼꼼히 살펴보고 우주 팽창의 가능성을 주장했는데, 정작 아인슈타인은 우주는 팽창하지도 수축하지도 않는 정적인 상태임을 주장하였다. 특히 르메트르를 향해서는 "당신의 수학은 맞았지만 당신의 물리는 형편없다"라는 식으로 비난하기까지 했다. 아인슈타인을 비롯한 많은 학자가 우주의 팽창 가능성을 믿지 않았던 이유 중 하나는 관측적 증거가 없었기 때문이다.

하지만 관측적 증거가 있으면 우주 팽창은 충분히 지지 받을 수 있다. 우주 팽창의 직접적 증거를 발견한 사람은 허블이다. 여기서는 허블이 관측한 방법을 이용하여 우주 팽창의 증거와 의미를 해석해 보자.

Step 1 › 데이터 다운로드

H-R도를 그릴 때, 데이터를 다운로드했던 SIMBAD의 VizieR로 이동하여 데이터를 다운로드해 보자.

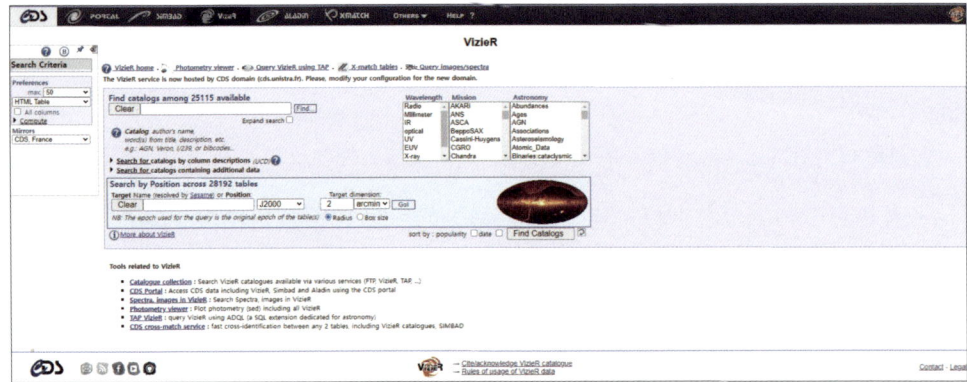

[그림 10-17] SIMBAD의 VizieR[59]

1. VizieR에 들어가면 왼쪽 상단에 보이는 [Find catalogs]의 검색 탭에 다음과 같이 입력하고 검색한다.

VII/145/catalog, Nearby Galaxies Catalogue (NBG) (Tully 1988)

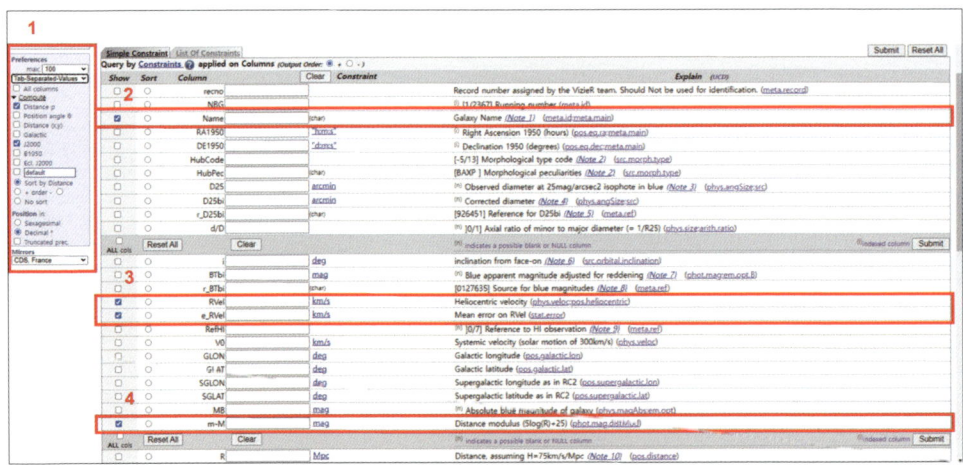

[그림 10-18] SIMBAD의 검색 순서[60]

---

59 VizieR, https://vizier.cds.unistra.fr/viz-bin/VizieR
60 "Catalog", VizieR, https://vizier.cds.unistra.fr/viz-bin/VizieR-2

2. [Preferences]의 [max]는 [100]으로 변경한다. 100 이상으로 설정해도 상관은 없다. 자료 형태는 [Tab-separated-Values]로 변경하자.

3. 기본값으로 체크되어 있는 것을 모두 해제하고, 2의 [Name], 3의 [RVel]과 [e_Rvel], 4의 [m-M]만 체크한다. (RVel과 e_RVel은 은하의 후퇴속도와 관측 오차이고, m-M은 거리 지수다.)

4. [Submit]을 클릭하여 자료를 다운로드하자.

5. 다운로드한 파일을 파이썬에서 분석하기 편리한 폴더로 옮기고, 파일명도 분석에 편리하게 바꾸자. 여기서는 111 폴더로 옮겼고, 파일명은 tully로 바꾸었다.

Step 2 데이터 정리하기

H-R도 작성에서 했던 방식과 마찬가지로 다운로드한 파일을 메모장을 이용하여 열어보면 분석에 불필요한 데이터가 많이 보인다. 헤더 데이터의 상단에 있는 기초 자료와 헤더 데이터의 아래쪽에 있는 데이터의 단위, 점선은 모두 삭제하자. 그럼 _RAJ2000, _DEJ2000, Name, RVel, e_RVel, m-M만 남게 된다. 이렇게 정리한 뒤 파일을 저장하자. 저장할 때 파일 형식은 모든 파일로, 파일 이름은 tully.tsv로 바꾸어 저장해야 데이터가 tab으로 분리된다.

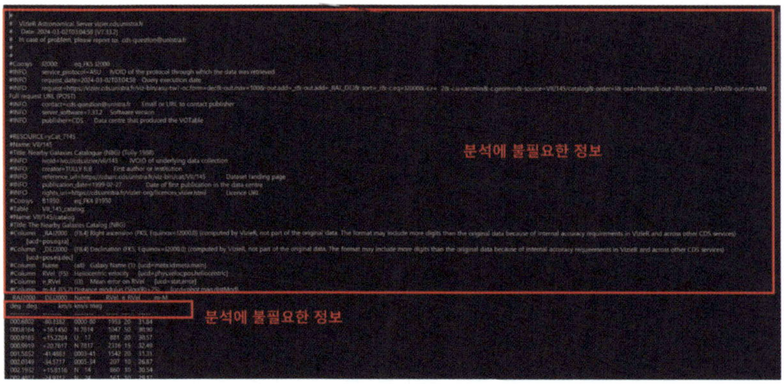

[그림 10-19] 메모장에서 파일을 열었을 때 볼 수 있는 화면

이제 파이썬에서 파일을 불러올 준비가 다 되었다. 다음과 같이 코드를 입력하고 정상적으로 데이터가 출력되는지 확인해보자.

```python
import pandas as pd
import matplotlib.pyplot as plt
from matplotlib import font_manager, rc
rc("font", family="HCR Dotum")
data=pd.read_csv("C:\\111\\tully.tsv", sep="\t")
df=pd.DataFrame(data)
df
```

	_RAJ2000	_DEJ2000	Name	RVel	e_RVel	m-M
0	0.6802	-80.3382	0000-80	1953	20	31.84
1	0.8164	16.1450	N 7814	1047	50	30.90
2	0.9165	15.2284	U 17	881	20	30.57
3	0.9919	20.7617	N 7817	2316	15	32.49
4	1.5852	-41.4883	0003-41	1542	20	31.31
...	...	...	...	...	...	...
95	23.7761	-7.3446	N 615	1857	10	31.82
96	23.7673	-41.4113	N 625	404	8	27.95
97	24.1722	15.7880	N 628	659	5	29.93
98	24.7752	-7.5132	N 636	1941	50	31.92
99	25.0485	15.9029	U 1176	634	5	29.84

100 rows × 6 columns

[그림 10-20] 정상적으로 데이터가 출력된 결과

science tip 포그슨 방정식과 거리지수의 변형

H-R도에서 포그슨 방정식과 거리지수에 대하여 다루었다. 포그슨 방정식은 서로 다른 두 별의 상대적 밝기 차이가 얼마만큼 인지를 계산하는 방법이며 이를 활용해 겉보기등급과 절대등급을 알고 있는 별의 거리를 계산할 수 있다. 여기서 별의 단위는 pc을 사용한다. 그런데 은하까지의 거리는 매우 멀기 때문에 보통 pc을 사용하기보다 Mpc(메가 파섹)을 사용한다. pc과 Mpc은 다음과 같은 관계에 있다.

$$10^6 pc = 1 Mpc$$

포그슨 방정식에서 거리지수를 유도할 때 절대등급을 이용하기 위해 10pc 거리를 활용하여 다음과 같이 식을 정리한다.

$$m - M = -5\log\frac{10pc}{d}$$

여기서 은하까지의 거리를 표현하기 위해 pc 단위를 Mpc 단위로 바꾸어 주자.

$$m - M = -5\log\frac{10pc \times \frac{10^{-6}Mpc}{1pc}}{d}^{-6}$$

따라서 식을 정리하면 아래와 같다.

$$m - M = -5\log(10^{-5}Mpc) + 5\log d$$
$$m - M = 25\log 10 Mpc + 5\log d$$
$$m - M = 25 + 5\log d$$

여기서 알고자 하는 것은 은하까지의 거리 d를 계산하는 것이다. 따라서 식을 d에 대하여 정리하면 아래와 같이 쓸 수 있다.

$$d = 10^{\frac{m-M-25}{5}}$$

정상적으로 잘 출력된 것을 확인할 수 있다. 우주 팽창을 증명하는데 가장 중요한 데이터는 은하까지의 거리와 후퇴속도이다. 그런데 데이터에는 거리지수만 있을 뿐 실제 은하의 거리는 없다. 따라서 거리지수를 이용해 은하까지의 거리를 계산해야 한다.

은하까지의 거리는 매우 멀기 때문에 단위로 pc을 사용하지 않고 Mpc을 사용한다. 따라서 Mpc을 사용해 거리지수를 변형한 아래 식으로 은하까지의 거리를 계산하자.

$$m - M = 25 + 5 \log d$$

$$d = 10^{\frac{m-M-25}{5}}$$

물론 계산기로 계산하지 않고 파이썬에게 계산을 부탁해보자. 거리를 계산한 결과를 distance라는 열에 추가하기 위해 다음의 코드를 맨 아랫줄에 추가하고 결과를 확인하자.

```
df["distance"]=10**((df["m-M"]-25)/5)
df
```

	_RAJ2000	_DEJ2000	Name	RVel	e_RVel	m-M	distance
0	0.6802	-80.3382	0000-80	1953	20	31.84	23.334581
1	0.8164	16.1450	N 7814	1047	50	30.90	15.135612
2	0.9165	15.2284	U 17	881	20	30.57	13.001696
3	0.9919	20.7617	N 7817	2316	15	32.49	31.477483
4	1.5852	-41.4883	0003-41	1542	20	31.31	18.281002
...	...	...	...	...	...	...	...
95	23.7761	-7.3446	N 615	1857	10	31.82	23.120648
96	23.7673	-41.4113	N 625	404	8	27.95	3.890451
97	24.1722	15.7880	N 628	659	5	29.93	9.682779
98	24.7752	-7.5132	N 636	1941	50	31.92	24.210290
99	25.0485	15.9029	U 1176	634	5	29.84	9.289664

91 rows × 7 columns

[그림 10-21] distance 열을 추가한 결과

정상적으로 distance 열이 추가된 것을 확인할 수 있다. 이제 은하의 후퇴속도(RVel)와 거리(distance) 간에 어떤 관계가 있는지 알아보기 위해 x축을 거리, y축을 후퇴속도로 하는 산점도를 그려보아야 한다. 코드의 맨 마지막에 다음의 코드를 추가하자.

```
x=df["distance"]
y=df["RVel"]
plt.scatter(x,y)
plt.show()
```

[그림 10-22]는 코드를 실행한 결과이다.

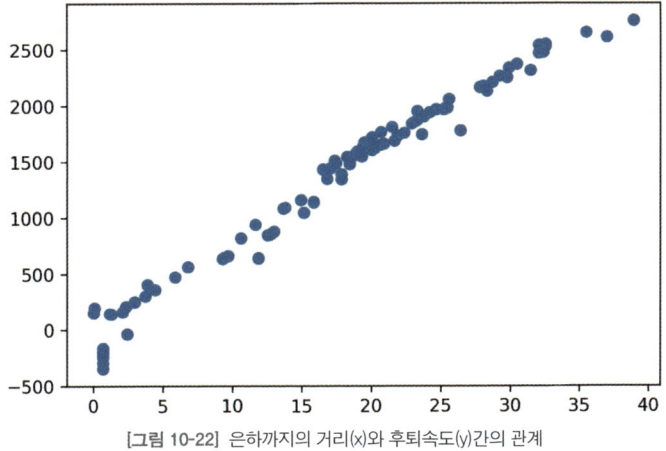

[그림 10-22] 은하까지의 거리(x)와 후퇴속도(y)간의 관계

정상적으로 출력된 것이 보인다. 하지만 문제점이 있다. 은하의 거리와 후퇴속도 간의 관계를 찾아내는 목적은 우주 팽창을 증명하기 위한 것이다. 뒤에서 다루겠지만, 거의 대부분의 외부 은하가 우리로부터 멀어지는 것처럼 보이는 것은 외부 은하가 그렇게 운동하기 때문이 아니라, 우주가 팽창하기 때문이다. 하지만, 우리와 거리가 가까운 안드로메다 은하와 같은 경우 우주 팽창에 의한 효과보다 은하 자체 운동에 의한 효과가 훨씬 크게 작용하여 우리 은하와 거리가 가까워지는 경우도 있다. 따라서 후퇴속도가 음수가 나오는 은하는 모두 제거해야 한다. 따라서 코드의 일부를 다음과 같이 수정하자.

```
data=pd.read_csv("C:\\111\\tully.tsv", sep="\t")
df=pd.DataFrame(data)
df["distance"]=10**((df["m-M"]-25)/5)
df=df[df["RVel"]>0]
x=df["distance"]
y=df["RVel"]
plt.scatter(x,y)
plt.show()
```

여기서 **df=df[df["RVel"]>0]**를 추가했는데, 데이터 프레임의 열 RVel 중에서 RVel이 0보다 큰 값만 추려내라는 의미를 가진다. 이렇게 하여 RVel이 0보다 작은 모든 행은 삭제된다. 위 방법은 앞에서 사용한 df.iterrows()와 for, if 문을 사용하여 처리할 수도 있다. **df=df[df["RVel"]>0]** 대신 다음과 같이 코드를 입력해보자.

```
data=pd.read_csv("C:\\111\\tully.tsv", sep="\t")
df=pd.DataFrame(data)
df["distance"]=10**((df["m-M"]-25)/5)
for index, row in df.iterrows():
    if row["RVel"]<=0:
        df.drop(index, inplace=True)
x=df["distance"]
y=df["RVel"]
plt.scatter(x,y)
plt.show()
```

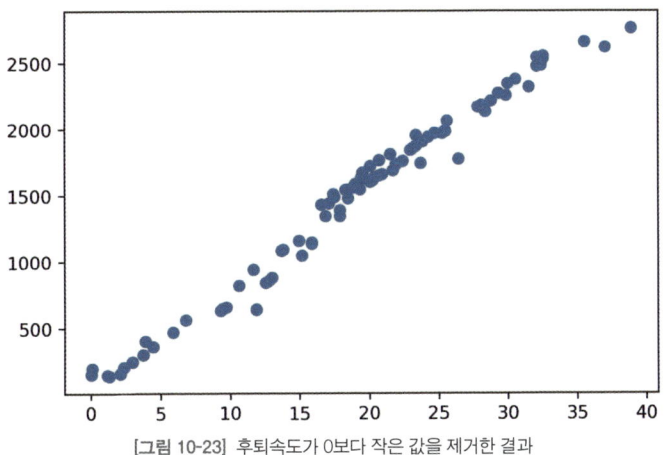

[그림 10-23] 후퇴속도가 0보다 작은 값을 제거한 결과

후퇴속도가 0보다 작은 값이 모두 제거되었다. 이제 추세선을 그려 은하의 거리와 후퇴속도 간에 어떤 관계가 있는지 알아볼 차례이다. plt.scatter(x,y) 바로 앞의 줄에 curve_fit 라이브러리를 호출하는 코드와 함수를 정의하는 코드, curve_fit으로 추세선을 추정하는 코드를 추가하자.

```
from scipy.optimize import curve_fit
def objective(x,a,b):
    return a*x+b
popt,pcov=curve_fit(objective,x,y, method="lm", p0=(75,0))
plt.plot(x,objective(x,*popt), c="red")
c,d=popt
print(c,d)
```

코드의 마지막에 변수 c와 d를 정의하고 print(c,d)를 추가한 것은 추정한 a와 b의 값이 얼마인지를 확인하기 위한 것이다. [그림 10-24]는 코드를 실행한 결과이다.

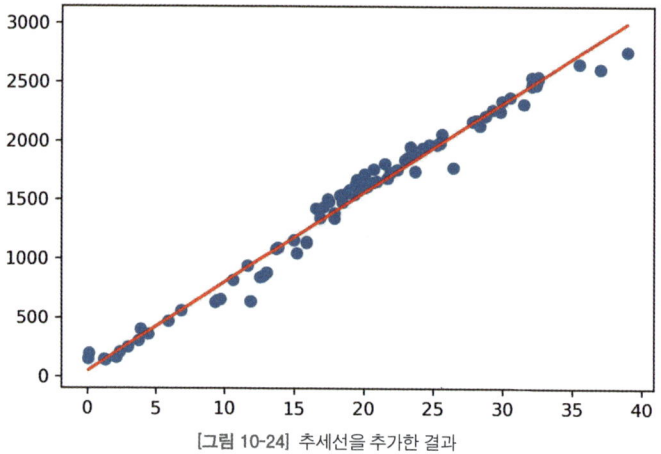

[그림 10-24] 추세선을 추가한 결과

잘 출력된 것처럼 보이지만 a와 b 추정치를 보면 문제가 있다. 파이썬이 추정한 a와 b의 값이 얼마인지 확인해보자.

```
[75.78653709 46.6083969]
```

이 추정값을 그대로 적용하면 다음과 같은 추세선 함수가 나오게 된다.

$$y = 75.79x + 46.6$$

여기서 y값은 은하의 후퇴속도이다. y절편이 46.6인데, 이 말은 우리 은하에서 거리가 0만 큼 떨어진 은하도 우리로부터 약 46.6km/s의 속도로 멀어진다는 의미가 된다. 이는 과학적으로 맞지 않다. 왜냐하면 가까운 은하의 경우 우주 팽창의 효과보다 중력의 효과가 더 강하여 은하 간 거리가 멀어지지 않기 때문이다. 이것은 마치 지금 바로 옆에 있는 사람이나 사물도 나와 거리가 멀어지고 있지 않은 것과 마찬가지이다. 또한 우주 팽창이 가까운 거리에서도 나타난다면 지금 우리가 살고 있는 공간도 계속 팽창해야 한다. 하지만 그렇지 않다.

따라서 y절편은 반드시 0이어야 한다. 따라서 여기서는 추정 방법을 lm을 사용하지 말고 trf나 dogbox를 사용하여 추정 범위를 지정하는 것이 좋다. 이 경우 trf나 dogbox 중 어느 것을 써도 결과는 크게 다르지 않다. 여기서는 trf를 사용하여 a와 b의 값을 추정해보자. 따라서 앞의 코드를 다음과 같이 수정하자.

```
from scipy.optimize import curve_fit
def objective(x,a,b):
    return a*x+b
popt,pcov=curve_fit(objective,x,y, method="trf", bounds=([70,-0.0001],[80,0.0001]))
plt.plot(x,objective(x,*popt), c="red")
c,d=popt
print(c,d)
```

bounds에서 추정하는 b값의 추정 범위를 0으로 잡아버리면 오류가 발생하기 때문에 최대한 0에 가깝게 추정하도록 -0.0001에서 0.0001로 범위를 제한하였다. [그림 10-25]는 코드를 실행한 결과이다.

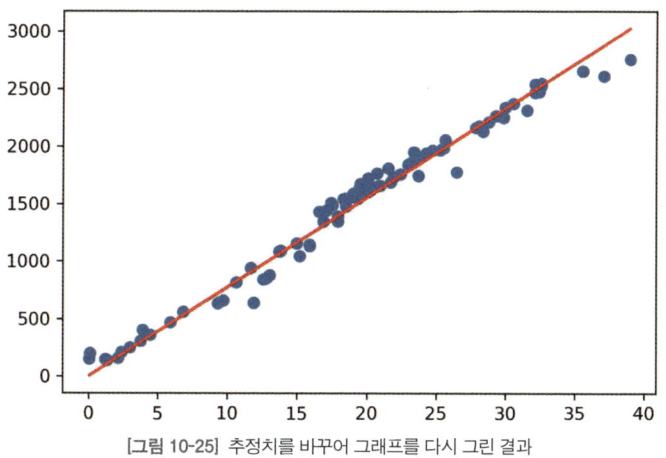

[그림 10-25] 추정치를 바꾸어 그래프를 다시 그린 결과

```
[7.77940578e+01 9.99998120e-06]
```

두 번째로 추정한 a값은 약 77.94이고 y절편에 해당하는 b 값은 0.000009로 거의 0에 가깝다. 이는 정상적으로 값을 추정한 결과라고 볼 수 있다. 이제 그래프의 가독성을 높이기 위해 몇 가지를 수정하자.

❶ 보조선을 그리기 위한 코드를 추가하자.

```
plt.grid(ls="--")
```

❷ 점의 크기가 다소 크기 때문에 점의 크기를 줄이는 코드를 추가하자.

```
plt.scatter(x,y,s=10)
```

❸ 추세선이 두꺼워, 추세선의 두께를 더욱 얇게 하는 코드를 추가하자.

```
plt.plot(x,objective(x,*popt),c="red",linewidth=0.5)
```

❹ 그래프의 제목과 x, y축의 제목을 지정하자

```
plt.title("허블의 법칙")
plt.xlabel("은하의 거리(Mpc)")
plt.ylabel("후퇴속도(km/s)")
```

❺ x축과 y축 값의 범위를 제한하자

```
plt.xlim(0,41)
plt.ylim(0,3100)
```

[그림 10-26]은 앞의 몇 가지 내용대로 수정한 결과이다.

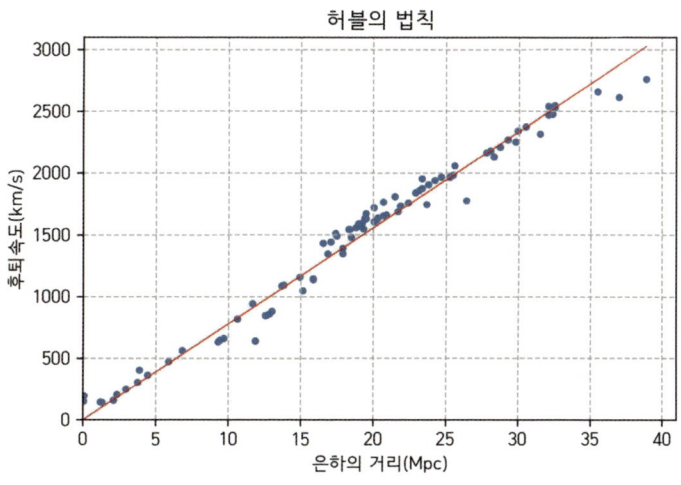

[그림 10-26] 그래프 제목 및 축 제목을 추가한 결과

여기까지만 해도 그래프가 완성되었다고 봐도 무방하지만, 에러바를 추가하여 그래프의 완성도를 더욱 높여보자. 실험이나 측정을 할 때에는 항상 오차가 생기기 마련이다. 어떤 물체를 3미터 높이에서 낙하시키며 낙하 시간을 측정한다고 생각해보면, 측정할 때마다 완전히 똑같은 값이 나오기는 어렵다. 특히 수십, 수백 Mpc 거리에 떨어져 있는 은하의 거리나 후퇴속도는 연구자나 연구 장비에 따라서도 측정값이 완전히 같기는 어렵다. 그렇기 때문에 이렇게 측정 오차가 큰 연구에서는 그래프에 오차의 범위를 함께 포함해 주면 연구 결과를 보는 사람에게 신뢰도가 높은 결과를 제공할 수 있다. matplotlib에는 그래프에 오차의 범위를 표현해 주는 기능이 있다. 에러바를 그리는 방법은 그렇게 어렵지 않다. plt.scatter(x,y)를 삭제하고 단 한 줄의 코드만 추가하면 된다.

```
plt.errorbar(x,y, yerr=df["e_RVel"], fmt=".k", capsize=1.5,
 elinewidth=0.5)
```

coding tip   에러바를 이용해 그래프의 신뢰도 높이기

밀폐된 공간에서 가습기를 틀고 10분 간격으로 5회 상대습도를 측정했다고 하자. 매시간 상대습도를 측정할 때에는 6번을 측정한 뒤 측정한 값들을 평균 낸 값으로 사용하였다.

측정 시간	1회(%)	2회(%)	3회(%)	4회(%)	5회(%)	6회(%)	평균(%)	오차(%)
3시	57.0	57.2	57.1	57.1	57.0	57.2	57.1	±0.1
3시 10분	57.3	57.5	57.7	57.5	57.5	57.5	57.5	±0.2
3시 20분	57.8	57.6	58.0	57.8	57.6	58.0	57.8	±0.2
3시 30분	58.0	57.9	58.1	58.0	57.9	58.1	58.0	±0.1
3시 40분	58.1	58.0	58.0	58.2	58.2	58.1	58.1	±0.1

3시에 측정한 측정값의 평균은 57.1%이고 측정 최솟값은 57.0%, 최댓값은 57.2%로, 각 측정값은 평균에 비해 ±0.1% 정도의 오차가 나타났다. 같은 방법으로 데이터를 분석해보면, 3시 10분에 측정한 값의 평균은 57.5%이고 측정 오차는 ±0.2%이다. 시간별 측정 데이터의 평균값과 오차를 나타내기 위해 다음과 같이 코드를 구성해보자. (라이브러리 호출 과정은 생략하였다.)

```
x=["3시","3시 10분","3시 20분","3시 30분","3시 40분"]
y=[57.1,57.5,57.8,58.0,58.1]
error=[0.1,0.2,0.2,0.1,0.1]
plt.errorbar(x, y, yerr=error)
plt.show()
```

실행 결과는 다음과 같다.

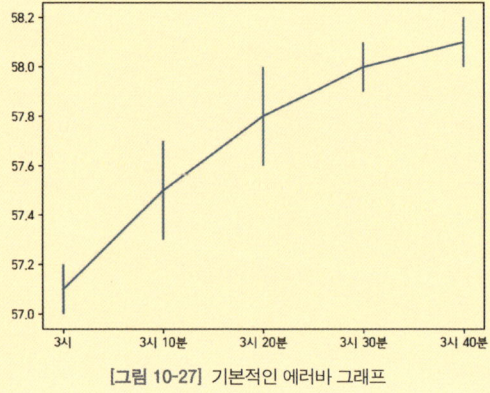

[그림 10-27] 기본적인 에러바 그래프

여기서 에러바를 그리는 코드의 기본 구조를 먼저 살펴보자.

```
plt.errorbar(x, y, yerr=error)
```

x와 y는 각각 그래프로 나타낼 변인이고, yerr은 y값에 대한 오차 범위를 의미한다. x값에 대한 오차라면 xerr이라고 쓰면 된다. 이렇게 에러바를 이용해 그래프를 그리기 위해서는 최소한 3개의 변수가 필요하다. 만약 산점도 형태로 표현하고 싶다면, plt.errorbar의 ( )안에 fmt="."이나 fmt="o"를 추가하면 된다. 그래프의 색도 바꿀 수 있다. matplotlib에서 그래프의 색을 바꾸는 다른 방법과 동일하게 color="r"과 같은 형태로 바꾸면 된다. 다만 여기서 color로 색을 바꾸면 에러바와 그래프 모두 색이 바뀌게 된다. fmt에서 색과 그래프의 형태를 모두 바꿀 수도 있다. 검정색 점으로 표현하고 싶다면 fmt=".k"라고 코드를 구성하면 된다. 선형그래프를 그리려면 fmt="-k"라고 작성해도 된다.

에러바의 양 끝단에 캡(모자)을 씌울 수도 있다. 캡을 씌우고자 한다면, 에러바를 구현하는 코드의 ( ) 안에 다음과 같이 파라미터를 추가하자.

```
capsize=3
```

실행 결과는 다음과 같다.

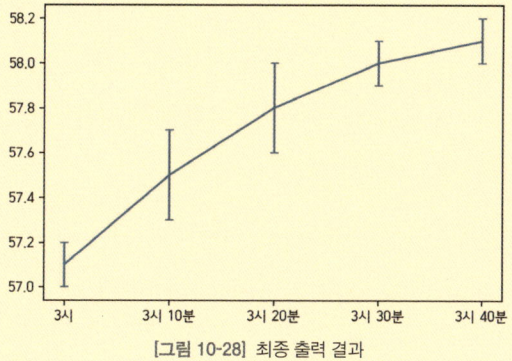

[그림 10-28] 최종 출력 결과

이 외에 에러바의 선 두께는 elinewidth로, 에러바 선의 색은 ecolor로 변경할 수 있다.

[그림 10-29]는 scatter를 삭제하고 errorbar를 이용해 그래프를 그린 결과이다.

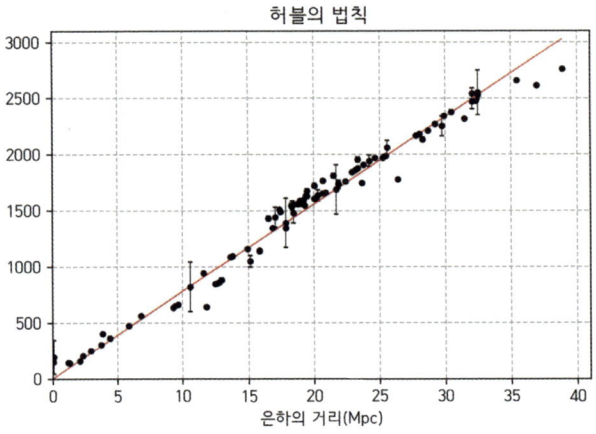

[그림 10-29] 에러바를 이용해 그래프를 그린 결과

일부 데이터에만 에러바가 표시된 것처럼 보이는데, 이는 오차의 크기가 너무 작기 때문에 그렇게 보이는 것뿐, 데이터가 없어서 표시되지 않은 건 아니다.

은하의 후퇴속도와 거리 간의 관계에서는 그래프의 기울기가 매우 중요하다. 따라서 위 그래프에 기울기를 함께 표시해보자. 그래프에 글을 노출시키기 위해서는 앞에서 배운 plt.text를 사용하면 된다. errorbar를 그리기 위해 구성한 코드 다음 줄에 아래의 코드를 추가해 보자.

```
c,d=popt
plt.text(5,2000,"V="+str(round(c,2))+"d\nH=77.79km/s/Mpc", size=15)
```

위 코드의 의미는 그렇게 어렵지 않다.

❶ c,d=popt
　curve_fit에서 추정한 함수의 a와 b값을 각각 c와 d 변수에 대응

❷ plt.text

가. 5, 2000 : 그래프에 글씨를 넣을 좌표 위치

나. "V="+str(round(c,2))+"d\nH=77.79km/s/Mpc" : 그래프에 표시할 글씨. 여기서 str은 숫자를 문자로 바꾸는 코드이며, round(c,2)는 c값을 소수점 셋째 자리에서 반올림하여 둘째 자리까지 표기하라는 코드이다. \n은 한 줄을 아래로 내리는 코드이다.

[그림 10-30]은 여기까지 코드를 구성한 뒤 실행한 결과이다.

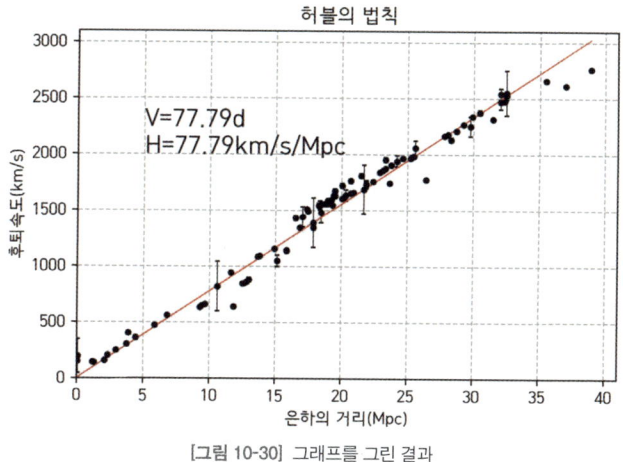

[그림 10-30] 그래프를 그린 결과

허블의 법칙을 나타내는 그래프를 모두 완성하였다. 이제 이 그래프가 무엇을 의미하는지 해석해보자. 여기까지의 전체 코드는 다음과 같다.

```
import matplotlib.pyplot as plt
import pandas as pd
from scipy.optimize import curve_fit
from matplotlib import font_manager, rc
rc("font", family="HCR Dotum")
data=pd.read_csv("C:\\111\\tully.tsv", sep="\t")
df=pd.DataFrame(data)
df["distance"]=10**((df["m-M"]-25)/5)
```

```python
df=df[df["RVel"]>0]
x=df["distance"]
y=df["RVel"]
def objective(x,a,b):
    return a*x+b
popt,pcov=curve_fit(objective, x, y, method="trf", bounds=([70,-0.00001],[80,0.00001]))
plt.errorbar(x, y, yerr=df["e_RVel"], fmt=".k",capsize=1.5, elinewidth=0.5)
plt.plot(x,objective(x,*popt),c="red",linewidth=0.5)
plt.grid(ls="--")
plt.title("허블의 법칙")
plt.xlabel("은하의 거리(Mpc)")
plt.ylabel("후퇴속도(km/s)")
plt.xlim(0,41)
plt.ylim(0,3100)
c,d=popt
plt.text(5,2000,"V="+str(round(c,2))+"d\nH=77.79km/s/Mpc",size=15)
print(popt)
plt.savefig("C:\\111\\허블의 법칙.jpg",dpi=300)
plt.show()
```

❶ 어째서 외부 은하는 모두 우리 은하로부터 멀어지고 있을까?

[그림 10-31]은 앞에서 분석한 은하의 거리에 따른 후퇴속도 변화 경향이다. 그림처럼 외부 은하는 모두 하나같이 우리 은하에서부터 멀어지고 있다. 심지어 거리가 먼 은하일수록 멀어지는 속도, 즉 후퇴속도는 더욱 증가한다. 우주에 있는 은하가 한두 개도 아니고 대부분의 은하가 모두 멀어지며, 심지어 거리가 멀수록 빠르게 멀어지는 건 단지 우연의 일치만은 아닐 것이다.

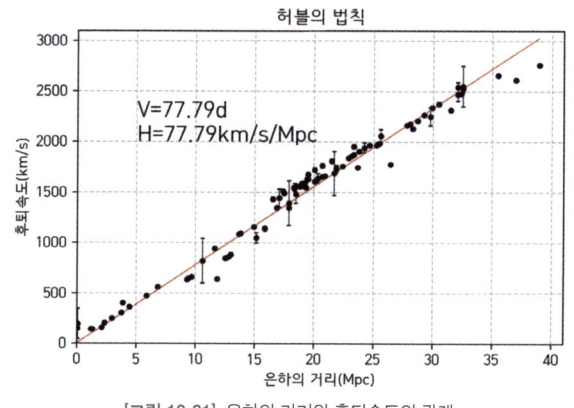

[그림 10-31] 은하의 거리와 후퇴속도의 관계

수천억 개가 넘는 은하가 모두 우리 은하에서 멀어지는 이유는 우주 공간이 팽창하고 있기 때문이다. 은하가 모두 고유한 운동을 하고 있음에도 멀어지고 있는 것은 공간 자체가 팽창하여 발생하는 현상이라는 것 이외에는 설명할 방법이 없다. 그런데 몇 가지 신기한 점이 있다. [그림 10-31]처럼 거리가 멀수록 후퇴속도가 빨라진다는 점이다. 그래프를 해석해보면 은하의 거리와 후퇴속도는 1차 함수의 정비례 관계를 가지고 있다. 거리가 2배 증가하면 후퇴속도도 2배 증가하는 셈이다. 예를 들어 [그림 10-31]에서 거리가 20Mpc인 은하의 후퇴속도는 약 1500km/s가 조금 넘는다. 거리가 40Mpc인 은하의 후퇴속도는 예상한 대로 3000km/s가 조금 넘는 수준이다. 후퇴속도는 거의 정확히 2배가 증가하였다. 반대로 거리가 10Mpc인 은하는 1500km/s의 절반인 750km/s 수준의 후퇴속도를 보이고 있다.

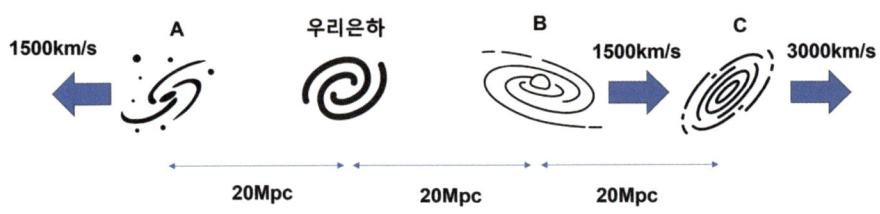

[그림 10-32] 우리 은하에서 바라본 A, B, C 은하의 후퇴속도와 방향

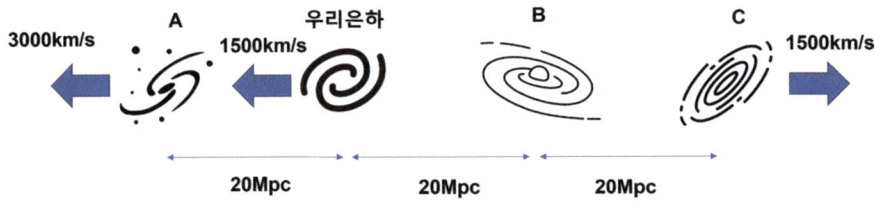

[그림 10-33] B 은하에서 바라본 우리 은하와 A, C 은하의 후퇴속도와 방향

또 이상한 것이 하나 있다. [그림 10-31]과 같은 상황이라면, [그림 10-32]나 [그림 10-33]처럼 거리가 2배 증가하면 후퇴속도도 2배가 증가해야 한다. [그림 10-32]와 같이 우리 은하에서 관측한 A와 B 은하는 모두 20Mpc 떨어져 있기 때문에 1500km/s로 멀어져야 하고, C 은하는 40Mpc 떨어져 있기 때문에 3000km/s의 속도로 멀어져야 한다. 이상한 것은 [그림 10-33]처럼 관찰자의 위치만 바꾸어 B 은하에서 우리 은하와 A, C 은하를 관측하면 우리 은하는 1500km/s로 멀어지고, A 은하는 3000km/s로 멀어지며, C 은하는 1500km/s로 멀어지게 된다. 결국 은하가 멀어지는 속도는 절대적인 것이 아니라 어디서 관측하는지에 따라 달라지는 상대적인 값인 것이다.

❷ 우주 팽창의 개념, 생각보다 어렵지 않다!

이런 설명하기 어려운 현상이 나타나는 것은 우주 팽창이 단순하게 상자가 커지는 3차원 팽창이 아니라 4차원 또는 그 이상에서 나타나기 때문이다. 실제 우리가 살고 있는 공간도 태양이나 지구의 중력에 의해 왜곡되어 있다. 그리고 3차원 세상에서 발생하는 왜곡은 분명 4차원에서 일어나고 있다. 공간의 왜곡은 4차원에서 일어나는 현상이지만, 우리가 살고 있는 공간은 3차원이기 때문에 우리는 이 현상을 도무지 이해할 수 없다.

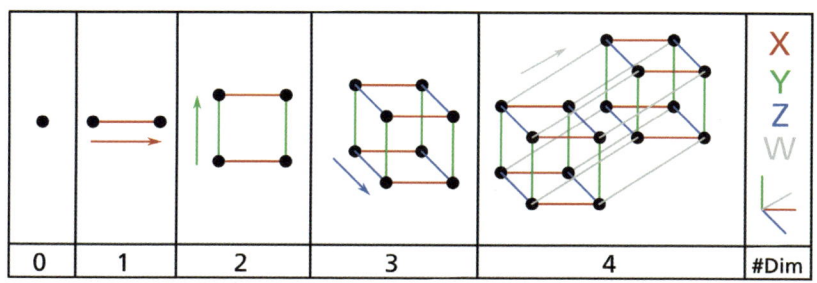

[그림 10-34] 차원의 개념[61]

잠시 차원에 대하여 이야기해보자. 0차원은 단지 점이다. 점이 모여 선을 이루게 되는데, 바로 이 선이 1차원이다. 수학에서 다루는 x, y, z축 중에서 x축 하나만 존재하는 상황이다. 2차원은 x축과 y축이 만들어 내는 면이다. 이때 y축은 x축의 좌표만으로는 설명할 수 없는 새로운 축이기 때문에 하나의 차원을 추가해야 된다. 3차원은 x, y축에 수직인 새로운 축을 그려 만들어내는 부피이다. 우리가 살고 있는 세상이 바로 3차원이다. 특히 3차원의 z축은 x, y축의 좌표만으로는 그릴 수 없다. 마지막으로 다룰 4차원은 x, y, z축이 아닌 새로운 축을 그려 설명해야 한다. 수학에서는 도형의 이동으로 그려지는 차원을 4차원이라고 설명한다. 과학에서 4차원을 설명하려면 x, y, z축의 좌표 만으로 설명할 수 없는 새로운 축을 그려야 하는데, 축을 어떻게 그려

---

61 "Dimension", Wikipedia, https://simple.wikipedia.org/wiki/Dimension

도 x, y, z축 안에서 그려진다. 그래서 과학자들은 이 새로운 차원을 공간이 아닌 시간 차원으로 생각하고 있다.

4차원에서 발생하는 공간 왜곡은 우리가 3차원 생명체라는 이유로 이해할 수 없는 부분이다. 하지만 이 현상을 하나의 차원을 낮춰 생각하면 간접적으로 이해할 수 있다. 3차원 공간의 왜곡이 4차원에서 발생한다면, 2차원 공간의 왜곡은 3차원에서 발생한다. 즉, 2차원 세상에서 왜곡이 발생하는 3차원 세계를 생각하면 된다. 한 가지 예를 들어보자. [그림 10-35]의 왼쪽 사진과 같이 편평한 천의 면은 x, y축으로만 되어 있는 2차원이다. 이 천에 무거운 구슬을 올려놓으면 천은 지면 방향으로 구부러진다. 천이 구부러지는 방향은 x, y축 만으로는 설명할 수 없고, z축 방향이 반드시 필요하다. 이렇게 천이 구부러지는 것은 3차원에서 발생하게 된다.

[그림 10-35] 구슬을 올려놓아 구부러진 천[62]

우주의 팽창도 동일한 개념에서 생각해야 한다. 우리가 살고 있는 공간은 3차원이지만, 공간의 왜곡과 팽창은 4차원에서 발생한다. 마찬가지로 하나의 차원을 낮추어 생각해보자.

---

[62] "Modeling the Orbits of Planets", Jet Propulsion Laboratory, https://www.jpl.nasa.gov/edu/teach/activity/modeling-the-orbits-of-planets/

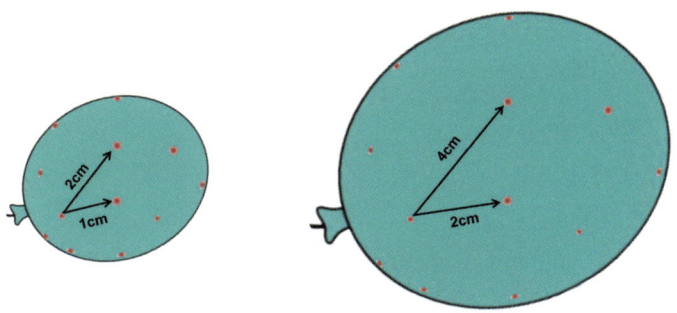

[그림 10-36] 풍선의 팽창과 우주 팽창

이제부터 풍선의 표면만을 보자. 풍선의 표면은 분명 구부러져 있는 3차원이다. 하지만 풍선의 표면에 붙어살고 있는 2차원의 사람을 생각해보자. 이 사람은 분명 풍선의 표면에 붙어 살지만 자신의 세상이 구부러져 있는지 모른다. 이제 [그림 10-36]처럼 풍선의 표면에 점을 찍고 풍선을 불어보자. 풍선을 불기 전 어떤 한 점에서부터 거리가 1㎝, 2㎝만큼 떨어진 점은 풍선을 불면 2㎝, 4㎝로 거리가 증가하게 된다. 이때 기준점은 당연히 움직이지 않는다. 여기서 주목할 점은 멀리 떨어져 있는 점일수록 더 멀리 멀어진다는 사실이다. 그런데 기준점을 바꾸어 팽창 전과 팽창 후의 거리를 비교하면 기준점은 움직이지 않고, 그 주변의 점이 거리가 멀수록 더 많이 멀어진다. 이런 상황에서 풍선의 표면은 어디를 중심으로 팽창한 것일까? 팽창의 중심을 정의할 수 없는 상황이다. 어디를 중심으로 잡는지에 따라 상황이 달라지기 때문이다. 또한 풍선 표면의 어느 지점에서 출발하여 어느 방향으로 가더라도 다시 원점으로 돌아오기까지 한다. 이 역시 팽창의 중심이 없기 때문에 가능한 현상이다. 우주 팽창도 이와 같다.

❸ 허블 상수와 허블 상수의 중요성

다시 [그림 10-31]로 돌아가보자. [그림 10-31]을 해석하면 거리가 증가할수록 은하의 후퇴속도가 비례하여 증가한다는 아주 단순한 결론에 도달하게 된다. 따라서 직선

형태의 그래프가 나타나는데, 은하까지의 거리를 d, 은하의 후퇴속도를 V라고 한다면 이 그래프의 기울기는 다음과 같이 생각해 볼 수 있다.

$$H = \frac{V}{d}$$

이 기울기를 허블 상수 H라고 정의한다. 따라서 허블 상수가 결정되면 외부 은하의 거리를 모르더라도, 스펙트럼 관측으로 은하의 적색편이만 측정하면 거리를 계산할 수 있게 된다. 이를 기반으로 허블-르메트르의 법칙을 정의할 수 있는데, 위 허블 상수를 V에 대하여 다시 쓰면 된다. 허블-르메트르의 법칙은 다음과 같다.

$$V = Hd$$

[그림 10-31]과 같은 자료를 얻는데 중요한 것이 두 가지가 있다. 첫 번째로 은하의 거리를 측정하는 것이다. 엄청나게 멀리 있는 은하의 거리를 정확하게 측정하는 것은 생각처럼 쉽지만은 않다. 과학자들은 외부 은하에 있는 매우 밝은 별(세페이드 변광성이나 RR Lyrae)을 활용하거나 구상성단 등을 활용하여 최대한 정확하게 거리를 측정하려고 노력한다. 하지만 워낙 멀리 있다 보니 여러 이유로 정확한 측정은 어렵다. 두 번째로 정확한 적색편이 측정이다. 매우 멀리 있는 대상을 관측하여 스펙트럼 분석을 하려면 정밀한 분광장치가 필요하다. 이런 이유로 거리 계산과 적색편이 측정은 적지 않은 오차를 가질 수밖에 없다. 과학기술이 발전하며 은하의 거리와 후퇴속도 관측값은 조금씩 수정되어 왔다.

[그림 10-31]의 그래프는 적색편이 관측값으로 계산한 후퇴속도와 은하의 거리 데이터로 그려진 그래프이다. 데이터의 정확도와 무관하게 후퇴속도와 은하의 거리는 항상 1차 함수 관계가 나온다. 하지만, 관측의 정확도에 따라 그 기울기는 얼마든지 달라진다. 실제 최초로 허블-르메트르 법칙을 발표한 허블은 허블 상수를 약 500㎞/s/

Mpc으로 계산하였다. 이후 허블 상수는 계속 변화하였고 가장 최근에 계산된 허블 상수의 값은 약 70㎞/s/Mpc이다. 이 값 역시 달라질 가능성이 높으며, 최근의 연구에 따르면 우주의 어느 영역을 관측하는지에 따라 허블 상수가 달라진다.

❹ 후퇴속도는 어떻게 측정하는 것일까?

[그림 10-37] 허블 우주망원경이 촬영한 외부 은하[63]

[그림 10-37]은 허블 우주망원경이 촬영한 외부 은하이다. 가까이 있는 자동차가 멀어지는 것은 육안으로 보아도 쉽게 얼마나 멀어졌는지 알아챌 수 있다. 그런데 [그림 10-37]과 같은 외부 은하는 천년이 지나서 다시 보아도 저 모양 그대로이다. 심지어 누가 더 멀리 있는지는 느껴지지도 않는다. 그런데 은하가 멀어지고 있다는 사실과 후퇴속도는 어떤 방식으로 알아낼 수 있는 걸까?

외부 은하의 후퇴속도를 측정하는 것은 육안으로는 확인 불가능하며, 반드시 스펙트럼 관측을 해야 한다. 태양이나 가로등, 조명 등을 간이 분광기로 관측하면 무지개처

---

[63] "Hubble's Deep Fields", NASA Science, https://science.nasa.gov/mission/hubble/science/universe-uncovered/hubble-deep-fields/

럼 빛이 분산되어 보이는 것을 볼 수 있는데, 이를 '스펙트럼'이라고 한다. 스펙트럼에서 보라색 빛은 파장이 짧은 400㎚ 수준이며 빨간색 빛은 약 700㎚ 수준이다.

[그림 10-38] 연속 스펙트럼, 스펙트럼 아래의 숫자는 파장이다.[64]

성능이 좋은 분광기로 별이나 은하의 스펙트럼을 관측하면 중간에 상대적으로 어두운 선과 밝은 선이 보이는데, 어두운 선이 보이는 스펙트럼은 흡수선 스펙트럼 absorption spectrum, 밝은 선이 보이는 스펙트럼은 방출선 스펙트럼 Emission spectrum이라고 한다. 아무런 선이 보이지 않는 경우 연속 스펙트럼 continuous spectrum이라고 한다.

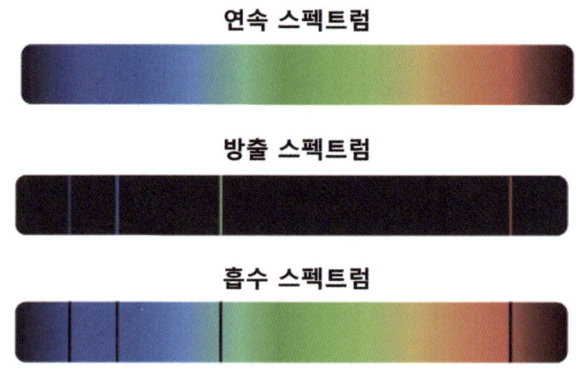

[그림 10-39] 스펙트럼의 3가지 종류

여기서 흡수선이나 방출선이 생기는 이유까지 다루지는 않겠지만, 별에서는 거의 대부분 흡수선 스펙트럼이 나타나고 은하의 경우 흡수선 스펙트럼이나 방출선 스펙트럼이 모두 나타난다.

---

[64] "Math of the Expanding Universe", Jet Propulsion Laboratory, https://www.jpl.nasa.gov/edu/teach/activity/math-of-the-expanding-universe/

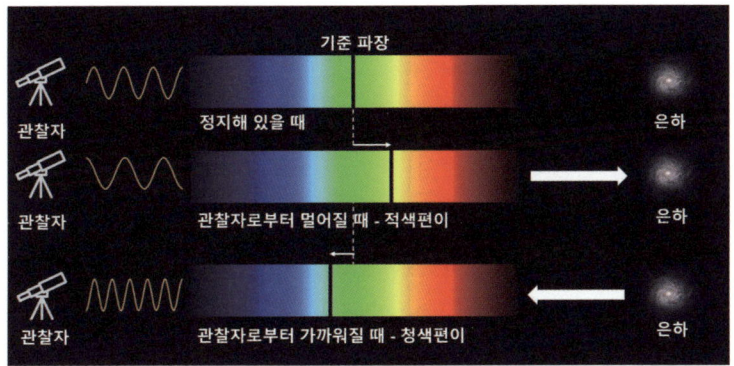

[그림 10-40] 적색편이나 청색편이가 나타나는 원리

정지한 별이나 은하의 경우 흡수선이나 방출선이 나타나는 위치가 변하지 않는다. 그런데 움직이는 별이나 은하, 특히 우리로부터 멀어지거나 가까워지는 별이나 은하는 흡수선이나 방출선이 움직이게 된다. 흡수선이 파란색 방향, 다시 말해 파장이 짧아지는 방향으로 움직이는 경우를 청색편이, 파장이 길어지는 빨간색 방향으로 움직이는 경우를 적색편이라고 한다.

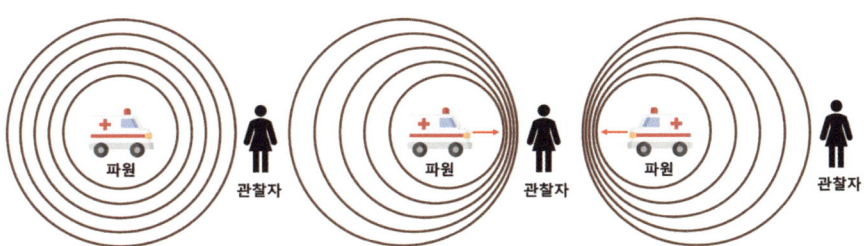

[그림 10-41] 정지한 물체에서 나는 소리의 파장은 달라지지 않지만 움직이는 물체에서 나는 소리는 파장이 변화한다 (도플러 효과)

이런 현상이 나타나는 이유는 무엇일까? 도플러 효과에서 원리를 생각해볼 수 있다. 구급차가 지나갈 때 소리가 어떻게 들렸는지 생각해보면 쉽게 이해할 수 있다. 사이렌을 켜고 빠르게 달리는 구급차가 관찰자에게 접근하면 사이렌 소리가 고음으로 들린다. 반대로 구급차가 관찰자를 지나 멀어지면 사이렌 소리는 저음으로 들리게 된

다. 고음은 파장이 짧고 저음은 파장이 긴데, 구급차가 관찰자에게 접근할 때는 소리의 파장이 짧아지는 것이고 멀어질 때는 소리의 파장이 길어져 이런 현상이 나타나는 것이다. 이와 동일한 현상이 별의 스펙트럼에서도 나타나면서 우리에게 접근하는 별이나 은하의 흡수선은 파장이 짧아지며 청색으로 이동하고 우리로부터 멀어지는 별이나 은하는 흡수선이 나타나는 파장이 길어져 적색으로 이동하게 된다. 또한 속도가 빠를수록 파장 변화가 크게 나타난다.

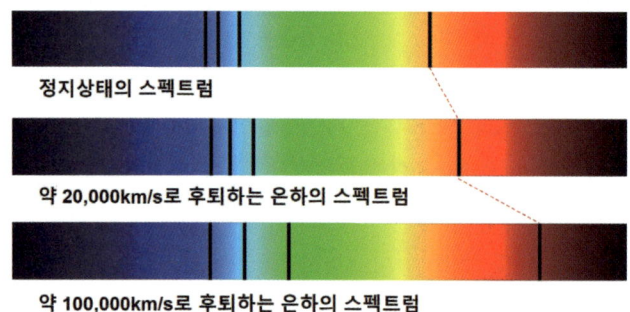

[그림 10-42] 속도가 빠를수록 적색편이가 크게 나타난다

그렇다면 후퇴속도와 적색편이 정도는 어떤 관계를 가질까? 간단하다. 속도가 빠를수록 흡수선이나 방출선의 파장 변화가 크게 나타난다. [그림 10-42]를 보면 알 수 있듯, 후퇴속도가 빠를수록 흡수선의 적색편이가 커진다. 흡수선의 파장 변화량을 $\Delta\lambda$, 원래 파장을 λ, 후퇴 속도를 v, 광속을 c라고 할 때 후퇴속도와 파장 변화량은 다음과 같은 관계를 가진다.

$$\frac{\Delta\lambda}{\lambda} = \frac{v}{c}$$

$$v = c \times \frac{\Delta\lambda}{\lambda}$$

따라서 은하의 스펙트럼에서 파장 변화량을 관측해 내면 후퇴속도를 계산할 수 있다.

❺ 가까운 은하도 멀어질까?

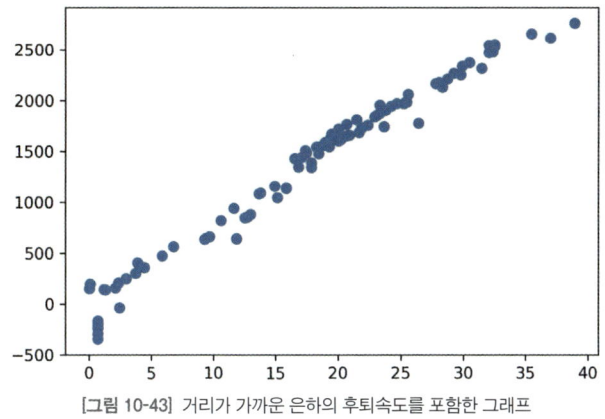

[그림 10-43] 거리가 가까운 은하의 후퇴속도를 포함한 그래프

여기서 이제 한 가지 의문이 생긴다. 우주가 팽창하여 우리 은하와 외부 은하의 거리가 멀어진다고 했는데, 조금 큰 범주로 생각해보면 우리가 생활하는 공간도 우주 공간에 포함된다. 그렇다면 우리 주변 공간도 팽창하는 것이 정상인데 우리 일상에서 이런 일은 전혀 일어나지 않는다. 왜 그럴까? 우주 공간은 팽창하는 것이 맞다. 하지만 중력이 충분히 강한 경우 우주 팽창의 효과는 상쇄되어 버리기 때문이다.

마찬가지로 우리로부터 가까운 은하의 경우 우주 팽창의 효과보다 은하 상호 간의 중력이나 은하 자체의 고유운동이 더 강하여 우주 팽창 효과를 기대할 수 없다. 그래서 [그림 10-43]과 같이 거리가 매우 가까운 은하에서는 적색편이가 나타나지 않고 청색편이가 나타날 수도 있다. 때문에 그래프를 그리는 과정에서 청색편이가 나타나는 은하를 뺀 것이다.

Part

VI

등치선과 컬러 맵으로 재미있는 그래프 그려보기

11장 등치선을 그리는 방법
12장 컬러 맵으로 데이터를 더욱 멋지게 표현하기
13장 등치선과 컬러 맵으로 그려보는 지구별 자연법칙

11장

등치선을 그리는 방법

11.1 등치선이란?

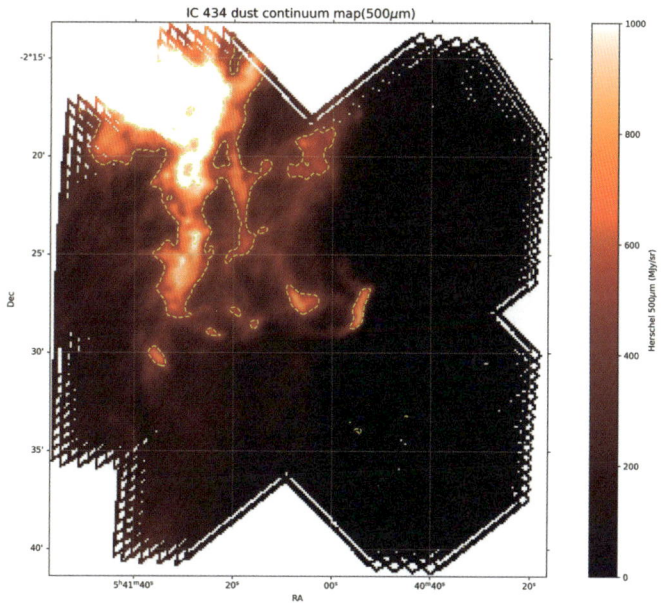

[그림 11-1] 허셜 우주망원경이 관측한 관측 결과를 등치선과 컬러 맵으로 표현한 결과

등치선cotour line은 공간 상에서 값이 같은 곳을 선으로 연결한 것이다. 데이터의 분포를 시각적으로 파악하기 쉽기 때문에 과학을 포함한 여러 가지 분야에서 폭넓게 사용된다. 고도가 같은 곳을 선으로 연결한 등고선, 기압이 같은 곳을 선으로 연결한 등압선, 해수나 지표면의 온도가 같은 곳을 선으로 연결한 등수온선이나 등온선 등이 등치선을 활용한 대표적인 사례이다. 또한 벚꽃이 개화하기 시작하는 시기, 단풍의 시작 예측 시기 등을 등치선으로 표현하기도 한다.

지구과학 분야에서도 등치선은 매우 폭넓게 사용된다. 지질도 등에 등고선이 활용되며, 하층대기의 온도에 등온선이, 해수 표면의 온도 분포에 등수온선이, 하층이나 상층대기의 기압을 나타내는 등압선 등이 등치선을 활용하는 대표적인 사례이다.

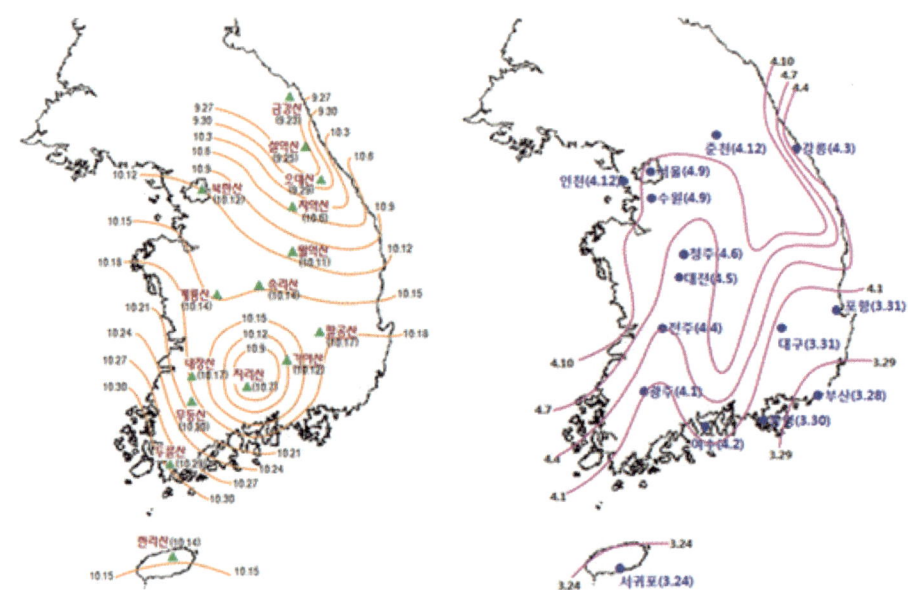

[그림 11-2] 단풍 예상 시기(좌)와 벚꽃 개화시기(우)에 등치선을 활용한 사례[65]

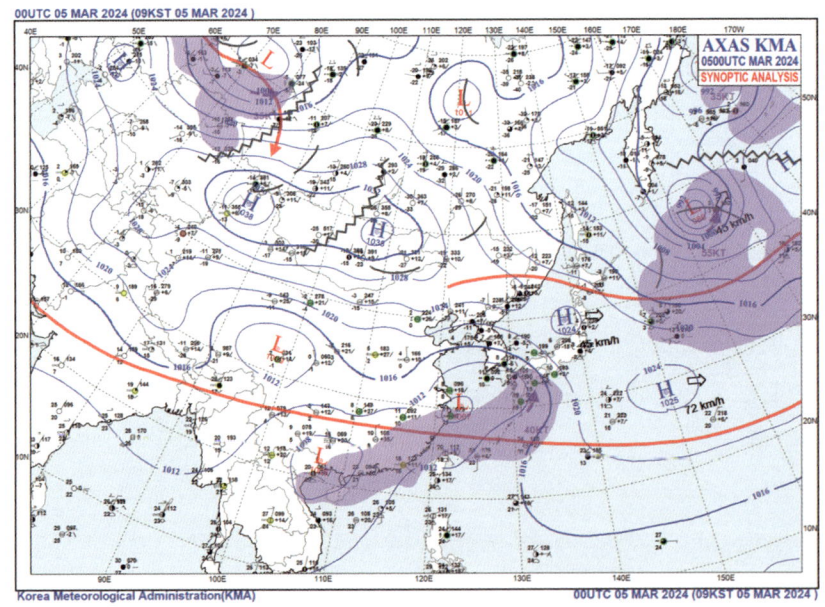

[그림 11-3] 등압선이 잘 표현된 기상청 분석 일기도[66]

---

65 구 기상청 날씨누리(현재 폐쇄)
66 기상자료개방포털에서 별도의 데이터 요청 후 다운로드 가능

11.2 등치선 그려보기

파이썬의 라이브러리 matplotlib에서는 등치선을 그릴 수 있는 기능을 제공하고 있다. 간단한 예를 통해 등치선을 그리는 방법에 대하여 알아보자.

등치선을 그리는 원리와 방법은 수온-염분도 그리기에서 다루었다. 수온-염분도 그리기에서는 for 문과 0행렬을 사용하여 2차원 행렬을 만들었는데 물론 for 문을 활용해도 되지만, 여기서는 for와 같은 기초 문법이 아닌 numpy에서 제공하는 기능을 활용해 더욱 쉽고 간단하게 행렬을 만들어보려고 한다.

등치선을 그리기 위해서는 공간 좌표인 x값과 y값, 그리고 (x, y) 좌표에 들어갈 데이터까지 총 3종류의 자료가 필요하다. 아래의 그림을 보자.

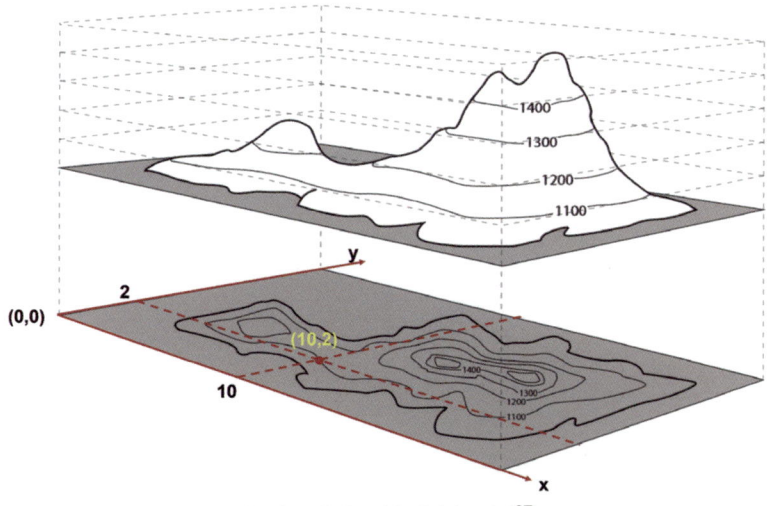

[그림 11-4] 등고선을 작성하는 개념[67]

---

[67] "WHAT ARE CONTOUR LINES ON THE TOPOGRAPHIC MAPS?", The Mountains Magazine -Lebanon, https://mountainsmagleb.com/2020/03/20/What-are-contour-li/

[그림 11-4]의 위는 실제 지형의 모습이고 아래는 이를 2차원 평면에 등고선으로 나타낸 모습이다. 그림처럼 실제 지형의 모습을 2차원 평면에 등고선으로 나타내려면 각 지점의 좌표와 해당 좌표에서의 고도 정보가 필요하다. 예를 들면 공간의 위치를 나타내기 위해 x축 10, y축 2로 좌표 (10, 2)가 필요하고, (10, 2)인 곳에서의 고도 정보 1100m가 필요한 셈이다. 그리고 고도가 1100m인 곳을 모두 선으로 이으면 하나의 등고선이 완성된다.

좀 더 간단한 상황을 보자. [그림 11-5]는 가상의 각 지점에서 관측한 고도 정보를 점으로 나타냈다. 고도가 900m인 지점의 좌표는 (2, 2), (2, 4), (2, 6), (2, 8)이다. 이 4개의 지점을 모두 선으로 이으면 하나의 등고선이 완성된다. 마찬가지 방법으로 고도가 1000m, 1100m, 1200m인 지점을 모두 선으로 이으면 하나의 등고선이 완성된다.

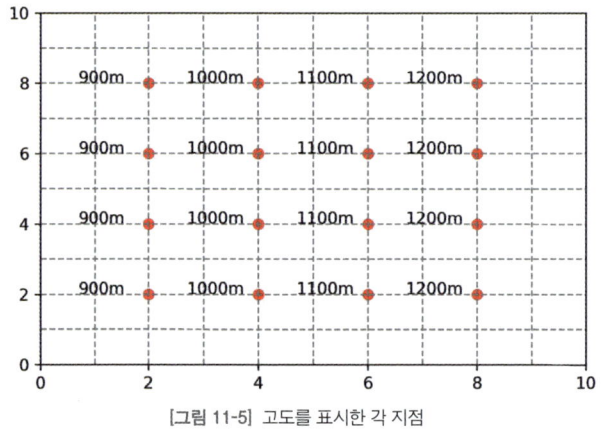

[그림 11-5] 고도를 표시한 각 지점

따라서 파이썬을 이용해 위 과정을 코드로 구현하려면 다음의 단계를 거치게 된다.

❶ 먼저 가상의 바둑판 배열을 만들어준다.
❷ 바둑판의 각 지점에 해당하는 고도의 값을 넣어준다.

1번 과정에서 (x, y)좌표 데이터를 np.linspace와 np.meshgrid를 이용해 만들어줄 수 있다.

```
import numpy as np
x=np.linspace(2,8,4)
y=np.linspace(2,8,4)
```

이렇게 하여 (x, y)에 들어갈 좌표 데이터를 만들었다. 이제 이 데이터를 가상의 바둑판으로 배열해 주면 된다. 여기서 meshgrid를 사용한다.

```
xi, yi=np.meshgrid(x,y)
```

이렇게 바둑판 배열 xi와 yi가 만들어졌다. 정확히 바둑판 배열을 이루고 있는지 확인하는 가장 간단한 방법은 xi와 yi를 산점도로 그려보면 된다. 산점도를 그려보자.

```
import matplotlib.pyplot as plt
plt.scatter(xi,yi)
plt.show()
```

[그림 11-5]처럼 16개의 점이 찍힌 것을 확인할 수 있다.

이제 바둑판으로 배열한 16개의 점에 고도 데이터를 넣어주자. 가장 왼쪽 상단에서 오른쪽 방향으로 차례대로 데이터를 부여하면 되기 때문에 plt.scatter(xi,yi) 다음 줄에 다음의 코드를 추가하자.

```
z=np.array([[900,1000,1100,1200],[900,1000,1100,1200],[900,1000,1100,1200],
[900,1000,1100,1200]])
```

[그림 11-5]와 같이 모든 행의 데이터가 900, 1000, 1100, 1200이 되도록 4개의 행을 만들었다. 이제 np.array 다음 줄에 plt.contour를 이용하여 등고선을 그리는 코드를 만들어주자.

```
CS=plt.contour(xi, yi, z, colors="red", levels=np.linspace(900,1200,4),
linewidths=1, linestyles="--")
CS.clabel(fontsize=10)
plt.xlim(1,9)
plt.show()
```

plt.contour에서 사용할 파라미터를 살펴보자.

- ❶ **xi**: 공간의 x축 좌표
- ❷ **yi**: 공간의 y축 좌표
- ❸ **z**: (x, y) 좌표에서의 고도
- ❹ **colors**: 등치선의 색상을 정한다. 색상을 별도로 지정하지 않으면 선마다 색이 점진적으로 다르게 그려진다.
- ❺ **levels**: 등고선을 그릴 값. 여기서는 900, 1000, 1100을 그리도록 하였다.
- ❻ **linewidths**: 선의 두께를 지정
- ❼ **linestyles**: 선의 종류를 결정

CS.clabel은 등고선에 값을 표시하기 위한 코드이다. 등고선의 마지막 데이터인 1200은 그려지지 않으니 참고하자.

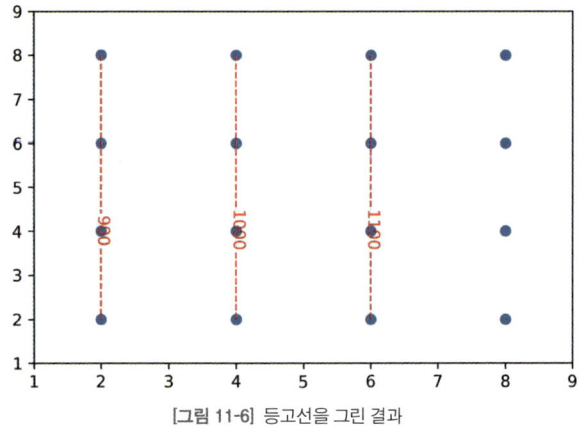

[그림 11-6] 등고선을 그린 결과

12장
컬러 맵으로 데이터를 더욱 멋지게 표현하기

12.1 컬러 맵 표현하기

앞에서 예시를 든 900, 1000, 1100, 1200과 같은 공간상의 데이터 변화는 컬러 맵(color map)을 이용하면 더욱 멋지게 표현할 수 있다. 컬러 맵을 이용하면 데이터의 범위가 같은 것은 같은 색으로 표현할 수 있다. 예를 들어 901에서 950사이의 값을 같은 색으로, 951에서 1000 사이의 값을 같은 색으로 표현하는 식이다. 이와 같은 컬러 맵을 표현하려면 다음의 코드를 추가하면 된다.

```
plt.contourf(xi,yi,z)
plt.show()
```

[그림 12-1]은 위 코드를 실행한 결과이다.

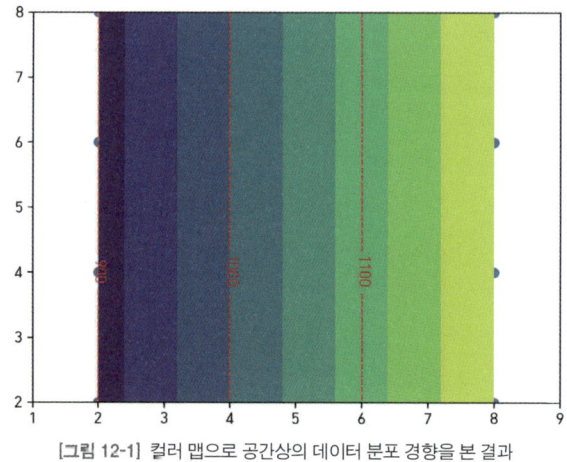

[그림 12-1] 컬러 맵으로 공간상의 데이터 분포 경향을 본 결과

다음은 contourf에서 활용할 수 있는 몇 가지 파라미터이다.

❶ **cmap**: 표현하고자 하는 색의 종류를 바꿀 때 사용한다. Viridis, plasma, Greys 등 다양한 색상이 있는데, matplotlib의 공식 홈페이지 https://matplotlib.org/stable/users/explain/colors/colormaps.html 에

잘 소개되어 있다.

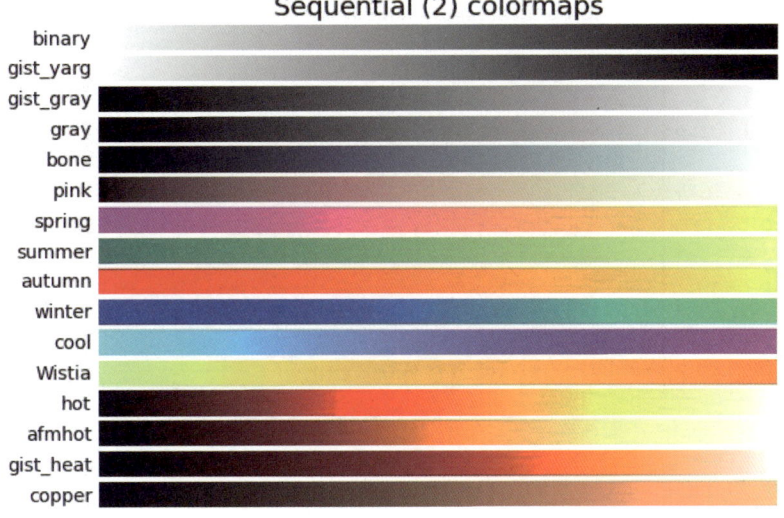

[그림 12-2] matplotlib에서 제공하는 색상의 일부[68]

- ❷ **levels**: 색상으로 표현하는 구간의 수를 나타낸다. 숫자가 높을수록 색상 변화가 부드러워진다. 1000 미만의 수로 지정할 수 있는데, 100 이상만 되어도 육안으로 차이를 확인하기 어렵기 때문에 일부러 숫자를 크게 할 필요는 없다.
- ❸ **alpha**: 0에서 1 사이의 값을 가지며 투명도를 지정할 때 사용한다. 0에 가까울수록 투명해진다.
- ❹ **vmin, vmax**: 색상으로 표현할 데이터의 최솟값과 최댓값을 나타낸다.

색상과 레벨, 투명도, 색상의 표현 범위 등에 변화를 주기 위해 다음의 코드를 입력해보자.

```
plt.contourf(xi,yi,z, cmap="hot", levels=100, alpha=0.6, vmin=300, vmax=1500 )
plt.show()
```

---

68 "Choosing Colormaps in Matplotlib", matplotlib, https://matplotlib.org/stable/users/explain/colors/colormaps.html

[그림 12-3]은 코드를 실행한 결과이다.

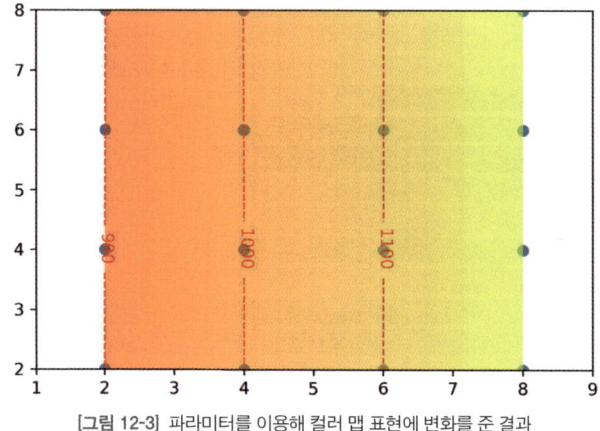

[그림 12-3] 파라미터를 이용해 컬러 맵 표현에 변화를 준 결과

컬러바를 함께 표현할 수도 있다. 컬러바는 색이 표현하는 데이터값이 얼마인지를 알려주는 것이다. plt.contourf 다음에 아래의 코드를 추가하면 된다.

```
plt.colorbar().set_label(label="heights(m)")
```

[그림 12-4]는 컬러바를 표현한 결과이다.

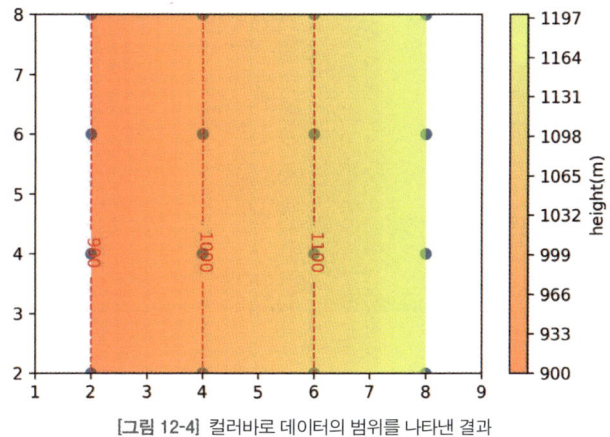

[그림 12-4] 컬러바로 데이터의 범위를 나타낸 결과

이제 등치선과 컬러 맵으로 공간상의 데이터 분포를 표현할 모든 준비가 다 되었다. 이제 등치선과 컬러 맵을 이용하여 실제 공간상의 데이터 분포를 표현해보자.

13장
등치선과 컬러 맵으로 그려보는 지구별 자연법칙

13.1 해수의 수온 연직 단면

> **한걸음 다가서기**
>
> 한 정점에서 관측한 수심별 수온 변화만으로는 공간에서 수온 변화는 알기 어렵다. 특히 해류는 표층에서만 흐르는 것이 아니라 중층이나 심층에서도 흐르는데 이런 해류의 흐름을 연구하려면 수온의 공간 분포를 알아야 하며, 마찬가지로 연안에서 먼 바다로 가며 수온이 어떻게 변화하는지를 볼 때에도 수온의 공간 분포를 보아야 한다. 연안에서 멀어지면서 해수의 수온 및 염분의 연직 단면 분포는 어떻게 달라질까?

> **지구과학 미리보기**
>
> 선형 그래프 그리기에서 해수의 연직 방향 수온 분포를 그려 혼합층, 수온약층, 심해층에 대하여 알아보았다. 이번에는 어느 한 정점에서 관측한 데이터가 아닌 일직선상에 위치한 여러 개의 정점을 이은 정선 관측 데이터를 분석하고자 한다. 특히 계절에 따라 수온 분포가 어떻게 달라지는지를 함께 알아보고자 한다.

Step 1 > 데이터 다운로드

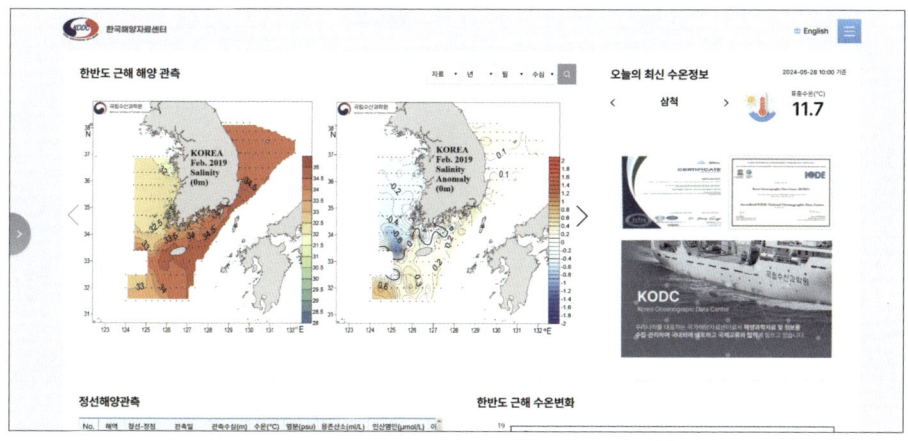

[그림 13-1] 국립수산과학원 한국해양자료센터 홈페이지[69]

---

[69] 한국해양자료센터, https://www.nifs.go.kr/kodc/index.kodc

1. 지난 단원에서 본 것처럼 국립수산과학원 한국해양자료센터에서 다음의 조건으로 데이터를 검색한다.

    가. [해역]: 동해

    나. [정선]: 104

    다. [정점]: 전체

    라. [관측일시]: 2022. 01. 01. ~ 2022. 12. 31.

    마. [수심]: 전체

[그림 13-2] 데이터 검색 결과 화면[70]

2. 데이터가 검색되면 [엑셀 저장]을 클릭하여 데이터를 다운로드한다.

3. 다운로드한 파일은 파이썬으로 분석하기 편리한 폴더로 옮긴다.

---

[70] "해양관측자료", 한국해양자료센터, https://www.nifs.go.kr/kodc/soo_list.kodc

| Step 2 | 데이터 정리하기

데이터를 정리하는 과정은 앞에서 해수의 깊이에 따른 수온 분포 그래프를 그리는 과정과 거의 비슷하다. 첫 번째로 pandas의 read_excel을 이용하여 파일을 불러오고 DataFrame을 이용해 데이터 프레임을 생성하자.

```
import pandas as pd
data=pd.read_excel("C:\\111\\정선해양 관측정보.xlsx")
df=pd.DataFrame(data)
```

우선 2월의 수온 분포를 먼저 그려보자.

	해역	정선	정점	정선-정점	관측일시(KST)	연직변화차트	관측수심(m)	수온(℃)	염분(psu)	용존산소(ml/L)	인산염인(μmol/L)	아질산질소(μmol/L)	질산질소(μmol/L)	규산규소(μmol/L)	pH	투명도(m)	기압(hPa)	조사선
0	동해	104	0	104-00	2022-02-12 04:16	차트보기	0	11.4	34.31	NaN	NaN	NaN	NaN	NaN	NaN	NaN	1021	탐구3
1	동해	104	0	104-00	2022-02-12 04:16	차트보기	10	11.4	34.31	NaN	NaN	NaN	NaN	NaN	NaN	NaN	1021	탐구3
2	동해	104	0	104-00	2022-02-12 04:16	차트보기	20	11.3	34.30	NaN	NaN	NaN	NaN	NaN	NaN	NaN	1021	탐구3

[그림 13-3] 분석 데이터의 일부

2월에 해당하는 정점, 수심, 수온, 염분 데이터 등을 따로 필터링하려면 우선 관측일시(KST) 열의 2022-02-12의 데이터에서 02에 해당하는 값만 따로 필터링해야 한다. DataFrame을 생성하는 코드 다음 줄에 다음의 코드를 추가하자.

```
df["관측일시(KST)"]=df["관측일시(KST)"].str.split("-",expand=True)[1]
df2=df[df["관측일시(KST)"]=="02"][["정점","관측수심(m)","수온(℃)"]]
x=df2["정점"]
y=df2["관측수심(m)"]
z=df2["수온(℃)"]
```

위 과정 역시 해수온의 연직 단면 구조 그래프 작성 과정에서 배운 내용이다. 이제 여기서 그려야 할 그래프의 구조를 이해할 차례이다.

| Step 3 | 그래프로 표현하기

완성된 그래프의 형태를 먼저 살펴보자.

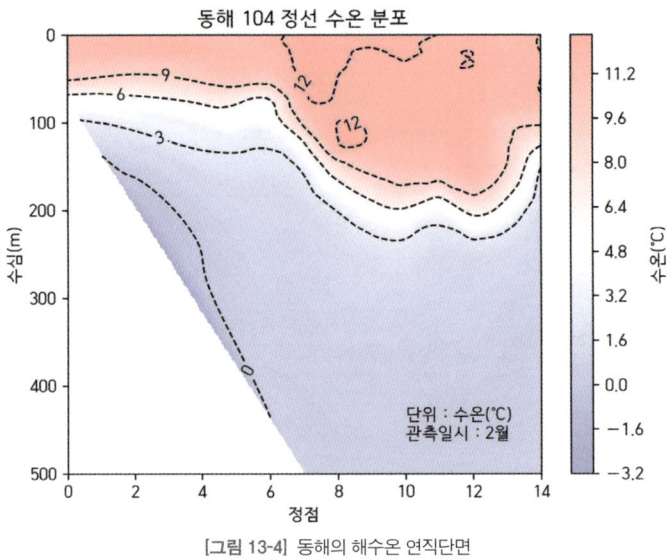

[그림 13-4] 동해의 해수온 연직단면

그래프의 형식을 보면, 우선 x축과 y축의 정점과 수심(m) 데이터가 공간상의 위치를 나타내고, 해당 위치에서의 수온 데이터를 활용하여 수온이 같은 곳끼리 등치선으로 연결하였다. 예를 들어 정점 4, 수심 100m인 곳에서 수온이 4℃이고, 정점 8, 수심 200m인 곳의 수온 역시 4℃라면, 이 두 지역을 점으로 이으면 된다. 그런데 이때 한 가지 문제가 있다. 정점 4, 수심 100m인 곳과 정점 8, 수심 200m인 곳 사이에 관측하지 않은 지점이 더욱 많다. 예를 들어 정점 4, 5, 6, 7은 관측을 한 지점이지만 정점 4~5 사이의 공간은 관측을 하지 않았다. 두 지점 사이에 관측 정점을 더욱 촘촘하게 두고 모든 깊이에서 연속적으로 관측을 하면 가장 정확하겠지만, 현실적으로 불가능한 방법이다. 따라서 관측하지 않은 곳의 값은 추측해야 한다.

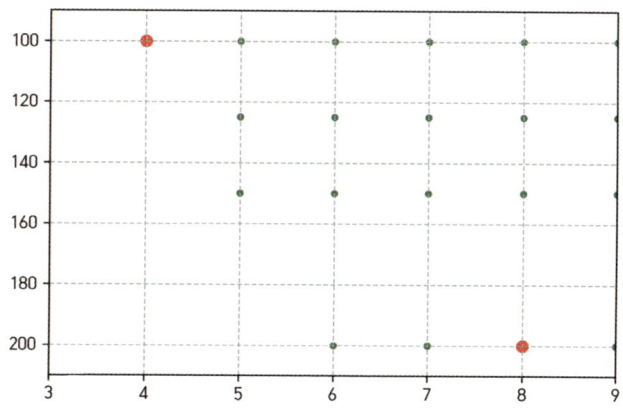

[그림 13-5] 정점 4, 수심 100m인 곳과 정점 8, 수심 200m인 곳

따라서 정점과 수심 데이터를 이용하여 바둑판 형태의 배열을 먼저 만들고 배열한 바둑판에 수온 데이터를 모두 부여해 준 뒤 관측값이 없는 구간은 보간(내삽)을 해, 값을 추측해야 한다.

앞서 수온-염분도 그리기에서는 for와 같은 기초 문법만으로 바둑판 형태의 공간 배열을 만들었다. 여기서는 numpy에서 제공하는 기능인 meshgrid를 이용해 아주 간편하게 공간 데이터를 표현하고자 한다. 다음과 같이 코드를 입력해보자.

```
import numpy as np
xi = np.linspace(0,14,200)
yi = np.linspace(0,500,200)
xii,yii = np.meshgrid(xi,yi)
```

linspace를 사용하여 xi에 0에서부터 14 사이의 수 200개를, yi에 0에서부터 500 사이의 수 200개를 만들었다. 그리고 meshgrid를 이용해 xi와 yi값을 바둑판으로 배열해 주었다. 바둑판의 형태로 잘 배열되었는지를 확인하려면 scatter를 이용해 x축을 xii, y축을 yii로 하는 산점도를 그려보면 된다.

이제 관측되지 않은 값에 대한 보간을 수행해보자. 보간을 위해서는 scipy.interploate 라이브러리에서 제공하는 griddata를 사용하면 된다. 라이브러리를 호출하고 griddata로 보간을 수행하기 위해 다음의 코드를 추가하자.

```
from scipy.interpolate import griddata
zi = griddata((x, y), z, (xii, yii), method="cubic")
```

griddata의 문법 구조는 다음과 같다.

- ❶ **(x, y)**: 공간상의 좌표 정보. 여기서 x는 관측 정점이고 y는 해수의 깊이이다.
- ❷ **z**: (x, y) 공간에 해당하는 데이터. 여기서는 수온
- ❸ **(xii, yii)**: (x, y) 공간 좌표 사이에 보간 할 좌표. 예를 들어 (1, 2)와 (3, 2) 사이에 관측값이 없는 (2,2)의 데이터를 보간하여 새로운 z값을 추측한다.
- ❹ **method**: 보간 방법. cubic 이외에 linear나 nearest 등이 있다.

(x, y)와 같이 관측 정보가 있는 곳을 제외하고 관측 정보가 없는 곳까지 보간한 데이터를 변수 zi에 넣어 주었다. 이제 보간한 결과를 이용해 등수심선을 그리기 위하여 다음의 코드를 입력해보자.

```
import matplotlib.pyplot as plt
from matplotlib import font_manager, rc
rc("font", family="HCR Dotum")
levels=np.linspace(0,15,6)
CS=plt.contour(xi,yi,zi, linewidths=1, colors="black", linestyles="--",
levels=levels)
CS.clabel(fontsize=10)
plt.ylim(500,0)
plt.xlabel("정점")
plt.ylabel("수심(m)")
plt.title("동해 104 정선 수온 분포")
plt.show()
```

보간한 값을 사용해야 하기 때문에 x, y, z를 사용하지 않고 xi, yi, zi를 사용하여 등수심선을 그렸다. 또한 linewidth나 colors, linestyles를 이용해 선의 디자인을 꾸며 주었고, levels를 이용해 등수온선을 그릴 간격을 지정해 주었다. 여기서는 0에서 15 사이의 수 6개(0, 3, 6, 9, 12, 15)를 사용했다. 또한 x축의 제목으로 정점이, y축의 제목으로 수심(m)이 표시되도록 하였으며, 그래프의 제목을 "동해 104 정선 수온 분포"로 표현했다. 그리고 해수 깊이는 아래 방향으로 깊어지기 때문에 plt.ylim(500,0)을 이용하여 y축이 반전되도록 하였다. [그림 13-6]은 등수온선을 그린 결과이다.

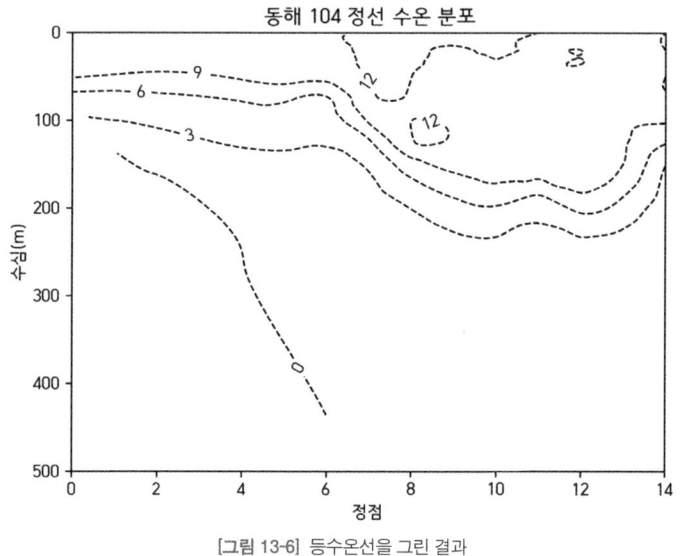

[그림 13-6] 등수온선을 그린 결과

여기서 주목할 부분이 하나 있다. 0°C나 3°C 등수온선의 경우 그래프의 가장자리까지 그려지지 않고 끊어져 있다. 기본적으로 griddata를 이용해 보간을 수행하는 방법은 내삽이다. 즉, 값과 값 사이는 예측이 가능하지만, 그 바깥 부분은 예측을 하지 못한다. 예를 들어 (1, 2)의 수온이 10°C이고, (3, 2)의 수온이 12°C라면 (2, 2)에서의 수온은 11°C로 예측하게 된다. 하지만 (0, 2)는 (1, 2)나 (3, 2)의 바깥쪽 좌표이기 때문에 내삽으로 값을 추정할 수 없다. 이런 경우 외삽으로 값을 예측해야 한다.

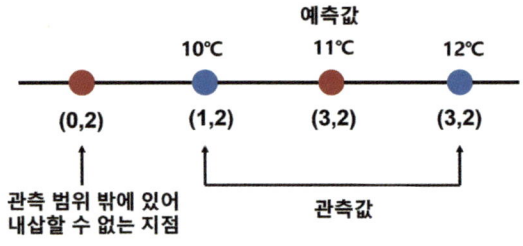

[그림 13-7] 내삽의 원리

그런데 정점 0과 6 사이의 200m 이상 깊은 수심에서 관측값이 없는 것은 수심이 그만큼 깊지 않기 때문이다. 따라서 굳이 외삽으로 값을 예측할 필요가 없다. 또한 외삽은 정밀한 예측 모델이 있다 하더라도 내삽에 비해 정확도가 떨어진다.

마지막으로 해수온을 컬러 맵으로 표현하기 위해 **CS.clabel(fontsize=10)**의 다음 줄에 아래의 코드를 추가하자. 또한 등고선의 단위, 관측일시 등을 그래프에 텍스트로 넣기 위해 plt.text를 이용하여 그래프에 글자를 표현해보자.

```
CS=plt.contourf(xi,yi,zi, cmap="bwr", vmin=-25, vmax=35, levels=1000)
plt.colorbar().set_label(label="수온(℃)")
plt.text(10,460, "단위 : 수온(℃)\n관측일시 : 2월")
```

xi와 yi는 공간상의 위치고, zi는 (xi,yi)에서 수온값이다. cmap은 컬러 맵으로 표현할 색을, vmin과 vmax는 bwr에서 가장 진한 파란색에 해당하는 값과 가장 진한 빨간색에 해당하는 값의 크기를 나타낸다. levels는 색을 나타낼 간격이다.

[그림 13-8] vmin은 가장 진한 파란색으로 표현할 최솟값, vmax는 가장 진한 빨간색으로 표현할 최댓값이다

마지막으로 plt.colorbar().set_label은 컬러 맵의 색상 스케일을 표현하는 코드이다. 단순하게 그래프에 색상만 표현하면 해당 색깔이 의미하는 값의 크기가 얼마인지 알 수 없기 때문

에 반드시 함께 표기하는 것이 좋다. 여기까지 그려지는 최종 결과와 그래프를 저장하는 과정을 포함한 전체 코드는 다음과 같다.

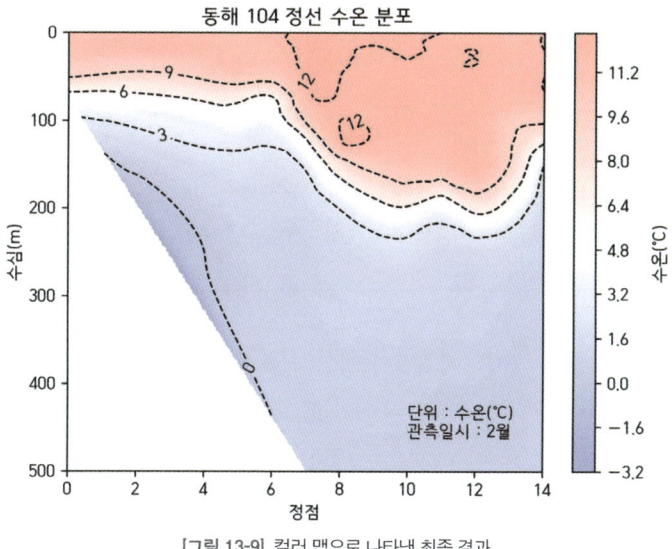

[그림 13-9] 컬러 맵으로 나타낸 최종 결과

```
import pandas as pd
import numpy as np
from scipy.interpolate import griddata
import matplotlib.pyplot as plt
from matplotlib import font_manager, rc
rc("font", family="HCR Dotum")
data=pd.read_excel("C:\\111\\정선해양 관측정보.xlsx")
df=pd.DataFrame(data)
df["관측일시(KST)"]=df["관측일시(KST)"].str.split("-",expand=True)[1]
df2=df[df["관측일시(KST)"]=="02"][["정점","관측수심(m)","수온(℃)"]]
x=df2["정점"]
y=df2["관측수심(m)"]
z=df2["수온(℃)"]
xi = np.linspace(0,14,200)
yi = np.linspace(0,500,200)
xii,yii = np.meshgrid(xi,yi)
zi = griddata((x, y), z, (xii, yii), method="cubic")
```

```
levels=np.linspace(0,15,6)
CS=plt.contour(xi,yi,zi, linewidths=1, colors="black", linestyles="--",
levels=levels)
CS.clabel(fontsize=10)
CS=plt.contourf(xi,yi,zi, cmap="bwr", vmin=-25, vmax=35, levels=1000)
plt.colorbar().set_label(label="수온(℃)")
plt.text(10,460, "단위 : 수온(℃)\n관측일시 : 2월")
plt.ylim(500,0)
plt.xlabel("정점")
plt.ylabel("수심(m)")
plt.title("동해 104 정선 수온 분포")
plt.savefig("C:\\111\\2월동해 104정선 수온관측자료.jpg", dpi=300)
plt.show()
```

만약 지금까지 그린 2월의 데이터에 8월의 데이터를 추가하여 함께 보고 싶다면 어떻게 하면 될까? 간단하다. 지난 챕터에서 배웠던 plt.subplot를 사용하면 된다. 그런데 그래프 하나를 그리는데 이미 많은 코드가 사용되었고, 2월의 수온 그래프와 8월의 수온 그래프를 그리는 과정에서 동일한 코드가 최소 2번 반복되어야 한다. 따라서 그래프를 그리는 코드의 대부분을 def로 정의하여 간소화하고, plt.subplot을 이용하면 코드의 수를 최소화 한 상태로 2개의 등수온 그래프를 그릴 수 있다.

또한 앞에서 그린 그래프와 달리 2개의 그래프를 하나에 담아야 하기 때문에 그래프의 크기를 조정해 주는 것이 좋다. 이는 앞에서 배운 것처럼 plt.figure(figsize=(14,7))과 같은 코드를 사용하여 그래프의 크기를 조정하면 된다. [그림 13-10]은 plt.subplot과 def 등을 활용하여 그래프를 그린 결과이다. 어떤 코드를 어떻게 추가하면 될지 생각해보자.

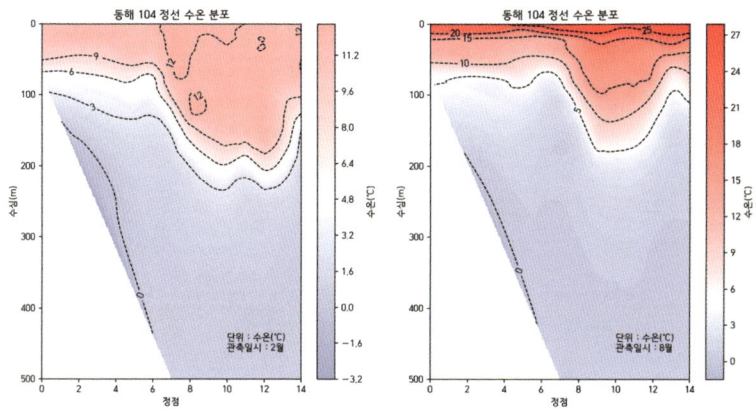

[그림 13-10] 2월과 8월 동해 104 정선에서의 수온 분포

마찬가지 방법으로 봄이나 가을(4월이나 10월)도 그래프로 그리면 계절별 수온의 변화를 더욱 뚜렷하게 확인할 수 있을 것이다. 또한 수온 대신 염분을 사용해 그래프를 그려보면 계절별로 해수의 염분이 어떻게 달라지는지도 확인할 수 있다.

❶ 2월과 8월 동해의 수온 분포 분석

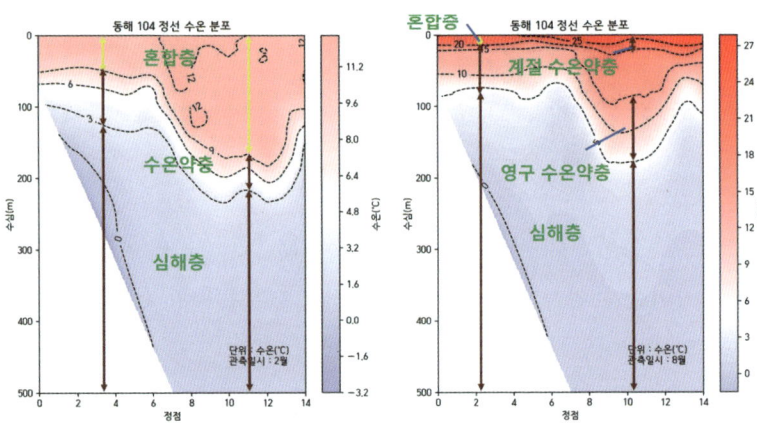

[그림 13-11] 2월과 8월 동해 104 정선에서의 수온 분포

[그림 13-11]은 앞에서 데이터를 분석한 [그림 13-10]에 해수의 연직 구조 이름만 추가한 것이다. 2월과 8월의 표층에서 수심 100m까지의 수온 변화를 살펴보자. 2월의 경우 정점 0~6까지는 수심 약 50m 수준까지 수온 변화가 크지 않고, 50m보다 깊은 곳에서부터 수심이 크게 변화하기 시작한다. 정점 6~14까지는 그보다 깊은 곳까지 수심이 일정하게 유지되다가 수심 200m 인근에서부터 수온이 급격히 감소하기 시작한다.

하지만 8월은 수심 약 10~20m부터 수온이 급격히 낮아지기 시작한다. 이는 앞에서 분석한 내용과 다르지 않다. 깊이에 따라 상대적으로 수심이 일정하게 유지되는 층을 혼합층이라고 하는데, 혼합층의 두께가 2월이 8월에 비해 훨씬 두껍게 나타나는 것을 볼 수 있다. 이는 풍속이 원인으로, 2월이 8월보다 풍속이 더 빠름을 의미한다.

또한 재미있는 점은 8월의 동해 수온 분포이다. 정점 0과 6 사이에서도 약하게 보이지만, 정점 8과 12 사이에서 뚜렷하게 나타나는 구조가 있다. 수온약층이 2개로 구분되는 점이다. 정점 8과 12 사이를 보면 수심 0~25m 지점에서 뚜렷한 수온약층이 보이는데, 25~90m 인근에서는 수온이 크게 변화하지 않고 다시 90~200m 인근에서 수온이 다시 급격히 감소하기 시작한다. 이는 아열대 바다에서 흔하게 나타나는 현상으로, 첫 번째 수온약층은 계절 수온약층seasonal thermocline이라고 하며, 두 번째 수온약층은 영구 수온약층permanent thermocline, main thermocline이라고 한다. 계절 수온약층은 기상 상태에 따라 날씨가 더울 때 종종 나타나는 현상으로, 겨울에는 뚜렷하게 나타나지 않는다. 2월의 동해 바다에는 계절 수온약층이 보이지 않는 것을 보면 알 수 있다. 영구 수온약층은 계절과 상관없이 연중 관측되는 수온약층이다. 북극이나 남극처럼 혼합층이나 심해층 사이의 온도차이가 크지 않다면 영구 수온약층은 연중 언제나 관측된다.

❷ 계절에 따른 혼합층과 심해층 수온의 변화

다시 [그림 13-11]을 보자. 2월과 8월 혼합층의 수온은 크게 달라지지만, 심해층의 수온은 크게 달라지지 않는다. 여기에는 몇 가지 원인이 있다. 우선 표층 해수온은 태양복사에너지에 의해 결정된다. 여름에는 태양복사에너지가 강하고 태양으로부터 에너지를 받는 해수 역시 따뜻해질 수밖에 없다. 그래서 북반구의 여름에 해당하는 6월~8월 사이에 해수온은 따뜻해진다. 반대로 겨울에는 태양복사에너지가 약해지며, 이로 인해 해수온도 낮아지게 된다.

또한 동해의 경우 남쪽에서 쿠로시오 해류를 지류로 한 동한 난류가 북상하고, 북쪽에서는 북한 한류가 내려온다. 이 두 해류는 동해에서 만나는데, 여름철에는 동한 난류가 더 강하고 겨울철에는 북한 한류가 더 강하여 표층 해수온에 큰 영향을 준다.

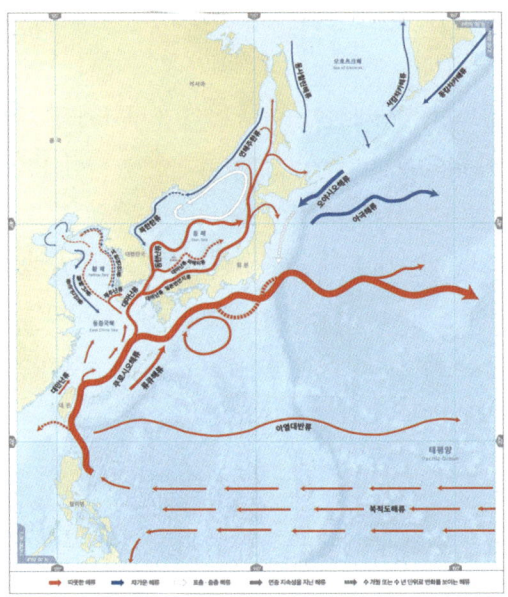

[그림 13-12] 우리나라 주변 해류[71]

반면 심해층의 경우 계절에 관계없이 항상 일정한 수온을 보이고 있다. 원인은 간단하다. 이전 챕터에서도 보았듯, 태양복사에너지는 해수 10m 이상을 투과하지 못한다. 이로 인해 심해층에는 해수를 가열하는 주 열원인 태양복사에너지가 도달하지 못하기 때문에 연중 낮은 온도를 유지할 수 있는 것이다. 특히 심해층의 해수는 북극이나 남극에서 발생하는 해수의 침강을 시작으로 전 세계를 순환하게 되는데, 추가 열원이 없기 때문에 4℃ 이하의 낮은 수온을 유지하게 된다.

---

[71] "국문해류모식도(포스터)", 국립해양조사원, https://www.khoa.go.kr/user/bbs/detailBbsList.do?bbsMasterSeq=BOARD_MST_0000000003&bbsSeq=BBS_00000006018

[그림 13-13] 표층 순환과 심층 순환[72]

---

[72] "NASA Study Finds Atlantic 'Conveyor Belt' Not Slowing", Jet Propulsion Laboratory, https://www.jpl.nasa.gov/news/nasa-study-finds-atlantic-conveyor-belt-not-slowing

13.2 암흑성운에는 정말 아무것도 없을까?

> **한걸음 다가서기**
>
> 암흑성운과 같이 가시광선에서는 아무것도 보이지 않는 천체들이 있다. 이런 천체들을 관측하려면 다른 파장에서 관측해야 대상을 볼 수 있다. 그래서 천문학자들은 가시광선뿐 아니라 적외선을 이용하여 천체를 관측하기도 한다. 적외선으로 관측한 천체는 어떻게 다를까?

지구과학 미리보기

적외선은 가시광선보다 파장이 길기 때문에 성간 물질이 두껍게 분포하고 있더라도 성간 물질을 비교적 잘 통과할 수 있다. 때문에 적외선을 이용하면 가시광선보다 성간 물질 내부의 구조를 더욱 자세히 파악할 수 있다. 여기서는 허셜 우주망원경이 관측한 데이터를 다운로드하여 몇 가지 천체의 구조를 살펴보고자 한다.

[그림 13-14] 허셜 우주망원경[73]

허셜 우주망원경Herschel Space Observatory은 유럽 우주국ESA에서 2009에서 2013년 사이에 운영하였던 우주망원경으로, 윌리엄 허셜과 캐롤라인 허셜 남매의 이름을 따서 지었다. 허셜 우주망원경은 원적외선이나 이보다 조금 더 긴 파장 대역에서 관측을 수행하였다. 주로 은하계에서 나타나는 별 형성 과정이나 성간 물질에 대한 과학적 궁금증을 해결하는 데에 큰 공헌을 하였다. 특히 적외선을 이용해 관측을 하는 특성상 성간 물질 내부의 상황을 자세하게 볼 수 있어 발사 당시의 핵심 목표는 별이 태어나고 있는 성간 물질 내부를 자세히 들여다보고 이에 대하여 알려지지 않은 사실을 찾아내는 것이었다.

---

[73] "22nd European Workshop on Thermal and ECLS Software", European Space Agency, https://exchange.esa.int/download/thermal-workshop/workshop2008/WPP-292.pdf

> 성간 물질 내부를 자세히 들여다 본 결과, 별 탄생이 활발하게 진행되는 성간 물질 내부에는 가스가 필라멘트 구조로 이루어져 있음을 밝혀 내었다.
>
> 하지만 허셜 우주망원경은 단지 신생 별 탄생이 진행되는 성간 물질만을 관측한 것이 아니다. 성간 물질을 포함하여 매우 다양한 종류의 천체를 관측하였고, 때문에 천문학의 발전에 크게 기여할 수 있었다.

Step 1) 데이터 다운로드

허셜 우주망원경이 관측한 모든 데이터는 ESA Herschel Science Archive에 FITS 파일 형식으로 저장되어 있고, 누구나 쉽게 다운로드할 수 있다. 여기서는 말머리성운을 관측한 데이터를 다운로드하여 분석하고자 한다.

1. 구글에서 ESA Herschel Science Archive를 검색하여 들어가거나 홈페이지 주소 https://archives.esac.esa.int/hsa/whsa/를 직접 입력하여 들어간다.

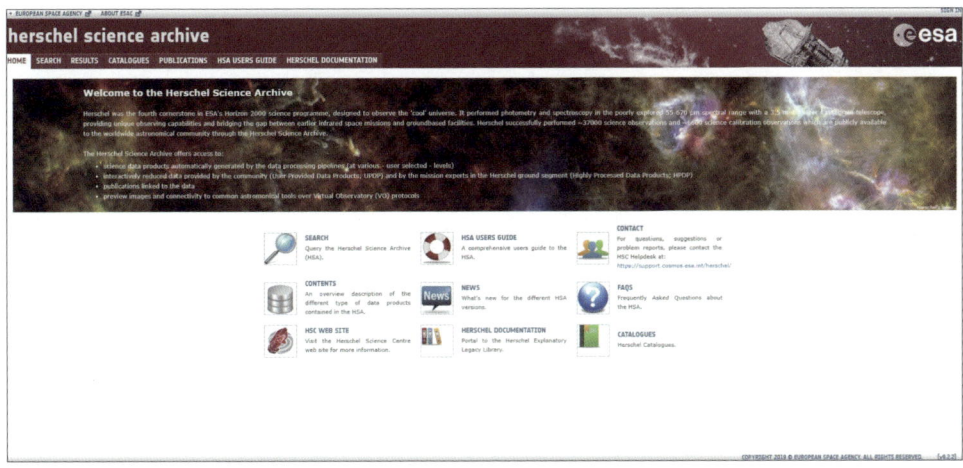

[그림 13-15] ESA Herschel Science Archive 홈페이지 메인 화면[74]

---

[74] ESA Herschel Science Archive, https://archives.esac.esa.int/hsa/whsa/index.html

2. 메인 화면에 있는 [SEARCH]를 클릭하여 검색 화면으로 들어간다.

3. 검색 화면의 각 기능

   1) [Name]
      - [Target name]: 관측 대상의 이름, M31, NGC869, Cen A와 같이 메시에 목록이나, NGC 목록, 또는 고유 이름 등을 입력하면 된다.
      - [Radius]: 검색할 대상의 범위이다. 숫자 뒤의 arcmin은 각도의 단위. Radius 부분은 변경하지 않아도 된다.

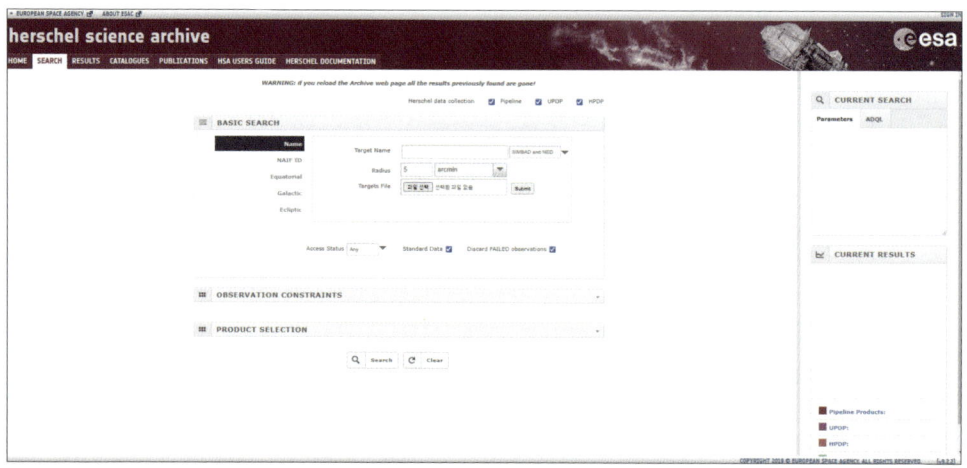

[그림 13-16] ESA Herschel Science Archive의 검색 화면[75]

   2) [NAIF ID]: 움직이는 대상에 대한 검색, 대상은 숫자로 지정되어 있다. 본 탐구 활동에서는 사용하지 않는다.
   3) [Equatorial]: 관측 대상의 적도 좌표로 검색하는 기능
      - [RA]: 관측 대상의 적경
      - [Dec]: 관측 대상의 적위
      - [Radius]: 입력한 적경과 적위 주변 검색 반경
      - [Search type]: 원형 검색 또는 박스형 검색 중 선택

---

[75] "Search", ESA Herschel Science Archive, https://archives.esac.esa.int/hsa/whsa/index.html

- [J2000]: 2000년을 기준으로 한 천체의 좌표, J2000 외에 J1950이 있는데 J1950으로 바꾸지 않는 것이 좋다.

4) [Galatic]: 관측 대상의 은하 좌표로 검색하는 기능
    - [Longitude]: 관측 대상의 은경
    - [Latitude]: 관측 대상의 은위
    - Radius 이후는 Equatorial과 동일

5) [Ecliptic]: 관측 대상의 황도 좌표로 검색하는 기능
    - [Longitude]: 관측 대상의 황경
    - [Latitude]: 관측 대상의 황위
    - Radius 이후는 Equatorial과 동일

6) [Access Status]는 공개, 비공개 데이터 등의 검색 범위를 뜻하는데, 공개 데이터만을 사용하여 검색할 계획이기 때문에 기본값인 [Any]로 둔다.

4. [Name] 탭의 [Target Name]에 IC 434라고 입력하고 하단에 [Search]를 클릭한다.

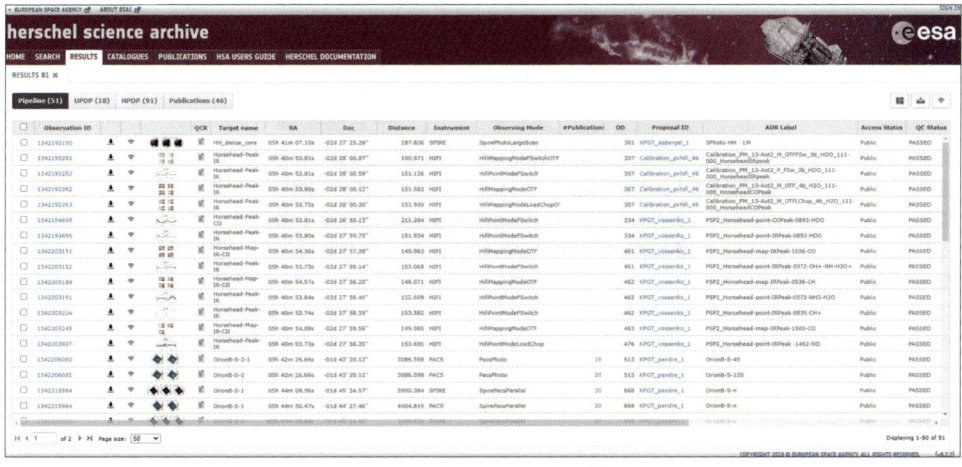

[그림 13-17] IC 434 검색 결과[76]

---

[76] "Results", ESA Herschel Science Archive, https://archives.esac.esa.int/hsa/whsa/index.html

5. 검색 결과의 가장 상단에 있는 [Observation ID: 1342192100]의 오른쪽에 있는 다운로드 아이콘을 클릭하여 관측 데이터를 다운로드한다.

6. 다운로드 아이콘을 클릭하면 데이터의 처리 수준을 선택하는 화면이 나온다. 어떤 검출기로 대상을 관측하였는지에 따라 데이터의 처리 수준이 달라진다. 분석 목적에 적합한 데이터를 다운로드하여 사용하면 된다. 말머리성운(IC434)의 경우 [level3]까지 처리가 되어있다. 하지만 [level3]의 경우 매우 넓은 영역까지 처리되어 있어 이번 실습에는 적합하지 않다. 따라서 [level2]를 다운로드하자.

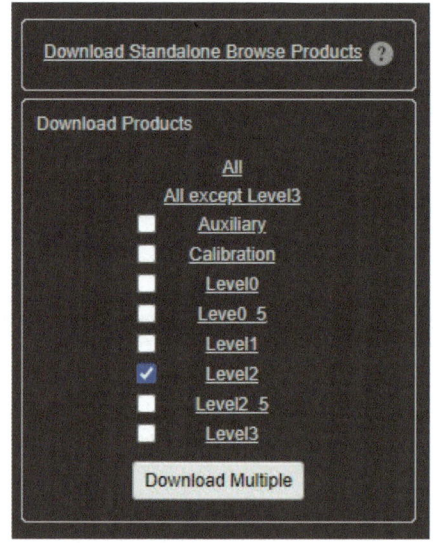

[그림 13-18] 데이터 품질을 선택하는 창

7. 다운로드가 완료되면 파일을 분석하기 편리한 폴더로 옮긴다. 여기서는 111 폴더로 옮겼다.

8. 파일은 tar라는 형식의 압축파일로 되어있는데, 대부분의 압축 해제 프로그램으로 압축을 풀 수 있다.

9. 압축을 해제한 폴더로 들어간 뒤 1342192100, level2 폴더로 순서대로 들어간다.

10. level2 폴더 안에는 다시 12개의 폴더가 있는데, 이번 분석에 필요한 폴더는 extdPLW, extdPMW, extdPSW의 3개 폴더이다. 각각의 폴더는 서로 다른 파장에서 관측한 관측 데이터가 있다.
    1) extdPLW: 500μm 파장에서 관측한 데이터
    2) extdPMW: 350μm 파장에서 관측한 데이터
    3) extdPSW: 250μm 파장에서 관측한 데이터

11. 파장이 짧을수록 관측 해상도가 높아진다. 파장별 관측 결과의 차이를 보는 것이 아니기 때문에, 여기서는 해상도가 가장 높은 extdPSW 폴더의 데이터를 이용하고자 한다.

12. extdPSW 폴더에는 gz라는 형식의 압축파일이 있다. 압축을 풀어준다.

13. 파일 이름과 폴더 주소가 매우 복잡하다. 파일 이름을 IC434로 바꾸어 준 뒤 111 폴더로 옮기자.

science tip 말머리성운과 IC434

[그림 13-19] IC434와 말머리성운[77]

성운이란 별과 별 사이의 빈 공간에 존재하는 가스와 티끌의 집합체인데, 관측되는 형태에 따라 암흑성운, 발광성운, 반사성운으로 구분한다. 암흑성운은 가스와 먼지 등의 밀도가 높아 성운 뒤의 빛을 차단하여 어둡게 보인다. 발광성운은 후방 별빛을 흡수하고 다시 재방출하며 붉게 보이는 성운이며, 반사성운은 성운 주변의 다른 별빛을 반사하여 빛을 내는 성운이다. 특히 암흑성운은 가시광선에서는 빛을 차단하여 보이지 않지만 성운이 방출하는 적외선이나 전파를 관측하여 가스와 티끌의 존재를 확인할 수 있다. 특히 적지 않은 암흑성운에서 신생별이 활발하게 탄생하고 있다.

말머리성운은 후방의 발광성운인 IC434의 일부를 말머리 모양으로 가리고 있는 암흑성운으로, 암흑성 중에서는 매우 유명한 대상 중 하나이다. 겨울철에 관측할 수 있는 오리온자리에서 찾을 수 있다. 매우 유명한 대상임에도 불구하고 워낙 어두워 망원경을 이용하여 관측해도 관측이 쉽지 않다. 말머리라는 독특한 외관 덕분에 많은 아마추어 천체 사진가들이 촬영에 도전하는 대상이기도 하다.

---

[77] "File:IC 434 - The Horsehead Nebula - Flickr - Christian Gloor. jpg", Wikimedia Commons, https://commons.wikimedia.org/wiki/File:IC_434_-_The_Horsehead_Nebula_-_Flickr_-_Christian_Gloor.jpg

> **Step 2** 그래프로 표현하기

이제 관측한 데이터를 그래프로 표현할 준비가 모두 되었다. 관측파일은 FITS라는 파일 형식으로 되어 있는데, FITS 파일은 천문학자들이 관측 데이터를 저장하는데 빈번하게 사용되는 파일 형식 중 하나이다. FITS 파일을 분석하기 위해서는 astropy라는 천문학 관측 데이터 분석 라이브러리가 필요하다.

science tip FITS 파일

FITS 파일이란, Flexible Image Transport System의 약자로 이미지 형식의 데이터를 처리하는데 유용하게 사용된다. 특히 천문학자들이 FITS 형식의 파일을 자주 사용한다. FITS 파일은 여러 프레임으로 구성되어 있는데, 보통 첫 번째 프레임은 관측 날짜, 검출기 종류 등의 정보를 저장한 헤더 데이터가, 두 번째 프레임에는 실제 관측한 데이터가 저장되어 있다. 특히 여러 프레임으로 구성되어 있다는 FITS 파일의 특성상 하나의 파일에도 여러 이미지 데이터를 집어넣을 수 있다.

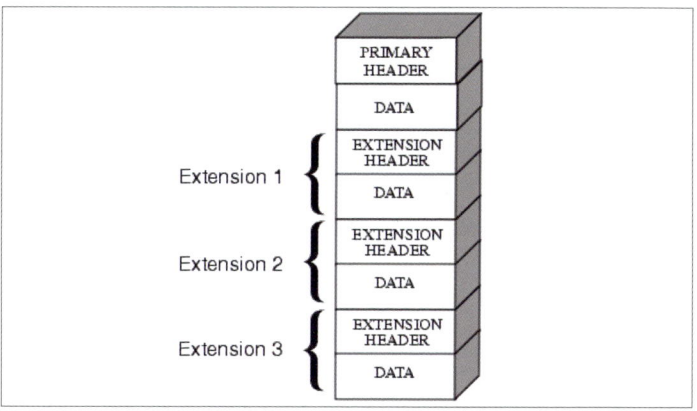

[그림 13-20] FITS 파일의 구성[78]

---

[78] "FITS File Structure", Space Telescope Science Institute, https://www.stsci.edu/hst/wfpc2/Wfpc2_dhb/intro_ch23.html

우선 FITS 파일을 읽는데 필요한 라이브러리를 불러오기 위해 다음과 같이 코드를 입력하고 파일을 불러오자.

```
from astropy.utils.data import get_pkg_data_filename
from astropy.io import fits
filename = get_pkg_data_filename("C:\\111\\IC434.fits")
hdu=fits.open(filename)[1]
```

코드의 첫 줄은 라이브러리를 호출하는 과정이다. 두 번째 줄에서 IC434.fits를 불러왔고, 불러온 결과를 변수 filename에 넣어주었다. 우리가 불러올 데이터는 관측 데이터이기 때문에 FITS 파일의 두 번째 프레임을 이용해야 한다. 따라서 [1]을 추가했다.

science tip   FITS 파일의 이미지 저장 형태 이해하기

[그림 13-21] 사진의 픽셀

디지털 환경에서 사진은 픽셀(화소)로 처리된다. FITS 파일도 마찬가지이다. 픽셀이란 디지털 사진을 나타내는 기본 단위인데, 사진은 [그림 13-21]처럼 정사각형으로 이루어진 수많은 픽셀로 구성된다. 픽셀이 많을수록 사진의 화질이 좋아진다. 다시 각 픽셀에는 촬영 당시에 얼마만큼의 빛이 들어왔는지가 숫자로 저장되어 있는데, 밝을수록 숫자가 크고 어두울수록 숫자가 작다. 픽셀에 저장되어 있는 빛의 양을 시각적으로 표현하면 우리가 육안으로 볼 수 있는 사진이 되는 것이다.

FITS 파일에서도 마찬가지다. 검출기의 픽셀 하나하나에는 얼마만큼의 빛이 들어왔는지에 대한 정보가 저장되어 있고, 이를 이용하여 이미지로 처리하는 것이다. 따라서 픽셀 하나하나는 공간상의 위치(좌표)가 되고, 이 픽셀 하나에 저장된 빛의 양이 공간상의 데이터가 되는 것이다.

FITS 파일에는 관측 대상의 적경, 적위 좌표 정보도 함께 저장되어 있다. 데이터를 올바르게 불러오기 위해서는 공간의 위치를 나타내는 좌표 정보가 필요하다. 따라서 좌표 정보를 불러오는 코드를 입력해야 한다. 다음과 같은 코드를 추가해보자.

```
from astropy.wcs import WCS
wcs=WCS(hdu.header)
```

좌표정보는 FITS 파일의 헤더 데이터에 저장 되어있기 때문에, 위와 같이 코드를 입력했다.

이제 그래프의 크기를 지정하고 좌표를 나타내는 그래프를 그려보자.

```
import matplotlib.pyplot as plt
fig = plt.figure(figsize=(18, 12))
ax = fig.add_subplot(projection=wcs)
plt.grid(ls="dotted")
```

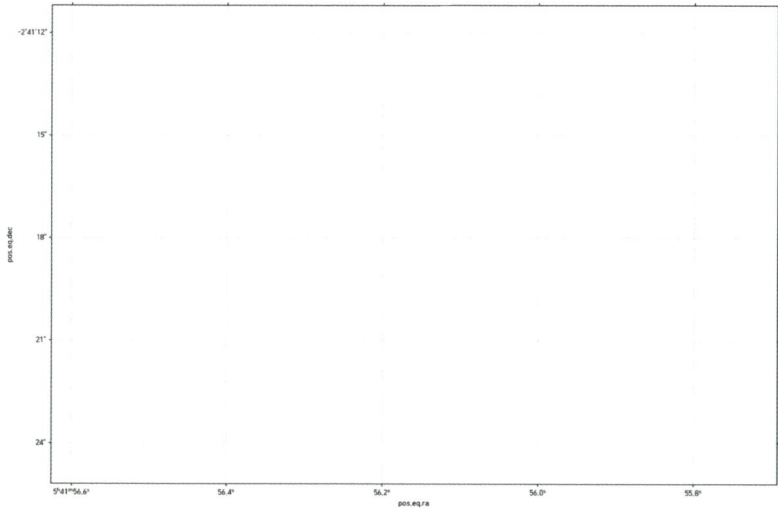

[그림 13-22] 좌표 데이터의 출력 결과

[그림 13-22]는 관측 대상의 좌표 정보를 그리드 형태로 나타낸 결과이다. x축에는 시간각으

로 나타낸 적경이, y축에는 각도 단위로 나타낸 적위가 있다. 재미있는 건 xlabel이나 ylabel 과 같이 축 제목을 넣는 코드를 별도로 지정하지 않았음에도, 축 제목이 들어가 있다. 이는 헤더 데이터에 좌표 정보가 모두 저장되어 있기 때문이다. 이제 이 그래프 안에 픽셀별 빛의 세기를 나타낼 차례이다. 다음과 같이 코드를 입력해보자.

```
bar=ax.imshow(hdu.data, cmap="gist_heat")
plt.colorbar(bar, label="Herschel 250$\mu$m (MJy/sr)")
plt.show()
```

여기서는 해수의 연직 수온 분포를 그렸을 때와는 달리 contourf를 사용하지 않고 imshow 를 사용했다. contourf와 imshow는 공통점이 있지만 차이점도 있다. contourf는 등고선과 같은 형식의 데이터를 시각화하는데 사용할 수 있고, imshow는 픽셀 형식의 데이터를 이미 지화하는데 사용할 수 있다. 하지만 contourf와 imshow 모두 데이터를 시각화하는데 사용 한다는 공통점이 있다. imshow의 문법 구조와 파라미터를 살펴보자.

- ❶ **hdu.data:** 공간상에 표현할 좌표 데이터이다. 여기서는 FITS 파일에 저장되어 있는 데이터를 사용해 야 하기 때문에 hdu.data로 입력하였다.
- ❷ **cmap:** 그래프의 색상을 지정해 주는 명령어이다. 별도의 지정을 해주지 않으면 viridis 값으로 색을 불러온다. 적외선을 관측한 데이터이기 때문에 가장 적색에 가까운 gist_heat을 사용하였다.

다음으로 plt.colorbar를 이용하여 각 색상이 얼마만큼의 밝기를 나타내는지 알기 위해 색상 스케일을 나타내도록 하였다. $\W mu$는 μm를 표현하기 위해 사용한 명령어이다.

[그림 13-23]은 앞서 설명한 코드를 실행한 결과이다.

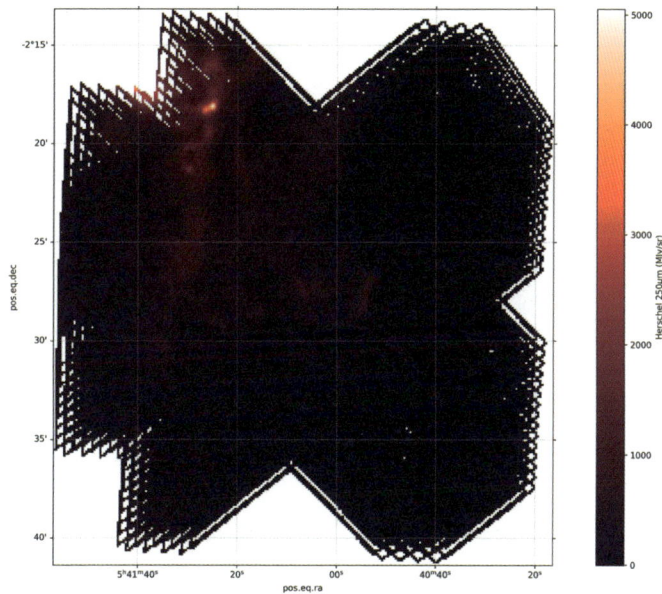

[그림 13-23] 허셜 우주망원경이 관측한 데이터를 불러온 결과

여기까지 정상적으로 데이터가 잘 출력된 것을 확인할 수 있다. 다만 전반적으로 색상이 어두워 대상을 정확히 파악하기 어렵다. 기본값으로 출력된 결과를 보면 완전한 검정색이 0, 흰색이 5000이다. 즉 최솟값이 0, 최댓값이 5000이다. 여기서 최댓값을 2000으로 줄여 구조가 더 자세히 보일 수 있게 수정해보자. 또한 그리드가 잘 보이지 않는데, 그리드 색상을 흰색으로 바꾸어 그리드가 잘 보이도록 수정하자.

```
plt.grid(color="white", ls="dotted")
bar=ax.imshow(hdu.data, cmap="gist_heat", vmin=0, vmax=2000)
plt.colorbar(bar, label="Herschel 250$\mu$m (MJy/sr)")
plt.show()
```

[그림 13-24]는 수정한 코드의 실행 결과이다.

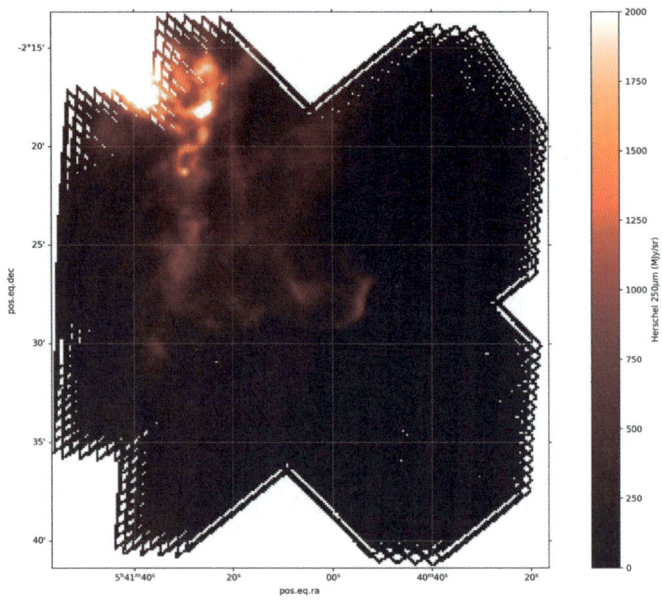

[그림 13-24] 색상의 최댓값과 그리드의 색상을 수정한 결과

이제 성운의 구조가 더욱 뚜렷하게 나타난 것이 보이며, 그리드 또한 선명하게 잘 보인다. 마지막으로 x축과 y축의 이름을 수정하고 제목을 넣어주면 그래프가 완성된다. 해당 코드를 더 추가하여 그래프를 완성해보자. 아래의 내용은 전체 코드와 최종 출력 결과이다. [그림 13-25]와 같이 성간 물질이 방출하는 적외선을 이미지화한 것을 성간 티끌 연속선 자료 dust continuum map이라고 한다.

```
import matplotlib.pyplot as plt
from astropy.wcs import WCS
from astropy.io import fits
from astropy.utils.data import get_pkg_data_filename
filename = get_pkg_data_filename("C:\\111\\IC434.fits")
hdu = fits.open(filename)[1]
wcs = WCS(hdu.header)
fig = plt.figure(figsize = (18, 12))
```

```
ax = fig.add_subplot(projection = wcs)
plt.grid(color = "white", ls = "dotted")
bar=ax.imshow(hdu.data, cmap = "gist_heat", vmin=0, vmax=2000)
plt.colorbar(bar, label="Herschel 250$\mu$m (MJy/sr)")
plt.xlabel("RA")
plt.ylabel("Dec")
plt.title("IC 434 dust continuum map(250"r"$\mu$m)", size=15)
plt.savefig("C:\\111\\IC434.jpg", dpi=300)
plt.show()
```

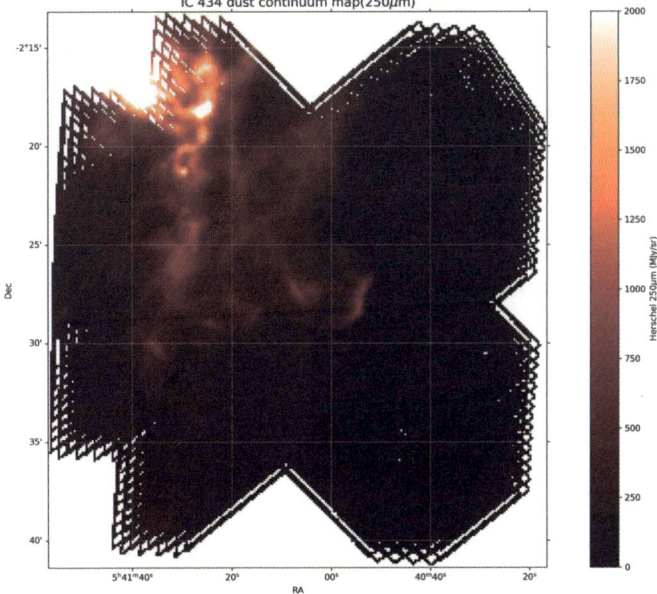

[그림 13-25] IC434의 적외선 관측 결과

❶ 인간이 바라보는 세상이 진짜 세상일까?

[그림 13-26] 사람이 바라본 모습과 새가 바라본 모습[79]

사람이 눈으로 볼 수 있는 빛의 파장 대역은 약 400㎚~700㎚ 정도로, 이 파장 대역을 가시광선이라고 한다. 가시광선에서 나타나는 기본적인 색은 크게 3가지로, 빨간색과 초록색, 그리고 파란색이 있다. 이 세 가지 색을 조합하면 여러 가지 색을 표현할 수 있다. 그런데 놀랍게도 새가 바라보는 색은 사람과는 조금 다르다. 1970년대 초 비둘기가 자외선을 볼 수 있다는 사실이 우연히 발견되면서, 새의 시야에 대한 연구가 활발히 진행되었다.

---

[79] "How Do Birds See? Human And Bird Vision Comparison", Bored Panda, https://www.boredpanda.com/human-vs-bird-vision/

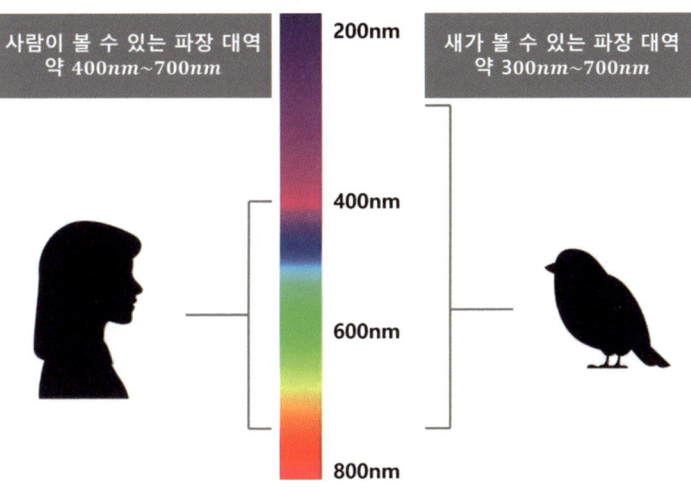

[그림 13-27] 사람과 새가 볼 수 있는 파장 대역의 차이

연구 결과, 새는 사람이 볼 수 없는 300nm~400nm의 자외선 영역을 실제로 볼 수 있는 것으로 확인되었다. 이는 분명 새가 보는 세상과 사람이 보는 세상이 다름을 의미한다.

그렇다면 우리가 바라보는 세상의 색이 절대적으로 옳다고 말하기 어렵다. 우리가 파란색이라고 말하는 것 역시 인간의 기준으로 파란색인 것이지 새의 입장에서는 파란색이 아닐 수 있다. 만약 인간이 적외선 영역대를 볼 수 있다면 세상은 지금과는 다른 색으로 보일 것이다.

❷ 적외선을 볼 수 있다면 암흑성운은 어떻게 보일까?

암흑성운은 성간 물질이 후방 빛을 차단하여 어둡게 보이는 성운을 말한다. 우주 공간에는 수없이 많은 암흑성운이 존재하며, 암흑성운으로 인해 후방의 별빛이 막혀 천체를 연구하는 학자에게는 다소 귀찮은 존재이기도 하다. 그런데 암흑성운을 적외선으로 관측하면 새로운 사실을 알아낼 수 있다. 실제로 암흑성운은 전혀 빛을 내지 않는 것이 아니다. 가시광선에서 빛을 내지 못할 뿐이지 적외선이나 그보다 더 긴 파장 대역에서는 빛을 내고 있다.

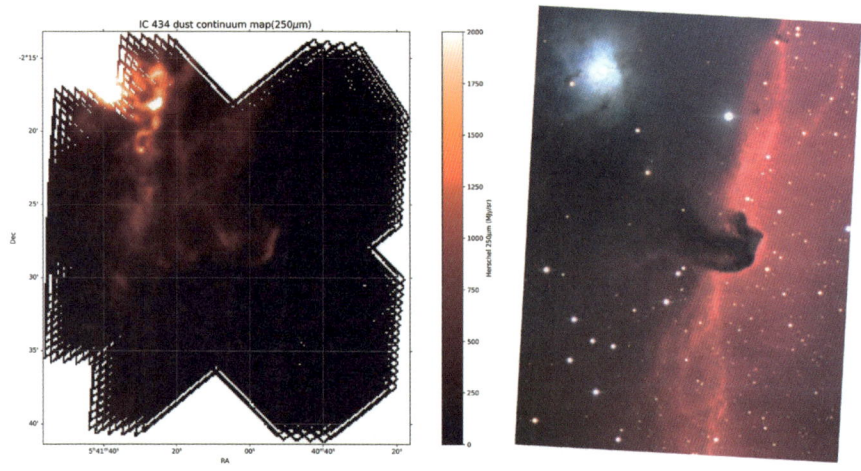

[그림 13-28] 적외선 촬영 이미지(좌)와 가시광선 촬영 이미지(우)

이번 활동에서 분석한 적외선 이미지와 가시광선에서 촬영한 이미지를 보면 확연한 차이를 보인다. 가시광선에서는 전혀 빛을 내지 않는 곳이 적외선에서는 밝게 나타나고 있으며, 가시광선에서 매우 밝은 곳도 적외선에서는 보이지 않는다. 허셜 우주망원경이 촬영한 것은 성간 티끌이 방출하는 적외선을 촬영한 결과이다. 때문에 가시광선에서는 어둡게 보여도 적외선에서는 밝게 나타나는 것이며, 이는 이 지역에 성간 티끌이 매우 밀집해 있음을 의미한다. 실제로 성간 티끌 연속선 자료에서 밝게 보인다는 것은 그만큼 성간 티끌의 밀도가 높음을 의미한다. 특히 가시광선에서 관측하면 아무것도 보이지 않아 내부 구조를 잘 알 수 없지만, 적외선으로 관측한 결과를 보면 붉게 보이는 곳이 실타래처럼 분포하고 있음을 알 수 있다.

반면 가시광선에서 밝게 보이는 방출성운 영역은 중성 수소가 후방 별빛을 흡수한 뒤 다시 재방출하며 적색이나 적외선에서 빛을 내어 붉게 보이는 영역이다. 이 영역에는 티끌의 밀도가 매우 낮기 때문에 말머리성운처럼 후방 별빛을 거의 가리지 않아 밝게 보인다. 하지만 적외선에서는 전혀 밝게 보이지 않는다.

❸ 파장에 따라 달라지는 분해능

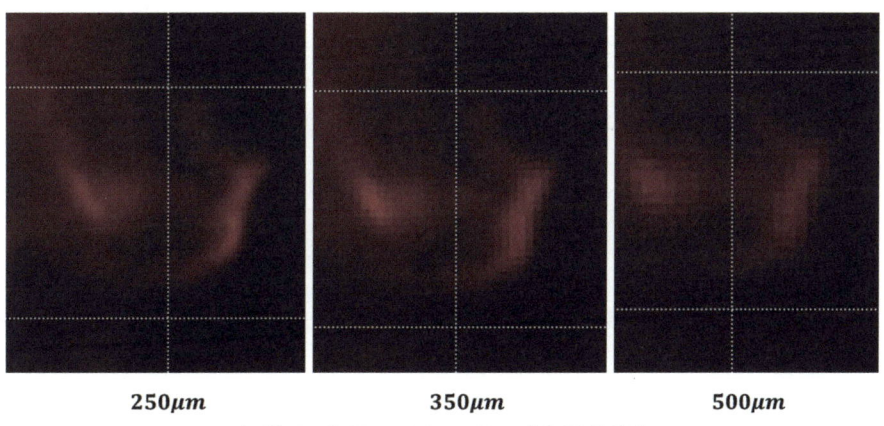

[그림 13-29] 250μm, 350μm, 500μm에서 관측한 결과

본 활동에서는 250μm에서 관측한 결과만을 이용하였다. 만약 파장에 따라 구조가 다르게 보이는 대상이라면 세 가지 파장을 모두 조사해야 하지만, 본 탐구에서는 이와 같은 것을 분석하는 것이 목적이 아니기 때문에 할 필요가 없다.

그런데 [그림 13-29]처럼 3개 파장에서 관측한 결과를 보면 뭔가 다른 점이 하나 있다. 성운의 말머리 영역을 확대한 결과 250μm에서는 비교적 사진이 깨끗한 것을 볼 수 있는데, 350μm에서는 이보다 조금 더 거칠게 촬영되었고, 500μm에서는 픽셀 하나하나가 보일 정도로 매우 거칠게 촬영되었다. 원인이 무엇일까?

천문학에서는 망원경이나 검출기의 성능을 나타내는 지표로 분해능을 사용한다. 분해능은 두 물체를 두 개로 인식할 수 있는 능력을 말한다. 두 물체가 거의 붙어 있어도 망원경으로 두 물체를 분해해 볼 수 있다면 분해능이 좋다고 표현한다. 따라서 분해능은 작을수록 좋다.

분해능은 망원경의 구경과 관측 파장으로 정의하는데, 다음과 같은 관계를 가진다.

$$\theta = 1.22 \times \frac{\lambda}{D}$$

위 관계에서 계산되는 θ는 라디안 단위로 계산되며, 두 물체 사이의 거리를 각도로 나타낸 값이다.

13.3 파장에 따라 다른 모습으로 보이는 센타우루스 A 은하

> **한걸음 다가서기**
>
> 활동성이 매우 강한 것으로 알려진 센타우루스 A 전파은하는 관측하는 파장에 따라 다른 모습으로 보인다고 한다. 어떻게 달라 보일까?

> **지구과학 미리보기**
>
>
>
> [그림 13-30] 전파은하 센타우루스 A[80]
>
> 활동성이 매우 강하며 전파 영역에서 매우 밝게 관측되는 은하들을 전파은하라고 부른다. 보통 전파은하들은 가시광선에서 관측하면 평범한 타원은하로 관측되는데, 전파 영역에서 관측하면 특이한 활동성이 보인다. 특히 강한 전파를 방출하는 전파원은 대게 은하 중심의 작은 점에서 시작하여 매우 넓은 영역까지 매끄럽게 퍼져 나간다.
>
> M87, 백조자리 A, 센타우루스 A 등은 유명한 전파은하이며, 앞에서 소개한 허셜 우주망원경은 이러한 전파은하들도 관측하였다. 특히 센타우루스 A는 다른 전파은하와 마찬가지로 가시광선에서는 타원 형태로 관측되는데, 은하의 중심부는 먼지가 은하에서 방출되는 빛을 차단하여 어둡게 보인다. 특히 적외선으로 관측하면 가시광선에서 보는 것과 다르게 보이며, 이는 허셜 우주망원경도 관측하였다.

---

[80] "Centaurus A (NGC 5128)", European Southern Observatory, https://www.eso.org/public/ireland/images/eso0315a/?lang

| Step 1 | 데이터 다운로드

말머리성운의 관측 데이터를 다운로드한 것과 마찬가지로 Herschel Science Archive에서 센타우루스 A(Cen A)의 관측 데이터를 다운로드해 보자.

1. 구글에서 ESA Herschel Science Archive를 검색하여 들어가거나 홈페이지 주소 https://archives.esac.esa.int/hsa/whsa/를 직접 입력하여 들어간다.

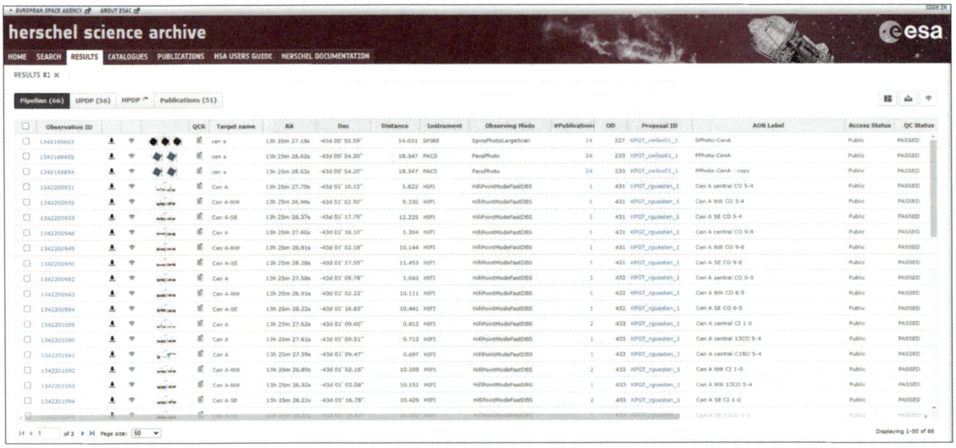

[그림 13-31] ESA Herschel Science Archive에서 Cen A를 검색한 화면[81]

2. 메인 화면에서 [SEARCH]를 클릭하여 검색 화면으로 들어간다.

3. 검색 화면에서 Cen A라고 입력하고 [Search]를 클릭한다.

4. 검색 결과의 가장 상단에 있는 [Observation ID: 1342188663]의 다운로드 아이콘을 클릭한다.

---

[81] "Results", ESA Herschel Science Archive, https://archives.esac.esa.int/hsa/whsa/index.html

5. 다운로드할 제품을 선택하는 창에서 [Level 2_5]를 체크하고 다운로드한다.

6. 완료된 다운로드 파일은 tar이라는 형식으로 압축되어 있다. 압축을 풀어주자.

7. 압축을 풀면 anonymous1715607910 폴더가 생성된다. 폴더 안으로 들어가면 다시 1342188663 폴더가 있다. 1342188663 폴더로 들어가자.

8. 1342188663 폴더에는 다시 level2_5 폴더가 있다. Level2_5 폴더에 들어가면 다시 여러 폴더가 나오는데, 여기서 필요한 것은 extdPLW, extdPMW, extdPSW이다. 각각의 폴더에 있는 압축파일의 압축을 모두 해제하고 파일 이름을 다음과 같이 바꾸자.
  1) extdPLW: cenA500um
  2) extdPMW: cenA350um
  3) extdPSW: cenA250um

9. 앞에서 다룬 것처럼 extdPLW는 $500\mu m$, extdPMW는 $350\mu m$, extdPSW는 $250\mu m$에서 관측한 데이터이다. 말머리 성운에서는 extdPSW만 사용했지만, 여기서는 세 가지 관측파일을 모두 사용할 예정이다. 파일 이름 변경까지 모두 완료한 파일은 모두 데이터를 분석하는데 편리한 폴더로 옮겨주자. 여기서는 C 드라이브의 111 폴더로 옮겼다.

Step 2 그래프로 표현하기

센타우루스 A를 관측한 파일 역시 FITS 형식의 파일로 되어있다. 파일을 분석하는 방법은 말머리성운에서 배운 과정과 같다. 차이점이 있다면 말머리성운은 파장별 차이를 보는 것이 목적이 아니었기 때문에 단순히 $250\mu m$에서 관측한 FITS 파일만 분석하였다. 하지만 여기서는 3개 파장 모두 분석하고자 한다.

우선 FITS 파일을 읽는데 필요한 라이브러리를 불러오기 위해 다음과 같이 코드를 입력하고 파일을 불러오자.

```
from astropy.wcs import WCS
from astropy.utils.data import get_pkg_data_filename
from astropy.io import fits
data = get_pkg_data_filename("C:\\111\\cenA250.fits")
hdu=fits.open(data)[1]
wcs=WCS(hdu.header)
```

이제 그래프의 크기를 지정하고, 좌표를 나타내는 그래프를 그려주자.

```
import matplotlib.pyplot as plt
fig = plt.figure(figsize=(18, 12))
ax = fig.add_subplot(projection=wcs)
plt.grid(ls="dotted")
```

여기까지의 내용은 말머리성운을 분석했을 때와 완전히 같다. 실행 결과 역시 센타우루스 A의 적경, 적위 좌표만 달라졌을 뿐 완전히 동일하게 나타난다.

이제 FITS 파일로부터 관측값을 불러와 이미지로 나타낼 차례이다. plt.grid() 다음 줄에 다음의 코드를 추가하자.

```
bar=ax.imshow(hdu.data, cmap="gist_heat")
plt.colorbar(bar, label="Herschel 250$\mu$m (MJy/sr)")
plt.xlabel("RA")
plt.ylabel("DEC")
plt.show()
```

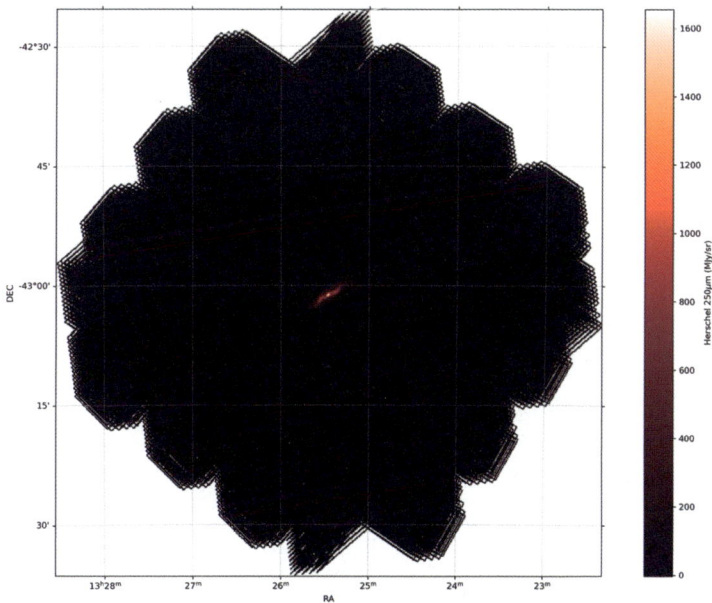

[그림 13-32] 센타우루스 A의 250관측 파장 출력 결과

정상적으로 잘 출력된 것이 확인된다. ax.imshow에서 vmin, vmax 파라미터로 별도의 밝기 범위를 지정하지 않아 자동으로 밝기가 조절되었다. 다소 어둡게 보인다 생각되면 앞에서 했던 것과 마찬가지로, ax.imshow에 vmin과 vmax 파라미터를 이용하여 밝기를 조절할 수 있다. 다음과 같이 bar=ax.imshow 부분을 수정해보자.

```
bar=ax.imshow(hdu.data, cmap="gist_heat", vmin=0, vmax=800)
```

[그림 13-33]은 수정한 코드를 실행한 결과이다.

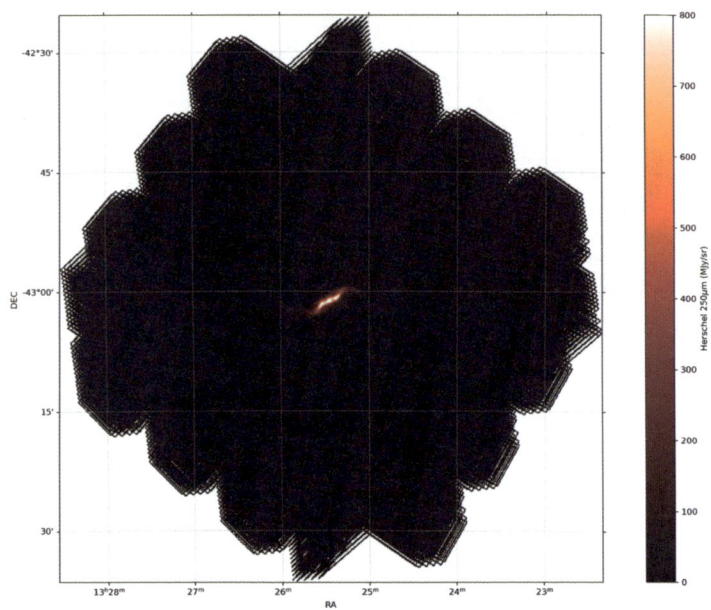

[그림 13-33] vmin과 vmax를 이용해 밝기를 조절한 결과

조금 밝아진 것이 보이기는 하지만, 여전히 가시광선에서 관측한 영상과 비교하면 차이가 크게 나타난다. 특히 가시광선에서 보이는 타원은하의 모습은 전혀 보이지 않고, 성간 티끌의 부분만 겨우 관측되고 있다. 이제 같은 방법으로 $350\mu m$와 $500\mu m$에서 관측한 데이터도 불러오자. 385페이지의 **Step 1**. 데이터 다운로드 8번 항목에서 바꾼 것처럼 파일의 이름을 바꾸어 주고, colorbar의 이름을 250 대신 350과 500으로 바꾸면 된다. imshow의 vmin과 vmax는 아래 표와 같이 작성한다.

	vmin	vmax
$350\mu m$	0	300
$500\mu m$	0	20

이제 250μm, 350μm, 500μm 파장에서 관측한 결과를 서로 비교해보자.

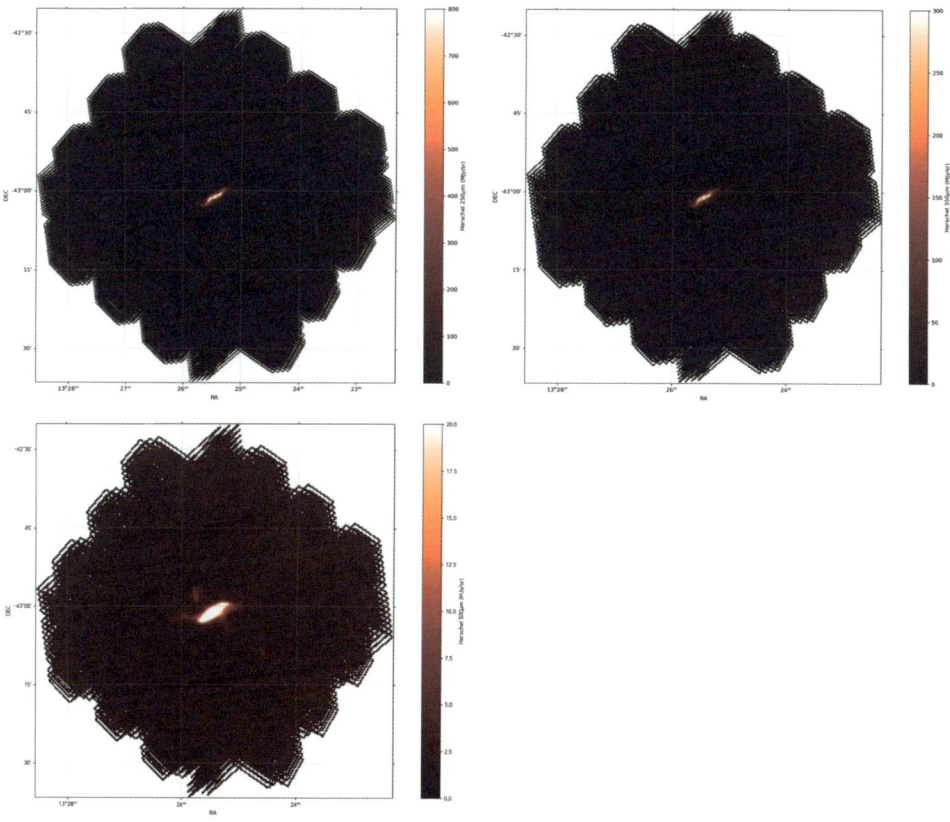

[그림 13-34] 250μm(좌측 상단), 350μm(우측 상단), 500μm(하단)의 관측 결과 비교

250μm와 350μm에서 관측한 데이터를 보면 성간 먼지 부분에서만 적외선이 강하게 관측되는 것이 확인되는데, 500μm에서는 성간 먼지뿐만 아니라 은하의 위아래로 작은 기둥 같은 것도 함께 보인다. 실제 기둥과 같은 구조가 맞는지 확인하기 위해 코드의 일부를 수정해서 500μm의 관측 결과를 다시 분석해보자.

```
from astropy.wcs import WCS
from astropy.utils.data import get_pkg_data_filename
from astropy.io import fits
data = get_pkg_data_filename("C:\\111\\cenA500.fits")
hdu=fits.open(data)[1]
wcs=WCS(hdu.header)
import matplotlib.pyplot as plt
fig = plt.figure(figsize=(18, 12))
ax = fig.add_subplot(projection=wcs)
plt.grid(ls="dotted")
bar=ax.imshow(hdu.data, cmap="gist_heat", vmin=0, vmax=20)
import numpy as np
levelinter=np.linspace(0,20,7)
plt.contour(hdu.data, linewidths=1.5, colors="cyan", linestyles="--",
levels=levelinter)
plt.colorbar(bar, label="Herschel 500$\mu$m (MJy/sr)")
plt.xlabel("RA")
plt.ylabel("DEC")
plt.show()
```

빨간색으로 처리한 부분이 코드를 추가한 부분인데, 앞에서 배웠던 등치선을 그리는 과정을 추가한 것이다. [그림 13-35]은 코드를 실행한 결과이다.

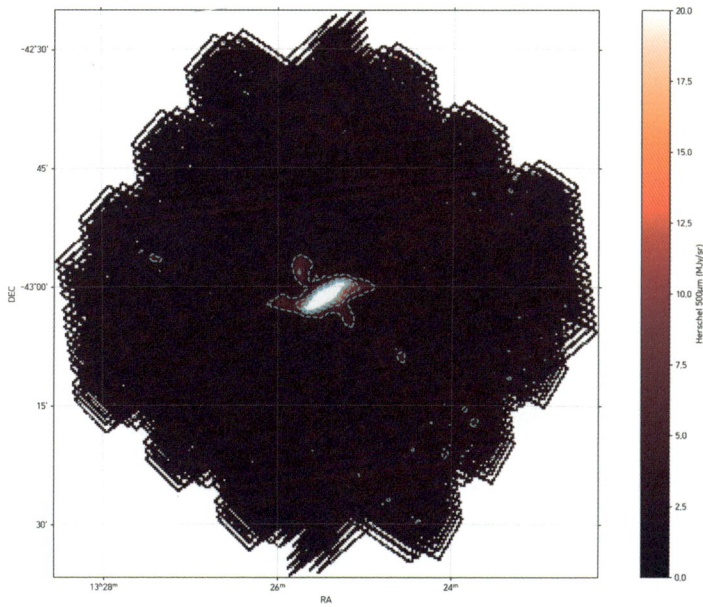

[그림 13-35] 등치선을 추가하여 분석한 결과

이제 은하의 위아래로 무언가 기둥 같은 것이 더욱 명확하게 보인다. 다시 서술하겠지만, 이 것은 잘못 관측된 것이 아니라 실제로 관측되는 제트jet라는 것이다.

이번에는 250μm에서 관측한 결과에 등치선을 추가하여 분석해보자.

등치선을 추가하는 코드는 500μm와 같지만, 관측된 빛의 세기가 다르기 때문에 np.linspace 부분을 다음과 같이 수정하고, imshow의 파라미터 vmax를 다시 800으로 바꿔주자.

```
import numpy as np
levelinter=np.linspace(0,1000,4)
plt.contour(hdu.data, linewidths=1.5, colors="cyan", linestyles="--",
levels=levelinter)
```

[그림 13-36]은 수정한 코드를 실행한 결과이다.

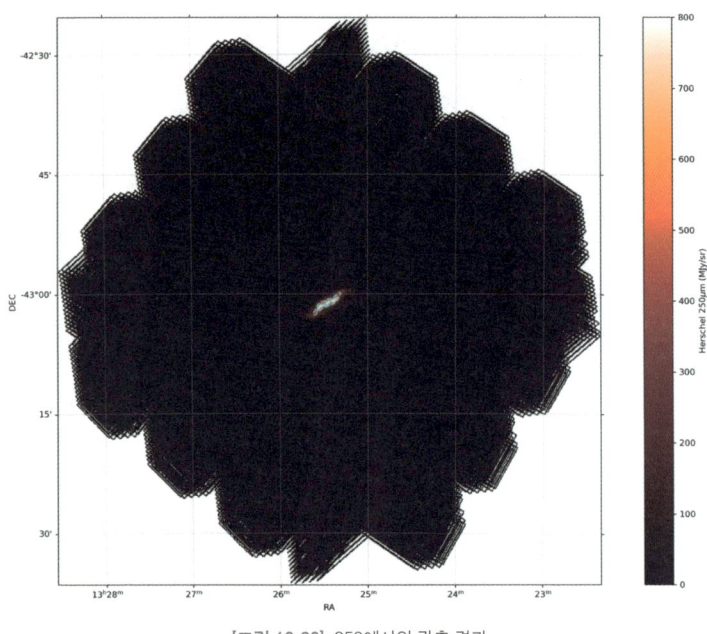

[그림 13-36] 250에서의 관측 결과

이제 지금까지의 결과를 분석해보자.

❶ 신비한 센타우루스 A 은하

[그림 13-37] 센타우루스 A 은하의 가시광선 영상[82]

센타우루스 A 은하는 우리로부터 약 1400만 광년 떨어진 특이 은하이다. 전파 영역에서 관측을 하면 매우 강한 활동성이 나타나는 은하로, 지구에서 가장 가까운 전파원 중 하나이기도 하다. 외형만큼이나 매우 독특한 점이 많아서 많은 천문학자에 의해 연구되었다.

센타우루스 A 은하의 가장 재미있는 점은 어떤 파장으로 관측하는지에 따라 은하의 구조가 다르게 보인다는 점이다. 앞에서 분석한 허셜 우주망원경의 관측 결과를 자세히 살펴보자.

---

[82] "Centaurus A (NGC 5128)", European Southern Observatory, https://www.eso.org/public/ireland/images/eso0315a/?lang

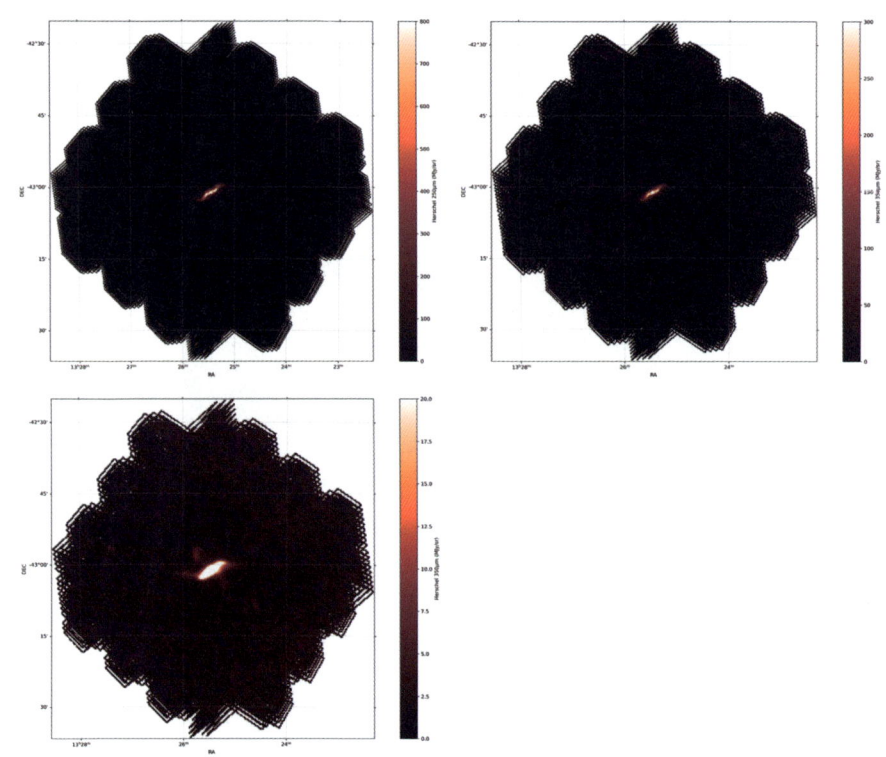

[그림 13-38] 250μm(좌측 상단), 350μm(우측 상단), 500μm(하단)의 관측 결과 비교

관측 데이터를 자세히 보면, 250μm와 350μm, 500μm 파장에서 관측한 결과가 모두 가시광선에서 관측되는 모습과 전혀 다른 형태로 보인다. 가시광선에서는 타원은하의 형태와 함께 은하의 중심 부분에 성간 먼지에 의해 은하의 일부가 가려져 보이지 않는 형태로 관측된다. 하지만 적외선으로 관측한 결과를 보면, 타원은하의 모습은 전혀 보이지 않고 성간 먼지가 방출하는 적외선만 보인다. 이는 성간 물질에서 많은 적외선이 방출되어 나타난 결과이며 앞에서 다룬 암흑성운과 마찬가지다.

더욱 재미있는 것은 500μm 파장에서 관측한 결과이다.

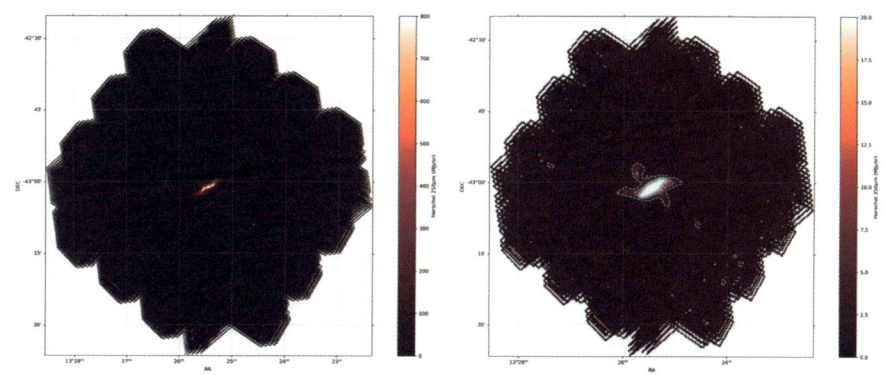

[그림 13-39] 250μm와 500μm에서 관측한 결과의 비교

250μm에서는 보이지 않는 구조가 500μm에서 나타난다. 500μm에서 관측한 결과를 보면 250μm에서 관측한 것과 달리 왼쪽 상단과 오른쪽 하단으로 물질이 뻗어 나가는 것이 관측된다. 이는 제트라고 불리는 물질의 흐름이다. 가시광선에서는 전혀 보이지 않고, 전파와 같은 장파에서 잘 관측되는데, 허셜 우주망원경이 관측한 적외선 파장에서도 이 현상이 확인된 것이다.

[그림 13-40] X-선 x-ray, 전파 radio, 가시광선 optical에서 관측한 센터우루스 A 은하[83]

---

83 "Multiwavelength Images of Centaurus A", Chandra X-ray Observatory, https://chandra.harvard.edu/photo/2008/cena/more.html

[그림 13-40]에서도 이런 현상이 잘 보인다. 특히 전파에서 관측한 부분을 보면 적외선에서 보다 훨씬 뚜렷하게 제트가 보이는 것을 확인할 수 있다.

❷ 센타우루스 A에서 보이는 제트의 정체

[그림 13-41] 센터우루스 A의 가시광선과 전파의 합성 영상[84]

[그림 13-41]은 센타우루스 A의 가시광선과 전파에서 관측한 것을 합성한 영상이다. 적외선에서 관측한 것에 비해 훨씬 뚜렷한 제트가 관측된다. 특히 중심 전파원에서 길게 뻗어나가는 것을 제트, 그리고 제트의 끝에 다소 넓은 범위에서 관측되는 것을 로브lobe라고 한다. 센타우루스 A에서 관측되는 전파를 보면 중심의 전파원보다 양 끝단으로 뻗어 나간 로브가 훨씬 더 밝다. 중심에서 물질이 분출되어 양 끝단으로 뻗어나가는 것이라면, 물질이 방출되는 과정에서 에너지가 감소하여 어두워져야 하는

---

84 "Centaurus A", Wikipedia, https://en.wikipedia.org/wiki/Centaurus_A

데, 오히려 밝아지는 것은 매우 신기한 현상이다. 이는 물질이 방출되며 어떤 원인에 의해 에너지를 얻기 때문이다. 천문학자들은 로브에서 전파의 밝기가 더 강한 원인을 싱크로트론 에너지에서 원인을 찾는다. 전자와 같이 대전된 입자가 양극 방향으로 뻗어나간 자기장에 의해 가속되며 에너지를 얻어 중심보다 로브에서 더욱 밝아 보이는 것이다.

❸ 나선은하와 센타우루스 A

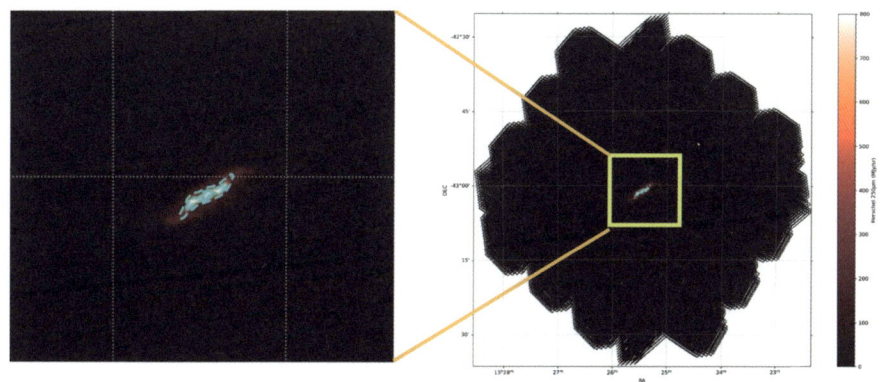

[그림 13-42] 250μm에서 관측되는 먼지의 구조

센타우루스 A에서 보이는 티끌은 놀랍게도 두 은하의 충돌 과정에서 발생한 것이다. 특히 성간 티끌의 외형을 자세히 보면 양 끝이 약간 구부러진 모습을 보이고 있다. 등치선을 그려서 확인해보면 이 부분이 더욱 정확하게 나타난다. 이는 나선은하에서 보이는 것과 거의 일치한다. 또한 성간 티끌 주변에는 희미한 파란빛과 붉은 수소가스가 함께 보인다. 이는 충돌 과정에서 별 형성이 활발하게 발생하였음을 암시한다. 특히 은하의 충돌은 빈번히 발생하는 현상이지만, 센타우루스 A처럼 거대한 타원은하와 나선은하가 충돌하는 것은 매우 이례적인 현상이다.

찾아보기

한글

ㄱ

간조 58
거리지수 203, 216, 309
거성 211
겉보기등급 199, 215
고생대 110
광도 211
광물 36
구상성단 249, 268
기조력 58

ㄴ

뉴턴 170

ㄷ

도플러 효과 331
등치선 337

ㄹ

딕셔너리 144

러셀 209
로그 스케일 165
리스트 자료형 21, 33, 144
리스트 컴프리헨션 163

ㅁ

만유인력의 법칙 170
만조 58
메서드 23
모스 군기 36
문자열 포맷팅 89

ㅂ

바람장미 187

백색왜성	211	염분	137, 146, 243
범례	186	온실기체	302
변수	17	온실효과	302
보간	353	원생누대	109
보조선	75	은하	262, 268
빅뱅	130	인덱싱	14

ㅅ

ㅈ

산소	131	적색 거성	211
색지수	212	전파 은하	383, 393
섀플리	249	절대 굳기	41
수괴	247	절대등급	199, 215
수소	130	조차	58
수온	242	주계열성	211
수온약층	80, 361	중생대	111
수온-염분도	219, 245	지질시대	93
슬라이싱	14		
시생누대	109		
시차	216	## ㅊ	
신생대	112		
심해층	80, 360	철	131
		초거상	211
		추세선	275

ㅇ

ㅋ

암흑 성운	370	컬러맵	344
에러바	317, 318	케플러	161, 170
연산자	72	케플러 제3 법칙	169
연주시차	200, 203, 216		

찾아보기 **397**

ㅌ

태풍 172, 189
튀코 브라헤 160
튜플 144

ㅍ

포그슨 방정식 309
플랑크 곡선 213

ㅎ

해수 밀도 226, 244
허블-르메트르의 법칙 305, 328
허셜 우주망원경 364
헤르츠스프룽 209
헬륨 130
혼합층 79, 360
후퇴속도 323, 329

영어

A

adjustText 239
append 24
arange 227

C

contour 227, 390
csv 46, 47
curve_fit 277

D

DataFrame 68

def 103
dens0 .... 224, 225
dropna 202

E ~ H

FITS 파일 371, 372
float 19
for 49
f-string 125
H-R도 194, 209

I

if 296, 299

int 19
iterrows 231

L

lambda 126
linspace 223

P

pandas 68
plot 31

R

radians 266
range 53

replace 24, 289
round 238

S

scipy 277
seawater 221
SIMBAD 194
split 23
str 19
subplot 140, 257

T

text 235, 236
to_numeric 201
tsv 197

기 타

0행렬 224, 225
2차원 리스트 자료형 71
3차원 그래프 259

파이썬으로 탐구하는 지구과학 데이터 분석 & 시각화
그래프로 그려보는 지구별 자연법칙

출간일	2024년 12월 13일
지은이	심원재, 손현준
펴낸이	김범준
기획 · 책임편집	이옥희
교정교열	오상욱
편집디자인	김옥자
표지디자인	셀로판 강수정
발행처	㈜비제이퍼블릭
출판신고	2009년 05월 01일 제300-2009-38호
주 소	서울시 중구 청계천로 100 시그니처타워 서관 9층 949호
주문 · 문의	02-739-0739 팩스 02-6442-0739
홈페이지	http://bjpublic.co.kr 이메일 bjpublic@bjpublic.co.kr
가 격	32,000원
ISBN	979-11-6592-304-4 (93000)

한국어판 © 2024 ㈜비제이퍼블릭

이 책은 저작권법에 따라 보호받는 저작물이므로 무단 전재와 무단 복제를 금지하며,
내용의 전부 또는 일부를 이용하려면 반드시 저작권자와 ㈜비제이퍼블릭의 서면 동의를 받아야 합니다.

 이 책을 저작권자의 허락 없이 **무단 복제 및 전재(복사, 스캔, PDF 파일 공유)하는 행위**는 모두 저작권법 위반입니다. 저작권법 제136조에 따라 **5년** 이하의 징역 또는 **5천만 원** 이하의 벌금을 부과할 수 있습니다. 무단 게재나 불법 스캔본 등을 발견하면 출판사나 한국저작권보호원에 신고해 주십시오(불법 복제 신고 https://copy112.kcopa.or.kr).

잘못된 책은 구입하신 서점에서 교환해드립니다.